陈书禄 主编

中国文化通论

南京师范大学出版社
NANJING NORMAL UNIVERSITY PRESS

图书在版编目(CIP)数据

中国文化通论 / 陈书禄主编. — 2版. — 南京：南京师范大学出版社，2015.11
 ISBN 978-7-5651-2196-8

Ⅰ.①中… Ⅱ.①陈… Ⅲ.①文化史-中国 Ⅳ.①K203

中国版本图书馆 CIP 数据核字(2015)第 145814 号

书　　名	中国文化通论
主　　编	陈书禄
责任编辑	张元卿
出版发行	南京师范大学出版社
地　　址	江苏省南京市宁海路 122 号(邮编:210097)
电　　话	(025)83598919(总编办)　83598412(营销部)　83598297(邮购部)
网　　址	http://www.njnup.com
电子信箱	nspzbb@163.com
照　　排	南京金马印刷有限公司排版中心
印　　刷	镇江中山印务有限公司
开　　本	718 毫米×1000 毫米　1/16
印　　张	22.75
字　　数	334 千
版　　次	2015 年 11 月第 2 版　2016 年 12 月第 2 次印刷
书　　号	ISBN 978-7-5651-2196-8
定　　价	46.00 元
出 版 人	彭志斌

南京师大版图书若有印装问题请与销售商调换
版权所有　侵犯必究

目 录

绪 论 /1
    第一节 "文化"界说与"中国"的含义 /1
    第二节 中国历史沿革与中国文化的分期 /8
    第三节 学习中国文化的目的、意义和方法 /13

第一章 中国文化生成与演进的环境 /16
    第一节 中国传统文化的地理背景 /16
    第二节 中国传统文化植根的经济土壤 /19
    第三节 中国传统文化所依托的社会结构 /24

第二章 儒家文化 /30
    第一节 孔子及其思想 /30
    第二节 孟子及其思想 /36
    第三节 荀子及其思想 /41
    第四节 董仲舒对先秦儒学的改造 /43
    第五节 宋明理学 /47
    第六节 儒学地位的下降 /52

第三章　道家文化 /54

第一节　老子及其思想 /55

第二节　庄子及其思想 /59

第三节　黄老之学 /65

第四节　魏晋玄学 /66

第四章　道教文化 /72

第一节　东汉时期道教的创立 /72

第二节　两晋南北朝时期的神仙道教 /74

第三节　隋唐五代时期的道教活动 /82

第四节　宋元及以后时期的道教活动 /83

第五节　道教对中国文化的影响 /85

第五章　佛教文化 /89

第一节　东汉至西晋时期佛教的初传与发展 /89

第二节　东晋十六国时期佛教的兴盛 /91

第三节　南北朝时期的佛教 /95

第四节　隋唐时期佛教宗派的创立与繁荣 /96

第五节　佛教与中国文化 /103

第六章　语言文化 /107

第一节　汉字的起源与演变 /107

第二节　汉语与社会制度 /113

第三节　汉语与民俗 /120

第七章 教育与科举文化 /126
  第一节 历代的学校教育 /126
  第二节 科举制度及文化特征 /132

第八章 官制文化 /140
  第一节 奴隶制官制的起源与演变——先秦官制 /141
  第二节 封建官制的确立——秦汉官制 /143
  第三节 三省六部的形成与完善——魏晋南北朝隋唐官制 /147
  第四章 专制主义中央集权的强化——宋元明清官制 /150

第九章 文 学 /157
  第一节 诗 词 /158
  第二节 散文与辞赋 /168
  第三节 小 说 /172
  第四节 戏 曲 /176

第十章 绘画艺术文化 /180
  第一节 中国绘画的萌发 /181
  第二节 魏晋南北朝时期的绘画 /182
  第三节 隋唐时期的绘画 /184
  第四节 五代两宋时期的绘画 /187
  第五节 元明清时期的绘画 /191

第十一章 书法文化 /197
  第一节 概 述 /197

第二节 中国书法史述要 /198

第十二章 建筑艺术文化 /224
第一节 宗教建筑艺术 /225
第二节 宫殿建筑艺术 /229
第三节 园林建筑艺术 /233

第十三章 工艺文化 /242
第一节 陶瓷艺术文化 /243
第二节 青铜艺术文化 /249
第三节 古代家具艺术 /252

第十四章 音乐文化 /256
第一节 神话传说与历史遗存 /256
第二节 雅颂之声与礼崩乐坏 /259
第三节 乐府新声与胡戎之乐 /261
第四节 歌舞伎乐与异国风情 /263
第五节 繁声淫奏曲子词 /265
第六节 满村听说《蔡中郎》/267
第七节 北剧南戏趋"乱弹" /269

第十五章 饮食文化 /275
第一节 饮食民俗的形成 /275
第二节 饮食的结构与类型 /279
第三节 古代筵宴与名厨 /284

第四节　节日食俗与嗜食、禁忌 /288

第十六章　礼俗文化 /292
　　第一节　古代称谓 /292
　　第二节　古代礼仪 /300
　　第三节　婚姻礼俗 /309
　　第四节　节日礼俗 /312

第十七章　中国文化的基本精神 /319
　　第一节　爱众为公 /319
　　第二节　自强不息 /323
　　第三节　厚德载物 /326
　　第四节　求是务实 /329

第十八章　中国文化与世界文化 /334
　　第一节　远古时期的中外文化交往 /334
　　第二节　两汉魏晋南北朝时期与西域的文化交往 /335
　　第三节　唐代中国与世界的文化交流 /338
　　第四节　宋元明清时期中外文化的交流 /342
　　第五节　近代西方文化的大规模进入 /348

后　记 /352

绪　论

彬彬哉我文明！
五千余岁历史古，光焰相续何绳绳。①

世界上曾有过如星汉灿烂的古老文化，如古巴比伦文化，古埃及文化，古印度文化，古希腊、罗马文化等，可有的早已灭绝，有的遭到破坏或摧残，有的出现大断层而失去光泽，唯有源远流长而又博大精深的中国文化一直生气勃勃，并且代有高峰，蔚为壮观，在相当长的时期里一直站在世界文化的前列，是世界上自成体系、独树一帜的文化。现在，中国文化不仅积淀着深厚的底蕴，而且焕发出新的生机，以更加坚实的步伐走向世界，走向现代化。

第一节　"文化"界说与"中国"的含义

本书名为《中国文化通论》，意在梳理中国文化的传承体系，展示中国文化发展的大致风貌，探讨中国文化演变的基本规律，使人们更具体、更深入地了解中华民族在这块古老的土地上，在悠久的历史进程中，是怎样在特定的自然环境和特定的社会历史条件下创造了自己的文化，形成了卓然独异的文化特征。因此，

---

① 梁启超：《爱国歌四章》其三，《饮冰室文集》之四十五（下），《饮冰室合集》第5册，中华书局1989年版。彬彬：既有文采又有内容。这里有"优秀而丰富多彩"的意思。绳绳：连绵不断。

首先应该对"文化"的概念作简要的界定,并对"中国"的含义作简要的说明。

"文化"的定义,往往是"仁者见仁,智者见智"。西汉刘向《说苑·指武》中写道:"凡武之兴,为不服也,文化不改,然后加诛。"晋束晳《补亡诗·由仪》中写道:"文化内辑,武功外悠。"南朝齐王融《三月三日曲水诗序》中写道:"敷文化以柔远,泽普汜而无私。"其中,"文化"的含义均指封建王朝的"文治教化",用诗书礼乐等教化世人,是与"武功"相对而言的。大体说来,中国古代的"文化"概念,基本上属于精神文明的范畴,与没有教化的"野蛮"等形成反照。

近代以来,人们对文化概念进行了多方面的探讨。梁启超在《什么是文化》中说:"文化者,人类心能所开释出来之有价值之共业也。"梁漱溟在《东西文化及其哲学》中说,文化是"生活的样法"。据美国文化学家克罗伯和克拉克洪1952年出版的《文化:概念和定义的批评考察》中统计,世界各地学者对文化的定义有160多种。这也就是说,"文化"是中国古已有之的词汇,在近代吸收了西方学术思想后,被赋予了新的含义。本书所讨论的"文化",力求古今贯通,中西汇合,侧重于以下四个层面:

第一个层面为物态文化,或称"物质文化"。所谓"物态文化",是由"物化的知识力量"所构成的,包括人类加工创制的各种器具,是可以看得见、摸得着的具有物质实体的文化,也就是人们的物质生产活动方式和产品的总和。人们衣、食、住、行所凭借的物质条件,如衣裳、冕帽、鞋、袜,再如柴、米、油、盐、酱、醋、茶,还有都城、宫殿、平房、楼房、窑洞、帐篷、吊脚楼、蒙古包、马车、石桥、木船乃至汽车、火车、飞机等,更有雄伟壮观的万里长城,庄严肃穆的北京天坛,魏峨壮丽的曲阜孔庙,清静幽雅的成都武侯祠,小巧玲珑的苏州拙政园,气势宏大的秦始皇陵兵马俑等,都是"物化的知识力量",都称之为物态文化。当然,不同时代、不同民族,物态文化的风貌也各不相同。比如战国时期西北游牧民族服装的特征为短衣、长裤、革靴,衣服紧窄,与汉族当时的宽衣博带不同。中原地区的赵国武灵王为了组织骑兵,最早推行"胡服"(西北游牧民族的服装),并且学习游牧人的骑射等技艺,史称"胡服骑射"。又比如唐代女子服饰的特点是梳螺髻,穿窄袖短襦,半臂,肩上搭有披帛;而宋代女子服饰的特点是梳高髻,戴高冠,穿窄袖对襟背子。明代的官服是戴乌纱帽,穿盘领袍;清代的官服则是戴暖帽或凉帽,穿长袍马褂。显然,物态文化是文化整体(还包括下文所说的制度文化、行为文化、心态文化等)的物质基础,一定时代的物态文化往往与这个时代其他层面的文化发展相互协调(当然,它们之间有时也不成正比)。例如,唐代国势鼎盛、气度恢宏的文化(所谓"盛唐气象"),有着坚实的物质基础,诚如诗人杜甫在《忆昔二首》其二中所描绘的那样:"忆昔开元全盛日,小邑犹藏万家室。稻米流脂粟米白,公私仓廪俱丰实……"

第二个层面为制度文化。所谓"制度文化",是由人类在社会实践中组成的各种行为规范、准则以及各种组织形式所构成的。制度文化所反映的是人与人之间的关系,这种关系表现为各种各样的制度,包括政治制度、经济制度、文化制度、教育制度、军事制度、法律制度、婚姻制度等。例如中国封建社会的官制、铨选制、田制、兵制、刑制、爵制、勋制乃至姓氏制度等一系列典章制度。再例如,明代从洪武四年(1371年)开始,在各州县设立由粮长负责征解税粮的制度,其办法是每州按征收粮食的数额分为若干粮区,各区设粮长。这种制度先在南直隶(今江苏、安徽省)等地推行。其中上元县(治所在今江苏省南京市)平均每区辖二十余里。由于辖区较大,粮额便多了,征收税粮任务繁重,粮长以下便采用里长、甲长分层负责制。由里长、甲长催征,粮长收解。另外,苏州府、松江府等地的粮长之下设知数(司计算)一人,斗级二十人,粮米运夫约有千人。粮长制是中国封建社会一种独特的社会经济制度,也是一种独特的制度文化。这种制度文化在"鱼米之乡"、税粮重地的江南一带显得更有特色。当然,不同时代、不同时期的制度文化有着不同的形态。例如中国古代的铨选制度,春秋时为世袭制,战国时又以客卿制作为补充,两汉时盛行察举制,魏晋南北朝时实行"九品中正制",隋唐至明清则推行科举制度。从社会制度方面来说,世界上许多国家都先后经历了奴隶制度、封建制度和资本主义制度。在当今世界上主要是社会主义和资本主义两种社会制度并存。

第三个层面为行为文化。所谓"行为文化",是人类社会实践中,尤其是在人际交往中约定俗成的行为习惯,往往是以礼俗、民俗、风俗等形态出现的行为规范。例如我国传统节日习俗中,除夕夜吃"团圆饭",元宵节赏灯,清明节扫墓,端午节裹粽子和划龙舟,中秋节赏月吃月饼,重阳节登高、赏菊等。登高与赏菊,都反映了人们辟邪消灾、健康长寿的美好愿望。宋代人给菊花起了一个雅致的别号——"延寿客"。每年重阳节,平民百姓都要买两株菊花玩赏;而皇宫与达官显贵之家更是将赏菊当作一件盛事,大张旗鼓地操办。据说宋代宫廷中,每年重阳节分列菊花万株,名花珍品五彩缤纷,灿烂眩目,并且还要点菊灯,其盛况与元宵节差不多。清代人赏菊的风气比宋代人更盛。清代都城北京在重阳节要立"九花山子"。每当重阳节,富贵人家用数百盆菊花架在高楼大厦上,远远望去好似一座座菊花山。因为菊花被称为"九花",所以这样的架设叫"九花山子"。应该说,行为文化具有较强的时代色彩。在中国封建社会,"三纲五常"等伦理纲常严重地束缚并扭曲了人们的行为方式。但在中国传统的行为方式中还有很多良风美俗,诸如敬父母、尊师长、爱兄弟、重朋友等传统美德和行为规范,在新的历史条件下不仅不会消亡,而且还应该发扬光大。例如,在交友方面要注意择交。孔子告诫他的弟子们说:"益者三友,损者三友。友直,友谅,友多闻,益矣。友便辟,友善柔,友便佞,损矣。"①意思是说:和正直的人、诚实可信的人、见闻广博的人交朋友,就会得到益处;和逢迎谄媚的人、当面奉承背后毁谤的人、花言巧语华而不实的人交朋友,就会受到损害。这"三益""三损"的交友原则,对于我们今天的行为方式颇有借鉴意义。

　　第四个层面是心态文化,或称"精神文化""社会意识"。所谓"心态文化",是在人类社会长期的实践和意识活动中形成的价值观念、道德情操、审美情趣、思维方式、宗教感情、民族性格等。这些都是文化整体中的核心部分。如儒家、道家、墨家等哲学思想,又如《诗经》、楚辞、汉乐府、唐诗、宋词、元曲、明清小说等文学艺术,再如佛教、道教、伊斯兰教、基督教等宗教。作为心态文化重要特征之一的思维方式,中西方人也有较大的差异。中国人传统的思维方式往往是把世界看成一个动态平衡的整体,有所谓的"天人合一"说,认为天与地、人与世

---

① 《论语·季氏篇》。

界是一个整体,两者之间相互协调,和谐一致,因而往往侧重于内向的、亲和的、协调的而又直觉的思维。与此相反,西方人的思维方式是较多地强调人与物、人与社会、人与人之间的对立与冲突,因而侧重于外向的、个人的、功利的而又是逻辑的理性思维。心态文化不仅具有鲜明的民族特点,而且具有较强的时代特点。例如,早期定都南京,后来又以此地为南都的明朝,其士人心态与国势鼎盛、气度恢宏的唐朝士人心态迥然不同。在此,以唐代与明代各一首《早朝》诗作比较,以"窥一斑见全豹"的方法来观照李唐王朝与朱明王朝不同的庙堂气象与士人心态:

> 绛帻鸡人报晓筹,尚衣方进翠云裘。
> 九天阊阖开宫殿,万国衣冠拜冕旒。
> 日色才临仙掌动,香烟欲傍衮龙浮。
> 朝罢须裁五色诏,佩声归到凤池头。
> ——王维《和贾至舍人早朝大明宫之作》

> 火城渐簇大明宫,随例高呼岁岁同。
> 残雪在帘如落月,轻烟半树信柔风。
> 金支缥缈春阴外,碧落参差夜气中。
> 却忆庚寅元日事,廿年天语不曾通。
> ——钟惺《辛亥元日早朝》

盛唐王维的诗在"万国衣冠拜冕旒"等大唐鼎盛的气象中,展示了士人雍容的心态和博大的胸襟;而晚明钟惺的诗则是在残雪落月、夜气阴郁之中流露出文人的忧愤:"却忆庚寅元日事,廿年天语不曾通。"据谈迁《国榷》卷七十五记载:庚寅万历十八年(1590年)正月,明神宗朱翊钧召见辅臣,声称"朕疾痼矣",从此不召见辅臣、不批发奏章便成了惯例。钟惺《早朝》诗写于辛亥万历三十九年(1611年),"廿年天语不曾通"为实录。显然,造成钟惺忧愤的根源在于万历皇帝荒淫怠政,导致朝政荒废,党争激烈,吏治败坏,民不聊生。换言之,以王维、钟惺的诗为例,将两种庙堂气象、两种士人心态作对比,更加映衬出晚明乃至有明一代士人充满忧患感、危机感的心态。

综上所述,物态文代、制度文化、行为文化和心态文化等各个层面各有侧重,同时又相互依存、相互渗透、相互制约、相互推动,构成了完整的文化结构。

以上为"文化"的界定,再说"中国"的含义。

"中国"一词,最早出现于西周。1963年,在陕西鸡贾村出土了"何尊",其铭文刻道:"武王既克太邑商,则迁告于上天,曰:'余其宅兹中国,自之辟民。'"

图 0-1 1963年出土于陕西省宝鸡市贾村镇的何尊

"中国",古时的含义有两个方面:一是指京师。《诗经·大雅·民劳》中说:"惠此中国,以绥四方。"汉代毛亨传:"中国,京师也。"又如司马迁《史记·五帝本纪》中说:"夫而后之中国,践天子位焉,是为帝舜。"南朝宋裴骃《史记集解》:"刘熙曰:……帝王所都为中,故曰中国。"在这里,"国"是"都邑"的同义词,"中国"就是天子所居的城,与四方诸侯对举。二是指华夏族地区,因为华夏族在"四夷"①之中。例如《诗经·小雅·六月序》中说:"《小雅》尽废,则四夷交侵,中国微矣。"又如《礼记·中庸》说:"是以声名洋溢乎中国,施及蛮貊。"此处"中国"也是指华夏族地区。

与"中国"含义相同的有"中华"。如《三国志·蜀书·诸葛亮传》中说:"与亮友善。"南朝宋裴松之注:"若使游步中华,骋其龙光,岂夫多士所能沈翳哉!"此处"中华"与"中国"、"中原"等同义。又如《魏书·昌羌传》中说:"其地东接中华,西

---

① 东夷、西戎、南蛮、北狄,统称四夷,这是古代统治者对华夏族以外各族的蔑称。

通西域。"其初,"中华"仅指黄河下游而言,后来,随着各朝疆土不断扩大,凡所统辖,皆称"中华"。而且,"中华"不仅局限于地域或种族的意义,人们还发掘出"中华"的文化内涵。如《唐律释文》(王元亮重编)卷三中说:"中华者,中国也。亲被王教,自属中国,衣冠威仪,习俗孝悌,居身礼义,故谓之中华。"又如章太炎说:

> 中华之名词,不仅非一地域之国名,亦且非一血统之种名,乃为一文化之族名。故《春秋》之义,无论同姓之鲁、卫,异姓之齐、宋,非种之楚、越,中国可以退为夷狄,夷狄可以进为中国,专以礼教为标准,而无有亲疏之别。其后经数千年,混杂数千百人种,而其称中华如故。以此推之,华之所以为华,以文化言,可决知也。①

与"中国"含义相同的还有"华夏"。华夏,古代汉族的自称,亦作"诸夏"。"华"意为"荣"(《说文解字·华部》),"夏"意为"中国之人"(《说文解字·夂部》)。华夏族的始祖是古代传说中的黄帝。上古时期约在姬水一带形成了较为先进的黄帝族,黄帝族与住在姜水一带的姜姓炎帝族世代互通婚姻。后来黄帝族后裔中的一支进入今山西南部,创造了夏文化,就称夏族。夏族进入中原建立了中国第一个王朝夏,再传就是生息在陕西境内的姬姓周族。黄帝族经过夏、周两代与戎、狄、蛮、夷(所谓"四夷")等其他各族的冲突、交往与融合,文化礼俗等方面的差别日趋减少,到战国时期形成了统一的华夏族。中国称"华夏",带有礼仪文化的色彩。如《左传·定公十年》中说:"裔不谋夏,夷不乱华。"孔颖达疏解说:"中国有礼仪之大,故称夏;有服章之美,谓之华。华夏一也。"

众所周知,中国历史上先后建立过夏、商、周、秦、汉、魏、晋、宋、齐、梁、陈、隋、唐、宋、元、明、清等朝代,但是中国古代所有的朝代都不以中国为名,又都以中国通称。至明末清初西方传教士东来,他们均称明、清两朝为"中华帝国",简称"中国"。康熙二十八年(1689年)九月订立《中俄尼布楚条约》,规定中俄疆界

---

① 章太炎:《中华民国解》,《章太炎全集》(四)《太炎文录初稿·别录》卷一。

划分和两国人民归属的称谓,对清朝一方使用的是"中国"与"中国人"来称呼。这是以国际条约的形式首次将"中国"定为主权国家的专称,专指我国全部领土。辛亥革命后成立的南京临时政府,标志着中国历史上第一个资产阶级共和国的建立,结束了两千多年来的封建帝制,定国号为"中华民国"。1949年10月1日,建立"中华人民共和国"(简称"中国"),开创了中国历史的新纪元。

第二节　中国历史沿革与中国文化的分期

我们要更深入地了解中国,不仅要知道"中国"二字的含义,而且要了解中国历史的沿革。

大约在百余万年以前,中国先民就已在东亚大陆栖息繁衍。已知中国最早的原始人类化石发现于云南元谋,距今约170万年。中国境内旧石器时代早期最重要的人类化石,是北京猿人,北京猿人生活在约70万年至23万年以前。新石器时代的遗迹遍及中国,其中以分布在黄河中上游的仰韶文化和黄河中下游的龙山文化为代表。1921年在河南渑池县仰韶村发现的仰韶文化,距今约五至七千年,是母系氏族社会的发达期。1928年在山东历城县(今章丘市)龙山镇发现的龙山文化,距今约四千年,处于父系氏族社会取代母系氏族社会的转型期。至于有巢氏巢居、燧人氏钻木取火、伏羲氏教民结网、神农氏遍尝百草、黄帝与蚩尤之战,以及尧舜禅让、大禹治水等历史传说,都隐约地反映了中国先民在不同历史阶段生活、生产和斗争的经历。其中,黄帝是中国历史传说中最早的宗祖神,华夏族形成后被公认为全族的始祖,华夏儿女均称"黄帝后裔"。又因黄帝族与姜姓炎帝族世代互通婚姻,华夏儿女又称"炎黄子孙"。

中国历史上第一个王朝是夏(约公元前21世纪～公元前16世纪),由黄帝族的后裔夏部族建立。夏部族的活动范围大致西起今河南省西部与山西省南部,东至河南省与山东省交界处,北入河北省,南接湖北省。这一区域的中心是中岳嵩山及其周围的伊、洛水流域,济水流域和颍水、汝水上游地区。取代夏朝的是商朝(约公元前16世纪～公元前1066年),商朝是契的后裔商部落建立的,建都于亳

（今山东曹县南），曾多次迁徙，至盘庚时定都于殷（今河南安阳小屯村），因此商又称"殷"，亦称"殷商"。商代统治区域为黄河中下游的中原地区，也就是今河南北部及河北南部，但其势力所及之处，已是东起山东半岛，西至陕西西部，南及江汉流域，北连河北北部。约在公元前11世纪，周武王灭商建国，史称西周。周武王建都于镐（今陕西西安市斗门镇），以镐京为中心分封诸侯，据说周初所封有71国，有的诸侯国已至长江中下游地区，如太伯、仲雍的后人封于吴（今江苏苏州）等。公元前770年，周平王自镐京东迁洛邑（今河南洛阳），是为东周。东周又分为春秋、战国两期。春秋时期，在140多个诸侯国中涌现出一批强国，据司马迁《史记·十二诸侯年表》记载，此时的12个主要诸侯国是鲁、齐、晋、秦、楚、宋、卫、陈、蔡、曹、郑、燕，其中齐、晋、楚、秦、宋，史称"五霸"（五霸之说各家有异）。春秋末崛起的强国有吴（国都吴，今江苏苏州市）、越（国都会稽，今浙江绍兴市）。战国时期，诸侯兼并，形成了势力最强盛的秦、魏、韩、赵、楚、燕、齐七个诸侯国，即有名的"战国七雄"。大约成书于战国时期的《尚书》中的《禹贡》篇将传说中的上古时期我国中原地区划分为九州：冀州、兖州、青州、徐州、扬州、荆州、豫州、梁州、雍州。它们的大致位置如图0-2。而《周礼·职方》《尔雅·释地》《吕氏春秋·有始览》等古籍中

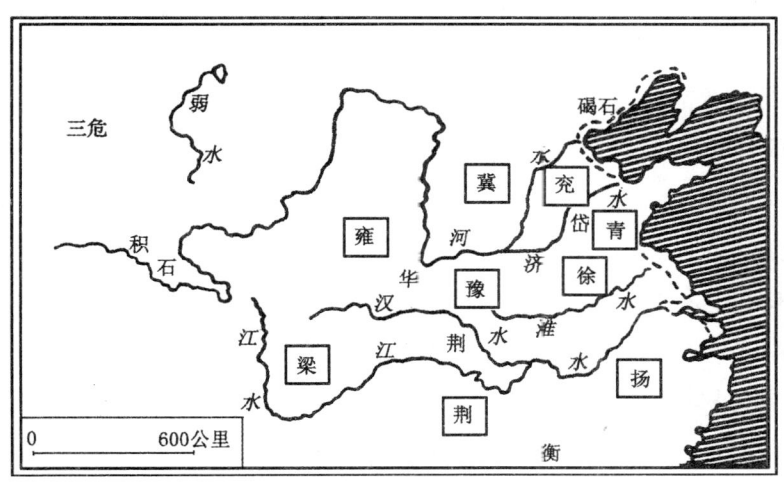

图0-2 上古时期"九州"位置示意图

的"九州"说各有不同。

公元前221年,秦始皇完成了统一六国大业,建立了以咸阳(今陕西咸阳东北)为首都的幅员辽阔的国家。其疆域东、南至海,西至今甘肃、四川,西南至今云南、广西,北至阴山,东北迤至辽东。秦始皇彻底废除分封制,全面推行郡县制,将全国分为三十六郡,以后又陆续增至四十余郡。汉高祖刘邦于公元前206年建立的以长安为首都的西汉王朝,大致继承了秦朝的规模。西汉除分封诸侯王之外,从武帝元封五年(公元前106年)又将全国分为豫州、兖州、青州、徐州、冀州、幽州、并州、凉州、益州、荆州、扬州、交趾、朔方等十三刺史部,又名"十三州"。东汉至南北朝,中国处于统一、分裂的交替和民族融合时期,行政区划大体为州制。公元581年,隋文帝杨坚结束了西晋末年以来近三百年南北分裂的局面,统一了全国,推行州县两级行政区划制度。隋朝虽然至二世(隋炀帝杨广)而亡(亡于公元618年),但继之者唐朝却迎来了经济文化繁荣和域外交往扩大的新局面。唐朝以长安(今陕西西安)为都城,在前期国势强盛时,其疆域东、南部到海,北界包括贝加尔湖和叶尼塞河上游,西北曾到达里海,东北曾到达日本海。唐太宗贞观年间,全国分为十道:关内道、河南道、河东道、河北道、山南道、陇右道、淮南道、江南道、剑南道和岭南道。唐玄宗开元年间再变为十五道,山南道分置为山南东道、山南西道,关内道长安附近增置京畿道,河南道洛阳附近增置都畿道,江南道分置为江南东道、江南西道和黔中道。北宋定都开封,疆域东、南到海;北以今天津海河、河北霸州、山西雁门关一线与辽接界;西北以陕西横山、甘肃东部、青海湟水流域与西夏、吐蕃接界;西南以岷山、大渡河与吐蕃、大理接界,以广西与越南接界。北宋初年,将唐代十五道改为十五路,后来又分为十八路、二十一路、二十三路、二十四路等。靖康(公元1126~1127年)之变后,宋政权南迁,南宋定都临安(今浙江杭州),与金南北对峙。元朝是中国多民族国家空前发展、壮大的时期。公元1271年,元世祖忽必烈入主中原以后,以大都(今北京市)为都城,不仅结束了长期的南北分裂的局面,而且实现了包括辽东、漠北、西域、吐蕃、云南等地区的大统一,幅员之广超过汉、唐。元代设一个中书省,为朝廷直辖区,又称都省、腹里,包括今北京、天津、山西、河北、山东以及河南、内蒙的部分地区。在各地设十一个行中书省：岭北、辽阳、陕西、河南、江浙、江西、湖广、云南、四川、甘肃、征东。公元1368年朱元璋建立的明朝，是继元朝之后又一个统一王朝，建都应天府（今南京），后迁都顺天府（今北京）。明朝疆域最广时，东北抵日本海、鄂霍次克海、今乌第河流域，西北到新疆哈密，西南包括今西藏、云南，东南到海及海外诸岛。明代分为两京和十三布政使司。两京是：京师（北直隶）、南京（南直隶）。十三布政使司是：山东、山西、河南、陕西、四川、湖广、浙江、江西、福建、广东、广西、云南、贵州。公元1644年明朝覆亡，清军入关，迁都北京，逐步统一全国。清朝疆域西到今巴尔喀什湖、楚河及塔拉斯河流域、帕米尔高原，北到戈尔诺阿尔泰、萨彦岭，东北到外兴安岭、鄂霍次克海、东到海，包括台湾及附属岛屿，南到海南诸岛，西到广西、云南、西藏，包括拉达克。清初将长城以南的明朝故地分为十八省，就是除明代十三省外，北直隶改为直隶省，南直隶改为江南省（后又分为江苏、安徽两省），陕西分为陕西、甘肃省，湖广分为湖南、湖北两省。清末，将原奉天、吉林、黑龙江三将军辖区改为省，俗称"东三省"。原福建省台湾道升为台湾省，原伊犁将军辖区改为新疆省。现在，全国划分为23个省、5个自治区、4个直辖市和2个特别行政区。首都为北京市。

  从以上中国历史沿革中，我们看到：中华文化的发祥地不仅是黄河流域，而且还有长江流域、淮河流域，乃至辽河流域、金沙江流域等。上文已经说到，中国最早的原始人类化石发现于云南元谋，即"元谋人"。元谋人是于1965年在元谋县境内的那蚌村发现的，今元谋县在云南楚雄彝族自治州中部偏北，邻近四川省，金沙江及支流龙川江流贯。又比如，1993年3月在长江下游的南京市郊江宁县汤山镇的一个山洞里，发现了一具古人类头骨化石，就是距今约50万年与"北京猿人"相似的古人类的遗迹。因此，中华文化的发源地是多元的，在不同地域，均有高度发达的新石器文化，如黄河下游的大汶口——龙山文化，长江下游的河姆渡文化、崧泽——良渚文化，长江中游的屈家岭——石家河文化，燕辽地区的红山文化，中原地区的仰韶——龙山文化等，形成了中国文明起源的多元一体格局。在此基础上，产生了各具鲜明特点的地域文化，有秦文化、晋文化、齐鲁文化、燕赵文化、楚文化、巴蜀文化、吴文化、越文化等。先民又不断开疆拓土,实行民族融合,形成了华夷统一、广土众民的中国,为今日拥有960万平方公里疆域、56个民族、13亿人口的泱泱大国奠定了基础,为中国文化的滋生繁衍提供了广阔的背景,使中国文化形成了统一性与多样性相结合的特征。

与中国历史沿革息息相关的,是中国传统文化演变的历史。大体说来,中国传统文化演变的历史可以分为八个时期。

(1)原始期　原始社会的文化为原始时期。早期中国文化的起点,可以上溯到170万年以前,其标志之一是"元谋人"。这个时期主要有旧石器时代文化和新石器时代文化。

(2)萌芽期　夏、商、西周时期的文化为萌芽期。先是夏代神学迷信盛行,后是商代尊天事鬼,继之以西周强调天命与德,敬天、孝祖、保民,大多具有较浓厚的宗教色彩。

(3)雏形期　春秋战国时期的文化为雏形期。这时出现了诸子蜂起、百家争鸣的盛况,创立了儒、墨、道、法、阴阳、纵横、名、农、杂各家学派,成为中国文化的多种源头。其中以儒、墨两家为显学,儒家提倡"仁爱",墨家主张"兼爱",表现出较为鲜明的人文意识。

(4)定型期　秦汉时期的文化为定型期。秦始皇建立了封建专制的中央集权国家,这种国家制度一直在中国延续了两千多年。汉代不仅沿袭秦朝各种制度,还确立了"三纲五常"(三纲为君为臣纲、父为子纲、夫为妻纲;五常为仁、义、礼、智、信)的封建伦理道德。这时的文化带有制度化、模式化和程序化的特征。

(5)多元期　魏晋南北朝时期的文化为多元期。这个时期大多处于分裂局面,中央集权不复存在。在这动乱的时世中,礼法相对松弛,儒学、玄学、道教、佛教等相互颉颃与冲突,胡、汉文化并存与碰撞,其中有交融,也有变异,呈现出多元化的态势。

(6)鼎盛期　隋唐时期的文化为鼎盛期。尤其是唐代前期国家统一,政治清明,经济繁荣,出现了"贞观之治"与"开元盛世",成为当时世界上最强盛、最文明的国家之一。统治者以高度的自尊与自信,在文化上采取开放与兼容的态度,因而道教风行,佛教兴旺,儒学昌明,基督教之一的景教也在贞观年间传入中国,胡、汉文化与中外文化交流与融合,使中国传统文化在这个时期达到高峰。

(7) 强化期　宋明时期的文化为强化期。北宋为了加强皇权,以枢密使掌军政,三司使掌财政,而宰相只管民事。明太祖朱元璋更是废丞相,设内阁,使政、军、法三权集中于皇帝一身,专制主义中央集权空前加强。而宋明理学的勃兴,使这个时期的文化带有不同于以往的哲理性与思辨性,以及为封建政治服务的自觉性等特点。

(8) 转型期　从明末清初到鸦片战争时期的文化为转型期,表现为封建文化由烂熟而衰落,启蒙思想在曲折中推进。

综上所述,中国文化包括物态文化、制度文化、行为文化、心态文化等层面,又经历了原始期、萌芽期、雏形期、定型期、多元期、鼎盛期、强化期、转型期等阶段,内容丰富,气势恢宏,蕴涵深刻,形式多样,其中有许许多多值得继承的宝贵遗产和值得借鉴的历史经验。因而,学习与弘扬中国优秀文化,振奋中华民族精神,是我们义不容辞的责任。

第三节　学习中国文化的目的、意义和方法

我们正处在一个承前启后、继往开来的重要历史关头。面对着科学技术的迅猛发展和世界各国的剧烈竞争,面对着世界范围内各种文化的相互激荡,面对着小康社会人民群众日益增长的文化需要,学习中国文化,不断提高广大群众尤其是青年一代的文化素质,大力推进有中国特色的社会主义文化建设,具有非常重要的意义。

中国文化源远流长,博大精深。在相当长的历史时期里,中国文化一直处在世界领先地位,给世界文明做出了巨大贡献。学习中国文化,更可以振奋我们的民族精神,增强民族自豪感和民族责任感,提高民族自尊心和民族自信心,

从而弘扬爱国主义,增强凝聚力,同心同德,艰苦奋斗,全面推进有中国特色的社会主义建设伟大事业。

许多事实说明,人的文化素养,对经济发展有着重要的影响,关系着社会能否持续发展的大局。青年是祖国的未来、民族的希望,青年学生学习中国优秀文化,提高自己的文化素质,以适应现代化建设的要求,是一项基础性和战略性的工程。而且,中国优秀文化底蕴深厚,格调高雅,哲理深邃,意境高远,具有不可低估的价值。我们青年学生理应自觉地学习中国优秀文化,使自己成为既有深厚文化底蕴又能适应社会主义现代化要求的接班人和建设者,为促进社会主义物质文明与精神文明协调发展做出自己的贡献。

中国文化是开放、兼容的文化,具有与世界文化相互交流的优良传统。学习中国文化,有助于我们开阔视野,解放思想,以吞纳百川的气概,以开放的心态,面向世界,博采各国文化之长,保持旺盛的活力,创造出更加绚丽多彩的有中国特色的社会主义文化,对人类文明做出自己应有的贡献。

学习中国文化的方法是多种多样的,其一是辨别良莠,弘扬精华,除弃糟粕。我们以什么样的标准来区分精华与糟粕呢?这要看其中是否有科学性、民主性、进步性的因素。悠久的文化历史与多元的文化结构,决定了中国文化具有鲜明的矛盾性和两重性,其中有精华,也有糟粕。因而,对于中国文化,主张全盘继承、全盘复古或主张割断历史、彻底否定都是错误的。我们要以是否有科学性、民主性、进步性为标准,去芜存菁,取精用宏,并且结合时代的特点加以发展,推陈出新,使中国优秀文化不断发扬光大。其二是古今贯通,中西汇合,以我为主,为我所用。事实表明,中国优秀的传统文化,不仅不会影响现代化的发展,而且可以成为维护社会秩序、改善社会风尚、协调人际关系、增强民族凝聚力的精神力量。我们要努力把握中国传统文化与现代化的契合点,并且将这些契合点升华成文化发展的目标,建设有中国特色的社会主义文化。这渊源于中华民族五千年的文明史,具有鲜明的民族特色,对此既不能妄自菲薄,又不能抱残守缺,而是要努力实现中国传统文化的现代转换,大力培育中华民族的创新精神,以适应社会主义现代化建设的需要;这又植根于有中国特色的社会主义建设的具体实践,具有鲜明的时代特点,因而,我们要不断实践,不断提高,不断开拓,不断充实、丰富有中国特色的社会主义文化,并以有中国特色的社会主义文化自立于世界文化之林,善于会通,勇于创新,为世界文明做出更大的贡献。

思考与练习

1. "文化"一词在古代是什么意义?现代社会如何定义"文化"这一概念?
2. "中国"一词的最初含义是什么?
3. 中国传统文化演变的历史可分为哪几个时期?
4. 应该怎样学习中国文化?

延伸阅读与参考书目

1. 梁漱溟著《中国文化要义》,学林出版社,1987年。
2. 于省吾撰《释中国》,《中华学术论文集》,中华书局,1981年。
3. 胡适著《中国哲学史大纲》,河北教育出版社,2001年。
4. 钱穆著《中国文化史导论》,商务印书馆,1994年。
5. 柳诒徵撰《中国文化史》,上海古籍出版社,2001年。
6. 侯外庐等撰《中国思想通史》,人民出版社,1958~1963年。
7. 余英时著《士与中国文化》,上海人民出版社,2003年。
8. 阴法鲁、许树安等主编《中国古代文化史》,北京大学出版社,1989年。
9. 冯天瑜等撰《中华文化史》,上海人民出版社,1990年。
10. 张岱年、方克立主编《中国文化概论》,北京师范大学出版社,1994年。

第一章 中国文化生成与演进的环境

中国文化具有悠久的历史与鲜明的民族特点。探究中国文化的特征,首先应该全面考察中国文化生成与演进的环境,借用《周易·系辞上》中的话来说,就是"仰以观于天文,俯以察于地理"。而且,不仅要考察其自然环境,还要考察其社会环境,从特定的背景上探究中国文化的特征。

第一节 中国传统文化的地理背景

中国位于亚洲东部、太平洋西岸,西北深入亚洲内陆,是一个海陆兼备的国家。北起漠河附近的黑龙江江心,南到南沙群岛的曾母暗沙,南北相距约5500公里;西起帕米尔高原,东至黑龙江与乌苏里江汇合处,东西相距约5200公里。陆地面积约960万平方公里,占世界陆地面积的6.4%,还有渤海、黄海、东海、南海和台湾以东太平洋海区等五大海区,海域面积300多万平方公里。显然,中国具有得天独厚、特点鲜明的自然地理环境。

其一,地域辽阔,但四周都有天然阻隔。中国是一个幅员辽阔、自然环境复杂的国家。西北为帕米尔高原,是天山、昆仑山、喀喇昆仑山和兴都库什山等交汇而成的大山结。这一带气候寒冷,冰川发达,雪海浩瀚,风沙猛烈,唐代诗人岑参在《走马川行奉送封大夫出师西征》诗中从一个侧面展示了这种景象:"君不见走马川(又名左未河,即今车尔臣河,在今新疆维吾尔自治区境内)行雪海(泛指西域一带地区)边,平沙莽莽黄入天。轮台(唐时属庭州,隶属北庭都护府,在今新疆维吾尔自治区米泉市境内)九月风夜吼,一川碎石大如斗,随风满地石乱走。"虽然在西汉时已奠定了经过戈壁沙漠的"丝绸之路",将中国古代丝绸等运到中亚、西亚、欧洲,传到古代罗马帝国,轰动西方,但山路崎岖,山岭阻隔,加之高寒干旱,这个地区仍然是令人不寒而栗的西北地理极限。西南耸立着号称"世界屋脊"的青藏高原,喜马拉雅山、昆仑山、祁连山及横断山脉环绕,往往高峰林立,壁立千仞,地高天寒,空气稀薄。其中如横断山脉,岭谷并列、山高谷深,对东西交通往来阻碍很大,所谓"对山喊得应,走路要一天"。正因为它"横断"东西交通,故名。喜马拉雅,藏语意为"冰雪之乡"。主脉大喜马拉雅山平均海拔 6000 米以上,山势巍峨峭拔,雪峰重叠,海拔 8000 米以上的高峰有 10 座分布于此。主峰珠穆朗玛峰,突出于群山之上,海拔 8848.13 米,是世界上第一高峰。喜马拉雅山构成青藏高原的边缘,是世界上最高大雄伟的山脉,成为中国与南亚诸国的天然分界。北方为广漠无垠的草原与沙漠,长城内外是历史上中原政权与北方少数民族斗争与融合的场地,其外缘以萨彦岭、贝加尔湖、大兴安岭一线为限,再往北因为天寒地冻,人迹罕至。东部是浩瀚的太平洋,从黑龙江东部沿海至东南沿海有绵延 18000 公里的海岸。虽然在秦始皇时有徐福乘楼船入海,在唐代有鉴真东渡日本,在明代还有郑和七下西洋的壮举,却没有导致中华民族向海洋大发展。

大约成书于战国时期的《尚书·禹贡》中说:中国的版图"东渐于海,西被于流沙,朔南暨声教,迄于四海"。古人认为中国四面环海,将中国称为"海内",外国叫"海外"。中国先哲们强调"四海之内,皆兄弟也"(《论语·颜渊》);"四海之内若一家"(《荀子·议兵》)。中国传统观念上的"天下"是由四海之内的诸夏和"四夷"共同构成的。先秦时代的《诗经·小雅·北山》中写道:"溥天之下,莫非王土;率土之滨,莫非王臣。"《清史稿·陶彝传》中也说:"普天率土,欢欣鼓舞。"由此可见,在传统的"四海"范围内具有多民族内向凝聚力,并且奠定了中国文化独立发展的格局。然而,在中国古代历史上主要为半封闭型的大河内陆文化,与西方开放型的海洋多元文化有明显的区别。

其二,地势由西向东略成三级阶梯,南北跨温、热两大气候带。中国主要的山脉有阿尔泰山、天山、阿尔金山、昆仑山、喀喇昆仑山、喜马拉雅山、阴山、秦岭、南岭、大兴安岭、长白山、太行山、武夷山、台湾山脉和横断山脉等,大体呈东西和东北——西南走向。以上山脉的分布构成中国地形的基本骨架,地势由西向东可以分为三级阶梯。昆仑山、祁连山以南,岷山、邛崃山、横断山脉以西的青藏高原属于第一级阶梯。享有"世界屋脊"之称的青藏高原平均海拔4000米以上,高原上横亘着一系列巨大的山脉,山岭间镶嵌着辽阔的高原与盆地。中国主要大江大河就是从这一级阶梯倾斜面分别向东、南、北三个方向奔腾而下。青藏高原外缘至大兴安岭、太行山、巫山和雪峰山一线之间,属于第二级阶梯。云贵高原、黄土高原、内蒙古高原以及四川盆地、塔里木盆地、准噶尔盆地等相间分布,地势下降到海拔2000~1000米。准噶尔盆地、四川盆地的大部分则下降到500米以下。东部沿海低山、丘陵和大平原位于第三级阶梯。略有起伏的东北平原、辽阔坦荡的华北平原、湖泊众多的长江中下游平原,平均海拔在500米以下,近海平原海拔在50米以下。大平原集中连片,是中国最重要的农业区。

  中国大地东西跨60个经度以上,南北跨约50个纬度,气候类型复杂多样,主要跨温、热两大气候带。以一些名山或大山为天然分界,呈现出热带、亚热带、暖温带、中温带、寒温带从南向北递变的趋势,形成了全国气候复杂多样的特点。例如,冬季的松花江两岸千里冰封,万里雪飘,银装素裹,到处呈现一派"林海雪原"的北国风光;而云南南部、台湾与海南岛等地,却是山青水绿,郁郁葱葱,椰林挺立,显示出生气勃勃的南国景象。中国年降水量分布总趋势是:从东南沿海向西北内陆递减,愈向内陆递减愈明显。400毫米等雨量线,从大兴安岭西坡向西南方向延伸至雅鲁藏布江谷地。以这条线为界,将中国分为两部分:该线东南明显受到夏季风影响,属于湿润部分;该线西北少受或不受夏季风影响,属于干旱部分。东南部的湿润、半湿润地区和西北部分的半干旱、干旱的地区各占国土面积的一半。东南部地区雨量充沛,极有利于植物生长。全国90%以上的耕地与森林分布在东南部地区。西北部大部分是草原与荒漠,又降水不足,成为天然的牧业地区。

  总之,由于地势由西向东落差,江河由西向东流淌,气温由南向北下降,雨量由东向西递减,便将中国分为东、西两大部:东部为农业区,西北部主要是游牧区,也由此使中国传统文化中的农耕文化与游牧文化相互补充。

第二节　中国传统文化植根的经济土壤

"民以食为天","国以农为本",中国古代有农耕与游牧两大"产食经济",而东部农耕经济又占优势,这是中国传统文化赖以生存和发展的主要经济基础。

农业被誉为文明之母,农业发明是人类历史上一次巨大的变革,是由人类的"采食经济"向"产食经济"发展的重要一步。中国有悠久的农业文明。黄河流域已知的最早的农业文化是距今七八千年前的河南裴李岗文化和河北磁山文化,属于新石器时代的早期文化。其中出土的石器多为石铲、石镰、石磨盘和石磨棒等农业生产和粮食加工的工具,标志着中国已进入了锄耕农业阶段。长江流域与黄河流域一样,也是中国农业文化的摇篮。与高温多雨、河湖密布的自然条件相适应,这里较早发展了以稻为主的水田农业。距今将近7000年的浙江余姚河姆渡文化,其遗址发现了稻壳堆,是目前所知的亚洲最古老的稻作遗存。

图1-1　浙江余姚河姆渡出土的骨耜和复原图

中国古代的有关传说,也留下了原始农业的印迹。传说中的神农氏在尝百草过程中发明了谷物的种植,"斫木为耜,揉木为耒,耒耨之利,以教天下"(见《周易·系辞传下》,意思是说:砍木做木锄,弯曲木做木犁,木犁、木锄的好处,用来教天下人),开始了"采食经济"向"产食经济"的转变。传说中周族的始祖后稷,名弃,长于种植,后人尊为农神。《诗经·大雅·生民》中歌颂了他对中国农业的伟大贡献,其中五、六章写道:

【原文】　　　　　　【译文】
诞后稷之穑,　　　　后稷种庄稼,
有相之道。　　　　　有他的好方法。
茀厥丰草,　　　　　先把乱草除,
种之黄茂。　　　　　后把好种下。
实方实苞,　　　　　苗儿齐整又旺盛,
实种实褎,　　　　　长高又长大。
实发实秀,　　　　　慢慢发育出穗子,
实坚实好,　　　　　结结实实谁不夸。
实颖实栗。　　　　　无数的谷穗沉沉挂。
即有邰家室。　　　　后稷到邰成了家。

诞降嘉种,　　　　　天降好种真出奇:
维秬维秠,　　　　　两种黑黍叫作秬和秠。
维穈维芑。　　　　　又有赤苗的穈和白苗的芑。
恒之秬秠,　　　　　黑黍遍地长,
是获是亩,　　　　　收割按亩来算计;
恒之穈芑,　　　　　穈和芑也是种满地,
是任是负,　　　　　抱起背起送家里;
以归肇祀。　　　　　回家开始把神祭。

（采余冠英译诗）

《礼记·祭法》中说:"共工氏之霸九州也,其子曰后土,能平九州,故祀以为社。"中国古代的帝王、诸侯均祭土神与谷神(社与稷),并以"社稷"为国家的代称,足以说明"国以农为本"。

夏代经济以农业为主,农业生产工具以木石工具为主,兼有一部分骨器与蚌器。历史传说中的大禹治水,以导为主,依据地势高低排除积水和疏浚滞淤,使原来的沼泽改变为良田,不仅减少了洪水泛滥的灾害,而且又引水灌溉农田,使夏代的农业有了很大的发展。商代经济也是以农业为主,其主要农作物有禾、黍、稻、麦等。甲骨文中有不少与农业有关的词句,如"受年""受黍年""受稻年"等。甲骨文中的"年"为"稔熟",即"五谷成熟"的意思。周人从始祖后稷起便非常重视农业,如《诗经·周颂·噫嘻》中描绘了周成王时期集体农耕的景象:

【原文】	【译文】
噫嘻成王!	啊,多好呀,成王!
既昭假尔。	曾召集你们来把话讲。
率时农夫,	率领这些农夫们,
播厥百谷。	播种百谷莫遗忘。
骏发尔私,	快点儿带着你的农具,
终三十里,	面对这三十里广阔的地方,
亦服尔耕,	大伙儿都来耕地呀,
十千维耦。	万人出动,配呀配成双。

(采金启华译诗)

《诗经·豳风·七月》叙述周代农夫全年的劳动,其中写道:"九月筑场圃,十月纳禾稼。黍稷重穋,禾麻菽麦。"意思是说:九月垫好打谷场,十月谷上仓。早谷晚谷黄米高粱,芝麻豆麦满满装。可见周代农作物的多样性。《周礼·大宰》中有"九谷"之说,注家认为"九谷"指黍、稷、稻、麻、大豆、小豆、麦、粱、苽,可知古代主要的农作物在周代差不多已出现。

战国、秦、汉、魏晋南北朝是精耕细作农业的成型期。这其中得益于作为农业命脉的水利。秦昭王时，蜀郡太守李冰在今四川灌县修都江堰，解除了岷江的水害，并使成都大平原获得灌溉与航运之利，成为著名的"天府之国"。都江堰不仅是我国而且也是世界上最古老的水利工程之一。战国末年，秦用韩国水工郑国，在关中开渠以沟通泾、洛二水，即有名的郑国渠，因而关中成为沃野，带来了粮食丰收。西汉时，普遍使用铁农具、牛耕，农业技术也有进步，使农业生产提高到一个新的水平。据西汉末年统计，当时全国有民户1220多万，人口5950万，多为自耕农；全国垦田数达到827万顷。尤其是被视为封建社会"盛世"的"文景之治"，农业的发展使粮价大大降低。文帝初，粟每石十余钱至数十钱。据《汉书·食货志》记载，文帝初年至武帝即位的70年间，太仓里的粮食由于陈陈相因，以致腐烂而不可食，政府的库房有余财，京师的钱财有千百万，连串钱的绳子都朽断了。东汉至三国两晋南北朝时期，长江以南、五岭以北的广大地区与巴蜀，逐渐发展为比较重要的农耕区。特别是江南地区的农业生产水平开始赶上那一再遭到破坏的黄河中下游地区，改变了"楚越之地，地广人稀，饭稻羹鱼，或火耕而水耨"（《史记·货殖列传》）的状况。

隋、唐、宋、辽、金、元是精耕细作农艺的成熟期。这其中也得益于作为农业命脉的水利。隋朝在全国统一的条件下，较大规模地兴修水利，尤其是开凿大运河。这条大运河自涿郡（今北京）至余杭（今杭州），沟通海河、黄河、淮河、长江、钱塘江五大水系，成为贯通南北数千里的水运大动脉。唐代统治者也比较重视兴修水利和管理灌溉设施。例如武德年间在同州（今陕西大荔）开渠，自龙门（今山西、陕西间黄河之龙门）引黄河水灌田，受益地达6000多顷。由于在政治、经济、文化上实行一系列开明政策，唐代出现了"贞观之治"和"开元之治"。杜甫在《忆昔》诗中写道："忆昔开元全盛日，小邑犹藏万家室。稻米流脂粟米白，公私仓廪俱丰实。九州通路无豺虎，运行不劳吉日出。齐纨鲁缟车班班，男耕女桑不相失。"那时社会安定，经济繁荣，其关键是"男耕女桑"的小农经济高度发展。自唐代安史之乱后，尤其北宋与南宋之际，农耕与蚕桑的重心明显南移，南方经济发展很快，人口与垦田面积大为增加，水区多有圩田，山区多有梯田,出现了麦稻两熟和双季稻,大大提高了亩产量。

明、清时代是精耕细作农艺的持续发展时期,其主要特点是应付人口的激增而出现人口多与耕地少的矛盾,致力增加复种指数与扩大耕地,土地利用率达到传统农业的最高水平。明初,通过大量垦荒,耕地明显增加,粮食总产量也逐年提高,某些地区已有相当数量的储备。据《明史·食货志》记载:"永乐年间,宇内富庶,赋入盈羡,米粟自输京师数百万石外,府县仓廪蓄积甚丰,至红腐不可食。"但是,明清之交,因长期战乱而经济残破,土地荒废,因而,清朝统治者奖励垦荒,全国耕地面积逐步增加,由顺治年间5亿多亩至乾隆年间达7亿多亩,农业经济得到恢复和发展。

大致以400毫米等雨量线为界,将中国传统经济分为农耕与游牧两大区域。"天苍苍,野茫茫,风吹草低见牛羊。"(《敕勒歌》)展示了一幅苍茫辽阔的游牧区域的图景。中国古代北方的游牧民族,早期以畜牧为主,往往随牧畜逐水草而居,迁徙无定,胡服骑射,食肉饮乳,所谓"一件皮袄,一杆猎枪,一顶帐篷走四方"。中国古代的游牧经济与农耕经济有对垒、冲突,也有交融、互补,曾几次建立混合游牧区与农耕区的帝国。例如鲜卑族拓跋珪所建的北魏(公元386~534年),历十二帝、二王,共149年。13世纪,原为游牧民族的蒙古通过不断战争与征服,统治了横跨欧亚大陆的广大地区,至1271年入主中原,建立了元朝政权。1644年,耕、牧、渔、猎并用的东北女真人的后裔满族,入主中原,确立了清朝对全国的统治。这些都在不同程度上推动了游牧经济与农耕经济的融合。尽管如此,中国古代仍然是以农业经济为主体。西部游牧区的面积占全国总面积的五分之三以上,人口却不足十分之一,其中还有小块绿洲与河谷小平原的农业区;东部农耕面积虽然不足五分之二,人口却占绝大多数。虽然明清以来商品经济进一步发展,并且出现了资本主义萌芽,但直至鸦片战争以前的整个中国,农业和手工业相结合的自给自足的自然经济仍然占主导地位。对于这种农业与手工业相结合的自给自足的自然经济,可以借用《汉书·食货志》中的一段话来概括其特征:

《洪范》八政,一曰食,二曰货。食谓农殖嘉谷可食之物,货谓布帛可衣及金刀龟贝,所以分财布利通有无者也。二者,生民之本,兴自神农之世。

这是一种自给自足的自然经济形态,简而言之曰"男耕女织"。由此,我们不难理解《击壤歌》中所写的:"吾日出而作,日入而息。凿井而饮,耕田而食。帝力何有于我哉?"我们也不难理解唐代诗人杜甫在追忆开元经济繁荣时突出的"男耕女桑不相失"(《忆昔》),以及牛郎织女"你耕田来我织布"的"天仙配"故事何以会在中国受到人们普遍的欢迎。世界上传统的经济大致分为三类:一是农耕经济,二是游牧经济,三是商业经济。中国传统的经济是农业经济占主导地位,因而造成了中国农业文化的若干特征:(1)勤劳务实。农业生产是"一分耕耘一分收获",因而养成了勤劳务实的精神。然而,往往带有"吹糠见米"的小农意识,偏重实惠与眼前功利,忽略长远利益。(2)安土重迁。农耕生活与土地相连,人们生于斯,长于斯,老于斯,"各安其居而乐其业,甘其食而美其服"(《汉书·货殖传》)。所谓"安土重迁,黎民之性;骨肉相附,人情所愿也"(《汉书·元帝纪》),蕲求"天长地久,福禄永终",而缺乏向空间扩展、向外争取的精神。"羁鸟恋旧林,池鱼思故渊"、"宁恋本乡一捻土,莫爱它乡万两金"等乡土观念得到较多的人认同。(3)重农抑商。虽然在中国奴隶社会的城邑中就有商品交易,所谓"宫中三市"、"国中列廛"。进入封建社会,商业进一步地发展,明清时期出现了资本主义萌芽,但传统农业经济占主导地位的中国,在宏观上主要强调"以农为本"、"重农抑商",周而复始地扼杀了商品经济以及资本主义萌芽,阻碍了中国社会经济的发展。

第三节 中国传统文化所依托的社会结构

"大道之行也,天下为公"(《礼记·礼运》),这是以传说中的尧舜时代为典型,也可以泛指理想化的中国原始氏族社会;"大道既隐,天下为家"(《礼记·礼运》),这是以西周时代为典型,也可以泛指有阶级与国家组织的夏、商、周以来的中国奴隶与封建社会。也就是说,"天下为家"或曰"家国同构"是中国传统文化所依托的社会结构。

中国古代社会的特征之一是宗法制度。宗法的"宗",是个会意字。《说文解字》中说:"宗,尊祖庙也。"段玉裁注:"当云:尊也,祖庙也。"可见,"宗",本是"祖庙、祖、族"的意思。所谓"宗法制",是以一种血缘关系为基础,尊崇共同祖先以维系亲情,在宗族内部区分尊卑长幼,并且规定继承秩序以及家族成员各自不同的权利和义务的法则与制度。它由父系家长制演变而成,到周代逐渐完备。在周代,宗法与分封制(或称封建制)相辅,宗法制直接导致分封制,所谓"封建亲戚,以蕃屏周"(《左传·僖公二十四年》)。西周分封,以宗法血缘为纽带,建立起周天子、诸侯、卿、大夫、士这一等级序列制度。周王自称天子,王位由嫡长子继承,称为天下大宗,是同姓贵族的最高家长,也是政治上的共主,掌握国家的军权与政权。嫡长子的弟兄们受封为诸侯,诸侯对周天子而言是小宗,但在其封国内又为大宗,其君位由其嫡长子继承。嫡长子的弟兄再分封为卿大夫,又成为小宗。就是说,诸侯从天子那里得到封国,大夫从诸侯那里得到采邑,士从大夫那里得到禄田,形成"王臣公,公臣大夫,大夫臣士"(《左传·昭公七年》)的等级制度,诚如《礼记·礼运》中所说:"天子有田以处其子孙,诸侯有国以处其子孙,大夫有采以处其子孙,是谓制度。"这就是所谓的"世卿世禄制",可列表如下:

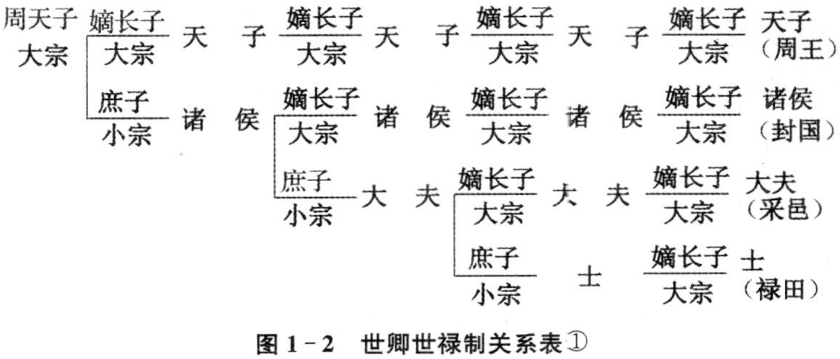

图1-2 世卿世禄制关系表[①]

[①] 采自王超《中国历代官制与文化》,上海人民出版社1989年版,第25页。

战国时期,世卿世禄制逐渐被削弱和替代。但是,汉高祖刘邦以为秦祚短促的原因在于无同姓王国屏藩,便建立同姓王国。并且,刘邦与群臣立下"非刘氏不王"的誓约,到他在位的最后一年已建立楚、齐、赵、代、梁、淮阳、淮南、吴、燕等九个同姓王国,异姓王国则只留长沙一个。于是,宗法制度又以新的形态出现。中国封建社会前期主要是强宗大族和门阀制度,后期则形成了以修宗谱、建祠堂、置族田、立族长、订族规等为特征的宗族制度。秦汉时期一些宗族由于政治地位、经济力量以及人丁兴旺等方面的优势而成为强宗大族。如汉武帝时,将军灌夫积累的家资数千万金,每天的食客数十百人。为了垄断水利田地,灌夫的宗族宾客都争权夺利,在颍川一带横行霸道。因而,颍川一带流行着一首童谣:"颍水清,灌氏宁;颍水浊,灌氏族(灭族)。"(《史记·魏其武安侯列传》)东汉后期的士大夫中,出现了一些累世专攻一经的家族,他们的弟子动辄数百人甚至数千人。他们通过经学入仕,又形成了一些累世公卿的家族,例如世传欧阳《尚书》之学的弘农杨氏,自杨震以后,四世皆为三公;世传孟氏《易》学的汝南袁氏,自袁安以后,四世中居三公之位者多至五人。强宗大族的进一步发展,就形成了魏晋南北朝时期的门阀制度。"门阀"是"门第阀阅"的意思,指世代显贵的家族。魏晋南北朝时期,以"九品中正制"选择官吏,各州郡的大小"中正"往往掌握在世家大族的手中,造成了"上品无寒门,下品无势族"(《晋书·刘毅传》)的局面。此时,各地陆续出现了一些世家大族,如江东吴郡的顾氏、陆氏、朱氏、张氏,北方的琅玡王氏、陈郡谢氏、清河崔氏、范阳卢氏、荥阳郑氏、大原王氏、颍川荀氏和陈氏、东海五氏、陕西李氏、京兆杜氏等,都成为豪门望族。唐太宗时由中央政府出面重修《氏族志》,论述姓氏源流支系,共列入"氏族"即豪门大姓293姓,1651家,其中又分三则九等,太原王氏、范阳卢氏、荥阳郑氏、清河博陵二崔、陇西赵郡二李等五姓七家又是望族中的望族。这种崇尚门阀之风,起于东汉,迄于唐末,诚如明代归有光所说:"然魏晋而降,区区综核百氏,以门第官人。虽卑姓杂谱,犹藏于有司,而谱牒特盛。迄于李唐,犹相崇重。五季衰乱,荡然无复有存者矣。"(《龙游翁氏宗谱序》,《震川先生集》卷二)

中国封建社会的后期则是家族制度与封建特权、封建礼教等纠合在一起,在近千年的历史中产生着深刻的影响。宋代以后的封建家族制度有两种形式：一是由个体小家庭组成聚族而居的家族组织；二是累世同居共财的大家庭。如宋代汉阳张氏（张昌中），八世同居，家庭人口多至3000人。又如明清时吉水周氏（周勉），五世同居，家庭人口达1200余人。据光绪《湖南通志》记载，清朝光绪初年，在湖南一省五世以上同居者就有1352家。中国封建社会后期家族制度所体现的封建族权，主要以宗谱、宗祠、族田、族长、族规等为表现特征。例如，对于违反族规和封建国家法律者，有的由本族私刑处死，如活埋、沉塘等。

"家国同构"，是中国封建社会结构最鲜明的特征。《周易·序卦》中说："有天地然后有万物，有万物然后有男女，有男女然后有夫妇，有夫妇然后有父子，有父子然后有君臣，有君臣然后有上下，有上下然后礼义有所错（错，同"措"，安置）。"视家庭关系为国家关系的先导与基石，由此发展为"家国同构"的观念：家是小国，国是大家，因而"国"与"家"彼此沟通，"齐家"与"治国"相互为用，所谓"治国必先齐其家者，其家不可教而能教人者无之，故君子不出家而成教于国"（《礼记·大学》）；父为"家君"，君为"国父"，君与父互为表里，由此演绎出以"孝"、"忠"为核心的礼义观："君子之事亲孝，故忠可移于君。"（《孝经·广扬名》）将孝于宗族长辈的家庭宗法伦理情感，转化为忠于国家朝廷的政治观念："其为人也孝弟（悌），而好犯上者，鲜矣；不好犯上，而好作乱者，未之有也。"（《论语·学而》）封建统治者往往通过家族（家庭）政治化和国家家庭化两个途径，把防止"犯上作乱"的责任，分解到家庭和家族，使各位家长、族长、父亲、丈夫去分别承担，也使"忠臣孝子""忠孝双全"成为鲜明的道德取向，形成以"君君、臣臣、父父、子子"（《论语·颜渊》）为轴心的伦理—政治系统。孝亲与忠君互为表里，而且忠君与爱国紧密相联，这便促成了群体调和的精神、民族团结的精神与爱国精神。在中国古代历史上，那不辱君命而持节牧羊的苏武，那闻鸡起舞而立志为国效力的祖逖，那精忠报国的岳飞，那"留取丹心照汗青"的文天祥，都从"忠孝节义"中吸取了积极的思想营养。

中国封建社会结构的又一特征是君主专制。创始于秦始皇，而健全于汉代的皇帝制度，构成了中国封建社会君主专制政体的核心，皇帝则成为秦汉以后历代王朝的最高统治者。公元前221年,秦王嬴政统一全国,自以为德兼"三皇",功过"五帝",就更号曰"皇帝",自称"始皇帝",命为"制",令为"诏",自称为"朕",一切政事都由他独断。秦始皇在政治、经济和思想文化方面推行了一系列旨在巩固君主专制的措施。他在全国范围内废除分封制,代之以郡县制;在皇帝的直接控制下,建立了自中央直至郡县的一整套官僚机构。中央设丞相、太尉、御史大夫,由他们与诸卿议论政务,最后由皇帝作裁决。始皇三十四年(公元前213年),秦始皇采纳丞相李斯的建议,下令销毁民间所藏的《诗》、《书》、百家语,禁止私学;随后因求仙药的侯生、卢生逃亡,牵连儒生、方士四百余人,而将他们全部坑杀于咸阳,史称"焚书坑儒"。汉继秦之后,进一步加强专制主义的中央集权制度,其中有削弱丞相权力而加强皇权,任酷吏,严刑法等。有的酷吏专伺皇帝旨意而制造大狱,大肆网罗,如汉代廷尉杜周以诏令捕人至六七万之多。明代君主专制更是走向极端。明太祖朱元璋在《大诰》中公然规定:"寰中士大夫不为君用是外其教者,诛其身而没其家,不为之过。"也就是说,不应诏入仕就是大逆不道,便要灭尽杀绝。朱元璋废除丞相职位,由皇帝亲自行使职权,大权独揽,并且建立特务机构锦衣卫,将这些作为皇帝"自操威柄"的手段与工具。至于明代的"党案"株连和文字狱等,又在承继前代中发展到极端残酷的地步。清朝统治者入主中原后,为了加强思想文化的控制,也大兴文字狱,制造了庄廷鑨《明史》案、戴名世《南山集》案、吕留良诗文案以及查嗣庭案等大案,株连无辜。君权专制另一个重要表现为借用"天"的权威。相传秦始皇以和氏璧制成传国玉玺,由李斯手书"受命于天,既寿永昌"(见《后汉书·徐璆传》注)八字。汉代董仲舒又借"天"的权威提出"君权神授"说。他鼓吹"天"是宇宙间最高主宰,是至高无上的神;君权代表天意,君主替天行道,因此,君权是神圣不可侵犯的;而且"天不变,道亦不变"(《汉书·董仲舒传》)。如此从理论上论证当时专制君主的绝对权威,这就为封建专制披上了神秘的色彩。

总之,以宗法制度为基础,以"家国同构"为纽带,以君主专制为核心的中国古代社会结构,导致了中国传统文化中"大一统"的思想、"忠臣孝子"的社会伦理和"君尊臣卑"的心态等。这其中有某些积极意义,也有消极作用,尤其是中国封建社会后期的君主专制,扼制了商品经济的发展和资本主义萌芽的生长以及早期的启蒙文化,导致了中国近代社会的落后。

思考与练习

1. 中国的地理环境主要有什么特点?
2. 中国农耕经济的发展经过了哪几个阶段?
3. 宗法制度的核心内容是什么?
4. 中国的家族制度与国家制度之间有什么联系?

延伸阅读与参考书目

1. 夏鼐撰《中国文明的起源》,文物出版社,1985年。
2. 苏秉琦、殷玮璋撰《关于考古学文化的区系类型问题》,《文物》,1981年5期。
3. 郭沫若著《中国古代社会研究》,人民出版社,1954年。
4. 费孝通著《乡土中国》,三联书店,1985年。

第二章 儒家文化

在长达两千多年的中国封建社会里,儒家思想一直在官方意识形态领域占据着正统地位,对中国文化产生着广泛而深刻的影响。儒学乃是中国传统文化的思想主流。

儒家何以被称为"儒",据《汉书·艺文志》说:"儒家者,盖出于司徒之官,助人君顺阴阳、明教化者也。"近代有的学者认为,"儒"的前身是古代专为贵族服务的巫、史、祝、卜。在春秋社会大动荡时期,"儒"失去原来的地位,由于他们熟悉贵族的礼仪,便以"相礼"为谋生职业。按这种说法,春秋末期,"儒"指以相礼为业的知识分子。此后,"儒家"指崇奉孔子学说的学派。

儒家内部,不论在政治观点或哲学观点方面,都是有差别甚至是对立的。但两千多年来,作为一个学派,在思想上又有其共同特征。以汉朝人的观点来看,儒家有以下几个特点:(1)宗师孔子,视其言行为最高准则;(2)以《诗》《书》《礼》《乐》《易》《春秋》为经典;(3)提倡仁义,以此为行为准则;(4)维护君臣、父子、夫妇、兄弟等伦常关系。

第一节 孔子及其思想

一、孔子生平与时代背景

孔子是儒家学派的创始人。孔子(公元前551—公元前479年),名丘,字仲尼,春秋时鲁国人。他的祖先是宋国贵族,因宋国政治变乱,逃到鲁国定居。孔子的父亲做到鲁国的陬邑宰。孔子幼年丧父,早年当过管理仓库和看管牛羊的小吏,以后主要是从事办理丧事赞礼的"儒"的职业,快到晚年时在鲁国做过三个月的司寇。他周游各诸侯国,企图找到实现理想的机会,但由于他的理想与当时社会发展的方向背道而驰,所以一直没有能够实现。回到鲁国后,他把全部精力放在教育和整理、研究古典文化上,并做出了卓越的成绩,同时也培养了一大批有学识、有才干的学生,由此形成了一个以孔子为核心的学派,后世称为"儒家"。

图 2-1 孔子像

孔子生活的年代,正是社会阶层发生急剧变动的时期。在西周时,"溥天之下,莫非王土;率土之滨,莫非王臣"(《诗经·小雅·北山》)。也就是说,全国的土地均属天子所有,天子再分封一些给他的宗族、亲戚、功臣和古代延续下来的旧国,这些封土或者成为国家,或者成为采邑。土地的收入,大部分为被封者所享有,一部分还得向天子纳贡;对于全国的臣民来说,天子享有至高无上的权力。然而在春秋时代,随着社会生产力的发展以及政治局势的演变,社会制度正在发生着巨大的变化。就在孔子出生前四十多年(公元前594年),鲁国实行"初税亩"制,即依各人所拥有的田地亩产数抽取赋税,这表明了承认土地私有的合法性,土地所有制有了根本性的改革。在政治上,随着平王东迁,王室地位急剧下降,天子仅仅享有虚名,而失去了对诸侯的控制权。在诸侯国家中,大夫专权,不听诸侯的号令。整个社会最根本的趋势是权力下移。在一个丧失了传统权威的时代,奴隶制时代的礼仪准则不再被遵守,各种违礼僭越现象比比皆是。生活在变革与动荡时代的孔子,一心想恢复周朝盛世时那种稳定的、井井有条的社会政治制度,所以,孔子的思想具有鲜明的时代印记。

二、礼的思想

孔子思想中最重要的内容之一是试图以"正名"手段恢复周朝的礼制。礼的意义在古代至为广泛,它包括国际交际的礼节仪式,贵族的冠、婚、丧、祭、燕、飨的典礼,也包括政治制度、道德规范等内容。孔子认为由周公吸取了夏朝、商朝制度的优点而制订的周礼是十分完备、值得尊奉的。而周礼的基本内容乃是以宗族血缘关系为基础建立起来的宗法制度和"君君、臣臣、父父、子子"的等级制度。由于当时等级制度的混乱,孔子试图以理想标准的"名"来纠正那些不符合周礼情况的"实"。他说:"名不正则言不顺,言不顺则事不成,事不成则礼乐不兴,礼乐不兴则刑罚不中,刑罚不中则民无所措手足。"(《论语·子路》,以下只署篇名)也就是说,重新肯定周朝宗法等级制度的秩序,最关键的一步在于"正名"。不同名分的人有不同的道义准则。在国家政治制度上,处于君这个地位的人,应该具备君这个名称的人所应有的品行,得到具备君这个名称的人所应得的对待。而在家庭关系中,要坚持"亲亲"的原则。应该说,孔子思想中的这部分内容既消极又有害,就其应用来说,其弊端更明显。这是因为就君臣关系而言,对于君,孔子往往强调人君应该享受的权力;对于臣,则片面强调臣应该尽的义务。儒家思想为巩固封建集权统治提供了思想依据,所以,一直是中国封建社会的正统意识形态。

　　孔子对周礼并非是无条件的因袭,在现实条件下,孔子对周礼的思想内容也有较大的发展与补充。这首先表现在加强思想统治上。与西周主要运用政令刑罚及外在具体的仪式和形式来维持等级制度不同,孔子主张礼治德化与政令刑罚相辅而行。他说:"为政以德,譬若北辰,居其所而众星共之。"(《为政》)这里,孔子高度赞美了德政的作用,就像众星都围着北极星转一样,德政受到民众的欢迎从而使治理变得容易。德政是与刑政相对而言的,实行德政即是实行教化。"道之以政,齐之以刑,民免而无耻;道之以德,齐之以礼,有耻且格。"(《为政》)也就是说,孔子试图以教化的方式使西周的道德准则成为人们心目中的自觉意识,从而能够心甘情愿地遵循社会的制度、法令和礼仪。孔子提出的这一手法影响极为深远,以后历代统治者都试图运用这种手法以取得最佳的统治效果。

　　德政的内容是"惠民",使民能够维持生活和生产而不至于冻馁。具体办法是"敬事而信,节用而爱人,使民以时"(《学而》)。"节用",包含着减轻剥削,"使民以时"即不违农时,使生产有所发展。节用爱民,使民以时,使庶民富裕起来,然后再施以教化,就可以收到德政的效果。这种主张是从物质和精神两个方面来维持社会的安定。而富民是富国的必要条件。"百姓足,君孰与不足?百姓不足,君孰与足?"(《颜渊》)这种观点旨在劝说统治者剥削不可太重,不能采取杀鸡取卵、竭泽而渔的剥削办法。在后来的封建社会中,儒家都援引上述说法说明省刑罚、薄赋税的重要意义,以限制激烈的搜括和兼并。所谓德政,还包含了防止贫富过分悬殊,"丘也闻有国有家者,不患贫而患不均,不患寡而患不安。盖均无贫,和无寡,安无倾。夫如是,故远人不服,则修文德以来之。既来之,则安之"(《季氏》)。

三、仁的学说

孔子思想中的另一个重要内容即是他对于"仁"的论述。"仁"这个词在孔子以前即已广泛运用,但作为哲学范畴提出,却是从孔子开始的。由于孔子对于"仁"的论述相当多,每一次论述又着重于某一侧面,所以对"仁"的看法也是见仁见智。但是能够揭示"仁"最本质含义的应该是孔子两句似乎无法调和的话,那就是"克己复礼为仁",仁者"爱人"。

从"克己复礼为仁"这个角度而言,"仁"的基本性质和内容,是约束自己的行为使其符合周礼的规范。但是,光是行为符合周礼还远远不够,"仁"的另一个特点,就是求仁是一种完全自觉的、主动的行为,是由自己决定的,不依靠外力和他人。礼乃是属于社会伦理规范的制度,而仁则属于人们的道德观念和品质。孔子说:"人而不仁,如礼何?人而不仁,如乐何?"(《八佾》)也就是说人如果不具备仁的观念和品质,是不能彻底贯彻礼乐的,仁乃是礼的精神支柱。礼是道德的标准,仁是道德的属性,只有具备了仁才不会做违背礼的事情。孔子说:"苟志于仁,无恶也。"(《里仁》)专心培养仁的品德,便可以消除恶的行为。孔子认为,在思想修养上,非善即恶,因此"君子无终食之间违仁,造次必于是,颠沛必于是"(同上)。时时刻刻使自己处于一种道德自觉之中。后来的儒家把道德修养放在十分重要的地位,其基本价值观发端于孔子的这种思想。

加强人的道德训练和修养,提高人的道德思想境界,便能更好地执行礼。仁和礼互为因果,就能更好地维护奴隶制的宗法制度。而孝悌是维护宗法血缘关系的纽带,是礼的核心,所以,孔子及其弟子对孝悌观念也极为重视。孔子弟子有若说:"其为人也孝弟(悌),而好犯上者,鲜矣;不好犯上,而好作乱者,未之有也。君子务本,本立而道生。孝弟也者,其为仁之本与!"(《学而》)孝悌的原则推而广之,于国家社稷即是忠君爱国。孔子说:"孝慈则忠。"说明忠乃孝之扩张。

"仁"作为一种精神品质,包含了多方面的伦理道德原则。在孔子的论述中,"仁"除了是一种使人们自觉、主动地遵循礼的道德素养之外,还是一种处理人际关系的道德伦理准则。孔子说仁者"爱人",所谓"爱人"也就是"推己及人","己所不欲,勿施于人"(《颜渊》),所谓"一以贯之"的忠恕之道也是这个意思。推己及人是忠,不强加于人是恕。所以,孔子"仁"的观念在一定程度上发现了"人"。这一方面固然是孔子对远古氏族统治体制中的民主性及人性的继承和发扬,同时也是顺应了春秋末期的历史趋势,因为当时"人"的发现,是社会历史的一大进步,即解放了的奴隶变成农民,由会说话的工具取得做"人"的资格。孔子所说的"爱人",在某种意义上包括劳动者在内,所以说它体现了时代精神。当然,孔子的"爱人",主要是将忠君、孝亲、敬长、慈幼这一套伦理道德推而广之,使人人自觉遵守。它是以严格维护宗法血缘关系为内容的,但这种学说客观上主张对劳动者要宽,即施行惠民政策,把劳动者当人看待,是顺应奴隶解放的趋势的,无疑有进步意义。

四、孔子的天命观与认识论

在当时的时代条件下,要求孔子成为一个无神论者是不可能的。孔子继承了西周以来传统的天命观念,将天视作是一个有最高意志的能主宰一切的权威,把它作为思想体系的终极依据。他对天存在着极大的敬畏之感:"天何言哉?四时行焉,百物生焉,天何言哉?"(《阳货》)人的生死寿夭和富贵贫贱都受天命决定,天命主宰一切,敬天、畏天是人的高尚品德。他说:"大哉!尧之为君也。巍巍乎!唯天为大,唯尧则之。荡荡乎!民无能名焉。巍巍乎!其有成功也。焕乎!其有文章。"(《泰伯》)"君子有三畏:畏天命,畏大人,畏圣人之言。"(《季氏》)

另一方面,应该说,孔子在天命观上,表现出一种较胜于同时代人的理性精神。孔子主张天人可以互相感通,天命和人事相联系,强调在人事活动中去体认天命;因此,他强调人事有为,在人事范围内不要消极无为。他说:"不怨人,不尤人,下学而上达;知我者,其天乎!"(《宪问》)这是强调主观努力从事人事活动,下学而上达,和天沟通,而以人事为主。孔子丕说:"人能弘道,非道弘人。"(《卫灵公》)说明他虽相信天命,而贯彻天命则要靠人为努力,这种在人事上积极有为的主张,也能激发人们去进取。

孔子承认鬼神的存在,但并不提倡迷信鬼神,他甚至不谈论鬼神,"子不语怪力乱神",他认为只要人的行为符合善,就会得到鬼神的福佑。他一再教导弟子致力于人事,不要把精力用到迷信鬼神上去。相信鬼神而不提倡迷信,这成了儒家现实主义的传统。

五、孔子的教育思想

孔子是一个伟大的教育家,先后教过的学生有三千之多。从他开始,形成了较大规模的私人讲学活动,从此,各家学派得以发展,形成了春秋战国时期百家争鸣的学术繁荣局面。

孔子是我国古代第一个提出系统的教育方法的教育家。由于他具有丰富的教学经历,在学习方法和认识论方面总结了不少经验。其中一些有消极作用。比如在知识的来源这一问题上,孔子肯定有些人有"生而知之"的知识,这类人的知识是头脑里固有的。他们的知识能力和智慧也是不可改变的。孔子将人分成四类:"生而知之者上也,学而知之者中也,困而知之者又其次也。困而不学,民斯为下矣。"(《季氏》)又说:"唯上智与下愚不移。"(《阳货》)但是孔子的认识论思想大部分符合唯物主义认识论的原则。首先,孔子认为学习本身是不断实践的过程,要反复地学习实践才能牢固地掌握所学的知识,所以,要"学而时习之"(《学而》),"温故而知新"(《为政》)。要靠多闻博见去掌握真正的知识:"多闻阙疑,慎言其余,则寡尤;多见阙殆,慎行其余,则寡悔。"(《为政》)其次,要端正学习的态度,"知之为知之,不知为不知,是知也"(《为政》),有了老老实实的学习态度才可以得到真正的知识。他称赞虚心向比自己地位低的人请教("不耻下问")的人,认为这是一种好学的表现。第三,学习和思考并重。孔子说:"学而不思则罔,思而不学则殆。"(《为政》)思与学之间具有辩证关系,两者之中,学是主导的,思考要以学习为基础。第四,孔子强调学以致用。他说:"诵《诗》三百,授之以政,不达;使于四方,虽多,亦奚以为?"(《子路》)第五,在教学方法上,孔子注重启发式和因材施教。"不愤不启,不悱不发,举一隅不以三隅反,则不复也"(《述而》)。就是说,教导学生,不到他想求明白而不得的时候,不去开导他;不到他想说出来又说不出来的时候,不去启发他。教给他东,他却不能由此推知西、南、北三方,便不再教他了,因为他不肯钻研。

针对学生的不同特点,孔子往往施以不同的教育方法,颜渊、仲弓、司马牛问"仁",孔子有三种答案。子路和冉有都问"闻斯行诸?"孔子的答复竟完全相反,因为子路是急性子,而冉有是慢性子。孔子的教育思想,一直是中国文化中最可珍视的传统之一。

孔子之后,儒分八派,各自都有自己的学术倾向。而其中最重要的是子思之儒和孙(荀)氏之儒,一派以孟子为代表,另一派以荀子为代表。

第二节 孟子及其思想

一、孟子的生平及仁义思想

孟子,名轲,邹国(今山东邹县)人,生卒年不详,大约为公元前372年—公元前289年。孟子是孔子的孙子子思之学生的学生,相传为鲁国贵族孟孙氏之后裔,幼年家贫。他以孔子继承者自命。与孔子一样,孟子为了实现他的政治思想也曾周游过齐、梁、鲁、邹、滕、薛、宋诸国,但终因其学说迂阔难于实行,没有能得到重用。晚年与弟子万章等人著述《孟子》七篇,其中保存他的许多言论和思想。孟子对我国后来的封建社会发生了巨大的影响,被尊为封建社会的"亚圣"。

孟子最具有价值的思想之一是其"仁政"学说,孟子主张行"仁政"而"王天下"。孔子的德政发展到孟子的仁政,为后来中国封建社会的儒家思想奠定了理论基础。

"仁政"的具体内容,孟子归纳为五点:对于知识分子(士),要使"尊贤使能,俊杰在位";对于商人要减轻他们的负担;对于负贩的商人不要征税;对于耕者恢复井田制度,而不要另外征收赋税;对于城市居民则要免除住宅的税。而这其中最重要的,就是以井田制的形式来推行封建制度。孟子设想的"井田制"就是国家把土地分给农民,每平方里划分为九百亩,中间一百亩为公田,其余八百亩为私田,分给八家农民,每家种一百亩,八家共同耕种一百亩公田。这样就能在经济上保持小农生产的相对稳定,适当满足小农的土地要求。农民有了一定数量的土地,便可以养活父母妻子,凶年不至于流离死亡。农民经济上的保障只是孟子王道理想的基础,孟子最终的目的是使全体百姓树立起道德伦理观念。只有"养生丧死无憾",才能驱使老百姓为善。不然,百姓连最起码的生活条件都得不到满足,那么"此惟救死而恐不赡,奚暇治礼义哉?"(《梁惠王上》)

孟子的"仁政"学说,在政治上还主张采用"以德服人"的方法。孟子说:"以力服人者,非心服也,力不赡也;以德服人者,中心悦而诚服也。"(《公孙丑上》)孟子把仁义等道德原则用作制定政策的根据,他说:"亲亲,仁也;敬长,义也。"(《尽心下》)"人人亲其亲,长其长,而天下平。"(《离娄上》)每个社会成员都能"亲亲"、"敬长",自觉遵守封建伦理规范,社会就会和谐一致,实现天下太平的政治局面。孟子论述这种推广仁义道德的施政过程时说:"老吾老,以及人之老;幼吾幼,以及人之幼。天下可运于掌。《诗》云:'刑于寡妻,至于兄弟,以御于家邦。'言举斯心加诸彼而已。故推恩足以保四海,不推恩无以保妻子。"(《梁惠王上》)实行仁政即是将抚老慈幼一套道德原则由近及远推广到全体社会成员身上。儒家反对单纯使用刑罚等暴力手段,而强调用道德教化去争取人民民的服从和拥护。这种主张对缓和阶级矛盾,稳定封建政治、经济制度发挥了巨大的作用。

民本思想是孟子的主要政治思想,他曾告诉梁惠王说:"仁者无敌。"又告诉齐宣王说:"保民而王,莫之能御也。"(《梁惠王上》)这就是说,真正能够爱人民的人,他的力量是不可战胜的。因此他随时启发诸侯国君们去爱人民、争取人民。在具体措施上要"与民偕乐","与民同乐",要"乐民之乐","忧民之忧",而且要"使天下仕者,皆欲立于王之朝,耕者皆欲耕于王之野,商贾皆欲藏于王之市,行旅皆欲出于王之途,天下之欲疾其君者,皆欲赴愬于王"(《梁惠王上》)。因此,他主张"民为贵,社稷次之,君为轻"(《尽心下》)。齐宣王问汤武放伐之事,怀疑臣不可以弑君。孟子宣称:"贼仁者,谓之贼;贼义者,谓之残。残贼之人,谓之一夫。闻诛一夫纣矣,未闻弑君也。"(《梁惠王下》)孟子的这种言论,在中国的思想史上,闪耀着夺目的光辉。在这以后,历代进步的思想家都从孟子的言论中获取营养,并把它作为批判专制酷政的有力武器。因此,孟子的仁义学说与民本思想,乃是儒家思想中最值得珍视的传统。

义、利之辨是孟子政治思想的重要内容,他发展了孔子的"君子喻于义,小人喻于利"的思想,提倡重仁义而轻功利。孟子把仁义作为他维护封建伦理规范的原则和手段,仁义也是他仁政思想的内容。他的人性善的学说也必然导致他重仁义而轻功利。仁义是儒家政治学说的精髓,是儒家判教的标准,它把儒家和其他学派严格区分开来,在封建社会中儒家取得独尊的地位,与它有重义轻利的精神是分不开的。尤其是在臣事君、子事父、弟事兄这些伦理关系上,必须要以仁义的原则来保证,而不能以利害关系来维持。尽管君臣、父子、兄弟之间也包含了利害关系,但必须用仁义来节制,在义、利二者不可得兼时,要毫不犹豫地放弃利。"鱼,我所欲也,熊掌亦我所欲也;二者不可得兼,舍鱼而取熊掌者也。生亦我所欲也,义亦我所欲也;二者不可得兼,舍生而取义者也。"(《告子上》)生存欲望可谓是人最大的欲望了,但和义相比,二者不可得兼时,舍生而取义。生为人所欲,但不能背义而偷生;死为人所恶,但不能背义而辟患。这样便把义推到了至高无上的地位。

二、孟子的性善说

孟子"仁政"学说的理论基础,是他的抽象的天赋道德的"性善"论。孟子认为,人生来就有一种最基本的共同天赋本性,这是基本道德品质的萌芽。孟子认为人性不同于禽兽的地方,就在于人有自觉的道德观念,而禽兽没有。"人之所以异于禽兽者几希,庶民去之,君子存之。"(《离娄下》)这就是"不忍人之心",或者说对别人的同情心,孟子也把它叫作恻隐之心。孟子举例说:突然看到小孩子要掉进井里去,人都会有惊惧和同情之心。这种同情心,并不是要讨好这小孩子的父母,也不是要在乡亲朋友中获得个好名声,也不是讨厌小孩子的哭叫声,而完全是从人天生的本性中发出来的,这就是"不忍人之心"。孟子说:"人皆有不忍人之心。先王有不忍人之心,斯有不忍人之政矣。以不忍人之心,行不忍人之政,治天下可运之掌上。"(《公孙丑上》)除了恻隐之心之外,孟子认为人人生来都有的天赋本性还有"羞恶之心"、"恭敬之心"(或叫"辞让之心")、"是非之心"。孟子说:"恻隐之心,仁之端也;羞恶之心,义之端也;辞让之心,礼之端也;是非之心,智之端也。"(《告子上》)这就是说,人最基本的四种道德品质仁、义、礼、智,是从这四种天赋的"心"发端的。所以孟子得出结论说:"仁义礼智,非由外铄我也,我固有之也,弗思耳矣。"(同上)意思是,这些"心",这些道德品质,并不是由外面强加给我的,而是人生本来就固有的,只不过没有好好想想罢了。所以他说:"恻隐之心,人皆有之;羞恶之心,人皆有之;恭敬之心,人皆有之;是非之心,人皆有之。"(同上)因为道德观念是天赋的,为心中所固有的,因此又叫"良知""良能",他说:

　　人之所不学而能者,其良能也;所不虑而知者,其良知也。孩提之童无不知爱其亲者,及其长也,无不知敬其兄也;亲亲,仁也;敬长,义也。无它,达之天下也。(《尽心上》)

天赋的"良知""良能",不学不虑即可知道,说明仁义乃天赋道德观念。将仁义观念由人心中扩充开来,推广到全社会便形成了"仁义""仁政"等伦理规范和政治原则。这显然是由心生事,即由精神到物质的过程,是一种主观唯心主义。孟子说:

> 万物皆备于我矣,反身而诚,乐莫大焉。强恕而行,求仁莫近焉。(同上)

"万物皆备于我"是个主观唯心主义的命题,"反身而诚"和"强恕而行"是主观唯心主义解决物我关系的原则。因为心为万物之本,反身而诚,即内省体验,在内心的诚字上下功夫,便具有了决定的意义。孟子认为,动机决定效果,因此,保持动机的完善最为重要。这种动机决定论便是所谓"存心""养性",又叫"尽心""知性""知天"。孟子说:"尽其心者,知其性也;知其性则知天矣。"(《尽心上》)孟子抽象的人性论认为人们的心理状态、思想感情都是差不多的,尽心,就是说人们能够扩充(尽)自己的心,就能认识自己的本性,由于人的本性中天然地包含着仁、义、礼、智这些道德,人们如果相信这些道德品质不是由外面灌输的,而是由人的心中自动涌现出来的,那就是认识天了。这是说,只要发展、扩充了每个人的四端(心),即可知性(认识自己的善性),可以认识"天命"。有了这样的认识,只是精神修养的初步,还要做到"存其心,养其性,所以事天也;寿不贰,所以立命也"(《尽心上》)。

孟子要求人尽量减少物质欲望要求,"养心莫善于寡欲"(《尽心下》)。他认为,如果一个人能寡欲,他的本性就不会丧失;如果欲望太多,即使他的本性能保存一些,也有限。孟子认为达到知天,可以从"养心""寡欲"的方法入手。另一种达到神秘主义境界的修养方法是"养气",即培养一种"浩然之气"。浩然之气,"其为气也,至大至刚,以直养而无害,则塞于天地之间"(《公孙丑上》),这种由人的主观意志培养出来的气,具有大、刚、直的特点。如不断对这种气进行培养,不加妨害,即可充满天地。它不是物质性的,是道和义配合而产生的。"其为气也,配义与道;无是,馁也。是集义所生者,非义袭而取之也。"(同上)孟子认为这种气,靠人们的正义感,养气的人具有这种正义感,就可以勇往直前,如果缺少了义与道,人就丧失了勇气。所以说它是"集义所生者"。"集",是积累,"义"是孟子所谓正义的行为,"集义"是义的行为不断积累的过程。这个过程要长期培养,不能速成。如果想一下做件符合义的行为就能得到浩然正气,那是不行的。照孟子的办法,要不断培养符合道德的行为,日积月累,就会经常使自己有"理直气壮"之感,处理生活中的一切问题,就有了勇气,不能停止,不能速成。不断地培养下去,最后,可以自以为自己的精神状态很刚强而无所畏惧。

第三节 荀子及其思想

一、荀子的天命观

荀子,名况,时人尊而号为"卿",战国后期赵国人。荀况的生卒年不详,主要的政治、学术活动时间约在公元前298年—公元前238年之间。曾到齐国的稷下讲学,后又做过楚国的兰陵令,晚年在兰陵著书,并死在兰陵。他的言论现存只在《荀子》一书中。

荀子吸收了古代的唯物主义无神论思想和当时的自然科学成果,建立起他的唯物主义自然观。他首先批判了传统的"天命"决定人事、"君权神授"的唯心主义观点,指出要区别自然界的规律与社会人事的变化,即所谓"明于天人之分"(《天论》)。他认为:"天行有常,不为尧存,不为桀亡。"(《天论》)这是说,天地自然有自己的运行规律("常"),天既不因为有尧这样的好的统治者而正常地运行,也不因为有桀这样的暴君而改变其运行规律。同样,自然界的天绝不会因为人怕寒冷而废除冬天,地也不会因为人怕辽远而缩小它的面积。人事的吉凶与社会的治乱,完全取决于统治者的治理措施是否恰当,与自然界的变化没有必然联系。

二、荀子的性恶论

荀子反对孟子宣扬的天赋道德观念的"性善论",并且提出了与孟子根本对立的"性恶论"。荀子首先明确"善"、"恶"的含义。他认为,一般所谓"善",就是一切行为都符合封建的道德规范,服从封建礼义制度;所谓"恶",就是用心阴恶,行为不正,犯上作乱破坏封建秩序。因此,他认为,就这种"善"的含义来讲,在人的性中是没有的。他说:"人之性恶,其善者,伪也。"(《性恶》)意思是说,人的本性是"恶"的,所以有"善",那是人为的结果。人不可能一生下来就自然地符合封建的道德规范和政治制度。相反,人生来就好利、嫉妒、喜声色,如果不加克制,发展下去就会产生争夺、犯上、淫乱,而辞让、忠信、礼义这些道德也就没有了。所以,事实上人生来的本性是"恶"的。正因为如此,才需要圣人、君主对臣民进行教化,需要礼义等制度和道德规范去引导人们。这就像弯曲的木头必须经过修整才能直,钝刀必须经过磨砺才能锋利一样。如果像孟子讲的那样人性本善,那还要君主、圣人和礼义等制度和道德规范做什么用呢?孟子由于没有把本性与人为两者区别开来,也就不能了解两者的关系,不能了解圣人、君子的重要作用。人的本性,只是一种原始的质朴材料,而人为("伪")则是用礼义道德加工后的成品。没有原始的材料,礼义道德也就没有加工的对象;没有礼义道德的加工,人的本性也不能自己变得完满美好。圣人的作用就在于把"性"和"伪"很好地结合起来。这样封建统治秩序就可以成功地建立起来。

三、隆礼重法的主张

荀子在政治思想上为建立统一的封建专制政权作了理论准备。他十分注重建立新的封建等级制度。荀子提出"隆礼""重法"的主张,充分论述"礼"和"法"的重要性。但他讲的"礼"已经不是孔子主张的礼了,而是经过改造,有了新的内容的封建等级。荀子认为,人生来就有物质欲望要求,如果这种欲望要求没有度量,就要发生争夺、混乱,所以要制定"礼义""法度"等社会政治制度。荀子把"礼"等政治制度看成是检验尺寸的法度,检验重量的权衡,检验曲直的绳墨,检验方圆的规矩。因此,荀子认为"礼"的中心内容是"分"和"别",即区别贵贱、长幼、贫富等等级。他说:"礼者,贵贱有等,长幼有序,贫富轻重,皆有称(恰当)者也。"(《富国》)"礼"就是要使社会上每个人在贵贱、长幼、贫富等等级中都有恰当的地位。不过这种等级制度,不是奴隶制下完全按照血缘宗法关系建立的世袭等级制,而是根据新的封建生产关系,按照地主阶级的政治标准建立起来的等级制度。

四、荀子的社会历史观

荀子反对简单地把人视同于其他自然物,他试图从社会道德关系、政治制度等方面来分析人的特点。荀子认为,人与其他物或物类是有区别的。这种区别的主要点就在于人是有组织的"群"。人气力不如牛,速度不如马,但为什么人却能够使用牛和马呢?这是因为人能够结成"群",即组织起来了。然而为什么人能够组织成群,而牛、马等不能呢?那是因为人能够"分",即有一定的等级区分和职业分工。至于人之所以能够实行"分",那又是因为有一定的社会政治制度和道德规范("义")保证和约束。

荀子对历史的看法比较注重当前的现实。他反对孟子那样言必称"三代"(夏、商、周),盲目崇拜"先王"的倒退的历史观。荀子反复强调"法后王",所谓"后王"是指近代之王,即周的文王、武王,他根据新兴地主阶级的政治需要改塑了周文王、武王的面貌。荀子强调的是"以近知远",他说:"天地始者,今日是也;百王之道,后王是也。君子审后王之道,而论于百王之前。"(《不苟》)

第四节　董仲舒对先秦儒学的改造

到了汉武帝时期,以孔子为代表的儒家学说经历了第一次大的改造,它是由汉武帝主持,由董仲舒倡导的,这就是中国历史上所谓"罢黜百家,独尊儒术"的措施。汉代大一统的中央集权封建宗法专制国家需要一套在意识形态上和它紧密配合的宗教、哲学体系,董仲舒适应当时封建统治者的时代要求和需要,建立了一套完整的封建神学唯心主义的思想体系。从董仲舒开始,把孔子神圣化,把孔子的学说宗教化,把封建专制制度的理论系统化。

一、天人感应的目的论

董仲舒,生于公元前179年,卒于公元前104年,广川(今属河北景县)人,是西汉最主要的唯心主义哲学家。现存著作有《春秋繁露》。董仲舒的唯心主义世界观,是君权神授的天人感应的目的论。为了把汉王朝的中央集权的封建专制制度说成是天授的永恒不变的神圣制度,他宣称天是有人格、有意志、至高无上的神。自然界日月星辰的运行,寒暑四时的更替,国家的兴衰治乱,都是神的意志的体现。董仲舒认为,天是有意志的,提出了"天志"和"天意"的概念。他以春夏秋冬四时,论证天志的存在,把自然界的现象,一一按照目的论的要求给它加上封建社会的道德属性,连寒暑变化、四时都说成了有目的、有道德意义的。他说:"春,爱志也;夏,乐志也;秋,严志也;冬,哀志也。故爱而有严,乐而有哀,四时之则也。"(《春秋繁露·天辨在人》)

董仲舒认为天的根本特性就是德,以德为本,而德的根本观念就是作为封建道德最高概念的"仁"。所以他说"仁之美者在于天。天,仁也"(《春秋繁露·王道通三》),给天加上封建道德的属性。董仲舒认为,自然界先有阴阳二气,阴阳二气再分而成木、火、土、金、水五行。五行的次序是木—火—土—金—水。木生火,火生土,土生金,金生水。这种顺次相生,叫做"比(接近的)相生"。金胜木,中隔水;水胜火,中隔木;木胜土,中隔火;火胜金,中隔土;土胜水,中隔金,这叫"间相胜"。五行相生相胜,终而复始,循环不止,而有春(木)、夏(火)、秋(金)、冬(水)四时(土兼四时),和东(木)、南(火)、西(金)、北(水)四方(中配土),由此而产生万物。因此,董仲舒认为,万物统一于五行,五行统一于阴阳,阴阳统一于天。天的目的,在于生养万物,这是阳的作用。阳,是天志表现的积极方面,阴为天的刑罚的表现,"阳为德,阴为刑,刑主杀而德主生"(《举贤良对策》)。"天之志,常置阴空处,稍取之以为助。故刑者德之辅,阴者阳之助也。"(《天辨在人》)五行相生体现了天的恩德,五行相胜体现了天的刑罚,天通过阴阳五行的变化而产生、指导万物和人类。照他的这种解释，本来是自然现象的阴阳五行，也有了意志、有了目的了。

董仲舒认为天所以创造万物，是为了人类。他说："天地之精所以生物者，莫贵于人。"（《人副天数》）"天地之生万物也，以养人，故其可食者以养身体，其可威者以为容服。"（《服制象》）"天之生人也，使生义与利，利以养其体，义以养其心。"（《身之养重于义》）天生一切事物和道德观念，都是为了人类。而天所以生人类，是为了实现天的意志，人是天的缩影，他把这叫"人副天数"。天完全依照它自己的模型塑造了人类，人类的形体、精神、思想感情、道德品质等等，都是天的复制品，是与天符合的。天创造了人是为了贯彻和体现它的意志，那么，人违反了天的意志，必然会引起天的震怒，出现各种灾异，以示谴告和惩罚。如果地上的统治者违背了天的意志，不行仁义，天就会出现"灾害"，进行"谴告"。不但天的灾异能影响人，而且人的行为和精神活动也能感动天，在遇到灾难时，只要顺应天的意志，就可以免除灾难。

董仲舒认为天不但是自然和人类社会的创造者，而且天给人类社会设立了一个最高权力的"君主"，皇帝有代天实行赏罚的至上权威。他说："王者承天意以从事。""天以天下予尧舜，尧舜受命于天而王天下。"（《尧舜汤武》）这就是董仲舒的"君权神授"说，它完全是为封建统治制度的合法性提供依据的。

二、唯心主义的道德观

董仲舒的天人感应的目的论也表现在他的道德观方面。他认为履行封建社会的道德规范是人性符合于天的意志的表现。他的人性论是他的唯心主义道德观的基础。首先，董仲舒认为人性乃是"天志"所先天赋予人的，是不可更改的。天有阴阳的属性，人也有贪和仁两种品质。人的仁，即善的品质，体现了天的阳的方面；人的贪，即恶的品质，体现了天的阴的方面；人的性体现了天的阳，人的情体现了天的阴。性可以产生善，情可以产生恶，他主张以性控制情，以达到"损其欲以辍其情以应天"（《深察名号》）的目的。

在董仲舒看来，人性虽然体现了天的阳的方面，可以产生善，但这只是说有产生善的可能,并不就是已成为现实的善。只有圣人设制度施行教化,使人情欲少,回复到"天令"(天志),然后才可以成善。

董仲舒把人性分为三类:一类是情欲很少,不教而能善的,这叫"圣人之性";一类是情欲多,虽教也难能为善,只能为恶的,这叫"斗筲之性";一类是虽有情欲,但可以为善可以为恶的,这叫"中民之性"。只有具有"圣人之性"的统治者,能充当"治人者"和教化的立法者。

董仲舒根据他的神学的人性论,建立起"三纲"、"五常"的道德观念。先秦孔孟讲君臣、父子、兄弟、夫妇和朋友五伦。董仲舒把它发展为"三纲",利用神权论证它的绝对统治和服从的关系,而把"仁、义、礼、智、信"五常作为调整这种关系的基本原则。所谓"三纲",即君为臣纲,父为子纲,夫为妻纲。"妻""子""臣"完全是为了配合"夫""父""君"的存在而存在的。在他看来,这种封建社会的绝对统治和服从的秩序,就像天地的阴阳一样不可改变,完全出于天意。所以他说:"王道之三纲,可求于天。"(《基义》)这样,董仲舒就把封建社会的统治秩序,神圣化为宇宙的法则,整个宇宙都被说成是具有封建统治秩序的。封建社会的四条束缚人民的绳索(即神权、皇权、父权和夫权),被抬高到神的法则的绝对地位。

汉代儒家以读经、说经、注经、争论经书中的问题为主要任务,所以经学大盛。两汉经学流弊很多,形式烦琐,内容驳杂,及至魏晋,便趋衰落,代之而起的是玄学。对于玄学,一般将之看作是道家思想的复兴,但并不排除儒家思想在玄学中的重要地位。这以后,佛教在隋唐时期达到鼎盛,儒家在思想界的地位受到冲击。唐中叶韩愈以儒家思想的承传者自诩,提出一个"尧以是传之舜,舜以是传之禹,禹以是传之汤,汤以是传之文武周公,文武周公传之孔子,孔子传之孟轲"的所谓"道统",同佛教的法统抗衡。柳宗元虽自幼好佛,但他也以"兴尧舜孔子之道"为务。北宋前期的范仲淹、欧阳修、胡瑗、孙复、石介等人继续提倡儒家思想,终于使儒学得到了复兴。复兴儒家的代表人物旨在恢复儒家在思想界的权威地位,理论建树不多。他们对儒家思想的主要贡献是确立了"道统说",突出了《论语》《孟子》《大学》《中庸》在儒家典籍中的地位。柳宗元、李翱等吸收佛教和道教的一些思想，开援佛道入儒的先河，启迪了后来的理学。理学是儒学发生的第二次重大变化。

第五节　宋明理学

宋代统治者从唐末五代分散割据的局面中建立起专制的政权，鉴于前朝覆亡的教训，要求强化中央集权的封建宗法专制制度，思想文化领域里也需要与它相适应的意识形态相配合，于是产生了宋代理学。宋代理学是儒、释、道三教合一的产物。它以儒家的封建伦理为中心，吸取了佛教、道教的一些宗教修行方法，加上烦琐的逻辑思辨的论证，形成了一个体系严密、规模庞大的理论结构。它既是宗教，又是哲学，既是政治准则，又是道德规范，将四者融为一体。理学源于北宋的周敦颐、张载，经程颐、程颢的发展，完成于南宋的朱熹。理学依其对世界本原的不同回答可分为三派：一派以气为宇宙本体，一派以理为宇宙本体，一派以心为宇宙本体。这三派实质上是唯物主义派、客观唯心主义派和主观唯心主义派。

一、理学的开创——周敦颐的思想学说

周敦颐（公元1017—1073年）是宋明理学唯心主义的奠基人。周敦颐提出的一系列的哲学范畴，如太极、理、气、性、命等，都成为宋、明理学共同探讨的基本范畴。周敦颐依据《易传》《中庸》和韩愈《原道》的唯心主义世界观，接受道教、佛教的某些思想，把陈抟的《无极图》改变为论证世界本体及其形成发展的图式——《太极图》，建立自己以孔孟正统思想为主的客观唯心主义的本体论。周敦颐认为世界的本体是"太极"，人和万物生于五行二气，万物统一于五行，五行统一于阴阳，阴阳统一于太极，而万物以无形的太极为本。这个精神性的本体，也就是"无形而有理"的"理"化生了万物。这是有生于无的唯心主义观点。在周敦颐看来，太极的动静，是和物的动静不同的。太极的动静，不是物质的机械的动静，物质动只是动，静只是静，静中无动。太极是超动静的，可是它是万

物的推动者，万物之所以能运动，不是万物的力量而是由于太极的推动。

　　在道德修养的培养上，周敦颐主张"立诚"与"主静"。所谓"诚"，并不是一种诚实不欺的品质，而是一种神秘的精神境界。所谓"静"，周敦颐的解释是"无欲故静"（《太极图说》自注），他认为一切学习，即认识的最主要的关键，就是"无欲"。在他看来，无欲诚心，是人们认识修养的最高要求。

二、理学的发展——二程的思想学说

　　自周敦颐之后，理学建立起了一套比较完整的宇宙观，并且将自然观、认识论、人性论、道德修养各个方面组成有机的哲学体系，吸收佛道宣扬容忍、驯服的奴化性格的生活态度，宣传一种积极入世、禁欲主静的僧侣主义。到了程颢、程颐，提出了"理"作为世界万物的本体。程颢、程颐的哲学的最高范畴是"理"，又称"天理"。二程所谓"理"有如下特点：第一，理是天下万物要遵循而不可违反的。它不以人们的意志为转移，是永恒存在的。第二，理是自然界的最高法则，也是社会的最高原则。它包括物的理，又包括封建社会的孝、悌、忠、信，君道、子道都是理所规定的。第三，理早已"客观"地先于事物存在着，人和物"都自这里出去"，只是物不能主动体现它，人能主动体现它。不论是否通过具体的人和物的体现，物之理早已先于万物而存在了。第四，一物有一物的理，一物之理又是万物之理。所以才说"万物皆备于我"。

　　在人性论上，二程在肯定孟子"性善说"的基础上，又将其进一步深化，提出了"性即是理"的观点。由于这一命题的提出，中国哲学史上的人性论就不止是一个伦理学上的善恶问题，而被提到唯心主义本体论的高度。理，是至高无上的原则，是生天生地的总根源。同样一个理，体现在"天"，叫做"命"，表示它有使万物无能违抗的权威；体现在社会关系方面，合理的叫做"义"，义即合理性；体现在人的品质方面，叫做"性"；体现在人的身体方面，叫做"心"，它使人有灵明知觉。

　　人性既是天理的体现，应当是至善，何以有恶？人性既然包括仁、义、礼、智等道德内容，为什么有人不符合这些道德的规定？二程认为这是由于气。气和性一齐存在于每一个人身上,是统一的,又是矛盾的。人性就它本源而言,只能是善,其所以有恶,是由于为外物所累,是由于思虑的发动。恶是由于情的活动发生偏向的结果,也是气禀影响的结果。为了使人去恶从善,二程提出了要变化气质,"惟理可进,除是积学既久能变得气质,则愚必明,柔必强"(《二程遗书》卷十八)。他还教人随时警惕情的变化,务使感情活动完全符合封建道德规范,就可以防止流于恶。因此,他提出了"存天理,去人欲"的说法。他们把天理与人欲对立,以为人身为人欲罪恶自私的根源。这一观点到了朱熹那里,便有了进一步的发展。

三、理学的完成——朱熹的思想学说

朱熹,字元晦,晚年自称晦庵,生于公元1130年(高宗建炎四年),卒于公元1200年。徽州婺源(今属江西)人。他是孔子以后,我国封建社会最博学的学者之一,也是孔子以后,在我国封建时代影响最深远的哲学家。

朱熹继承了二程的客观唯心主义体系,把理作为本体,但他同时也吸收了张载关于气的学说,认为宇宙之内有理有气:"天地之间,有理有此气。理也者,形而上之道也,生物之本也。气也者,形而下之器也,生物之具也。是以人物之生,必禀此理,然后有性;必禀此气,然后有形。"

图 2-2 朱熹像

(《文集·答黄道夫书》)这就是说,任何事物的形成,要有理,也要有气。理是一物生成的根据或本原,是"生物之本";气是一物生成的材料,是"生物之具"。这个"生物之本"是看不见的本体,朱熹叫它做"形而上"之"道"。气是构成事物的具体材料、物质,它不是万化本原,是有形象可循的,所以朱熹叫它是"形而下"之"器"。理和气的关系,是理主宰着气,气由理所制约。朱熹认为具体的事物,它的理与气不能相离,没有先后的分别;如果溯本穷源,却应该说,有此理然后

有气。未有天地万物,就先已有天地万物之理,天地万物之所以生成,所以变化,都是理的作用。

朱熹说:"万物皆有此理,理皆同出一源,但所居之位不同,则其理之用不一,如为君须仁,为臣须敬,为父须慈。物物各具此理,而物物各异其用,然莫非一理之流行也。"(《语类》卷十八)这里所说的一理和万理的关系,就是所谓"理一分殊"的关系。正如天空之中有一个月亮,但散在江湖之水泊中,凡是有江湖水泊之处,水面上都可看见一个月亮。这种理一分殊的关系,既不是全体和部分的关系,也不是一般和个别的关系。因此,他喜欢借佛教常用的"月印万川"的比喻来说明他的理一分殊的道理。理的全体,朱熹也把它叫作太极,他说:"自其本而之末,则一理之实而万物分之以为体,故万物之中各有一太极。"(《通书·理性命章注》)万物分享的太极,并不是万物从太极中分取了一部分,而是说万物分享的太极同样是"众理之全",即太极的整体。所以朱熹常说:"人人有一太极,物物有一太极。"

朱熹继承二程的理论,认为理表现在人方面就叫作"性",他在二程与张载哲学的基础上进一步明确地论证了人性中"天命之性"(或天地之性)和"气质之性"的关系,他说:"论天地之性,则专指理而言;论气质之性,则与理与气杂而言之。"(《文集·答郑子上》)他所谓"天命之性"专指理本身而言,但理表现在每一个具体的人方面,则与气不能相离,与气相杂的理,就成为气质之性了。

照朱熹的说法,理是至善的,所以天命之性也是至善的。孟子说人性皆善,是说人性中具有道德意义的善,而朱熹的性善说,具有本体论的意义。这个性是指天命之性而言的,气有清浊昏明的差别,所以气质之性有善有恶,孔子说性相近,这个性是指气质之性说的。人的贤愚就是因为所禀受的气有清浊的不同:"但禀气之清者,为圣为贤,如宝珠在清冷水中。禀气之浊者,为愚为不肖,如珠在浊水中。所谓明明德者,是就浊水中揩拭此珠也。"(同上)这是说,变化气质,就如在浊水中的宝珠经过揩拭一样,这个工作的过程就是"明明德"。气质变化成功了,宝珠恢复了本来面目,不肖的人成为贤人,这个工作的结果即所谓"善反之,则天地之性存焉"。朱熹区分天命之性和气质之性,在理论上解决了中国思想史上性善、性恶从何来的争论。朱熹认为,孟子主张性善,是天命之性而言,但孟子不知道人还有气质之性,因而不能很好地解释人性既善而恶从何来的问题,所以说他对人性的解释不够完备;荀子主张性恶,扬雄主张性是善恶混,韩愈主张性三品,实际上都是指气质之性而言,他们不知穷本极源的天命之性是善的,所以他们对人性的解释也不透彻。朱熹认为只有严格区分天命之性和气质之性,人性问题的各种争论才能得到圆满的解释。

朱熹将正确的行为和动机称为"道心",不正确的行为和动机称为"人心"。"人心""道心"的区别,是朱熹对《尚书·大禹谟》"人心惟危,道心惟微,惟精惟一,允执厥中"的阐发。朱熹等认定这十六个字是尧、舜、禹三圣相传的道统的真传。以后宋儒称之为"十六字心传"。照朱熹的说法,道心是从纯粹的天命之性发出来的,所以是至善的,即使是下愚的小人也具有天命之性,不能无道心。至善的道心常受形气的私情所蒙蔽,微妙而难显现。人心来自人的形体,它是从具体的气质之性发出来的,可善可不善;即使上智的圣人也是理气结合生出来的,不能不具有气质之性,所以也不能无人心。人心对外界的反应常产生过与不及的偏向,不容易适得其中,故危殆而不安。超凡入圣的修养方法并不是消灭人心,而只是使人心服从道心,使危殆的人心由危而安,微妙的道心由隐而显,一切思想言行自然符合封建道德的标准。

朱熹提出人心、道心的道德修养原则的同时,还淡到天理和人欲的问题。朱熹区别天理、人欲之辨,是发展了二程的思想。二程认为道心和人心的区别就是天理和人欲的区别。朱熹认为道心、人心与天理、人欲有所不同。道心就是天理,人心则不尽同于人欲。人心包括为善为恶两种可能,人欲则一定是恶的。所以天理和人欲是完全对立而不可并存的,修养的目的就是要革尽人欲,复尽天理:"学者须是革尽人欲,复尽天理,方始是学。"(《文集·答郑子上》)朱熹将一切物质欲望看作是人生不可避免的罪恶。他的学生问:"饮食之间,孰为天理,孰为人欲?"朱熹回答说:"饮食者,天也。要求美味,人欲也。"(《语类》卷十三)朱熹认为明确了天理、人欲之辨,战胜了人欲,恢复了天理,便叫作"仁"。人的道德修养,最后的目的就是求仁。而修养的方法可以分为居敬和穷理两项工夫。居敬与主静不同,并不是与外界隔绝,闭户静坐,而是无事时敬在心上,有事时敬在事上。无事时敬在心上是集中注意力使心不受外界的物质引诱,有事时敬在事上是使处理事物合乎封建道德标准。处事合乎封建道德标准叫作"义",因此,朱熹认为居敬的工夫是敬义夹持。穷理有两方面的意义,因为理有两方面的意义。一方面的意义是指穷尽事物的所以然.偏重追索事物的原因,探求事物的知识;另一方面的意义是指穷尽事物的所当然,偏重了解事物的目的,探求事物的道德标准,所以说:"穷理者,欲知事物之所以然与所当然者而已。"(《文集·答或人》)朱熹居敬穷理的学说也是继承二程而来,但也有所发展。他认为穷理就是对封建道德原则"推寻究竟的道理",居敬就是对封建道德进行"收敛执持的工夫",两方面是相互促进的,所以说:"学者工夫,唯有居敬、穷理二事。此二事互相发,能穷理,则居敬工夫日益进;能居敬,则穷理工夫日益密。"(《语类》卷九)穷理尽心的极致,人与理合而为一,人与太极合而为一,这样的人就是圣人。一个人要修养到圣人的境地,要经过格物,格物是梦觉关,由不知到知;要经过诚意,诚意是善恶关,除恶立善;最后到平天下,平天下就是圣凡关,超凡入圣。一个人成了圣人,就能"本心以穷理,而顺理以应物"(《文集·观心说》)。

第六节 儒学地位的下降

明代后期,中国出现了资本主义生产关系的萌芽。作为封建秩序维护者的儒家思想变成了束缚人们思想的桎梏.因此受到明清之际一些思想家的批判。对儒家思想的批判,最初是在儒家内部展开的。明末清初的思想家陈确、黄宗羲、顾炎武、王夫之等人都从不同的角度对脱离实际、空谈性命的腐儒进行严厉批判。戴震不只对儒家传统思想进行一系列严厉抨击,甚至直斥理学的伦理纲常,说它是以理杀人。

1840年鸦片战争以后,太平天国农民革命的领袖们以原始基督教的平等思想为武器,反对儒家思想。中国在列强面前割地赔款,沦为半封建半殖民地国家,越发证明儒家思想的局限性。于是士大夫中的一些先进人物,如严复、康有为等,引进了西方的进化论和资产阶级民主思想,即所谓"新学"。在同新学的斗争中,儒学思想更显得无力。接着在民主革命的高潮中,章太炎等资产阶级民主革命派把对儒家思想的批判又推进了一步。最后,1919年的五四运动,对儒家学说进行了比较彻底的批判,儒学作为独尊的统治地位结束。

儒家思想统治中国长达两千余年之久。儒家的创始人孔子被封建统治者尊为圣人,儒家学派在漫长的历史中对中华民族的文化发展,对陶冶中华民族自强不息的奋斗精神,都做过光辉的贡献,但也因为长期被封建统治者利用,随着生产力的不断发展,儒家思想逐步变成了封建统治阶级禁锢人们思想的枷锁,严重阻碍了中国社会的发展。今天,我们应该吸取儒学中有积极价值的思想内容,使其在现代化过程中焕发出新的生命力。

思考与练习

1. 孔子思想产生的社会背景是什么?
2. 怎样理解孔子学说中的"仁"?
3. 孟子有关"义利之辨"的思想有什么现实意义?
4. 荀子与孟子的思想在哪些方面有分歧?
5. 董仲舒"天人感应"说的具体内容是什么?
6. 宋朝理学的发展可以划分为哪几个阶段?

延伸阅读与参考书目

1. 杨伯峻译注《论语译注》,中华书局,1980年。
2. 杨伯峻译注《孟子译注》,中华书局,1960年。
3. 胡适撰《说儒》,《胡适论学近著》第一集,商务印书馆,1935年。
4. 郭沫若著《十批判书》,人民出版社,1976年。
5. 冯友兰编著《中国哲学史新编》,人民出版社,1982年。
6. 侯外庐、邱汉生、张岂之撰《宋明理学史》,人民出版社,1984年。

第三章 道家文化

道家是中国思想史上的主要流派之一。因为以"道"为世界的最后本原,故称为道家。道家学派的创始人为老子,其他主要人物有关尹、庄周、彭蒙、田骈等。这一学派在哲学上以虚无的"道"为世界的根本,以柔弱因循为"道"的作用;在政治上主张实行无为而治,认为只有无为才能无不为。由于对"道"与无为思想的理解不同,道家内部又形成了老庄学与黄老学两大不同派别。前者的思想以《老子》《庄子》《列子》为代表,后者的思想则以《管子》中的《心术》《内业》等四篇和《经法》《十六经》等篇及《淮南子》为代表。

与尚礼、乐,注重人伦日用的儒家不同,道家重自然,并致力于宇宙根源问题的探讨。虽然这一学派所建立的宇宙论就其动机来说依然是由人生哲学出发的,但是,他们却把人类的观察范围由人生和社会扩展到整个宇宙,并且形成了"人法地,地法天,天法道,道法自然"(《老子》二十五章)这样一个由宇宙论到人生论,再到政治论的严密哲学系统。主张"道法自然"不是让自然符合人的或宗法社会化的意志,而是强调"人之道"要服从自然无为的"天之道",社会发展的特殊规律不能背离宇宙发展的一般规律。如果说,儒家重视的是"道德",为德者文化,相对来说,道家则表现了"智能",为智者文化。道家学派无论在思想概念和范畴的提出(如道气、自然、有无、动静、虚实等)上,还是在深化抽象思维能力方面,都对我国文化产生了相当深刻的影响。这种理论与尚礼乐的儒家思想相互补充,体现出中国文化多元性与整合性相统一的特征。

第一节 老子及其思想

道家学派的创始人是老子。关于老子的姓氏与生活年代,历来说法不一。一般认为老聃即是老子,大约生活在春秋末年。《老子》一书有可能是战国时期的作品。但探讨老子的思想,只能以《老子》一书为依据。

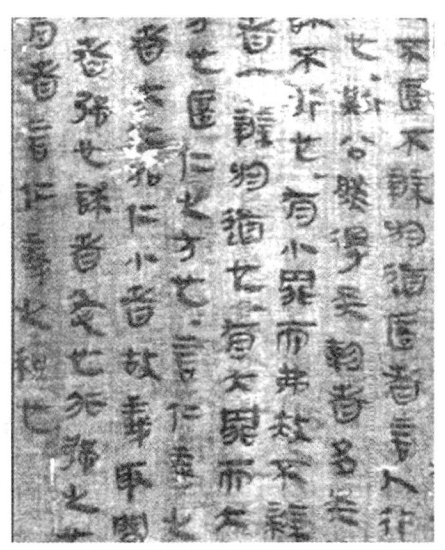

图3-1 长沙市马王堆一号汉墓出土的帛书《老子》

一、作为世界本原的"道"

"道"是老子思想体系的核心。老子第一个提出了"道"来作为哲学的最高范畴。"道"本来是人走的道路,有"四通八达"的意思。这一意义引申为"方法""途径",已初步地具有规律性、普遍性的意思。"天道"一词,在春秋时期已是指天象运行的规律,有时也包括人生吉凶祸福的规律的意义。老子吸取了道与天道的一般涵义,把道概括为事物存在和变化最普遍的原则。

关于"道",《老子》二十五章中有简明的概括:"有物浑成,先天地生,寂兮寥兮,独立而不改,周行而不殆,可以为天下母。吾不知其名,字之曰道,强名之曰大。"这是说,有这样一个浑然一体的东西,它比天地更在先,听不见,看不见,它不靠外力而存在,永远循环往复地运行着,可以作为天下万物的根源。我不知道应当叫它什么好,就叫作"道",勉强给它起个名叫作"大"。

"道"具有"有"和"无"两种性质。从一个方面看,"道"是"无"。老子所说的"无"是指"无名"、"无形",而不是一无所有的"零"、空无。老子看来,凡是有固定形象的东西就是有限的。具体的、有名的东西,只能生出具体的、有名的东西,如马只能生马,豆只能生豆,它们不能产生万物。所以老子说:"无名天地之始,有名万物之母。"(《老子》一章)这就是混沌的、还说不上名字的"朴",是天地的开始。有了名的具体的东西产生了万物。个别的东西都可以找到它们的产生者(母),天地的产生,只能追溯到"无名"这个总根源。"道"虽不具有具体事物的形象,但它是构成一切有形有象的东西的基础,因此,它原来就包含着形成各种各样的有形有象的东西的可能性,所以在它中间本来就是"有象""有物""有精"的。就这方面说,老子的"道"又是"有"。

关于"有"和"无"的相互依存的关系,老子作过详细的说明。他认为,有了车毂中间的空间,才有车的作用;有了器皿中间的空虚之处,才有器皿的作用;有了门窗四壁中间的空隙,才有房屋的作用。从这里他得出结论:"有之以为利,无之以为用。"(十一章)老子这里的"无",指的是房子、车子、器皿中间的空虚部分,这一部分看来是空虚的,但它却是使车子、房子、器皿发挥具体作用的关键。在老子看来,"无"比"有"更为根本。老子从"道"具有"无"与"有"两种性质,得出"天下万物生于有,有生于无"(四十章)的结论。从无形无象到有形有象的过程是"道生一,一生二,二生三,三生万物。万物负阴而抱阳,冲气以为和"(四十二章)。道是最根本的存在,它分化为两种对抗的势力,即阴阳二气。由阴阳二气的对立,产生新的第三者即阴阳二气相交而成的一种适匀的状态。由新生的第三者产生了千差万别的东西。一切东西内涵着阴阳两种对立的势力。阴阳两种对立的势力在看不见的气中得到统一。在这里,老子说明了事物由混沌状态的气逐渐分化为万物,由简到繁的过程。

二、老子的朴素辩证法思想

老子具有朴素的辩证法思想。他比较系统地揭示出事物的存在是相互依存的,而不是孤立的。美丑、难易、长短、高下、前后、有无、损益、刚柔、强弱、祸福、荣辱、智愚、巧拙、大小、生死、胜败、攻守、进退、静躁、轻重等等,都是对立的统一。一方不存,对方也就不存在。他说:"有无相生,难易相成,长短相形,高下相倾,音声相和,前后相随。"(二章)矛盾统一观念的进一步明确,是当时人类认识世界深化的表现。

老子概括了当时自然现象和社会现象的变化,指出事物都向着它的相反的方向变去。他说:"正复为奇,善复为妖。""祸兮福之所倚,福兮祸之所伏。"(五十八章)老子看到事物无不向着它的对立面转化这一基本规律,他说:"反者道之动。"(四十章)老子从这一原则出发,确定了他认识生活世界、对待生活的态度:主张贵柔、守雌,反对刚强和进取。老子通过农业生产实践,看到植物的幼苗虽然柔弱,但它能从柔弱中壮大;相反,等到壮大了,反而接近死亡。他认为对待生活也应当这样,他说:"物壮则老,是谓不道,不道早已。"(三十章)这是说,事物强大了,就会引起衰老,有意造成事物的强大,是违反道的原则的,因为这会促进它早日结束它的生命。他说,"兵强则灭,木强则折"(十六章),又说"柔弱胜刚强"(三十六章),因而他主张"曲则全,枉则直,洼则盈,敝则新,少则多,多则惑"(二十二章)。这是说,委曲反能保全,屈枉反能伸直,卑下反能充盈,敝旧反能新奇,少取反能多得,多取反而迷惑。他又说:"天下莫柔弱于水,而攻坚强者莫之能胜。"(七十八章)他教人向柔弱的水的品质学习。水看来是柔弱的,但它可以冲决一切比它坚强的东西,所以老子说:"上善若水,水善利万物而不争。"(八章)由于水不争,"故天下莫能与之争"(六十六章)。这是老子的"柔弱胜刚强"的原则在生活方面的运用。老子虽深知什么是雄强,却安于柔雌;虽深知什么是光荣,却安于卑辱;虽深知什么是光彩,却安于暗昧。

三、老子的其他思想

老子否认人的认识来源于感觉经验,说:"不出户,知天下;不窥牖,知天道。其出弥远,其知弥少。是以圣人不行而知,不见而名,不为而成。"(四十七章)这是一种唯心主义的先验论。他还宣扬"涤除玄览"的直观方法,教人们洗心内照。

老子对当时现实政治的批判十分尖刻。他认为,人民生活中的灾难是由于统治者的过分的剥削造成的。他说:"民之饥,以其上食税之多,是以饥。民之难治,以其上之有为,是以难治。民之轻死,以其上求生之厚,是以轻死。"(七十五章)他特别指出,生产上的灾荒是由于统治者吞食赋税过多的结果;人民是不怕死的,因此残暴的杀戮并不能使人民屈服。

从农民小私有者的利益出发,老子提出了反对剥削的平均主义思想。他认为"天之道"本来是"损有余而补不足"的;但是当时"人之道"相反,是"损不足以奉有余"(七十七章),这是极不合理的。除此之外,老子还反对战争,反对商业所带来的经济的剥削,以及由此引起的争夺。

老子政治思想的中心内容是要求实现"无为而治",所谓"无为而治"就是统治者应该少一点欲望,少一点作为,对人民听其自然,这样,统治才能稳固。在《老子》书中,提出了一整套的统治术。例如他说:"将欲夺之,必固与之。"(三十六章)又说:"古之善为道者,非以明民,将以愚之。"(六十五章)

老子看不到当时社会发展的必然趋势,他认为,社会之所以混乱,互相争夺,原因在于生产的发展,人们欲望的过分,法令的繁多,知识的追求和讲究虚伪的仁义道德,等等。老子对儒家宣扬的仁义道德进行了揭露和批评,他指出,所以要讲仁义忠孝那一套,都是因为大道废弃,六亲不和,国家昏乱。因此,他认为,要使天下太平,没有争夺,就要取消知识,取消道德,取消新颖的器具和财货:"绝圣弃智,民利百倍;绝仁弃义,民复孝慈;绝巧弃利,盗贼无有。"(十九章)在老子看来,最理想的社会和政治是:"小国寡民,使民有什伯之器而不用,使民重死而不远徙。虽有舟舆,无所乘之;虽有甲兵,无所陈之。使民复结绳而用之。甘其食,美其服,安其居,乐其俗。邻国相望,鸡犬之声相闻,民至老死不相往来。"(八十章)这显然是一种违背历史发展,企图把历史拉向倒退的想法。

第二节　庄子及其思想

庄子名周,宋国蒙(今河南商丘)人。大约与孟子同时。

一、自然无为的天道观

庄子继承并发展了老子有关宇宙起源与世界本体的观点,同样把"道"当作是事物最后的根源和事物的总的规律,但他强调"道"是脱离一切事物的神秘的精神。《庄子·大宗师》说:"夫道有情有信,无为无形。可传而不可受,可得而不可见。自本自根,未有天地,自古以固存。神鬼神帝,生天生地。在太极之先而不为高,在六极之下而不为深,先天地生而不为久,长于上古而不为老。"这都是对老子道所作的唯心主义的解释。在《齐物论》中又说:"有始也者,有未始有始也者,有未始有夫未始有始也者;有有也者,有无也者,有未始有无也者,有未始有夫未始有无也者。俄而有无矣,而未知有无之果孰有孰无也。"意思是说,世界有它的没有开始,推上去,还有它未开始的未开始。世界有"有",有"无",再推上去有"没有有和无",再推上去还有连"没有有和无"也没有。究竟世界是真有还是真无也无从知道。

庄子特别强调道的自然无为、无知的特点。这种天道自然无为的主张,摆脱了目的论,却陷入了宿命论。他说:"知其不可奈何而安之若命,德之至也。"(《人间世》)又说:"死生、存亡、穷达、富贵、贤不肖、毁誉、饥渴、寒暑,是事之变,命之行也。"(《德充符》)庄子认为,"命"(冥冥中决定一切的主宰者)是定数难逃的。他认为寒暑、死生、饥渴这些自然现象和穷达、富贵、毁誉这些社会现象都是人力无法改变的。

二、相对主义的认识论

庄子关于认识论的相对主义观点，表现在以下三个方面：

第一，庄子认为认识的对象的性质是相对的，是没有分别的，因而它的性质是无法认识的。他说："故为是举莛与楹，厉与西施，恢恑憰怪，道通为一。其分也，成也；其成也，毁也。凡物无成与毁，复通为一。"(《齐物论》)不论是细小的莛和粗大的楹，丑的与美的，宽大与狡诈，奇怪与妖异，它们最后总是一样。一个东西的分散也就是合成，合成也就是毁灭；无论成与毁，结果总是一样。庄子首先抓住事物有相对性这一个方面，把它夸大、绝对化之后，再进一步取消了认识对象的质的规定性。他指出事物的成和毁有相对的一面，是对的，但成毕竟不是毁，因为它有相对的稳定性。美与丑有主观的因素，对个别事物也有时难以划出美丑的绝对界限。但是美和丑毕竟不能完全混淆、等同。《德充符》篇也说："自其异者视之，肝胆楚越也；自其同者视之，万物皆一也。"照庄子的意思，肝胆之间是否像楚越一样相去千里，是很难判断的，只看认识者用什么观点去看它；万物是不是真有差别，也难以肯定，只看认识者用什么观点衡量它。事物的差别不在事物本身，而在于认识者的态度看法。由此他得出结论：事物没有客观的性质，一切性质全是主观方面的认识者加上去的。

第二，对于主观认识能力，庄子认为也是相对的，没有客观标准，因而得出认识不可能的结论。《齐物论》说："啮缺问乎王倪曰：'子知物之所同是乎？'曰：'吾恶乎知之。''子知子之所不知邪'？曰：'吾恶乎知之。''然则物无知邪'？曰：'吾恶乎知之。'"这段问答很能代表庄子对待知识的态度。王倪对于啮缺的问题一问三不知。不过最后他还是申明了他对人类认识能力的看法，他说："虽然，尝试言之。庸讵知吾所谓知之非不知邪？庸讵知吾所谓不知之非知邪？"庄子认为如果一定要讲认识的问题，实在无法判定所知的是不是真正的知。《齐物论》中说：人睡在潮湿的地方会得腰痛病，泥鳅也这样吗？人爬到高树上会胆怯，猿猴也这样吗？这三者（人、泥鳅、猿猴）究竟算谁知道正当的住处呢？毛嫱、丽姬，人以为是美人，鱼见了她们吓得深入水底，鸟见了她们吓得高飞，麋鹿见了她们赶快跑开,美不美,究竟以谁(人、鱼、鸟、麋鹿)的尺度作为衡量的标准呢?由此,《齐物论》的作者得出结论说:"自我观之,仁义之端,是非之途,樊然淆乱,吾恶能知其辩?"这就是说认识者没有认识的能力,无法取得正确的认识。

《齐物论》不但怀疑一般正常认识的不可能,并自此进而对于认识者究竟是不是在认识也进行怀疑;再进而对于"怀疑认识者的怀疑"也提出了怀疑。它说:"梦饮酒者,旦而哭泣;梦哭泣者,旦而田猎。方其梦也,不知其梦也,梦之中又占其梦焉,觉而后知其梦也。且有大觉而后知此其大梦也;而愚者自以为觉,窃窃然知之!"只有他所谓"大觉者"才能以怀疑一切的态度对待认识问题,把醒与梦看得无所谓差别:从梦的立场看醒,醒也是梦;从醒的立场看梦,梦也是醒。《齐物论》还用一个寓言式的故事说明这种不可知论的观点:有一次庄周梦为蝴蝶,他难以搞清楚,是庄周做梦,梦中变为蝴蝶呢,还是现在的庄周是蝴蝶所做的梦?庄子最后的结论是,不但一般人没有认识事物的能力,就是最高智慧的"至人"也不能解答这个问题。只是"至人"比一般人高明的地方不在于他正确地认识什么,而在于他根本放弃认识,以"不进行认识"作为"认识"。《养生主》说:"吾生也有涯,而知也无涯,以有涯随无涯,殆矣。"为了避免"殆矣",最好是不进行认识活动。这是一种彻底的以"不能知"来论证的不可知论。

图3-2 [宋]李唐所作的《濠梁秋水图》

第三，对于真理的标准问题，有没有是非、真假，庄子也做了不可知论的论证。

《齐物论》提出判别是非有没有标准、用什么作为标准的问题。最后提出探求关于事物的是非、真假有没有意义，应该不应该的问题。《齐物论》认为当时儒墨各派互相争论，乃"以是其所非而非其所是；欲是其所非而非其所是，则莫若以明"。这是说儒墨各自都用自己所认为是错的去互相批评对方所认为是对的；他们这样做，那就不能搞清楚是非。《齐物论》认为谁也没有能力判断别人的是非。他说：假使我和你进行辩论，你胜了我，我辩不赢你，难道你果真就对，我果真就错了吗？我胜了你，你辩不赢我，难道我果真就对，你果真就错了吗？还是有一个对另一个错了呢，还是两个全对或全错了呢？我们两人无法决定谁对谁错，那么请谁来决定呢？让跟我意见相同的人来决定，他既然和我的意见一样，又怎能决定呢？让跟你意见一样的人来决定，他既然和你的意见一样，又怎能决定呢？让和我俩意见都不同的人来决定，他既然和我俩的意见不同，又怎能决定呢？那么，我和你和第三者都不能知道谁对谁不对，还等谁来决定是非呢？照庄子的逻辑，决定是非是不可能的，因为没有一个客观的、共同的标准。

《齐物论》这种否认是非有客观标准的不可知论的观点和庄子的唯心主义、神秘主义世界观是密切联系着的，因为庄子认为"道"是不可知的，世界本身是不可以用感觉、理性以及任何认识的方法来认识的。他认为"道隐于小成，言隐于荣华"。就是说，持有局部的见解（小成）的人才看不见"道"，持有辩才的人才不了解真正的言。因为"大言炎炎，小言詹詹"，是非总归是讲不清楚的，你有你的是非，他有他的是非。不但对不同的意见难于判定谁是谁非；甚至连你、我、彼、此，也难于分别得清楚，"是亦彼也，彼亦是也。彼亦一是非，此亦一是非，果且有彼是乎哉？果且无彼是乎哉？彼是莫得其偶，谓之道枢"。这是说，是与非，彼与此，根本说不上有什么对立面的关系（"莫得其偶"），没有对立，自然也不需对它们进行分别。所以说，"枢始得其环中以应无穷"。环是无端（开始）的，环的任何一部分都可以说是起点，也都可以说是终点。取消了对立面，就可"以应无穷"。应无穷的方法是以不辩为辩，以不说为说，以不认识作为认识。

他认为仅仅停留在分别是非的阶段,是非总是说不清楚的,"是亦一无穷,非亦一无穷,故曰莫若以明",同样是一个搞不清楚("莫若以明")。

既然"莫若以明",照庄子的体系,是以不分别代替分别,从根本上取消了认识。他说:"以指喻指之非指,不若以非指喻指之非指也。以马喻马之非马,不若以非马喻马之非马也。天地一指也,万物一马也。"这就是说,天地、万物并不真正是客观存在着的实物,不过是个符号。任何概念都不能反映事物,既然不能反映,就不如干脆连这些符号也一并取消。不表示,倒是最完全的表示。

三、追求绝对自由的人生观

庄子提出了追求精神自由的理论。他面对现实世界与个人主观希望的矛盾,设想出许多所谓解决的办法。《逍遥游》说,大鹏飞翔,要靠大风和长翼的帮助;行千里的人,要带着三月之粮。这是一般的生活规律,这样的生活,说不上自由。列子能轻妙地乘风飞行,并能达半月之久,比起一般人,总算自由了(可以不走路)。但是他还要有风才行,没有风,列子也将失去"免于行"的自由。而且,他能去的地方仍然是有限的。庄子认为,这些所谓自由,都是有条件(有待)的,不算真正的自由;真正的自由是"乘天地之正而御六气之辩(变),以游无穷者,彼且恶乎待哉?"庄子认为一切有待的自由都不能离开客观条件(有待);可是任何条件都是对自由的限制;要求绝对的自由,又要绝对地离开条件限制,庄子把问题提得十分突出,并对这个问题给了答案。

庄子认为一般人所以不自由,是由于他"有己";受条件限制的是每个要求自由的"自己"。他说"至人无己,神人无功,圣人无名","至人""神人""圣人"是庄子认为理想的人格的不同称谓,三者都是一种人。像这样的圣人,他不感到自己的存在(无己),自然也不会有所积极建树(无功),他可以不顾别人对自己的毁誉(无名),因而精神上是自由的。《大宗师》所描绘的"真人"是"其寝不梦,其觉无忧,其食不甘,其息深深。真人之息以踵,众人之息以喉"。"真人""不知说(悦)生,不知恶死。其出不䜣,其入不距,翛然以往,翛然而来而已矣"。"真人"和一般人不一样,他不仅生活与众不同,更主要的是对待生活的态度与一般人不同。他对待生,也说不上特别高兴,对待死,也说不上特别不喜欢,自然地生下来,又自然地死去。庄子所描绘的这种圣人(或真人、至人),现实世界里是不存在的,只存在于虚构的精神世界里。

庄子又分析了人们通常所感到的现实的不自由,不外生死寿夭、富贵贫贱、得失毁誉这些客观原因。庄子认为现实社会本来就适合于人们的生活,一切苦恼,都是自寻出来的。关于死生的问题,《大宗师》说:"死生命也,其有夜旦之常,天也。"《人间世》说:"知其不可奈何而安之若命,德之至也。"把死生的问题归结为命运的安排,就不会苦恼。关于得失的问题,《大宗师》说:"有所藏即有所失,无所藏即无所失。""藏舟于壑,藏山于泽,谓之固矣,然而夜半有力者负之而走,昧者不知也。"最安全避免损失的方法是"藏之于天下",无所得,也就不会失了。关于毁誉的问题,《大宗师》认为:"与其誉尧而非桀也,不如两相忘而化其道。"用"忘"的办法对待毁誉,毁誉对自己就不发生干扰了。关于富贵贫贱的问题,《大宗师》也教人不要追究造成贫困的原因,如果处于贫困的地位,不但不是坏事,还应感激造物者,认为这是出于它的善意的关怀。《大宗师》记载子桑在贫困中,穷得吃不上饭,他却自己安慰自己说:"吾思夫使我至此极者而弗得也。父母(把造化比做父母)岂欲吾贫哉? 天无私覆,地无私载,天地岂私贫我哉?"使他陷于贫贱的是"命"。找到了仁慈的"命",他心安理得了。

《大宗师》提出的精神解脱法,是"堕肢体,黜聪明,离形去知,同于大通,此谓坐忘"。坐忘,是彻底的、无目的的"忘",它把"坐忘"看作是获得精神自由的总原则。坐忘,就可以达到与天地万物浑然一体的神秘精神境界。陶醉在这样的神秘精神境界,便从思想上泯除了人与人之间、人与物之间的差别、界限。

庄子追求绝对的个人自由,不是有所不为,而是无所谓"为"与"不为"。《大宗师》认为人们之所以应当忘了自己,是因为本来就没有一个自己,它说:"夫大块载我以形,劳我以生,佚我以老,息我以死,故善吾生者乃所以善吾死也。"这就是说世界对每个人都是最合适的,如果有人认为不合适(不自由),那是他自己认识不正确;认识方面之所以不正确是由于他没有忘了"自己"——而"自己"本来就是不存在的。

第三节　黄老之学

　　黄老学(即黄帝、老子之学)是大约在公元前4世纪中叶,从老子学说分化出来的一个道家学派。齐宣王时(公元前320年—公元前302年在位),黄老学就盛行于世。现存《管子》书中的《内业》、《白心》、《心术》(上)、《心术》(下)四篇很可能是稷下黄老学者的作品。黄老学的最盛时期是在西汉初年。当时社会初定,国家需要安宁,经济需要恢复和发展,人民需要休养生息。黄老学适应社会的需要,主张无为而治,得到汉初统治者的重视。汉文帝、景帝、窦太后等都以黄老学作为治国的指导思想。著名的学者司马谈亦推崇"黄老之术"。淮南王刘安主持编纂的《淮南子》一书,是汉初黄老学的理论总结。黄老学思想的特点是:(1)政治上,继承了道家的无为政治,同时又吸取了儒家的礼义仁爱思想、名家的形名思想、法家的法治思想,从而融合了道家与儒、墨、名、法诸家的学说。黄老学的无为政治,已经大不相同于老庄所主张的无所作为的思想。黄老学强调的无为大多是指去掉机诈巧伪,因循自然,抛弃了老庄的消极思想,在政治上具有了积极进取的精神,反映了当时一部分新兴阶级的需要。(2)在哲学上,黄老学派内部思想比较复杂,一般说来,它们都吸取和改造了老子关于"道"的学说。属于稷下黄老学思想的《内业》、《白心》、《心术》(上、下)和《淮南子》中的《原道训》与《精神训》等著作,都具有唯物主义的思想倾向。例如,《管子·内业》发挥了老子哲学中道有物有精的思想,提出了精气的学说。把"精"视为一种精微的气即精气,认为天下万物是这种气产生的,气是世界的本原。这是一种气一元论的唯物主义学说。《淮南子·原道训》则提出道"含阴阳"的思想,视"道"为阴阳二气的统一物,对老子的"道"也作了唯物主义的解释。但是由于黄老学是从老子哲学中分化出来的,所以它受老子唯心主义思想的影响很深。有的黄老学者仍然把"道"看作是"虚无"的实体。如古佚书《道原》说:"恒无之初,迥同大虚。"《淮南子·天文训》说:"道始于虚霩,虚霩生宇宙,宇宙生气。"两者把宇宙的本原"道"看作是虚无的。

东汉以来,黄老之学的演变大体可分为三类:第一,老子之学。黄老已不是汉初那种治国经世的政术,而变成学者研究《老子》的一种学术。在西汉后期有《老子指归》,在东汉则有《老子河上公注》。第二,养生之学。养生论本来是汉代道家学说的重要组成部分;到了东汉,黄老之学的政治论衰减了,但它的养生论却突出了,它越来越成为个人养身健性之术。第三,道教神学。黄老之学与神仙方术相结合而蜕化为早期道教。

第四节 魏晋玄学

道家思想到魏晋时期有一个飞跃的发展,这就是中国哲学史上的所谓"玄学"。什么是"玄学"呢?玄学是对《老子》《庄子》和《周易》的研究与解说之学,《颜氏家训·勉学》中说:"《老》《庄》《周易》,总谓三玄。"或者说玄学是道家与儒家融合而产生的一种新的文化思潮。玄学中有三个主要的派别,一派是王弼、何晏的"贵无论",一派是裴頠的"崇有论",一派是郭象的"独化论"。实际上是两个主要派别,就是贵无论和崇有论,它们辩论的主题是关于"有"和"无"的问题。玄学的方法是"辩名析理",简称"名理"。"名"就是名词,"理"就是一个名词的内涵。一个名称代表一个概念,一个概念的对象就是一类事物的规定性,那个规定性就是理。把一个理用言语说出来,这就是一个"义"。玄学的辩名析理完全是抽象思维,在中国思想史上,魏晋玄学是中华民族抽象思维的空前的发展。从这一方面来说,魏晋玄学是对两汉哲学的一种革命。

一、王弼、何晏的"贵无论"哲学

王弼、何晏是魏晋时期新经学和新哲学的主要创始人,他们所代表的玄学称为"正始(约240~249年)玄学"。何晏的著作有《论语集解》,王弼的著作有《周易注》《周易略例》《老子注》《老子指略》等。王弼提出了一系列的哲学范畴,如本末、动静、有无,他把问题集中到有没有比客观具体事物更根本的"体"的存在。王弼认为这个更根本的"体"就是"无"。王弼说:"道者,无之称也,无不通也,无不由也,况之曰道。寂然无体,不可为象。"(《论语释疑》)这是说,道是无,一切事物都要通过它(无不由),它自己是不具有任何质的规定性的。叫它做"道"只是一种比喻,它自己是"无体"、"不可象"的。王弼又说:"道无形,不系,常不可名,以无名为常,故曰道常无名也。"(《老子》三十二章注)这是说,道是无形的,又是不固定的,不可言说的。王弼又发展了老子的道在物先的这一命题。他说:"穷极虚无,得道之常。"(《老子》十六章注)"惟以空为德,然后乃能动作从道。"(《老子》二十一章注)认为道以空为德,它不具有物质性,道不同于万有的实际存在,它是无。王弼主张在万物之上、之后,还有一个更根本的本体,有形体的事物对于无形的本体说来只能是第二性的。王弼对于他的以无为体的本体论,还从以下四个方面进行了论证:

第一,通过本末关系论证以无为本。王弼提出事物有它的本质(本),有它的表面现象(末),现象是妨碍认识本体的。他把老子哲学归纳为一句话:"崇本息末。"把"本"放在主要地位,而排除"末"(现象)对"本"(本体)的干扰、影响。他认为只有这样,才能"言不远宗,事不失主",不致迷失原则(宗),脱离主宰。王弼认为指导行为、指导认识的原则要避免从具体事物现象出发,而是要从超乎现象之上的本体出发,他说:"闲邪在乎存诚,不在察善;息淫在乎去华,不在滋章。"(《老子略例》)防止不道德的行为,主要是坚定道德修养,而不在于懂得一件一件的善事;防止过分(淫)主要是摒除华丽,而不在于制止一件一件的华丽铺张的行为。掌握本体的原则是"不攻其为也,使其无心以为也;不害其欲也,使其无心于欲也"(同上)。他教人看问题要从本体上着眼,而不要从枝节(末)上着手:"见素抱朴,以绝圣智。""皆崇本息末之谓也。"(同上)他认为老子"绝圣弃智",使人民过着朴素的生活,是杜绝混乱、虚伪的根本原则。

第二,以自然无为论证以无为本。王弼说:"自然者,无称之言,穷极之辞也。"(《老子》二十五章注)"自然"就是事物的本体(穷极),它是对道的描写。王弼所以崇尚无为自然,因为他相信凡是有为的,都不是第一性的,有为的结果总不及无为,他说:"用智不及无知,而形魄不及精象,精象不及无形,有仪不及无仪。"(同上)"无知""无形""无仪"都是指无形无相的本体,它超出万有之上,所以比万有更高、更根本。它是神秘主义的、不可见、不可言说的本体。

自然无为,王弼也叫它做"无",王弼说:"橐籥之中空洞,无情无为,故虚而不得穷屈,动而不可竭尽也。天地之中,荡然任自然,故不可得而穷,犹若橐籥也。"(《老子》五章注)本体之于万物,也是应而无穷,不可尽竭的。他认为决定万物存在的不是万物自身的运动发展,而是高踞于万物之上的"自然"。对于"自然"与"名教"(以"正名分"为中心的封建礼教)的关系,王弼认为是"名教本与于自然"(《老子指略》)。而"竹林玄学"的代表人物嵇康则主张"越名教而任自然"(《释私论》)。

王弼的认识论,集中表现在他的言不尽意、得意忘象的学说中。他在《周易略例·明象章》说:"夫象者,出意者也;言者,名象者也。尽意莫若象,尽象莫若言。"王弼这里是说,象是达意的工具,言是明象的工具。达意要通过象,明象要通过言。王弼又说:"言生于象,故可寻言以观象;象生于意,故可寻象以观意。"他的意思是说,言辞是由易的象产生的,可以根据言的内容追溯象的意义;象是圣人制定的,可以根据象所表现的内容探寻圣人制象的本意。他又说:"意以象尽,象以言著。故言者所以明象;得象忘言,象者所以存意,得意忘象。"这是王弼关于言、意、象的关系的第二层意思。意通过象(卦象)而得到表达,象通过言语而明确了它的意义。言语是为了明象的,如果已经明确了象的意义,可以把言语忘掉。象是用来保存意的,如果已经得到意,可以把象忘掉。好比过河,桥梁是过河的工具,过了河,桥可以拆除。

王弼根据以上的观点,又深入到第三层意思:"是故,存言者,非得象者也;存象者,非得意者也。象生于意,而存象焉,则所存者乃非其象也;言生于象,而存言焉,则所存者乃非其言也。"这是说,固守着言,就掌握不到象的意义,固守着象,就掌握不到意的涵义。理由是,象是从意产生的,只固守着象,那么所固守的就不是原来的象了;言是从象产生的,固守着言,那么所固守的就不是原来的言了。

由以上的认识,王弼又作了第四层的推论。他说:"然则忘象者,乃得意也;忘言者,乃得象也。得意在忘象,得象在忘言。故立象以尽意,而象可忘也。"王弼沿着唯心主义认识论的路越走越远。他开始只是说，认识要通过一定的工具作为媒介，如果认识了所要认识的本体，可以不要工具，得了鱼可以忘筌。这里，却说只有忘掉了象，才能得意；只有忘掉了言，才能得象。他把象的必须忘掉看作得意的条件；把言必须忘掉看作是得象的条件。也就是说，把象和得意的关系对立起来，把言和得象的关系对立起来。

"言不尽意"学说，在当时及以后的中国哲学史上的影响是广泛的，对艺术欣赏、创作方法也都有影响。我国艺术理论自魏晋以后，都注意要求有不尽之意，反对一览无遗，或多或少都是受了"言不尽意"的影响。

二、郭象的"独化论"哲学

玄学的另一个代表人物是郭象。郭象字子玄，生于公元252年，卒于公元312年，他的重要著作为《庄子注》。今本郭象《庄子注》是郭象在向秀的《庄子注》的基础上增改完成的。郭象的《庄子注》对《庄子》一书的唯心主义作了重大的发展。他抛弃了庄子虚无主义的"道"，虚构了绝对的"自足其性"的存在（"有"），把"万有"看成是各自存在的独立的绝对，从而否定了世界的物质性和统一性。他认为大小、美丑、贵贱都是相对的，而且认为小能"自足其性"就是至大，贫贱能甘守贫贱，就是富贵。这些性质，无分高下，它们都是绝对圆满的。庄子主张废除封建社会的礼法、文化、政治制度，认为这些都违反人的本性的。郭象为了门阀士族的利益，对庄子的这种思想作了完全相反的解释，他说名教（封建制度、伦理关系）就是自然（本性），而且名教是自然的最好的表现。庄子从没落的奴隶主立场，认为现存的新生事物是不合理的，郭象从门阀士族的立场为当权派进行辩护，他说现存的都是合理的，他说："天地万物凡所有者，不可一日而相无也。一物不具，则生者无由得生；一理不至，则天年无缘得终。"（《大宗师注》）庄子认为"穿牛鼻""落马首"违反牛马的本性，郭象则说只有"穿牛鼻""落马首"才符合牛马的本性。庄子的哲学表现了没落奴隶主阶级贵族消极厌世的世界观，郭象则把这一学说发展成为积极的、为当权的门阀士族服务的处世哲学。

郭象哲学的核心是他的"玄冥""独化"学说，"玄"是"黑色、辽远、看不清楚"

的意思,"冥"是"昧"的意思,就是"泯除分别,不分彼此"。这一学说包含着两个主要内容:一个是宇宙万物是个怎么样的存在,这是宇宙万物的构成问题;另一个是宇宙万物存在于什么样的关系之中,这就是关于事物的联系问题。

郭象既反对万物是有意志的"上帝"(真宰)所造,也反对现存着的形形色色的万有万象之后有一个"本体"(物自体)。王弼认为意。认为"无"生"有"是"生者无物而物自生"。从"没有造物者"这一观点出发,推论到不要任何规律的错误结论。任何事物的产生,它外面不依靠任何规律(道),它自己也不由自己决定,万物毫无原因地独自生存着、变化着(独化)。因此,他主张"物各有性,性各有极",事物各自有各自的自性,各个独立存在的事物的自性是各自有各自的原则。郭象认为世界的存在,它本身就是不知其所以然而然,莫名其妙在存在着、变化着。世界万物的生成原因是不可知的,也是不必知的,它本来就是混冥一团。万物看来有差别,至于追究它的变化的根源,则都是说不清楚的。事物本身不具有彼和此的差别性,差别性是人们强加给事物的。他认为正确地对待事物的态度应当是"玄同"(不分彼此),才符合事物的情况。根据以上的认识,郭象认为没有事物的总规律(道),他说:"不知所以因而自因。"(《齐物论注》)这就是"道"。郭象认为,每个事物都各自成为一个独立的绝对,因此其存在就是"自有""自生""自尔",在它们之间没有任何统一性。同时,他又认为各个独立的事物,归根到底又不具有任何差别。

郭象把现实世界的存在都看作是各自独立的,因此,他们只须"自足其性"就是了,在他们之间,大小、美丑、好坏、是非的分别本来是没有的。只要主观上满足了本性的要求,泰山和秋毫也没有大小的差别。甚至可以说天下没有比秋毫更大的东西了,因为秋毫的本性是圆满无缺的。万物的存在,都是各足其性,得到自己的满足,人在社会的地位,也应像万物在自然界中的地位一样,也要安于自己所处的地位,在他自己的地位尽他的本分,这样就是自足其性。这就是说,贫贱的应该自甘贫贱,富贵的则安享富贵,小的不必羡慕大的,贫贱的不必羡慕富贵的:"苟足于其性,虽大鹏无以自贵于小鸟,小鸟无羡于天池,而荣愿有余矣。"(《逍遥游注》)在《逍遥游注》中,郭象教人用泯除分别的方法寻求精神解脱。他说,"齐死生者,无死生者也","游于无小无大者,无穷者也,冥乎不死不生者,无极者也"。万物各自独化,但人们对万物的态度需要采取不加分别的"玄冥"立场,他认为,只有"与物冥而循大变"的人,才能"无待而常通",获得无条件的、绝对的精神自由。得到这种精神自由的人,是"无心玄应,唯感之从",与万物相冥、不分彼此的圣人。

道家不仅是先秦哲学中的一个重要流派,而且也影响到整个中国古代哲学的发展。在中国历史上,道家哲学有时被一些非官方儒学的重要人物改造与继承,如汉代的扬雄、桓谭、王充等;有时为官方儒学所吸取,如宋明理学曾经一度成为官方哲学或一个时代的统治思想。此外,道家哲学还深深地影响到中国的道教与佛教两大宗教思想的发展。道家的哲学思想,对中国历史上唯心主义和唯物主义哲学的发展都产生过重要影响。而道家的伦理思想中对仁义等封建道德规范所做的批判,对"至德"之世的幻想,特别是主周所阐发的那种追求个人自由的愿望等等,为后来各代不满现实的知识分子和政治失意者所吸取,成为中国人人生观中的重要内容。

思考与练习

1. 《老子》一书中"道"的含义是什么?
2. 庄子在认识论上的相对主义观点主要表现在哪几个方面?
3. 简述《庄子》的人生观。
4. 东汉以后黄老之学的演变可分为哪几种类型?
5. 魏晋玄学有哪几个主要的派别?各自的主张是什么?

延伸阅读与参考书目

1. 朱谦之校释《老子校释》,中华书局,1984年。
2. 郭庆藩集释《庄子集释》,中华书局,1961年。
3. 陈鼓应注译《老子注译及评价》,中华书局,1984年。
4. 陈鼓应注译《庄子今注今译》,中华书局,1983年。
5. 汤用彤撰《魏晋玄学论稿》,中华书局,1962年。

第四章 道教文化

道教是以"道"为最高信仰的中国本民族固有的传统宗教，它是在中国原始宗教的基础上，吸取了上古时期流传下来的鬼神祭祀、民间信仰、神话传说、方技巫术，以道家黄老之学为旗帜与理论支柱，以修真悟道、羽化登仙为最终目的的一种宗教。它将老子及其《道德经》加以宗教化，尊老子为教主，奉为神明；以《道德经》为主要经典，并对之作宗教性的解释。

第一节 东汉时期道教的创立

早期道教的来源大致有以下几个方面：道教长生不死、得道成仙的信仰主要来自于战国秦汉年间非常盛行的神仙传说；道教的宗教仪式和方技巫术主要来自于古代宗教、民间巫术和方术；道教的宗教理论则主要来源于先秦老庄哲学、秦汉道家学说以及儒学和阴阳五行思想。据文献记载，最早的有组织的道教教团是五斗米道和太平道。

五斗米道首创于东汉顺帝(126—144年)时的张陵。据记载，信教的人要交纳五斗米作为入教费用。张陵死后，他的儿子张衡、孙子张鲁继续传授这种宗教。它流行的地区是在汉中、巴郡一带，是一种宣传互助、互济的民间宗教。

太平道的创立和传播者是张角。张角创立的太平道规模十分庞大，信徒数十万，遍布青、徐、幽、冀、荆、扬、兖、豫八州。其政治目的性很明确，黄巾起义时，口号是"苍天已死，黄天当立；岁在甲子，天下大吉"(《后汉书·皇甫嵩传》)。意思是说，代表刘姓王朝的上帝(苍天)已经死了，将出现一个代表农民利益的

"黄天"主持世界。

《太平经》是流传至今的最早的道教经典,其思想要点有如下几个方面:(1)神秘的气化学说。它的宇宙论主元气发生说,云:"天地开辟贵本根,乃气之元也。"(王明《太平经合校》)但元气及派生的天地阴阳之气,都带有感情、意志、道德色彩,阳气好生,和气好成,阴气好杀,这种神秘的气化论后来一直是道教理论的重要组成部分。(2)三名同心的调和论。作者肯定阳尊阴卑、君尊臣民卑,但强调中和之道,主张君、臣、民三者协调共处。(3)阴阳五行的灾异说。阴阳之道体现天意,因此人要通晓顺应阴阳之理,社会才能太平。人间政治清明则天地喜,天地喜则阴阳顺畅;人间政治昏乱则天地怒,天地怒则阴阳失调。自然界的和顺与灾异乃是社会政治好坏的一面镜子,统治者要经常以此反察自己的行为,改善政治措施。(4)天人相通的神仙系统。《太平经》的神仙系统是道书中最早出现的,其等级由上而下,共分六等:"一为神人,二为真人,三为仙人,四为道人,五为圣人,六为贤人。"(5)"承负"说与学道之方。所谓承负,是指先人们所点点滴滴累积起来的过失与罪恶由后代所负担,承负代代积累的结果,便出现善恶与祸福不相一致的情况。总的来说,天道是公正的。不过,《太平经》在承认命运的基础上,个人是否力为也是人能否成仙的关键因素之一。修道的原则是养性与积德并重,"内以致寿,外以致理",具体地说,有以下几条:一是忠君、敬师、事亲。二是守一之法。守一有两种:一是保守身体主要器官,如头之顶,面之目,腹之脐,脉之气,五脏之心,使之充实;二是守神,使形神不离。三是食气服药。欲要长生,饮食上"第一者食风气,第二者食药味"。所食乃"自然之气",食之"且与元气合",故寿比天地。

《周易参同契》是流传至今的道教丹鼎派最早的理论著作。"周易",表示此书以《周易》为立论根据;参,三也,即《周易》、黄老、炉火三事;同,通也;契,书契也——明此书乃据《周易》的原理贯通《易》、老、丹三学之书典。其中心思想是运用《周易》所揭示的阴阳之道,参合黄老自然之理,讲述炉火炼丹之事,基本上是一部外丹经。

第二节　两晋南北朝时期的神仙道教

大致从西晋起,中国道教开始了一个非常重要的时期,即神仙道教时期。这一时期是以中国南方道教的本土化、士族化、正规化为特征的,这使得道教从一种反抗者的宗教渐渐演变为统治者的宗教,从而能够在官方支持的环境氛围中得到充分的发展。

一、两晋时期南方道教的发展

这一时期,吴地形成了几个重要的道教宗派,如上清派、灵宝派。灵宝派是因传授《洞玄灵宝经》而得名的。《洞玄灵宝经》最早是由一位名叫徐来勒的道教信徒撰写的,成书年代约在三国年间。徐来勒将经降授给葛洪的从祖葛玄,葛玄在承继灵宝经的同时,又拜左慈为师修习太清丹经;葛玄之后,郑隐(字思远)得授此经,并与葛玄之兄葛孝爰一块修习;葛孝爰将经传给儿子葛悌;葛悌之子葛洪承继父业,拜郑隐为师研修灵宝经。不仅如此,葛洪还从妻父鲍靓(玄)那里得到了《三皇内文》《五岳真形图》的传授,从而成为道教思想史上的集大成者。

上清派将他们的经籍传授渊源上溯到西城真人、王褒、魏夫人。其中魏夫人可以较为肯定地说是历史上实有的人物。她在西晋年间开始信教,后中原扰乱,携子渡江。她所传授的一些经籍如《黄庭经》为上清派所尊奉。然而,真正标志上清派诞生的是在晋哀帝兴宁元年(364年)杨羲借托魏夫人之名,用隶体文字撰写了后被上清派奉为最高经典的《上清大洞真经》这一事件。杨羲为吴郡人,自幼奉道,后举家迁至句容,奉魏夫人的长子刘璞为师,又与许谧相识,并结为神明之交。后来,杨羲与许谧、许翙父子俩在句容茅山中的雷平山上设立乩坛,许谧为坛主,杨羲为乩手,并作纪录,造作了大量的经书,形成了以《上清大洞真经》为主的上清经系,经过许谧、许翙的传授,开始渐渐风行。到了东晋后期,茅山道士王灵期,又一次增广《上清经》五十余篇,使得这一派系的道书越来越多。

除了上清派和灵宝派这些新兴的道教教派之外,传统的五斗米道在东晋依然有相当大的市场。杜子恭道团是东晋最有影响的五斗米道组织,由五斗米道世家钱塘杜氏家族首创,影响遍及整个吴文化区。其信奉者不再限于大批普通民众,"东土豪家及京邑贵望并事之为弟子,执再三之敬"(《宋书·自叙》引《隆安故事》)。杜子恭死后孙泰掌教,孙泰卷入东晋统治集团的内讧被杀,其侄孙恩利用道教起兵为之复仇。旬日之中,人数达数十万。隆安四年(400年)至元兴元年(402年)孙恩又先后三次登陆,转战各地。历经数十战,终因进攻临海(今属浙江)失败,投海自沉。孙恩死后,剩余的党徒又推其妹夫卢循为首领,坚持起义,又于义熙六年(410年)分两路攻打建康。最终仍以失败告终。从这次起义可以看出,在当时的江浙地区,有着极为众多的五斗米道信徒,而且遍布社会各个阶层。

从东晋开始,道教在吴地已经渐渐本土化,这表现在一些重要教派的代表性人物从以前的移民变为土著。如灵宝派,由左慈(庐江人,属今安徽省)、鲍靓(上党人,一说东海人)、郑隐等移民传给葛玄和葛洪等土著,葛氏家族乃丹阳句容人。上清派则由魏夫人、刘璞传给杨羲、许迈等人,许氏家族同是丹阳著名士族。另外,吴地氏族如丹阳陶氏、吴兴沈氏、晋陵华氏、会稽孔氏、钱塘杜氏、吴郡顾氏、陆氏、张氏、孙氏也都信奉道教。从此以后,吴地,尤其是丹阳地区成为神仙道教的重镇,在中国道教史上具有举足轻重的地位。道教的士族化表现在大批的士族包括皇族都成为道教的虔诚信奉者,如简文帝、孝武帝以及孝武帝的弟弟司马道子等等。除了上述吴地士族之外,一些南渡著名大姓士族如琅玡王氏、高平郗氏、殷川庾氏、陈郡殷氏、阳夏谢氏、泰山羊氏、谯国桓氏、汝南周氏,次等氏族如琅玡孙氏、长乐冯氏等等,这些家族中都有人信奉道教。而道教的正规化表现在这一时期道教经典的不断出现,道教理论的不断发展,科仪戒律的不断完善,各种仙道方技的不断出笼,使道教从政治色彩浓厚、教义仪式简单原始的民间宗教发展为追求个人成仙的成熟宗教。

二、葛洪及其道教理论

在道教的发展与变革史上,吴地方士葛洪、陆修静和陶弘景占据着极为重要的地位。葛洪(约281—341年),字稚川,自号抱朴子,丹阳句容(在今江苏省)人,出身官宦世家,其三代从祖为葛玄,吴地著名道士。可能受家庭影响,他年轻时即相信仙道学说,师从郑隐学道。也曾师事南海太守著名方士上党鲍靓(玄),并娶鲍靓之女为妻。晋惠帝泰安年间,张昌起义,葛洪因镇压有功迁伏波将军。事平之后北上洛阳,广寻异书,研修仙道。随后"八王之乱"爆发,葛洪流徙于徐、豫、荆、江、襄、广等州之间,并在广州任参军之职,留居广州,潜心于著述。后返归故里,因十余年前伐石冰有功被封为关内侯,在这一年他完成了《抱朴子》。后听说交趾出产丹砂,求出勾漏县令。到达广州时,刺史邓岳挽留,于是入罗浮山炼丹,终其一生。

在葛洪的仙道思想中,首先值得我们重视的是他对本体的有关论述。他继承老庄和扬雄的理论,认为"玄"是宇宙的本体,世界的一切皆由"玄"产生。由于玄道在葛洪的道教本体论中有着如此重要的地位,所以葛洪又称自己的仙道为玄道,认为只有掌握了玄道才能掌握永恒。其次是葛洪有关儒道关系的论述。他认为道本儒末,道先儒后,但又相互补充,不能专信一家。第三,葛洪仙道理论中很重要的是其仙可学致的观念,即凡人可以通过学仙修道成为神仙。他竭力主张神仙实有,人的感官能力和经验有限,不能以此去判断神仙的有无。神仙不仅存在,并有等级之分,而且可以靠立志、虔诚、明师、勤学达到成仙的目的。这些宣传为道教神仙信仰的确立奠定了理论基础。第四,葛洪论述了道教各种仙道方术,其中服食"金丹大药"乃是成仙之本。其金丹服食思想的基本观念是"假外物以自坚固",通过由金属铅、汞或矿物丹砂制作的金丹大药的服食,达到炼人身体、令人不老不死的效果。自此以后,用矿物丹砂制作金丹成为道教丹鼎派道术的主要内容。此一道派的金丹术包括炼制黄金白银和烧炼还丹两个部分,前者通常称为炼金术,后者称为炼丹术。葛洪和其他道士们在烧炼还丹制作黄白的过程中掌握了很多化学反应的知识和技术,炼丹术成为实验化学的先驱。另外,葛洪在《抱朴子》中抛弃了魏伯阳用《周易》术语说炼丹的方法,而采用了通俗的语言,对如何炼丹作了详细的说明,促进了神秘的丹鼎派在南方地区的流传。

葛洪的时代,正是道教发生根本性转变的时代。原来产生于社会下层的民间性宗教这时在社会上层也有不少信徒。统治阶级在对下层道教进行全力的镇压之外,一些上层人物也致力于对道教进行清整改造。葛洪就代表了上层阶级对道教进行改造的重要一脉。他看到民间道教日渐滋长,妨害统治秩序,因此竭力排斥民间道团,斥为"妖道""左道",致力推动道教上层化和官方化。他以还丹金液为核心,注重个人修炼的仙道学说,既从理论上确立了不死成仙的教义,又集各种仙道方术之大成。丹鼎道派仙道理论的集中提出,特别是葛洪对神仙可成的论证,充实了道教理论;他对学仙修道可以不废世俗事务,特别是对儒道可以调和、互相补充的论述,使道教更易为统治阶级所接纳,从而为道教的官方化打下了基础。葛洪将"玄""玄道"引入其仙道学说,可作士人由道家而入道教的攀援之枝。对各种仙道方术的详细论列,有助于道教的进一步成熟。通过葛洪,道教的基本教义完成了从"致太平"到"求成仙",亦即从救世到度世的过渡。道教追求肉体飞升、不死成仙的基本特征得以完全形成。

三、陆修静及其宗教活动

出身于江南著名氏族吴郡陆氏的陆修静(406—477年),字元德,出生地为吴兴(今浙江湖州)。作为南朝道教的一代宗师,陆修静对当时及后世道教的发展影响甚大。首先,陆修静对当时纷纷出现、真伪混淆、互为统属、源流不明的诸多道经进行了分类整理,考镜源流,辨别真伪。他不仅著录和刊正了当时存在的某些道书,而且还创立了在道教史上具有深远影响的道教典籍分类法,即将道书分为三洞(洞真、洞玄、洞神)、四辅(太玄、太平、太清、正一)七大部类,其中三洞各部又划分为十二小类。他的《三洞经书目录》乃是道教最早的经书目录。其次,陆修静大量将佛教的教义引入道教,使道教浅陋粗俗的教义渐渐变得精致起来。由陆修静整理并最后完成的《灵宝经》一再宣传劝善度人、轮回业报,无论从教义还是从术语上,都可以看出佛教的明显影响。陆修静强调佛道二教"殊涂同致",这对后世进一步吸收佛教教义有重要作用。另外,陆修静又吸取了儒家的修齐治平的思想,把辅助治国安民作为修道的目的,把遵循忠孝慈善作为修道的内容。这样,就使得南朝的道教教义体现了儒佛道三教融合的色彩。第三,陆修静完善了道教的戒规仪式。早期道教五斗米道虽然有某些简单的道戒,但与佛教戒律相比,还很不完善。晋宋间问世的三洞四辅诸经中,已载有各种戒律。为了保证道士严格遵守教戒,也为了扩大道教在民众中的影响,道教在东晋南朝加强了斋醮仪式的制定与完善。陆修静在总结前代斋仪的基础上,制定了"九等斋十二法"的斋醮体系,而且亲自实践,为帝王做法事。泰始七年(471年),陆修静率领道士为病重的宋明帝行"涂炭斋"。陆修静不仅完善并实践斋醮仪式,而且对斋仪的意义有理论上的解释,这使得道教斋法不仅有了系统的仪式戒科,而且在理论上更加成熟。第四,陆修静对道教的组织形式变化也有一定程度的贡献。道教早期的组织制度可分为两大类型。一类是以天师道为代表的政教合一的祭酒制,以天师为首领,下有治官、祭酒分统道民,治官、祭酒兼具道师和官吏两重身份。另一类是各地小型宗教集团普遍采用的师徒制。东晋南朝时,江南地区道教组织的形式产生了很大的变化,开始模仿佛教的寺院组织形成宫观制度。道师与弟子的关系从半官民半宗教的关系转变为纯宗教的关系,而且其经济来源从单一向道民征收"天租"转变为以帝王、官府、贵族豪富之家的赏赐和施舍供养为主要来源,并享受免除赋税劳役的特权。这使得宫观制度成为一种更有利于道教发展的成熟的组织形式。针对这一转变,陆修静著《陆先生道门科略》,整顿道观制度,建立并健全了"三会日"(在一年中规定的三个日子,道民必须到道馆去进行宗教活动)、"宅录"(经常统计道民的人口变化情况,然后对不断向道馆交纳钱物的道民给予保护)制度,废除道官世袭制,健全道官依功受箓和按级晋升的制度,保证道官的质量。

总之,陆修静融合天师道与神仙道教,为使早期民间道教发展为以奉持三洞经典科戒为特征的官方新道教做出了贡献。与陆修静同时或稍后,又有顾欢、孙游岳、孟景翼、宋文明、陶弘景等人在道教经典的整理、教义的发展、斋仪的完善以及道观制度的确立等方面做出了贡献,其中影响最大的人物,当数陶弘景。

四、陶弘景的宗教活动

陶弘景(456—536年),字通明,丹阳秣陵(今江苏南京)人。他出身于江东名门丹阳陶氏家族。陶弘景受家庭传统的影响,早年便有慕道之志。齐永明二年(484年),陆修静的弟子孙游岳(399—489年)奉诏入京为兴世馆主,代师掌教。当时陶弘景正在京师为诸王侍读,也前往学道,特受赏识,成为得到真传的入室高徒。随后陶弘景又遍访江东各郡名山,会见隐逸道士,搜求散失的杨羲、许谧、许翙的手书上清经诀真迹。在永明十年(492年)正式归隐茅山。梁武帝礼聘不出,但遇到朝廷大事便向他咨询,时人称为"山中宰相"。陶弘景在道教史上的一项重要贡献就是创立了茅山宗。

图4-1 茅山宗的发源地——茅山道院

茅山古称句典山。相传西汉时有咸阳人茅盈、茅固、茅衷兄弟三人,渡江来此修道得仙,乘白鹄飞去,当地百姓立庙祭祀,改山名为茅山。汉末建安中,左慈闻江东有此神山,渡江来寻,从此茅山成为六朝时江东神仙道教圣地。晋鲍靓、许迈都曾居住过茅山，许谧、许翙父子也曾在茅山之雷平山立宅，与杨羲合造《上清经》。但当时茅山尚未成为上清派的基地，当地村民对三茅君的祭祀，带有很强烈的民间宗教原始、粗陋的特点。陶弘景归隐茅山后，带领弟子在茅山上广修道观，并在道馆周围修塘垦田，为道馆建立固定的经济来源。然后，招聚徒众，倡导道士出家居道馆静心修炼。经过陶弘景和其弟子数十年的苦心经营，茅山开始成为上清派的活动中心，上清派又被称为茅山宗。茅山宗奉魏华存为第一代宗师，修习、传承杨、许造作的《上清大洞真经》等道经，道术以思神、诵经为主，兼炼制、服食金丹；供奉多神，但以元始天尊为最高神，在奉习上清经法的同时，还奉习灵宝、三皇及天师道经戒法；并有一定的组织机构，信徒出家住道馆修炼，称上清弟子或三洞弟子。另有大批帝王公卿、士族官僚也奉受上清经法。这样，就形成了以茅山为中心，广泛传播于江南各地的新道教派别上清派。为了记载早期上清派的教义和历史，陶弘景撰写了《真诰》一书，其中详细记载了东晋时《上清经》在吴地问世及传播的过程与杨羲和二许的家史，其中穿插了大量的神仙鬼怪传说、道教历史人物的事迹以及具体的修行道术，成为我们研究早期道教的珍贵资料。茅山宗派的形成，标志着自葛洪以来江南士族道教徒以神仙道教改造旧天师道教团、创立官方化的正统道教的正式完成。从此之后，茅山派历代宗师人才辈出，在隋唐之时成为影响最大的道教教派。

除创立茅山教团之外，陶弘景特别注意搜求上清经系中的方术秘诀和养生登仙之术。他撰写的《登真隐诀》《养性延命录》等道书，就详细记载了上清派思神内视、导引按摩等道术，也吸收了天师道的诸神上章、符咒驱鬼等道术。陶弘景在各种道术中尤其注重炼丹。他在梁武帝的支持下，自梁天监四年（505年）至普通六年（525年）二十年间进行了七次炼丹实验，前六次失败，最后一次据说成功了。在丰富的实践经验的基础上，他撰写了《太清诸丹集要》《合丹药诸法式节度》《服饵方》等多种炼丹服饵论著。同样出于长生成仙的目的，陶弘景对医药学也有精深的研究，撰有《本草经集注》《效验方》《补阙肘后百一方》等多种著作。尽管其出发点是无稽荒谬的，但由于在操作实践中能深入探索，态度严谨,陶弘景在道教养生术、炼丹术、医药学诸方面作出了继葛洪之后最有价值的贡献。

陶弘景在南朝道士中是兼修佛道的代表人物,他在茅山中立佛、老二像,隔日朝礼,并对儒家经学也极有研究,可见他对儒、道、佛三家采取了兼容并包的态度,这种态度使得道教能够更广泛地吸收儒、佛理论,使自身更趋于完善。

陶弘景在道教史上的另一重大贡献在于网罗群神,排定座次,建构起道教的神仙信仰体系。在此之前,道教的神仙体系杂乱无章,各个派别信奉不同的神灵。这其中有民间宗教尊奉的各种鬼神,也有信徒凭空想象的神灵,还有各位神化的先人。陶弘景撰写的《真灵位业图》,将先前道书中的近七百名神祇的名讳称号,以图谱的形式一一列出,向人们描绘了一个独立于人间世界之外的神仙世界。这个世界共分七层,每一阶层有一位主神排在中位,其余诸神则分列于左位、右位、散仙位和女仙位,并从众多的道教神灵中抽出七位主神,其中前四个阶层的主神已初步具备了后世道教所奉的"三清尊神"的神格,而高居玉清境之上的"元始天尊"则正式被定为道教的最高神。这样形成了一个等级有序、统属分明的庞大完整的道教神仙谱系,使道教从多神教向一神教前进了一大步。

五、北方的道教改革运动

从北魏开始,在中国的北方,也同样开始了一场道教的改革运动,其发起者为寇谦之。

寇谦之,字辅真,冯翊万年(今陕西临潼北)人,生于前秦建元元年(365年),卒于北魏太平真君九年(448年)。他早年就爱好仙道,学张鲁之术,入嵩山修道。后来自称得到太上老君给他以神的启示:"自天师张陵去世以来,地上旷诚,修善之人,无所师授。""吾故来观汝,授汝天师之位,赐汝《云中音诵新科之戒》二十卷,号曰'并进'。言……今运数应出,汝宣吾《新科》,清整道教,除去三张伪法、租米钱税及男女合气之术。大道清虚,岂有斯事,专以礼度为首,而加之以服食闭炼。"(《魏书·释老志》)为了适应当时北方鲜卑拓跋氏统治者和汉族门阀地主阶级的需要,他对北方天师道的教义进行改造,把原始道教所包含的某些农民革命思想和规定排除出去,使道教与礼教紧密结合,并清整组织,创立了新天师道。寇谦之所提倡的新道教,得到了魏司徒崔浩的赏识,推荐给魏太武帝,得到太武帝的支持,最终实现了道教与封建皇权的结合。他的道教活动在道教发展史上具有重要的地位。

从东晋南北朝开始的道教变革,经过葛洪、陆修静、陶弘景等人的不断努力,在齐梁时期基本上趋于完成。道教经过这一时期门阀士族的改造,已有了较为完备的教义和经典文献,建立并完善了自身的科戒仪式和相对统一的组织形式,丰富发展了修炼方术,形成了独特的神仙信仰体系,扩大了在统治阶级和普通民众中的影响,从而完成了从民间宗教向完备成熟的官方正统宗教的演变。

第三节　隋唐五代时期的道教活动

在南北朝时期,南北地区的道教一直存在着有限的交流,而这种交流的主要趋向乃是南朝道教尤其是茅山宗流入北朝。北周武帝(560—578年在位)时,茅山道士焦旷入居华山,楼观道士王延前往师之,于是南方地区的诸多道经纷纷流入北朝,汇合南北道教特点于一身的楼观道越来越得到统治者的赏识。随着隋朝统一全国,南北道教互相交流、融会的步伐加快了,道教的地域性特征日益被打破。茅山宗在隋代获得了长足的发展,不仅巩固了在南方的传统势力范围,而且逐渐占据了北方地区。而茅山宗地位的日益提高和影响的日益扩大,与当时茅山宗著名道士王远知的传道活动有很大的关系。王远知是丹阳人,陶弘景的弟子,曾被陈宣帝招见。开皇十二年(592年),未即位的杨广即派王子相、柳顾言具礼召迎。大业七年(611年),即位后的隋炀帝再次派人迎请,并亲执弟子之礼。这样,茅山宗在隋朝就得到了统治者强有力的支持。到了隋末,唐高祖李渊未举兵时,王远知曾向他密告符命,宣称他将得天下。李世民平王世充之后,曾和房玄龄微服谒见王远知,远知预言他将为太平天子。这样,王远知不仅赢得了陈、隋两朝统治者的尊崇,又成了唐朝的功臣,这使茅山宗在朝代迭换的风云变幻中,始终不失去政治靠山,为茅山宗的扩展势力争取了有力的支持。由此,隋代南北道教的融会乃是以茅山宗为主,这直接为唐代道教形成以茅山宗为主流的格局奠定了基础。

以佞佛著称的武则天临朝后,追赠王远知,并优礼其弟子潘师正。唐玄宗的登基得到了道教人士的支持,因此称帝后便提高道教的政治与社会地位,特别优宠茅山宗和张天师一系道士。这一时期,茅山宗兼收并蓄,吸收三教之长,并融会三洞经法,且有一个独立而严密的传承体系,使茅山宗的发展有了组织上的保障。而茅山宗的宗师大都继承了其师王远知政治活动能力强的特点,使得茅山宗一直受到统治者的扶持,吸收了灵宝斋法和正一法的茅山宗因此得到了进一步的发展,成为唐代道教的主流派。从王远知开始,经过了王轨、潘师正、吴筠、司马承祯等弟子的传授,茅山宗的影响流播到北方的京畿、嵩山、王屋山,以及南方的天台山、蜀中这些原有宗教十分发达的地区。

唐朝后期,唐僖宗对茅山道士吴法通十分优宠。《茅山志》卷十一说:"僖宗乾符元年(875年)遣使受大洞箓,遥尊称为度师。"五代十国期间,吴王杨行密崇信道士聂师道,建紫极宫以居之。南唐君主李昪、李璟父子,也崇信道教,对茅山道士聂师道的弟子王栖霞很敬重。茅山宗从中晚唐至五代十国期间,凡传七代,继续发展。茅山宗衍生出来的南岳天台系也开始自成一派。总起来看,道教经过初、盛唐的发展的高峰之后,到中晚唐至五代十国期间,因遭安史之乱和黄巢起义的震撼,加之以藩镇割据和战火连绵的破坏,而趋于低潮,尽管仍有一些帝王极力扶持而时有起色,也未能改变这一总的趋势。

第四节 宋元及以后时期的道教活动

上清派从北宋中期起,仍然受统治者重视,历代宗师多得宋元皇室所赐"先生"称号,也产生了一些著名道士如刘大彬、杜道坚、张雨等人。宋元以后的茅山,由于自然环境的清幽安宁,渐渐成为士大夫逃避喧嚣烦杂的俗世生活的隐遁之地。宋代时有著名的士大夫刘混康、褚伯秀、蒋玉海、杜道坚,元代时又有赵孟頫、张伯雨、梁大柱、许道杞、刘大彬来此隐居,并成为茅山道士。这些人都以博学高行、才艺绝伦名世。如杜道坚本为儒生,深于玄理,对三教之学皆有所深入,尤以理学释老为特色。赵孟頫工于诗词书画,是名震一时的书画大家。张伯雨为赵孟頫弟子,跟赵学习书法,精通儒家经典,并以诗文名世。元初另一茅山名道士张雨以诗文名世。尽管这时的上清派也开始有所改革,采摭新说以丰富传统教义,如提倡以前非其所长的内丹之学等等,但这些人的到来并控制茅山宗,就使得茅山宗在符箓咒术方面日益衰落,宗教色彩日益淡薄而文士气息日益浓重,使得茅山宗在宗教上的地位每况愈下,开始渐呈衰势。与茅山宗的衰落相反,符箓派的另一支派正一道却在此时兴盛起来。正一道首创于汉末张陵,据传张陵四世孙张盛从川陕一带迁居江西贵溪龙虎山,该山遂成为正一派中心。它以《正一经》为主要经典,以降神驱鬼、祈福消灾为主要道术,后又吸取了上清、灵宝派的内丹术,以及南宋后产生的新符箓"雷法"(通过作法祈雨求晴)。隋唐五代,正一道与当时最称兴盛的上清派相比,略显沉寂。至北宋真宗朝,朝廷对正一派重视了起来。从二十四代天师张正随开始,正一天师几乎代代都得到宋室所赐的道士最高阶位"先生"称号。南宋理宗嘉熙三年(1239年),朝廷赐封三十五代天师张可大提举三山符箓(龙虎山、阁皂山和茅山),这标志着正一道正式取得了南方地区道教的领导权。元成宗大德八年(1304年),授三十八代天师张与材"正一教主,主领三山符箓",正一道以张天师为道首,其道士可以不居宫观而有家室。宋元间,正一道由于早就与元室拉上了关系,入元后颇受尊崇,较两宋更为壮盛。元室拉拢正一天师,旨在通过正一天师统制江南道教。在此背景下,南方地区的道教由原本茅山宗的一统天下,渐渐演变为正一道占统治地位。然而,从明代开始,正一天师在经过长时期的贵盛之后,渐渐趋于腐化,无复以符箓名世者,正一派也告衰落。

金元时期,兴起了一个宋元道教鼎革浪潮中涌现出来的最大、最重要的教派——全真道或全真派。该教派于金初创立。因创始人王嚞(号重阳子)在山东宁海(今山东牟平)自题所居庵为"全真堂",凡入道者皆称全真道士而得名。

该派主张三教合一,以《道德经》《般若波罗蜜多心经》《孝经》为主要经典,以清修炼养为主,不尚符箓,不事黄白之术。要求入道者不要娶妻,出家住丛林。金元全真道的发展,大略可分四个阶段。第一阶段约在1159～1187年,为全真道创始期。这一阶段全真道活动的特点是少数教首在山野修炼。大定七年(1167年),王重阳树起"全真"旗号,收了马钰、谭处端、刘处玄、丘处机、王处一、郝大通、孙不二七大弟子,他们后来均成为全真道兴旺发达的得力骨干,身后各自形成门派。由于他们的清苦节行,很快便吸引了一批信徒。1187～1219年间,是金元全真道发展的第二个阶段,这是全真教团进一步发展而渐臻壮盛的时期。刘处玄、丘处机先后掌教。这一时期的全真道,特别注意争取金廷的承认和重视,并开始营造宫观,建立巩固的宗教活动基地。从1219年起,全真道进入了它发展的第三阶段,臻于极盛。丘处机以七十余岁之高龄,率十八高徒跋涉数万里,远赴西域行营见成吉思汗。由于丘处机的活动,全真道与蒙古贵族结下了不解之缘,蒙古人给了全真道自由建造宫观、广收徒众的权利,全真教团于是迅速扩展。元一统之后,全真道渡江南传,不久,江、浙、闽、鄂等地皆有全真道活动的踪迹。至此,全真道遍传南北,盛大至极。全国的道教流派渐渐归结为正一道和全真道两大流派。元代中期至元末,全真道外盛内衰,开始进入它的第四个时期。

总的说来,道教发展至金元,宗派繁衍,学说成熟,可谓登峰造极。此时的道教宗派,除正一道、全真道外,还有刘德仁创立的大道教、萧抱珍创立的太一教等。由明至清,从停滞渐趋衰落。教派分化基本停止,教义学说陈陈相因,道教政治地位开始贬降;教团腐化,社会人士对道教的失去信任,都表现出这一古老宗教日临垂暮之年。

第五节　道教对中国文化的影响

道教在发展过程中,对我国古代的思想文化和社会生活的各个领域产生过巨大而复杂的作用,留下了深刻的影响,概括起来,主要有以下几个方面:

从政治和社会历史方面看,在我国漫长的封建社会中,封建王朝大多都提倡道教，利用道教为封建统治者服务，所以道教和封建统治者的关系是十分密切的。历代帝王崇奉道教者甚多，不少帝王还奉道士为师。在封建王朝的大力提倡下，历史上王公大臣以及文人学士信奉道教者，亦代不乏人。在两晋南北朝时期，便出现了许多天师道世家，几乎左右了当时的政局。历代许多道教的领袖人物，不仅管理道教事务，而且还直接参与统治阶级内部的政治斗争，为他们彼此之间的争权夺位出谋划策，在政治上和军事上起着极为重要的作用。与此同时，许多农民起义的领导者，也曾利用道教经典中的某些思想作为他们发动起义的思想武器。东汉末的黄巾起义就是其中的著名例证。此后利用道教发动起义的络绎不绝。直至清初出现的八卦教和义和拳，都和道教有一定的关系。所以，道教在下层群众中的社会影响，也是非常广泛和深刻的。许多民间信仰和民间习俗，亦是从道教活动转化而来。道教与中国古代的政治和社会生活，有着极密切的联系。

　　从学术思想史方面看，许多道教学者在思想文化方面都各有一定的贡献。道教在长期发展的过程中，与儒、释之间，一方面互相排斥，互相斗争，另一方面互相吸收，互相融合，从而促进了中国学术思想的发展。宋明理学的形成，正是儒学家吸取了道、佛思想影响的结果。道家和道教，都特别重视自然观的探讨，这方面的许多观点，都为后来的儒学家所借鉴。道教的大量戒律和劝善书，包含了许多伦理道德的思想，不仅对道教的发展有重大的意义，而且曾经产生过广泛的社会影响。

　　从中国古代文学艺术的历史来看，道教对中国古代文学艺术的影响也是非常突出的。从题材上看，历代以道教神仙思想为题材的作品，充满于诗、词、歌、赋、戏剧、小说等文学形式之中。魏晋南北朝的"游仙诗"，就是抒写神仙漫游之情的一种诗歌。唐代道教兴盛，反映在诗歌里，以神仙思想为题材的作品相当多，成为唐代诗歌门类之一。伟大诗人李白，正是反映道教思想的杰出作家，其部分诗作堪称神仙诗的代表。在宋词中，反映道教活动题材的作品也是很多的，而且不少词牌其得名即来源于道教的有关神仙故事。在元代戏曲中，反映道教神仙人物的戏曲特别突出，文学史家称之为"神仙道化剧"。明代的神魔小说中,属于道教神仙人物的故事也不少。除散见于"三言""二拍"的若干短篇之外,长篇以道士陆西星所作《封神演义》(一说为许仲琳所作)最著名。道教对文学的影响不仅反映在题材方面,而且也反映在文体上,如步虚词、青词等,都是渊源于道教的仪式活动。道教注重写经,而写经比较讲究书法。故道教对书法也有很大贡献。两晋南北朝许多奉道世家,同时又是书法世家,王羲之父子、高平郗氏、杨羲、许翙、许谧等道教徒,都以书法名世。其他如唐之颜真卿,元之赵孟𫖯,均既是道教的信奉者,又是著名的书法家。道教对绘画亦有影响。晋代的顾恺之,就是一个受道教思想影响较大的画家。唐代有"画圣"之称的著名画家吴道子,改名道玄,仅从名字上就可看出受道教影响。还有不少画家,如唐代的张素卿,元代的马臻、方从义、张雨等,本身就是道士。道教重视醮仪,故亦重视音乐。道教音乐在吸取各个历史时期民间音乐之因素的基础上,逐步形成了自己独特的风格和体系,对中国古代音乐的发展有着重要影响。盛唐时的乐舞《霓裳羽衣舞》等,很明显的是道教音乐影响的结果。此外,有关道教的雕塑、石刻、建筑等等,都各具特色,对这些艺术形式的发展都曾产生过一定的影响。

　　道教对我国古代科学技术发展的影响,也是不容忽视的。道教为了追求长生,从开创起便十分重视修炼方术。它所追求的目标是一种幻想,但通过各种修炼方术,客观上却为中国古代科学技术的有关领域积累了许多有价值的资料。丹鼎派道士的炼丹术,为近代实验化学的产生提供了条件,可以说它是近代实验化学的前驱。道教因为企求长生,所以对医学特别重视,葛洪曾撰有《金匮药方》《肘后备急方》等医学专著,其中有关肺结核病、烈性传染性天花、狂犬病等的记载,在世界上属于最早,在医学史上有极其重要的价值。陶弘景撰有《本草经集注》七卷,为一部系统整理《神农本草经》和全面总结梁以前药物学方面成果的巨著,对隋唐以后的本草学研究产生过深刻影响。他还撰有《药总诀》《补阙肘后百一方》《效验方》等实用医学的专著,这在当时也起过很大的作用。唐代道教学者孙思邈,更是这方面的杰出代表。他所撰的《千金要方》三十卷,其内容之丰富,规模之宏大,为前此各种医著所不及,被誉为我国最早的一部临床实用的百科全书,具有很高的学术价值和实用价值,对祖国传统医学的影响极其深远。道教的养生术,与预防医学紧密结合,是祛病延年的重要手段。道教的内丹修炼方术,为气功学的发展奠定了基础。

综上所述,道教在产生和发展过程中,吸收了中国的传统文化,又渗透到意识形态的许多领域中,对我国的政治、经济、哲学、文学、艺术和古代科学技术以及民族心理、社会习俗等都曾发生过深刻的影响。道教在中国传统文化中有着极重要的地位。

思考与练习

1. 早期道教有哪些主要来源?
2. 东汉中期以后有哪些重要的道教教团,他们的具体主张是什么?
3. 葛洪仙道思想的主要内容是什么?
4. 宋元以后有哪些重要的道教教派?
5. 举例说明道教对中国文化的影响。

延伸阅读与参考书目

1. 葛洪著,王明校释《抱朴子内篇校释》,中华书局,1980年。
2. 葛洪著,杨明照校笺《抱朴子外篇校笺》,中华书局,1991—1997年。
3. 傅勤家编撰《中国道教史》,《民国丛书》第一编,上海书店,1989年。
4. 陈国符撰《道教源流考》,中华书局,1963年。
5. 陈寅恪撰《天师道与滨海地域之关系》,《金明馆丛稿初编》,三联书店,2001年。
6. 任继愈主编《中国道教史》,上海人民出版社,1990年。
7. 卿希泰主编《中国道教史》,四川人民出版社,1992年。
8. 葛兆光著《道教与中国文化》,上海人民出版社,1987年。

第五章 佛教文化

佛教的创始人是悉达多(Siddhārtha),族姓为乔达摩(Gautama),中国古译为瞿昙,相传为净饭王太子,生于迦毗罗卫(Kapilavastu),该地现在尼泊尔王国境内。他一生传教活动在印度北部、中部恒河流域一带。释迦牟尼(Sākyamuni)是佛教徒对他的尊称,意为释迦族的"圣人"。佛为梵语"Buddha""佛陀"的简称,是"觉悟"的意思。他约生于公元前565年,卒于公元前490~公元前480年间,略早于中国的孔子。

佛教开始传播于尼泊尔、印度、巴基斯坦一带,以后南到斯里兰卡、印度支那半岛,北到中亚西亚。随着中国与中亚各国经济、文化交流的发展,佛教于两汉之际传入中国,在中国的历史条件下,开始生根、发展,成为中国封建社会上层建筑的一部分。汉代的佛教与当时流传的神仙方士宗教迷信思想相结合,魏晋南北朝时期佛教与玄学相结合,隋唐时期佛教形成若干宗派,自成体系。佛教与中国的道教、儒家孔子的封建伦理旧称"三教"。深入到广大人民思想生活领域,它对宋明理学有深远的影响。

第一节 东汉至西晋时期佛教的初传与发展

佛教最早传入我国内地的准确年代,历史上说法不一,且多属想象臆断,今已很难稽考。其中最主要的有两种说法:一是东汉明帝永平十年(67年)传入说;二是西汉哀帝时传入说。以上两说,年代相差约70年,间隔尚近。综合两种说法,佛教的初传当在两汉之际,约公元1世纪左右。

佛教初传入中国时,当时的信奉者认为和中国的黄老之术差不多,光武帝的儿子楚王刘英"好黄老之微言,尚浮屠之仁祠"(《后汉书·楚王英传》)。祠,即修建祠坛进行祭祀;浮屠,即佛。汉桓帝时在宫中设华盖以祠浮屠、老子,当时大臣襄楷上书反对,他说:"又闻宫中立黄老浮屠之祠,此道清虚,贵尚无为……"他认为佛的教义与黄老差不多,都"贵尚无为",佛教也讲"清静无为"、"息心去欲"。

汉代也有少量的佛寺,主要是为了满足西域来华外国商人的宗教信仰,法律不允许中国人出家,但个别出家的佛教徒还是有的。当时的人认为佛教教义和神仙方术之士所宣传的道术差不多,佛能飞腾变化,水火兵刃所不能伤害,它又像中国所谓神仙。汉代最初译出的《四十二章经》也具有明显的黄老思想。

在中国,佛教的传播是与佛教的经典译介同步进行的。佛典只有译成汉文才能被汉人阅读和接受。此时来华的僧人都十分重视译经工作,为佛教的传播创造条件,打下基础。据史载,东汉末年的佛典翻译事业开始于安世高。安世高是从安息(今伊朗高原东北部)来的精通阿毗昙学和禅学的学者,他译出《安般守意经》《阴持入经》《大十二门经》和《小十二门经》等大量经典,其中最主要的是禅经。另外,从大月氏来的支娄迦谶(简称"支谶"),译出了《道行般若经》《般舟三昧经》等。安世高和支娄迦谶并称汉代两大译师。此外来华的还有竺佛朔、安玄、支曜和康孟祥等,也各有译传。

在封建统治者的支持下,三国两晋时代佛教开始流传开来。史载,魏明帝曹叡曾兴建佛寺,陈思王曹植也喜读佛经。吴国孙权曾建寺塔,号建初寺。在宫廷奉佛的影响下,佛教信仰也渐渐流布到民间。据《释氏稽古略》卷一载,西晋时以洛阳和长安两京为中心,修建佛寺180所,有僧尼3700余人。这说明佛教在政治中心城市已经立足,并具有一定的势力了。

三国时佛典翻译事业也有了进一步的发展。此时译师颇多,其中最著名的是支谦。支谦是支谶的再传弟子,毕生从事译经事业,他还为自己译的《了本生死经》作注,是为经注的最早之作。其次,康僧会也译出不少佛典,并注经作序。三国时译经有一个特点,就是惯于用道家术语来表达佛教思想,表现了佛教与中国固有文化相结合的趋势。

　　西晋时,译经仍然是佛教的主要活动。此时从事译经的国内外沙门和居士有十多人,其中最主要的人物是竺法护。三国魏嘉平二年(250年),中印度律学沙门昙柯迦罗游化洛阳,译出了戒律《僧祈戒心》,并举行授戒。这是中国有戒律授戒的开始。自此之后改变了以往僧人只剪掉头发,没有受戒、不守佛制的状态。正因为这样,昙柯迦罗也被尔后的律宗奉为初祖。与此同时的安息沙门昙谛(法实)也译出了《昙无德(法藏)羯磨》一卷。时人朱士行依此经登坛受戒,是为中国正式出家和尚的开始。朱士行还赴于阗(今新疆南部)寻求经典,他是汉地和尚西游的先导。

第二节　东晋十六国时期佛教的兴盛

　　东晋十六国时代,南北分立,北方更是四分五裂。有匈奴、羯、鲜卑、氐、羌"五胡"建立的二赵、三秦、四燕、五凉、夏、成(成汉)十六国。南方则为东晋王朝所统辖。南北两地的多数统治者,尤其是北方少数民族的统治者,为了维护自身的统治都大力提倡佛教;而长年的战乱,民不聊生、生命难保的境遇也使劳动者希图通过求神拜佛解除苦难。上层统治者的支持、提倡,下层群众的需要向往,为佛教的发展提供了肥沃的土壤,使佛教获得了蓬勃的生机,形成了中国佛教发展的第一个高潮。

　　北方十六国中提倡佛教最积极的是后赵、前后秦和北凉,其中又以二秦为最。二秦的佛教是中国佛教发展史上极为重要的一页。重要的代表人物是道安和鸠摩罗什。他们两人的活动对后来佛教的发展有极为深远的影响。

　　北方各民族区域的佛教,发轫于西域沙门佛图澄(232—348年)在后赵的弘传,由于佛图澄的宣传与影响,一时人民多营寺庙,争先出家。继后赵之后,北地佛教最盛的区域是前秦。前秦建都长安,其地处于与西域往还的要冲。前秦的第二代统治者苻坚笃好佛教,当他在位时,佛教称盛,而道安乃是中心人物。道安(314—385年)原来在邺都(今河北临漳)师事佛图澄,后受请到武邑开讲,弟子极多。东晋兴宁三年(365年),为了避免兵乱,他和弟子慧远等五百余人到襄阳,住在檀溪15年,以每年讲《放光般若》二次为常。太元四年(379年),苻丕攻下了襄阳,就送道安和习凿齿往关中。道安住在长安城内五重寺,领众数千人,宣讲佛法,并组织佛典的传译。道安一生的主要佛教活动有两个方面:一是组织翻译、整理和阐述经典,创立以"本无"为宗旨的学派;二是弘化南北,建立僧团,宣法传教和培养弟子。道安有高足弟子十多人,其中慧远是继他之后的东晋佛教领袖。此外道安还决定出家和尚无姓、沙门同姓释子;勒定僧律,制定僧尼赴请、礼忏等仪式规范,为佛教僧侣所共同遵循,为后来的丛林制度奠定了初步的基础。

后秦佛教比前秦更为兴盛。后秦第二代统治者姚兴,笃好佛教,又因得鸠摩罗什,译经讲习都超越前代。罗什(344—412年)系出天竺而生于龟兹,广究大乘,尤精于般若性空的教义。苻秦建元中(365—384年),苻坚遣将军吕光等攻龟兹,迎罗什,到凉州时,苻秦已经灭亡。到后秦弘始三年(401年),姚兴出兵凉州,罗什才被请到长安,入西明阁和逍遥园从事翻译。在罗什之前,佛经只有零星的翻译,到罗什开始才大量地翻译,大乘各部经典也都初步具有。不仅数量多,而且质量也高。在文体上也一改过去朴拙的古风,而务求达意,译文臻于成熟。鸠摩罗什所译的经论,第一次有系统地介绍了般若空宗学说,对于大乘佛教理论在中国的移植和弘传具有极为重要的作用。其时四方的义学沙门群集长安,渐次增加到三千人,其中如僧肇、道生、道融、慧观、僧睿、道恒、慧严、昙影等都十分著名。僧肇、道生都是中国佛教思想史、哲学史上的重要人物,僧肇以擅长中观性空缘起学说而著称,其著作后人编为《肇论》,道生则在般若学的基础上深究涅槃佛性学说,开创了一代新风。

南方东晋的佛教有两个中心:一是慧远主持的庐山东林寺,一是建康道场寺。慧远(334—416年)曾跟随道安约25年,是道安最得意的高足和得力的助手。慧远住庐山东林寺30多年,开展了大量的多方面的活动,聚众讲学,撰写文章,阐发因果报应说和神不灭说,调和儒家名教和佛教教义的矛盾,宣扬"儒佛合明"论等。这一切对后来佛教的发展都产生了深远的影响。慧远深感江东一带佛经不全,禅法缺乏,律藏残缺,于是派遣弟子法净、法领赴西域取经。当他得知鸠摩罗什来长安时,便立即致书通好,交流学术,就经义往复问答。又请佛驮跋陀罗和僧迦提婆译经,从而推动了佛教禅法、般若学、毗昙学等在南方的广泛流传。此外,慧远还培养了一大批弟子,为江南佛教的流传奠定了雄厚的基础。

东晋首都建康佛教也很兴盛。当时著名僧人佛驮跋陀罗(觉贤)、法显等都以道场寺为据点,翻译佛经,传播佛教。佛驮跋陀罗精于小乘禅法、律藏,自印度来华后,先住长安,因与鸠摩罗什的见解相违,遭到鸠摩罗什门人的排挤,最后和弟子慧观等40余人南下。佛驮跋陀罗传授禅法,尤其是译出的《华严经》对佛教的贡献是巨大的。

东晋十六国在政治上虽然南北分立,然而两地的佛教活动往来却很频繁,表现出同一时代佛教流传的基本趋势和共同特点。这主要是:

(1) 佛典翻译取得重大成就。综观东晋十六国一百多年的译事活动,译出了大乘经论、小乘经论、大小乘禅经、密经经典、律典等各种佛典,成为华严宗、成实论学系、禅学与佛教律学的基础。

(2) 西行求法运动的兴起。当时出现了一些僧人长途跋涉,远游异国,广求佛典的热潮。此时西游僧人中以法显的成就最大。法显(约337—422年)出家后深感当时佛典虽已次第译出,但藏律残缺、戒律未备。于是在后秦姚兴弘始元年(399年)约慧景等五人从长安出发,渡流沙河,翻越葱岭,赴印度寻求戒律。前后经过15年,经过30余国,后经狮子国(今斯里兰卡)和印度尼西亚的爪哇岛,泛海归国。法显等历经千难万险,给我国带回了当时所缺的大小乘三藏中的基本要籍。他所撰的《佛国记》,又称《法显传》,介绍印度和斯里兰卡等国的情况,不仅对日后西行求法具有很大的指导作用,也为研究南亚次大陆各国古代的历史地理提供了极其宝贵的资料,这是法显对亚洲文化的永久性贡献。和法显同时赴印度求法的还有另一批僧人,即宝云、智严等五人,他们也都学有所成。在法显西行四年后,又有智猛等15人去印度求法,对中印佛教的学术交流也起了一定的作用。

(3) 祈求往生弥勒净土思潮的出现。东晋时名僧们在信仰和行持方面都热衷于死后往生"净土"。道安曾带领弟子在弥勒像前立过誓,发愿往生弥勒净土。弥勒净土即"兜率天"。佛经谓此天有内外两院,外院是欲界天(有食欲和淫欲的众生所住的世界)的一部分,内院是弥勒寄居于欲界的净土。佛经宣扬,如果皈依弥勒并称念其名号,死后就可往生此天。随后竺法旷又开创弥陀净土(西方极乐世界)法门。慧远更是热衷于弥陀净土法门,曾率弟子立誓,共期往生西方极乐世界。慧远的弥陀信仰对后世影响极大,以致被唐代净土宗人推崇为初祖。道安祈求的是往生与世俗世界相联系的净土,而慧远等人则是祈求往生至善至美的极乐世界。他们都发自内心的真诚相信天国、佛国的存在,而且可以往生。这种要求超脱现实苦难往生净土的愿望,是印度佛教传人中国后征服了知识分子思想的一种表现。

(4) 般若学"六家七宗"的形成和僧肇"不真空论"的建立。自东汉末年支谶传译《道行般若经》等以来,逐渐形成两晋佛教理论的主潮般若性空学说。佛教学者往往用玄学的观点去理解和阐释《般若经》的思想,对所谓"空"的理解产生种种异义,从而形成了"六家七宗"。"六家"是:①本无家——道安主无在万象之前,空为众形之始;竺法深、法汰说从无生有,万物生于无;②即色家——支道林说即色是本性空;③心无家——支愍度主对外物不起有无之心;④识含家——于法开谓世界万物都是妄惑的心识所变现;⑤幻化家——道壹讲"世谛之法皆如幻化";⑥缘会家——于道邃认为世界万物都由因缘和合而成,都无实体。本无家因分化出竺法深的本无异家,合称"七家",也称"七宗"。就其基本观点来区分,以本无、即色和心无三家最具代表性。般若学"六家七宗"的形成,反映了中国佛学独立前进的足迹,它并不完全符合印度般若学空宗的本意。由于鸠摩罗什译出《中论》《百论》等典籍,系统地介绍了般若学,僧肇在充分理解、把握般若学经论含义的基础上,撰写了《不真空论》等文,明确阐述了不真即空的空宗要义,批判了"六家七宗"的学说,从而把中国佛教般若学理论推向高峰。

第三节　南北朝时期的佛教

南北朝继东晋十六国的分立状态，又持续分裂了一百六七十年。这是佛教进一步流传发展的时代。其主要特点是以研究某一部佛典为中心的各种学派纷纷涌现，各立门户，独尊一经一论，彼此争鸣，呈现出空前繁荣的景象。

南朝历代皇帝大都重视和提倡佛教，其中以梁武帝最为突出。他原来崇信道教，即位的第三年即发愿舍道归佛，把佛教几乎抬高到国教的地位。佛教依恃梁武帝专制主义皇权的支持和倡导，声势达到前所未有的煊赫程度。陈代诸帝也效法梁武帝的成规，陈武帝、文帝也都以舍身佛寺的行动来提倡和利用佛教。据史载，南朝梁代佛教最兴盛时佛寺多达 2846 所，僧尼多至 82700 人。

图 5-1　洛阳宾阳中洞中的北魏《皇帝礼佛图》，被盗掘后现藏于纽约大都会博物馆

北朝统治者的大多数也都重视利用佛教，但也有少数人采取灭佛的政策。北魏太武帝多次限制、打击佛教，甚至下令杀尽沙门，为中国佛教史上"三武一宗"灭法之始。至文成帝嗣位后，又明令重兴佛教，并开凿云冈石窟，镌建佛像。孝文帝也广作佛事，规定僧祇户要奉献谷物给僧曹，供作佛事之用。还令一些犯了重罪的人和官奴为佛图户，以充作寺院的杂役和从事耕作。此后北魏的宣武帝、孝明帝也都积极奉佛。由于统治者的大力提倡，朝野风从，至魏末僧尼已多达 200 余万人，寺庙 3 万有余。而且各寺院都拥有大量的土地财富，通过出

租土地或役使依附的农民、经营商业、发放高利贷等聚敛财富,逐渐形成了相对独立的寺院经济。此时佛教可谓盛极一时。北魏分裂以后,东西两魏的统治者也都大兴佛法。取代西魏而兴起的北周王朝,其初始时明帝也颇崇佛,但继位的武帝则重儒术,他多次集众讨论儒、道、佛三教的优劣、深浅、异同,并令200余万僧、道还俗。北魏武帝和北周武帝灭佛,都和儒、道、佛三教的斗争有关,和大量的僧徒影响了兵源有关,也和最高统治者的个人信仰有关。这些矛盾暂时缓和,佛教也就得以恢复。北周武帝一死,继位的宣帝和后来的静帝都又将佛教重新恢复起来。

南北朝时期的佛典翻译从未间断过。在南朝,以刘宋前期和梁末陈代译事最盛,特别是大翻译家真谛带着经论梵本240夹从扶南(今柬埔寨一带)来华,正当梁末陈初,战乱相继之际,他以坚强的毅力,在颠沛流离的生活中译出了大量佛典,把南朝的翻译事业向前推进了一步。此外,从中印度来华的求那跋陀罗也译出了若干重要的典籍,对于传播瑜伽行一系学说做出了重要贡献。在北朝,被称为译经元匠的菩提流支,携带大量梵本从北印度经西域来到洛阳,较系统地译出了大乘瑜伽行一系的典籍,影响很大。此外,还有一些其他译师也译出了大量典籍。南北朝时期总计共译出佛典近700部,1450卷。

第四节　隋唐时期佛教宗派的创造和繁荣

隋唐时代南北政治统一,国家经济繁荣,国际文化交流活跃,佛教也顺着求同求通的趋势,综合南北的思想体系,由学派而演变为若干新的宗派。宗派和学派不同,它有各自独特的教义、不同的教规,并和财产的继承权相关而更加强调传法世系。隋唐时期佛教的显著特点,是进入了宗派形成和发展的集大成时期。

一、智𫖮和天台宗

天台宗是在隋代形成的、我国创立最早的一个佛教宗派。因创始人智𫖮住在天台山(在今浙江省天台县),故后世称之为"天台宗"。又因此宗教义以《法华经》为依据,所以也称"法华宗"。

智𫖮(538—597年),俗姓陈,颍川(今河南许昌)人,系梁元帝时散骑常侍孟阳公陈起祖的次子,世家出身,门第甚高。他因目睹南北朝时王朝频繁更替,亲属离散,颠沛流离,哀叹人生无常而遁入空门。在中年以后对佛教的教义和观行已构成了一套自己的教法,树立了新的宗义。他以《法华经》为释迦牟尼佛的最后的说法,也就是最高权威的经典,敬奉为宗要。他以《大智度论》为指针,吸收南朝三论师和涅槃师的思想,并继承和发展慧文、慧思的"一心三观"(一心中观缘起法空、假、中三谛)的观行方法,来组织自己的学说体系。其学说特点是确立定(止)、慧(观)双修原则,并强调教观双行,解行并重,由"一心三观"进而发展为空、假、中三谛相即相通,圆通融摄的"三谛圆融"说,以及短暂的心念活动即具有世间和出世间的一切现象的"一念三千"说。智𫖮的门人灌顶著有大量的经疏,广弘该宗思想。后来因为唯识宗、华严宗声势很大,天台宗就相形失势,黯然不彰。至九祖湛然,他以复兴本宗为己任,进一步提出"无情有性"的理论,以为草木砖石也有佛性,影响很大。

二、吉藏和三论宗

三论宗是隋代形成的宗派。因以印度中观学派的《中论》《百论》《十二门论》为主要典据而得名。又因主张"诸法性空",也称"法性宗"。因天台宗、华严宗也自称"法性宗",故又称此宗为"空宗"。三论宗实际上属于印度中观系统的流派,龙树、提婆学说的直接继承者。

吉藏(549—623年),俗姓安,祖先为西域安息人,故有"胡吉藏"之称。生于金陵,年少时即随法朗出家学"三论",19岁学有成就。后应隋炀帝之请,赴长安住日严寺,完成"三论"的注疏,并撰代表作《三论玄义》,树立自己的宗旨,创立了三论宗。此宗中心理论是以真、俗二谛为纲,以真空的理体方面揭破一切现象的虚妄不实,宣传世间、出世间等一切万有都是因缘和合而生,是无自性的,也就是毕竟空无所得,犹如"猴子捞月亮",所谓世间一切皆空;但为引导众生而用假名来说有,这就是"中道",就是一切无所得的中道观。

三、玄奘和法相唯识宗

法相唯识宗是唐代玄奘及其弟子窥基创立的学派。因用许多佛教范畴对世界一切现象进行概念的分析、解释,宣扬"万法唯识"的唯心论,故名。又因他们二人常住慈恩寺,窥基世称慈恩大师,故也称"慈恩宗"。因以《瑜伽师地论》为根本教典,又名"瑜伽宗"。《解深密经》《成唯识论》和《瑜伽师地论》,即一经二论是此宗的最基本的典籍。

玄奘(约602—664年),俗姓陈,河南洛州缑氏(今河南省偃师县南境)人,幼年出家。玄奘深感当时各地佛理异说不一,尤其对唐初流行的摄论师和地论师两家关于佛性之说不能统一,亟想求得解决。此时恰逢印度波颇蜜多罗来华,宣扬当时那烂陀寺的宏大的讲学规模,介绍当时一代宗师戒贤所授的《瑜伽师地论》是总该三乘学说的最高体系。于是玄奘便立下西游取经的壮志,正式表请朝廷赴印,未准。贞观三年(629年),因北方灾害严重,朝廷准许百姓自行四出谋食。玄奘乘机西行,出玉门,涉流沙,度葱岭,越雪山,历尽艰难险阻,辗转进入北印度境内。最后抵达中印度摩揭陀国王舍城的那烂陀寺——当时印度佛教的最高学府。全寺僧众4000余人欢迎他的到来,由于他刻苦钻研经、律、论,后来被推为精通三藏的十德之一,极受优遇。五年后离开那烂陀寺,遍游印度各地,四年后回那烂陀寺,应戒贤法师之嘱为寺众讲《唯识抉择论》,并沟通大乘中观学派和瑜伽行派两大派系的争论,用梵文撰《会宗论》三千颂,博得印度僧人的高度赞许。后来戒日王在曲女城为玄奘设立大会,命五印度沙门、婆罗门以及其他各种学派的学者都来参加。到会的有18个国王,各国僧人3000多,那烂陀寺僧1000余人,婆罗门教及其他学派2000余人。大会以《会宗论》《制恶见论》的论点标宗,任人出难破驳,经18天会终,结果竟无一人能提出改动一字。从此,玄奘更受到大小乘佛教徒的一致推崇,尊他为"大乘天"和"解脱天"。声誉之隆,千古一人,此时的玄奘已成这当时印度大乘学系的最高权威,他对印度大乘佛教及其前进不坠起了重要作用。

玄奘于贞元十九年（645年）正月返回长安。史载，玄奘西游取经往返17年，途经110个国家、地区，行程5万里，带回大小乘佛典520夹（箱）、657部。玄奘回国会见唐太宗时，力辞太宗要他还俗从政的建议，却应太宗的要求撰《大唐西域记》。玄奘回国后的主要兴趣和精力放在翻译佛教经典方面。在朝廷的大力支持下，玄奘有计划、有系统地主持翻译，经过19年的艰苦努力，译出瑜伽学、阿毗达摩学和般若学的大量经论。由于玄奘所译的是那烂陀寺最盛时期所传承的佛学理论，并且译笔严谨、质量很高，因此被后人称为"新译"，实际上是在中国译经史上开辟了一个新纪元。

法相唯识宗奉印度大乘有宗，即从无著、世亲相承而下直到护法、戒贤、新光的瑜伽行系的学说。其基本理论是用逻辑的方法论证外境非有，内识非无，即"唯识无境"说；十分重视"转依"即转变思想的认识，视认识上的由迷转悟为修持目的；主张五种性说，认为一种无性有情者永远不能成佛，改变了过去"众生皆有佛性"的看法。此宗是印度无著、世亲学说的直接继承者。但因此宗的理论过于繁琐及不合潮流等原因，仅三传就由极盛转向衰微了。

四、律宗

律宗是依据小乘法藏部（昙无德部）《四分律》并加以大乘教义的阐释而形成的宗派。因专事宣扬佛教戒律中的"四分律"，又称"四分律宗"。还因创宗者道宣居陕西终南山创立戒坛，制订中国佛教的仪制，而名为"南山宗"、"南山律宗"。

道宣（596—667年），世称"南山律师"。本姓钱，吴兴（今浙江湖州）人，一说丹徒（今属江苏）人。10岁出家，20岁从智首受具足戒。道宣泛参广学，重点钻研律学。其学说主要是心识戒体论。所谓戒体是指弟子从师从戒时所发生而领受在自心的法体，也即由授受的做法在心理上构成的一种防非止恶的功能。道宣说《四分律》通于大乘，以"阿赖耶识"所藏种子为戒体。他把戒分为止持、作持两门："止持"是"诸恶莫做"的意思，规定比丘250戒，比丘尼384戒；"作持"是"诸善奉行"的意思，包括受戒、说戒和衣食坐卧的种种规定。道宣门下有受法弟子千人,其再传弟子道岸又请得唐中宗墨敕,使最后奉持《十诵律》的江淮地区改奉南山的《四分德》。这样全国佛教的戒律就基本上趋于统一了。

五、法藏和华严宗

华严宗,因推尊《华严经》为佛说的最高佛典,用它来摄一切教义,即依《华严经》立宗,故名。又因武则天赐号其创始人法藏为"贤首",后人称法藏为"贤首大师",又称"贤首宗"。还因此宗发挥"法界缘起"的旨趣,也称为"法界宗"。

法藏(643—712年)原籍西域康居,本人生于长安。他先从智俨学《华严经》,后参加八十卷《华严经》的新译,对经文的理解更加透彻。他以《华严经》为依据,又吸收玄奘新译的一些理论,完成了判教,充实了观法,建立了宗派。他宣扬"法界缘起"的理论。认为本体是现象的根据、本原,一切现象均由本体而起。由此说明一切现象和本体之间、现象和现象之间都是圆融无碍的。佛教各宗派的教义也是圆融无碍的。"圆融无碍"是观察宇宙、人生的法门,也是认识的最高境界。

六、密宗

密宗也称"密教""秘密教""真言教""金刚乘"等。因自称受法身佛大日如来深奥秘密教旨的传授,为真实言教,而真言奥秘,不经灌顶,不经传授,不得任意传习及显示别人,故名。密宗是以咒语(陀罗语)作为修习方法为特征的宗派。密教原来是印度7世纪以来大乘佛教部分派别与婆罗门教——印度教相结合的产物,因当时中印交通发达,很快便传入我国。唐玄宗开元四年(716年),善无畏带来传承印度密教胎藏界密法的《大日经》,与弟子一行译出;开元八年(720年),金刚智及其弟子不空传入《金刚顶经》,由不空译出,开始传习印度密教金刚界密法。后来,传习这两种密法的善无畏、金刚智经过彼此互相传授,融合充实,在中国创立了密宗。

密宗认为世界万物、佛和众生都是由地、水、火、风、空(空隙)、识(意识)"六大"所造。前"五大"为"色法",属"胎藏界",是大日如来的显现,表现"理性"方面,即本来具有的觉悟,但隐藏在烦恼中而不显,故名"胎藏"。识为"心法",属金刚界,与胎藏界不同,表现"理德"方面,任何法不能破坏它,而它却能摧毁一切烦恼,故名。色心不二,金胎为一。二者摄宇宙万有,而又都居众生心中,所以佛与众生也都没有根本差异。众生修持密法如能达到身、口、意"三密相应",就能使自己身、口、意"三业"清净,而与佛的身、口、意相应,这样就可以"即身成佛"。由于密宗修习三密相应(瑜伽),还名"瑜伽密教"。此宗的仪规极为复杂,需经导师("阿阇梨")秘密传授。因具有最浓厚的神秘色彩,而为当时唐王朝统治者所特别爱好,一时形成了王公贵族纷纷信奉密宗的风尚。然在不空后,经数传也就衰落下去了。

七、净土宗

净土宗,因专修往生阿弥陀佛净土法门,故名。唐代善导创立。净土宗的典据是三经一论,即《无量寿经》《观无量寿经》《阿弥陀经》和世亲《往生论》。此宗的理论是以修持者念佛行业为内因,以弥陀的愿力为外缘,内外相应,往生西方极乐世界。此宗强调不一定要通达佛经,广研教乘,也不一定要静坐专修,只要信愿具足,一心称号念佛,即口称佛名,就可进入佛土。念佛法门原有三种:一是称名念佛,二是观相念佛,即观佛32种相、80种好,三是实相念佛,即观法身非有非无中道实相之理。庐山慧远法师提倡后两种念佛法门,到了昙鸾兼弘三种念佛法门,后经道绰到善导,更转为侧重称名一门了。

净土宗创立前,隋唐佛教各宗派,或由于唯心主义理论比较深奥,或由于仪规极端繁琐,因此较多地流行于宫廷和上层知识分子之间,而净土宗理论简单,法门简易,更适合于在民众中传播,所以在统治阶级的支持下普遍地流行了起来。

八、慧能和禅宗

禅宗,因主张以禅定概括佛教的全部修习而得名。还因自称"传佛心印",以觉悟所谓众生心性的本原佛性为主旨,又名"佛心宗"。因唐代北方的神秀主渐悟和南方的慧能主顿悟,形成了不同的派别,而有"南北宗""南北禅宗"之称。后来慧能创立的南宗取代神秀的北宗,成为中国禅宗的主流。南宗所传习的不是自古以来所修习的次第禅,而是直指心性的顿修顿悟的祖师禅。后来南宗禅先分为南岳怀让、青原行思两系。后在唐末五代年间,南岳一系分出沩仰、临济两宗,青原一系分出曹洞、云门、法眼三宗,合称禅宗五家,也号称五宗。

禅宗的传法世系,大致如下:菩提达摩传慧可,慧可传僧璨,再传道信,道信传弘忍。弘忍门人多至700人,其中著名的是神秀和慧能,后分别开创"北渐""南顿"两派。神秀(约606—706年),原是弘忍门下的上座,有"两京法主、三帝门师"之称,弟子普寂、义福等在长安传授禅法。北宗强调"拂尘看净",力主渐修,要求打坐"息相",起坐拘束其心。曾盛极一时。

慧能(638—713年),世称禅宗六祖大师,本姓卢,先世河北范阳(今北京南)人。父亲因谪官至岭南新州(今广东新兴县)。慧能在新州出生后数年父亲去世,家境贫寒,后靠卖柴赡养老母。据传,一天他在市井中听客店有人诵《金刚经》,有所领悟,于是往冯茂山见弘忍。弘忍命他在碓房春米。八个月后,弘忍召集弟子700余人,要每人作一偈呈上,以便根据每人对禅理解的深浅传衣付法。上座神秀作偈云:"身是菩提树,心如明镜台,时时勤拂拭,勿使惹尘埃。"慧能听到后,也写一偈:"菩提本无树,明镜亦非台,佛性本清静,何处惹尘埃?"弘忍认为他见地透彻,就在夜间秘密地把法衣传给他,并叮嘱他急速南下隐居,待时机成熟再出来行化。于是,慧能到广东曹溪(今韶关市曲江区东南),在怀集一带隐遁15年后才南下广州法性寺,从此开始他的传教生涯。后来门人法海将他的说法录为《坛经》。此经的中心思想是注重性净,强调自悟。认为人人本来是有心性(佛性)的,彻见此心性就能成佛。也就是提倡单刀直入,求得开悟,顿见心性,自成佛道。慧能提倡顿悟法门,又结合世俗信仰而推重《金刚经》,以摆脱繁琐的思想束缚,又不专主坐禅,认为一切时中行住坐卧,都可体会禅的境界。这就和神秀一系信奉《楞伽经》所主张的渐悟相反,从而形成了南北宗的对立。慧能一派的禅宗主张"教外别传,不立文字,直指人心,见性成佛",不重禅定,强调顿悟,不仅和包括神秀在内的以往禅学不同,而且更和印度佛教中其他各个学派不同,是世界佛教史尤其是中国佛教史上一次空前的大变革。

唐代禅宗带有鼎新的精神,主张不疑不悟,小疑小悟,大疑大悟。禅宗还导化于山区地带,宣扬砍柴挑水,即境开发。山区民情质朴,因此禅宗容易征服人心,在民间得以广泛流传,逐渐成为中唐以来佛教的主流。

五代以后,佛教总的情况是大势已去,开始由高峰向下跌落。同时,由于各朝代的佛教政策不相一致,佛教在各个地区的兴衰情况并不相同,各个宗派的变化也不平衡。五代以来,佛教各宗派中主要是禅宗在流行,其次是净土宗,再就是天台、华严诸宗的宗绪未绝。此后,出现了各宗派互相融合的趋势,尤其是禅宗和净土宗结合在一起,禅宗和净土宗又分别和其他宗派合为一体,如"天台禅""华严禅""念佛禅"等等。

第五节 佛教与中国文化

佛教在东晋以前并不发达,没有形成一种社会力量。东晋时佛教开始盛行,并形成一股重大的社会势力,日益受到统治阶级的重视。自此佛教与统治阶级的政治关系日益密切,成为统治阶级进行封建统治的补充工具,与此同时彼此也逐渐形成矛盾,发生冲突。但中国佛教的基本政治作用是为封建统治服务,这主要表现在三个方面:一是为封建王权的合理性提供神学论据;二是一些名僧直接为最高统治者出谋献计,参与军政决策;三是麻醉人心,即通讨宣扬一切皆空、超脱尘世、因果报应、天堂地狱、容忍调和和恭顺柔驯等教义,对人民进行"治心",使之安分守己,不起来造反。此外,佛教还为一些在宫廷失宠或在仕途失意的贵族、官僚提供出路,起到一种缓和统治阶级内部矛盾的作用。封建统治者有时也把佛教作为团结民族、联系邻邦的纽带,发挥特殊的政治作用。同时,佛教以一些抽象形式表述的教理——理想、希望、道德、平等、慈爱、普救众生、自我牺牲,等等,以及某些传说故事,为古代农民起义提供了热情、幻想、号召及外衣,成为其动员群众和组织群众的工具,还为近代资产阶级改革家提供了理论、思想、勇气和力量。

图5-2 明代的千手观音塑造像

佛教是一种伦理道德色彩相当浓厚的宗教。佛教以人生为苦,因而它就把追求人生的解脱作为自己的最高理想,为了实现理想便提出了一套去恶从善的理论学说和伦理道德准则,形成了有关宗教伦理道德的思想体系。佛教自传入中国以后,它的道德伦理思想,尤其是它的众生平等、出离家庭和超越当前社会秩序的观念与中国封建社会的等级制及儒家伦理道德观念形成了尖锐的矛盾,引发了不断的摩擦、斗争。佛教由于受到中国古代封建社会政治、经济状况的制约和决定,也受儒家传统观念的抵制和左右,从而沿着适应中国文化特点的轨迹演变和发展,形成了调和儒家思想、宣传忠孝观念的中国佛教伦理道德学说,既区别于印度的佛教伦理道德,又对中国古代传统伦理道德思想作了补充。佛教的一套心性修养途径也为唐以来儒家学者所吸取,并熔铸为儒家的道德修养方法。佛教从出世的角度论述了孝的极端重要性,从人生解脱角度阐发了禁欲主义思想,还从认识论和人性论相联系的角度提出了知识、智慧是人心之体、人的本性以及一整套的修行方法,丰富了中国伦理道德学说,也在一定意义和一定程度上补充了儒家伦理道德的内容,同时也使理学家重视在人的内心深处调动起敬畏的力量和自觉的动力,去实践封建伦理道德。佛教以大慈大悲、利己利他作为伦理道德的出发点,这种道德训条和儒家的"恻隐之心"、性善论相通,和我国的国家本位与民本思想的文化传统相近,因而在历史上影响颇大。

佛教戒、定、慧三学中的慧学,广泛涉及对人生和宇宙的看法,包含着丰富的哲学内容。佛教的根本宗旨是企图超越现实生活秩序而求得身心的解脱。为了达到这样的目的,佛教学者始终在寻求人生乃至宇宙万象的"真实",以形成独具特色的人生观和世界观。佛教传入中国以后,它阐发的"空"的哲学理论首先受到魏晋玄学的影响即改变了本来的面貌,随后它又以印度中观学说的更高抽象思辨对玄学作了理论上的批判总结。隋唐阶段是佛教宗派学者在吸取中国固有思想的基础上进行哲学创新的时期,佛教哲学的宇宙生成论、本体论和认识论、心性论在那个时代的哲学理论中占重要地位,丰富和发展了中国古代哲学,影响和改变了尔后中国古代哲学的发展进程和面貌。此后,中国佛教哲学的神不灭论和一切皆空学说又受到宋明理学家的斥责,但是它的心性学说等在实际上又为理学家所吸取。到近代佛教哲学又为一批进步思想家所改造和利用。佛教哲学和中国哲学相互影响、吸取,又相互挑战、斗争,彼此错综,交参互涵。佛教哲学在中国哲学相互激荡中日益民族化、中国化,从而成为中国的一种宗教哲学。

佛教对中国的文学艺术有着极大的影响。魏晋以来中国文学的各个领域,无论是诗歌、散文,还是后来发展起来的小说、戏曲,都呈现出与先秦两汉文学不同的面貌,其重要的、直接的原因之一,就是佛教经典的文体和佛教理论的价值观念、生活观念、生命观念以及佛教宣传方法的冲击、渗透、感染与影响。佛教为中国文学带来了新的文体、新的意境、新的命意遣辞的方法。佛教推动了中国音韵学的前进,并直接导致了律诗的产生,推动了诗歌的发展。而佛理对诗歌的影响更是深入,唐朝以后,以禅入诗,为唐诗注入特有的禅趣。佛教导致说唱文学——变文、宝卷、弹词、鼓词的相继产生,并对中国寓言文学的发展起着重要的作用。它还为古典小说提供故事情节和思想内容,并为中国的文学语言宝库增添新的词汇。佛教对中国古代文学理论批评的影响也是巨大的。更重要的是,佛教为中国文学带来了内容上的两种新变化。首先,中国文学原重人事,而佛教不同,主张就人生而观其无常苦空,就宇宙而知其变转幻化,从而为文人开拓了新意境。唐代以来的一些文学作品,对自然人事多作超越的批评,宣扬彰善惩恶、因果报应的佛教主旨。其次,中国文学较少幻想力,很少超时空、超现实的幻想,偏重于写实的描述;佛教不同,它富有上天下地毫无拘束的幻想力,不受时空的限制,表现了浓烈的浪漫色彩,影响所及,极大地推动了中国浪漫主义文学的发展。此外,佛教的建筑,如佛殿、佛塔和经幢,佛教雕塑、佛教绘画和佛教音乐有很多都是我国艺术史上的珍贵财富,对中国的艺术产生了巨大的影响。

总之,佛教对中国文化的方方面面都有着或大或小、或明或暗的影响,不了解佛教就无法透彻了解中国文化。

思考与练习

1. "佛"是什么意思?"释迦牟尼"是什么意思?
2. 据现有材料,佛教大致上是什么时代传入中土的?
3. 东晋十六国时期有哪些著名的外来僧人?有哪些著名的本土僧人?
4. 何谓"六家七宗"?
5. 隋唐时期有哪些著名的佛教宗派?
6. 举例说明佛教对中国文化的影响。

延伸阅读与参考书目

1. 吕澂撰《印度佛学源流略讲》,上海人民出版社,1979年。
2. 吕澂撰《中国佛学源流略讲》,中华书局,1979年。
3. 汤用彤撰《汉魏两晋南北朝佛教史》,中华书局,1983年。
4. 汤用彤撰《隋唐佛教史稿》,中华书局,1982年。
5. 印顺法师撰《印度佛教思想史》,中华书局,2010年。
6. 任继愈主编《中国佛教史》,中国社会科学出版社,1981年。
7. 方立天著《中国佛教与传统文化》,上海人民出版社,1988年。
8. 葛兆光著《禅宗与中国文化》,上海人民出版社,1986年。

第六章　语言文化

　　一般说来，语言和文化之间的关系就是形式和内容的关系。文化与语言的关系非常密切，即有什么样的文化就有什么样的语言；反过来说，语言能充分反映文化特征。语言通过口语和书面语的形式进行交际，具有符号的性质。美国人类学家A·怀特在《文化科学》中说："人类的全部文化（文明）依赖于符号。正是由于符号能力的产生和运用才使得文化得以产生和存在，正是由于符号的使用，才使得文化有可能永存不朽。没有符号，就没有文化，人就仅仅是动物而不是人类了。"从这个意义来说，语言是文化的载体，文化是语言的内蕴。从区域角度看，每一个民族都有自己的语言和文化。罗常培在《中国人与中国文》中指出："语言文字是一个民族的文化结晶。这个民族的过去的文化靠着它来流传，未来的文化也仗着它来推进。"本章所论述的语言文化限于汉民族的语言文化，主要从汉字的起源与演变、语言与社会制度、民俗三大方面进行阐述。

第一节　汉字的起源与演变

一、汉字的起源

　　关于汉字起源，人们说法不一。一是仓颉造字说。这一说法最早见于战国晚期的文献，如《韩非子·五蠹》说："仓颉之作书也，自环者谓之私，背私谓之公。"秦代李斯所编的字书《仓颉篇》也是由于首句是"仓颉作书"而得名。古人称文字为"书"，作书就是造字，仓颉作书的传说在战国晚期显然已经很流行。

但是在战国晚期的古籍中并没有仓颉造字以外的事迹记载。汉代人多认为仓颉是黄帝的史官，此说未必有确据，很可能仓颉只是古人所虚构出来的一个文化英雄，也未可知。二是文字出自八卦说。这是一种较晚出的说法。文字产生以前，结绳和八卦曾经起过类似文字的作用。"古者包牺氏之王天下也……始作八卦，以通神明之德，以类万物之情。作绳结而为罔罟，以佃以渔……"；"上古结绳而治，后世圣人易之以为书契"（《周易·系辞下》）。包牺氏就是伏羲氏。"书契"据汉末郑玄注，指写的文字的本质契券。后来"书契"用作"文字"的同义词。据《易经》中《象传》和《说卦传》可知，乾、坤、震、巽、坎、离、艮、兑八卦，分别是天、地、雷、风、水、火、山、泽的象征。《易纬·乾凿度》进一步认为，八卦就是"天""地"等八个字的"古文"。众所周知，八卦是由阳爻"—"和阴爻"--"组合而成的八组符号，古文字中的"水"则是个象形字，两者的相似只是一个偶然的巧合。

汉字形成完整的文字体系，也很可能就是在夏商之际，原始文字可能开始出现于公元前三千年的中期。夏王朝（约公元前 21 世纪～公元前 16 世纪）的建立，标志着我国进入了阶级社会时期。统治阶级为了实行统治，必然迫切需要比较完善的文字。因此原始汉字改进的速度一定会大大加快。夏王朝有完整的世系遗留下来的事实，就是原始文字有巨大改进的反映。约在公元前 17 世纪，即在夏商之际，汉字形成了完整的文字体系，而起着主要作用的正是那些为部落首领或国家统治集团服务的巫、史之类的人们。

二、汉字形体的演变

即使只从商代后期算起，汉字产生也已经 3300 余年了。在这段漫长的时间里，汉字的意音文字本质并无改变，但是无论是在形体还是在结构上，都发生了很重要的变化。汉字的造字法及其规律，后人总结为"六书"：象形、指事、会意、形声、转注、假借。所谓"象形"，即文字象实物之形。上古文字，可能是由图画简化而来，象形文字象实物之形，与图画最相近的，多为名词，或许是最早创造的文字。如日、月、水、鸟、燕、目、眉的古字，摹绘具体实物，惟妙惟肖，十分逼真。所谓"指事",即用点、划来指出人或物的动作、状态或位置,是一种抽象的描绘。如上、下、本、末、刃、旦的古字,指出部位,让人视而可识、察而见意。所谓"会意",即组合两个以上的已有的字,表达无形的意向、物性的区别、生物的活动。如"武"字的甲骨文,从行从止,从戈操戈,英武之貌,跃然纸上。又如"明"字,日月交相辉映。甲骨文"明"字的另一写法,意为月光照进窗棂,不仅含意,且富诗意。所谓"形声",即用一个形旁和一个声旁合起来的造字方法。它以事物造字,表义之"形",又取譬于语言中呼此事物之声,合于表义之形以成新字。例如"江""河",取水表其形义,又找古音相近的"工""可"合而成新字,指长江、黄河。"盂"为上声下形,"皿"是形旁,表示器皿;"于"是声旁,表示读音。所谓"转注",即把某个字形的音和义,转输灌注到另一个字里,是一种造同义字的方法。如"考""老"二字同属于段玉裁古160韵的第三部,又都有"长寿"之义,故二字互为转注。"走""趋"亦互为转注。所谓"假借",是因为语言中有些词汇有音而无字,或用文字表意时,感到字不够用,便借用同音字来代表,被借的同音字也就失去了本来的意义。甲骨文中,就借翩翩起舞的"凤"为风,借以手执斧的父为斧,篆文中"西"字本是鸟栖息于窝中之意,现却假借为"东西"之"西"。大体说来,象形、指事、会意、形声四者是文字造字条例,转注、假借二者是文字运用的条例。在文字变简规律的制约下,文字越来越远离了写实,但其间架结构乃至偏旁部首,根底里仍然潜伏着象形的因素,诚如鲁迅所言:"文字初作,首必象形……渐而演进,则会意指事之类兴焉。今之文字,形声转多,而察其缔构,什九以形象为本柢。"(鲁迅《汉文学史纲要》第一章《自文字至文章》)

仓颉造字说,一方面体现了汉民族对汉字文化功能的无限崇敬,从而使汉字的创造人格化,另一方面又揭示了汉字文化形态的形成过程。如前所说汉字由图画文字发展而来,所以汉字的发展史,又是图画文字的象形、象意特征逐渐退化的历史。当然,这种退化不是要将汉字发展为一堆纯粹假定性的符号,而是要使汉字的表意功能更好地适应语言与思维的发展。在汉字表意功能的不断完善中,汉字的结构形态无论在历时层面还是在共时层面,都经历了很大变化。从历时层面来看,汉字的文化形态经历了一个不断符号化的嬗变过程。根据考古学的发现,汉字由图画文字向象形文字的过渡,大约距今4500年。甲骨文已是比较成熟了的中国文字,因为它具备了象形、指事、会意、形声等多种造字法,并大量使用假借字。但这种早期汉字还保留着种种图画文字的痕迹,一些近义字还可用不同的方式造形,同一个字的偏旁还可繁可简。这些都表明甲骨文字也还没有完全定型。然而与图画文字相比,甲骨文毕竟在符号化方面迈进了一大步。它的象形字大部分已经线条化、轮廓化、特征化了。尤其是甲骨文正以一种强劲有力的趋势,用形与声的互注发展汉字的表意功能,使汉字能适应日常交际中大量新概念新语汇的形成。甲骨文是殷商的文字,周代则主要用金文。金文与甲骨文在结构上没有太大的不同。春秋战国时期,由于社会变革,封建割据冲破了汉字的统一规范。虽然各种地方势力和地域文化对汉字做了种种改造——或分化、或繁简化,但是,汉字发展的方向和历程并未中断。作为汉字发展主流的秦系文字,出现了直线化、笔画化的趋势。尤其秦统一后,推行小篆,字形简化并减少异体字,合文淘汰。秦系文字的发展,导致汉字形态的巨变,隶书应运而生。隶书前的古代汉字大都以曲线构形以象实物之形。这种写实型的曲线虽经小篆改为圆润的线条,但象形的表意作用仍很突出。隶书一改小篆风貌,将圆润的线条变成方折的笔画,这种变革摆脱了汉字"描绘"成符号的传统,大大简化了汉字的形符。许多以不同实物为摹写对象的形符统一简化为单一的符号。如隶书中"鸟"字的四点改用鸟爪的象形符号。隶变后的汉字结构虽然褪去了古汉字原始的象形特征,但在它的笔画态势中,依然保留了相当程度的象形表意的依据。显然,隶变后的汉字确实大大利于书写。战国时期,下层人民开始使用文字,这为文字的放任和简便提供了历史条件。他们文化水平低,掌握汉字时无传统成见,有较强的功利性,这导致了文字向简易方面发展的力度加大、速度加快,使汉字书写按照生理习惯运行。秦统一中国后,李斯等参照籀文将汉字整齐划一,形成新的字形规范。秦汉之际社会动荡,孕育了隶书,汉末和南北朝社会动荡孕育了楷书,这一切充分证明,汉字的共时变异,往往是历时演变的杠杆。汉字数千年的发展过程,是其与生俱来的象形表意功能不断完善的过程。世界上许多文字都曾经历过图画文字阶段,然而后来大多走上了用字母记音的发展道路,成为语言符号的符号,而唯独汉字却把它的以形示意的文化形态发展、保存了下来。为了适应汉语表达的需要,汉字在表示词音上创造和使用过多种手段,但它的逻辑框架依然是以表意为核心,形成其独具一格的文化样式。汉字的文化形态使其成为世界上罕见的、能蕴涵深厚文化传统的书面语符号,也使它在维系民族统一、继承历史文化上发挥着巨大的作用。当然在语言与文化的现代化进程中,汉字前进的步伐永不会停止。它将在新的科学技术与社会历史条件下,不断发展与完善其象形表意功能,为人类对文字形态的理解提供前所未有的新的途径。毋庸置疑,汉字亦有自身的先天不足,但是以汉字为代表的表意文字,直接体现着民族的传统文化。它的发展和成熟过程,多少或明或暗地演示着中华民族精神风貌、气质风范的历史积淀与扬弃、升华的历程。尤其是汉字与汉民族思维方式和文化精神事实上已融为一体,它独特的表现形式,在中国文化发展中起着表音文字难以企及的作用,这正是汉字的旺盛生命力之所在。

汉字的字体复杂多样。通常,人们研究汉字字体的主要资料,往往依靠各种古代遗物上的文字资料,它们是:①甲骨文。指刻在占卜用的龟甲兽骨以及一般兽骨或骨角器上的文字。②金文。指铸在或刻在铜器上的铭文。古代铜器铭文的搜集和研究,早在宋代就已经开始。一千多年来陆续发现的有铭文的古铜器为数颇多,属于先秦时代的就有万件以上。③石刻文字。先秦的石刻文字往往见于戈、磬等器物上,非器物的刻石为数不多,其中最著名是石鼓文。④简牍文字。我国在使用植物纤维纸之前,长期以竹木简为主要书写材料。简是细长条的薄片,用绳把简编连起来就成为册,通常用毛笔蘸墨在上面书写。简很窄,通常只写一行字。牍可以写几行字,往往是宽度不一的长方形木板。⑤帛和纸上的文字。帛是丝织品,价格高昂,不能取代简牍。东汉蔡伦造纸后,取代简牍,纸成为主要的书写材料。除此而外,还有春秋时期用朱或墨写在玉或石片上的盟书,战国时期的货币文字,秦汉时代的印章文字,商以后的各种陶品文字,战国以来的漆器文字。我们把早于小篆的各种字体和小篆都看作古文字,这一阶段通常被称为古文字阶段。这一阶段字体复杂。按照传统文字学的看法,所谓古文字是指古文、大篆(以籀文为代表)和小篆。古文字又有正体和俗字之分,正体演变为小篆,俗体演变为隶书。小篆在秦代是法定的主要字体,而到汉代隶书取代小篆,汉字发展史进入隶楷阶段。隶楷阶段的主要字体有:①隶书。隶书有八分体和新隶体两种,隶书通过解散篆体、省并、省略、偏旁变形、偏旁混同等方法改造篆书字形,尽管汉字象形性质大大削弱甚至几乎消失,然而这在汉字书写史却是一场革命。②草书。草书有广狭两义。广义的草书,不论时代,凡是写得潦草的字都属草书。狭义的,即作为一种特定字体的草书,则是在汉代才形成的。草书主要用于起草文稿和通信。汉代的草书称为章草,东晋以后的草书叫今草。今草比章草更草,唐以后的所谓狂草,一般很难辨认,纯成艺术欣

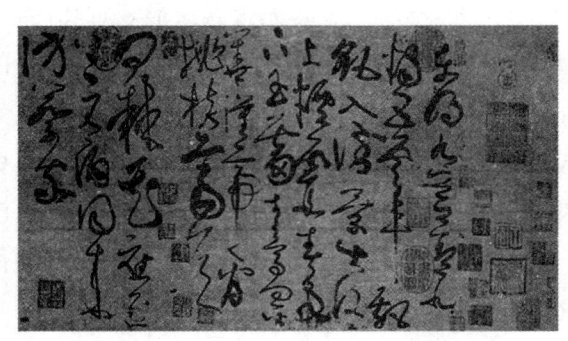

图6-1 怀素书《自叙帖》(草书)

赏品。③行书。据说行书是东汉晚期桓、灵时代刘德升所创造。这是一种介乎楷书和今草之间的字体。刘德升的行书"虽以草创,亦甚妍美,风流婉约,独步当时"。行书没有严格的书写规则,写得规矩一点接近楷书的,称为真行或行楷,写得放纵一点的,草书味道较浓的,称为行草。④楷书。我们所知道的最早的楷书书法家是钟繇,所能看到的最古的楷书是钟繇《宣示表》《力命表》等帖的临摹本的刻本。南北朝时,在钟繇、王羲之楷书的影响下,由新隶体演变而成魏碑体,它有仿古倾向,笔法略带八分意味,面貌较钟、王古拙。楷书有正书、真书、隶书等名称,正书、真书相对于行书、草书而言,隶书相对于八分而言。楷书通行后,汉字字体基本定型。从汉字的演变史看来,汉字结构主要发生了三项变化:一是形声字由少数变为多数;二是所使用的意符从形符为主而变为以义符为主;三是记号字、半记号字逐渐增多。综上所述,西周以前,汉字的象形程度较高,汉字所使用的字符主要是意符(以形符为主,义符为次)和音符(借音

符),形声字不多,随着字形的发展变化,所使用的字符逐渐既有大量的意符(以义符为主,形符为次)和音符(借音符),也有相当多的记号,同时形声字逐渐占据绝大多数。汉字象形程度的降低,促进人们少造表意字多造形声字。文字结构的变化,客观上常常造成字形繁化或简化的后果,这种后果常常造成改变和破坏文字的结果。记号字的大量出现,主要是汉字形体的变化所引起的。这在文字结构上是一种倒退,然而这又是为了简化字形、提高书写速度所必须付出的代价。但是记号字如果增加过多,汉字便极难记忆,使用也极不方便。可以预言,在今后汉字的演变发展过程中,正确处理好字形简化与文字结构的矛盾,仍然是摆在汉字研究者面前的严峻的问题。

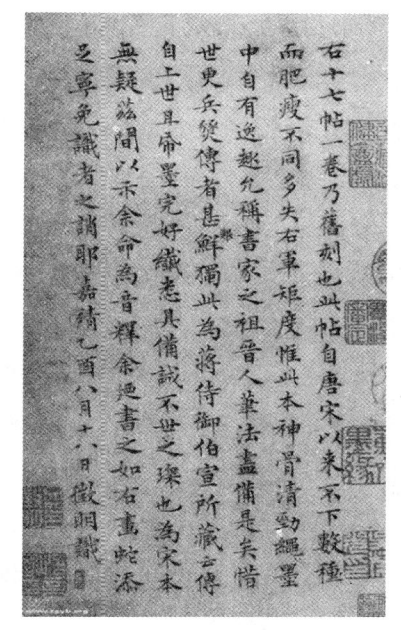

图6-2 文征明书《跋右军十七帖》(楷书)

第二节 汉语与社会制度

中国的历史是以汉民族活动为主体的,向来以悠久著称,而幅员辽阔的疆土存在着复杂难通的方言,汉语负荷着汉民族深厚的文化内涵,其中最突出最具特色的是社会制度在汉语中的历史文化积淀。

一、等级观念

中国古代社会曾经实行过宗法制度,这是以家族为中心、根据血缘关系的远近来区分嫡庶亲疏的一种等级制度。这种等级制度,导致了语言中"同名异称"的现象,使得词汇异常丰富。由于等级的主体是人,因此在人的称谓中这种现象尤为突出。例如:

"天子"的名称,由天、皇、帝、后、圣、王、君、上、公、人等组成的各种称呼就有六七十种之多,并且很多带有崇美的解释。《礼记》:"君天下曰天子。"《白虎通》:"天子者,爵称也。爵所以称天子何?王者父天母地,为天之子也。"《春秋繁露》:"尊者取尊号,卑者取卑号,故德侔天地者,皇天佑而子之,号称天子。"可见天子是上天的儿子下派到人间治理天下的圣人,出生不与万民同宗,万民理当俯首听从。再看看有关皇帝的解释。《公羊传》何休注:"德合元者称皇。"《风俗通》:"三皇……道德玄泊,有似皇天,故称曰皇。"《说文》:"帝,谛也,王天下之号也。"《白虎通》里说,"帝者天号"。《独断》:"上古天子,庖牺氏、神农氏称皇,尧、舜称帝,夏、殷、周称王。"秦始皇采上古帝号称皇帝。《独断》:"皇帝,至尊之称。皇者,煌也,盛德煌煌,无所不照;帝者,谛也,能行天道,事天审谛;故称皇帝。"《鹖冠子》中有"素皇内帝",注:"帝者天号,王者人称,皇者天人之总,美大之名;谓之素皇内帝,则又其至者也。"还有关于"王"的解释。《说文》:"王,天下所归往也。"《春秋繁露》:"深察王号之大意,其中有五科:皇科、方科、匡科、黄科、往科。合此五科,以一言谓之王。"又可以称"天王",《独断》:"天王,诸夏之所称,天下之所归往,故称天王。"称呼有自称和他称的不同。天子自称,秦以前称"小子""冲人""予(余)一人",秦始皇开始,自称曰"朕"。蔡邕解释说:"朕,我也。古者上下共称之,至秦然后天子独以为称。"臣下称天子为陛下。《独断》:"陛下者,陛,阶也。所由升堂也,天子必有近臣,执兵陈于陛侧,以戒不虞。谓之陛下者,群臣与天子言,不敢指斥天子,故呼在陛下者而告之,因卑达尊之义也。"六朝又称殿下。称呼天子,也有因身份地位不同而不同的。例如《汉书·礼仪志》:"百官贺正月,二千石以上上殿称万岁。"《独断》:"天家,百官小吏之所称。天子无外以天下为家,故称天家。"《北齐书》"奴见大家心死",注:"臣妾呼天子曰大家。"《独断》:"亲近侍从官,称曰大家。"《表异录》:"唐时宫中呼天子为宅家。"李济翁《资暇集》:"至尊以天下为宅,四海为家,不敢斥呼,故曰宅家,亦犹陛下之义。"也有用代称的。《汉书·高帝纪》"是日车驾西都长安",注:"凡言车驾者,谓天子乘车而行,不敢指斥也。"《独断》:"天子至尊,不敢渫渎言之,故托之于乘舆。"或者比喻为香草。《离骚》:"荃不察予之中情兮。"王逸注:"荃,香草,以喻君也。"《文选·宣德皇后令》:"要不得不强为之名,使荃宰有寄。"注:"庶使君主之情,微有所寄也。"用数字称呼用"九",称天子为"九重"。十进制中,一、三、五、七、九为阳数,为天数,"九"又与"久"同音,取皇权至上、长治久安之意。杨慎《古隽》:"九,阳数之极,故天子称九重。"皇帝穿"九龙袍",所住的地方多与"九"有关,如明代永乐皇帝定都北京,北京城建九个城门;紫禁城和北海公园都造有"九龙壁";皇宫的三大殿——太和殿、中和殿和保和殿总高度是九丈九尺,台阶或九级或九的倍数级;紫禁城房屋共有九千九百九十九间,角楼是"九梁十八柱"的建筑结构,连大门门钉也是横九排竖九排每排九颗等等。

又如"妻子",《现代汉语词典》解释为:"男女两人结婚后,女子是男子的妻子。"但在古代却分很多等级,如《礼记·曲礼下》:"天子之妃曰后,诸侯曰夫人,大夫曰孺人,士曰妇人,庶人曰妻。公侯有夫人,有世妇,有妻,有妾。夫人自称于天子,曰老妇;自称于诸候,曰寡小君;自称于其君,曰小童。自世妇以下,自称曰婢子。"

古代称官吏多用"爷",如爷、老爷、大老爷、太爷等。"爷"在古代可以称父亲。古乐府《木兰诗》:"军书十二卷,卷卷有爷(也写作"耶")名。"也用作对男性尊长的敬称。《旧唐书·宦官传·高力士》:"肃宗在春宫,呼为二兄;诸王、公主皆呼阿翁;驸马辈呼为爷。"也用作对神灵的尊称,如龙王爷、土地爷等。"爷"称祖父,宋代已有。清代梁绍壬《两般秋雨庵随笔》记载:宋代燕山府永清县大佛寺内,有王士宗建的石幢,末有"亡耶耶王安,娘娘刘氏",此称大父大母。清代钱大昕《十驾斋养新录》也记有此事,并说:"其称大父'耶耶',则北人犹有此称。大父即祖父。这种借血统上的辈份来称呼官吏的习俗,表达了浓厚的等级观念。吕叔湘在《中国文法要略》中作过总结:"中国旧社会的习惯,社会地位较低的对于社会地位较高的,如卑幼对尊长,仆人对主人,平民对官长,穷人对阔人,是不能用普通第一第二身指称词的,得用尊称和谦称。"

不仅活人的等级分明,连死后的尊卑也不同。《礼记·曲礼下》:"天子死曰崩,诸侯曰薨,大夫曰卒,士曰不禄,庶人曰死。"孔颖达疏:"论死后称谓尊卑不同之事。"用"驾崩""山陵崩""天崩地坼""弃群臣""宫车晏驾""千秋万岁后"等指天子的死,而用"填沟壑""委沟渠"等指普通百姓的死。今天,领袖或名人的"死"用

"逝世""谢世",而一般百姓用"去世",仍有这种等级观念的影响。

二、男尊女卑观念

古代社会妇女地位低下,男尊女卑、重男轻女的思想意识严重,对妇女的压迫和歧视,在汉语言文字中反映很突出。用"女"字作形旁造的字,有很多是贬义的,常见的如奸、娼、妓、婊、嫖、姘、奴、婢、妨、嫌、嫉、妒、妖、妄、婪等。在词语结构顺序上,总是男先女后,例如夫妻、男女、父母、公婆、叔婶、兄嫂、弟妹、夫贵妻荣、夫唱妇随、男婚女嫁、男耕女织、男欢女爱、痴男怨女等。在古代称谓中,"妻"字含有卑贱义。《释名》:"妻,齐也。夫贱不足以尊称,故齐等言也。"妻称呼夫为君、伯、郎、郎伯、先辈等,夫称呼妻为细君、小君、儿母、妹妹等。丈夫没有谦称,妻子则自称婢子、小童、奴家、贱妾、箕帚妾等。丈夫对人则贱称妻子为贱人、贱内、内子、内人、内助、内主、室人、妻室、拙荆、荆妇、糟糠、山妻等,各地方言中尤其在农村,仍有老婆、婆娘、媳妇、家里的、屋里的、做饭的、烧火的、家主婆、我那口子、孩子他娘等含鄙视意味的称呼。在俗语、谚语中,也有很多是鄙视妇女的,例如嫁出去的女,泼出去的水;嫁鸡随鸡,嫁狗随狗;女人舌头上没骨头;女人头发长见识短;养男不养女,养女要受苦;等等。

三、正统排外观念

中国古代又称"华夏","中国"取"中心"之意。《诗·大雅·民劳》:"惠此中国,以绥四方。"《毛传》:"中国,京师也。四方,诸夏也。"汉代刘熙曾经说过:"帝王所都为中,故曰中国。"天子居中国,诸侯居四方,外面是东夷、西戎、南蛮、北狄。居住在华夏的汉族人认为"非我族类,其心必异",对异国外族是歧视排斥的。汉语的词汇反映了这种大汉族主义的排外意识。例如,称少数民族或外国人的词语有:夷狄、夷翟、夷貊、夷貉、夷獠、夷蛮、夷人、夷民、夷鬼子、戎夷、戎狄、戎貊、戎羯、戎丑、戎蛮、蛮夷、蛮狄、蛮貊、蛮猺、蛮獠、蛮虫、蛮人、蛮民、胡人、番人、西崽等;称他们居住的区域为:夷服、夷荒、夷表、夷落、戎荒、戎落、蛮荒、蛮服、胡地、胡塞等;称外族入侵和挑起战祸者为夷氛、夷寇、戎虏、胡虏,太平天国对清统治者蔑称为胡氛;称挑起事端或带头做坏事的人为戎首;称他们的语言为夷音、夷言、蛮音、蛮话、蛮语、蛮声、胡言、胡语等;称他们的音乐歌舞为夷乐、蛮唱、蛮歌、胡乐、胡戏、胡旋舞;称与外国有关系的事务为夷务,居住的租界为夷场、夷馆,供邻国或邻族来朝的使者居住的宿舍叫蛮夷邸,宋代掌管少数民族事务的机构叫蛮府,官员叫蛮判官。物品的名称更是五花八门:鸦片烟又称夷烟、蛮烟、洋烟;还有戎氎、戎骑、蛮布、蛮花、蛮果、蛮弦、蛮床、蛮珍、蛮茶、蛮酒、蛮书、蛮纸、蛮笺、蛮盒、蛮牌、蛮锦、蛮厨、蛮氎、蛮鞭、蛮藤、蛮货、蛮船、蛮舶、蛮檣、狄香、狄酪、胡服、胡帐、胡床、胡骑、胡书、胡笛、胡笳、胡琴、胡鼓、胡瓜、胡豆、胡荽、胡桃、胡食、胡饼、胡萝卜、番茄等等。随着中国经济的发展和国际交流的频繁,这些词语正在逐渐退出交际领域而成为历史词汇。

四、避讳文化

如果说上述三个方面是文化在语言中的反映,避讳则带有强加给语言的性质,与下一节中将论述的民俗中的避忌有所不同。各种语言都有禁忌语,唯独中国有避讳。陈垣《史讳举例》说:"避讳为中国特有之风俗,其俗起于周,成于秦,盛于唐宋,其历史垂二千年。"避讳是指某些特定词语在口语或书面语中避而不用,属于使用语言的文化现象。它分广义和狭义两种:广义的避讳包括敬讳、忌讳和憎讳,狭义的避讳专指敬讳。敬讳是指出于封建礼法的规定、约束或者出于敬重的原因,而不直称尊长的名字并避用与尊长名同或音同之字。例如汉代的蒯通,本名彻,因为汉武帝名彻,汉代人讳用"彻"字,改为"通"字,所以《史记》《汉书》皆称"蒯彻"作"蒯通"。忌讳是指出于迷信畏忌心理而讳用凶恶不吉利的字眼或音节。如吴方言中讳言"离",称"梨"为"圆果"。憎讳是指出于厌恶憎恨心理而不愿以其名或姓称呼事物,如唐肃宗憎恶安禄山,对带"安"字的郡县名多加更改。可见,敬讳和憎讳强制规定的成分多,有较强的时空限制,与民俗的禁忌语差别较大。敬讳开始只避国家、君三、上司、父祖、一切尊长及敬重者之名,叫避正讳。例如,《史记·秦始皇本纪》:"二十三年,秦王复召王翦,强起之,使将击荆。"《正义》:"秦号楚为荆者,以庄襄王名子楚,讳之,故言荆也。"三国以后,开始有避用与名音同甚至音近的字,叫避嫌名。如后晋高祖石氏名敬瑭,时人避用与"敬"同音的"镜"与"竟"字。《册府元龟》卷三:天福七年,敕改"合州石镜为仙览,复州竟陵为景陵"。敬讳对两字之名只要避免两字连用,无须逐字为讳。《礼记·曲礼上》:"二名不偏讳。"到唐代往往二名并讳。唐太宗武德九年曾经明令:"依礼,二名义不偏讳……近代以来,曲为节制,两字兼避,废阙已多,率意而行,有违经诰……其官号人名及公私文籍,有'世'及'民'两字不连读者,并不须避。"唐宋时代,甚至有避讳字的偏旁,如唐武宗名"炎",避"谈"改为"谭",避"淡"改为"澹"。敬讳以讳名为主,也有讳字讳姓以至讳陵名、谥号、年号的,涉及的范围分公讳(国讳)、圣人讳、家讳、私讳等,而避讳的方法更是繁多,陈垣《史讳举例》总结为空字、改字、同音代换、缺笔等。王彦坤编纂的《历代避讳字汇典》分为作某、标讳、省阙、代字、改称、缺笔、变体、更读、曲说、填讳十种。下面结合汉语形、音义的特点归纳说明:

从文字角度看,用"某""讳"代替,或用空字、缺笔、变体表示。

《尚书·金滕》:"惟尔元孙某,遘厉虐疾。若尔三王是有丕子之责于天,以旦代某之身。"孔传:"元孙,武王。某,名。臣讳君,故曰'某'。"

《三国志·崔琰传》裴松之注引《魏略》:(许攸)"自恃勋劳,时与太祖相戏。每在席,不自限齐,至呼太祖小字,曰:'某甲,卿不得我,不得冀州也。'""某甲"指魏太祖曹操。清代周广世《经史避名汇考》卷九:"某甲者,史不敢斥尊,以甲乙代之。"

《周书·武帝纪上》:保定四年九月,"封开府李讳为唐国公"。"李讳"指唐世祖李昺。

《宋史·杨美传》:"杨美,并州文水人。本名光美,避太宗旧名改焉。"宋太宗赵炅旧名光义,为避讳空"光"字。

《礼部韵略》附《韵略条式》载绍兴二年沈与求上书云:"渊圣皇帝御名,涉前代姓谥最多,而臣下迁就回避,有可概见者……至于娃,则去'木'为'亘'。"此为宋钦宗、孝慈渊圣皇帝赵桓讳"桓"。

"桓"字也有缺笔为"栢"的。据周广业《经史避名汇考》记载:宋石经《易·

屯》初九"盘桓"之"桓",《孟子·万章上》"遭宋桓司马"、《万章下》"季桓子"之"桓",都写作"桓"。

明成祖文皇帝朱棣,讳"棣"变体作"隷"。又《游宦纪闻》卷九:"唐太宗讳世民……'民'则易而从'氏''昏''憨''泯'之类,至今犹或从'氏'也。"

从语义角度看,常用同义或近义词替代的方法避讳,即改字(改称)。例如:

高诱《淮南子叙》:"以父讳'长',故其所著,诸'长'字皆曰'修'。"《淮南子》为西汉淮南王刘安编著,他的父亲是厉王刘长。"长""修"同义。

宋代王楙《野客丛书·古人避讳》:"简文郑后讳'阿春',以'春秋'为'阳秋',晋人谓'皮里阳秋'是也,'富春'为'富阳','蕲春'为'蕲阳'。""春"与"阳"语义相关。

从语音角度看,避讳音同或音近的字。如秦始皇嬴政,讳"政"改"正月"为"征月";宋高宗赵构,讳"构"避"勾""钩""苟"等字。于是用变读字音或改读他字的方法避讳。例如:

元代孔齐《至正直记》卷三:"丘字,圣人讳也。子孙读经史,凡云孔丘者,则读作'某',以朱笔圈之;凡有'丘'字读若'区';至如诗以为韵者,皆读作'休'。"

《正字通·见部》"覯"字条:"《诗·召南》'亦既覯止',《大雅》'莫予云覯',宋儒读若'遇',避高宗御讳构,非'覯'本音。"

避讳对维护封建等级制度、规范社会的文明礼貌起过积极作用,但当它走向极端甚至发展到文字狱的时候,不仅影响到语言文字的正常功能,而且让坏人借"字"杀人、让好人蒙冤,这种现象"文革"后期依然存在,其流弊不可低估。

第三节 汉语与民俗

现代语言学奠基人、瑞士语言学家索绪尔在《普通语言学教程》中说:"一个民族的风俗习惯常会在它的语言中有所反映,另一方面,在很大程度上,构成民族的也正是语言。"民俗是人类生活长久形成的礼制、信仰、风尚和习俗的总和,是一种约定俗成的文化模式。汉语以其悠久深厚、博大丰富的特性反映出汉民族的习俗,而汉民族的习俗又以它的社会性和应用性不断更新和充实着汉语的内容。本节侧重从文字、语音、词汇三方面论述汉语与民俗所表现出的文化内涵。

一、文字与民俗

文字的发明和使用是人类文明的标志。东汉许慎在《说文解字·叙》中指出,文字是"经艺之本,王政之始。前人所以垂后,后人所以识古",充分肯定了文字的重要作用。由于这种重要性,加上统治者的文化垄断,汉字在创造之初就附上了神秘化的色彩。《淮南子·本经训》中说:"仓颉作书而天雨粟,鬼夜哭。"人们对汉字充满崇拜心理,避忌习俗也随之产生。北齐颜之推《颜氏家训·治家》:"吾每读圣人之书,未尝不肃敬对之。其故纸有五经词义及贤达姓名,不敢秽用也。"连字纸都要敬惜,就包含着文字崇拜的心理因素。

姜亮夫在《古文字学》中说:"整个汉字的精神,是从人出发的,一切物质的存在,是从人的眼所见、耳所闻、手所触、鼻所嗅、舌所尝出发的,故表音以声以箫管,表闻以耳,表高为上视,表低以下视,画一个物也以与人所感受的大小轻重为判,牛羊虎以头,人所易知也,龙凤最祥,人所崇敬也。总之,它是从人看事物,从人的官能看事物。"汉字的产生是以象形字为基础的。象形即是通过描摹事物的形状来造字的一种方法,如"人""止"(趾)"日""月""马""牛"等,在早期的字形里都非常像那些具体的物形。虽然许慎在《说文解字》中总结为"六书"——象形、指事、会意、形声、转注、假借,"六书"的基础是象形,汉字中绝大多数是通过形来表义的,所以我们今天仍然能从文字中看出古代社会生活的影子。下面以《说文解字》"示"部字来说明:

"示:天垂象。见吉凶,所以示人也。从二,三垂,日月星也。观乎天文以察时变,示神事也。"根据古文字形,"示"像祭祀台的形状,许慎的解释是神化这个字的意义。

以"示"表义的字,可分为以下几类:

一类与祭祀有关。如:"祭,从示,以手持肉。"指手拿肉放到台上举行祭祀

"禋,絜(洁)祀也。""柴,烧柴尞祭天也。""禷,以事类祭天神。""祮,告祭也。""祼,灌祭也。"还有春祭曰祠,夏祭曰礿(秋祭曰尝,冬祭曰蒸),"祫"是大合祭,"䄡"是出兵之祭,"禂"是祷告马不生病,"禓"是道上祭,"禫"是解除丧服之祭,等等。

一类与福有关。如"祜""禧""禄""禠""祉"等字都解释为福。此外,"礼,履也,所以事神致福也","禛,以真受福也"。

一类与神有关。如"神""祇""祕"等。

一类与祭祀用品有关。如:"褯,祭具也。""祳,社肉,盛之以蜃,故谓之祳。"

一类与灾祸有关。如:"祸,害也。神不福也。祟,神祸也。""袄,地反物为袄。""袚,除恶祭也。""禜,设緜蕝为营,以禳风雨雪霜水旱厉疫于日月星辰山川也。""禳,祀除厉殃也。"

以上字例,足以说明祭祀在古人生活中占有极其重要的分量,从中可以了解当时的习俗。

利用文字表达趋吉避凶、追求美善,古往今来,深深地印刻在民俗之中。喜庆佳节,很多地区把"喜""福""禄""财"等字倒贴在门上,制作"百寿""百福""百禄""百喜"等图挂于中堂,以寄托人们的美好追求和向往,无一不是出于对文字的崇拜。上节中谈到用字的缺笔或变体来避讳,也基于这种崇拜心理。

最能体现这种心理的,是汉族人对名字的重视。唐代女皇帝武则天曾改过十二个字:照天地日月星君臣人载年正。她改"照"为"曌",作为自己的名字,表示日月当空一片光明。《新五代史·南汉世家》记载:刘龑,当初名岩,后又改名为陟,因有白龙出现,把军号改做"龙",自己的名又改为"龑"。后来有一个胡僧根据谶书,说灭绝刘氏的将是"龑",他又自造了"䶮"字,取《周易》乾卦爻辞"飞龙在天"之意。名字是一个人的代表符号。古人曾说:"赐子千金,不如教子一艺;教子一艺,不如赐子好名。"人们认为名字的好坏与人的命运有内在联系,所以取名字要选择吉祥的字。常敬宇《汉语词汇与文化》在第十四章"汉族人的姓名与文化"中把汉民族取名字的文化观念归纳为九个方面:(1)崇祖观念,(2)崇儒观念,(3)建功立业观念,(4)品格和情操观念,(5)宗族观念,(6)吉祥观念,

(7)崇玉观念,(8)爱马观念,(9)新时代观念。这充分揭示了姓名文化的内涵。

文字崇拜的极端,是文字迷信,如字符、测字之类。字符是用一些变形文字加上某些表示日月星辰的符号达到某种巫术的结果。如《万法秘藏》卷五所载"春心符",上面并列写三组"日月"表示阴阳和男女,中间画上北斗七星的符号"尸",代表天帝之命,下面写上"元精""元炁""元神"表示施术者通过气功及身中之神与天神沟通,最后写"煞鬼"两字,用来驱鬼避邪。其余种种符法,原理大致相同。测字是通过离析字的形体以推测吉凶祸福,虽不科学,但作为民俗却源远流长。略举两例:宋代何薳《春渚纪闻》卷二记载"谢石拆字":"谢石润夫,成都人。宣和间至京师,以相字言人祸福。求相者但随意书一字,即就其字离析而言,无不奇中者,名闻九重。上皇因书一'朝'字,令中贵人持往试之。石见字即端视中贵人曰:'此非观察所书也。然谢石贱术,据字而言,今日遭遇即因此字,黥配远行亦此字也,但未敢遽言之耳。'中贵人愕然,且谓之曰:'但有所据,尽言无惧也。'石以手加额曰:"'朝'字离之为十月十日字,非此月此日所生之天人当谁书也?'一坐尽惊,中贵驰奏。翌日召至后苑,令左右及宫嫔书字示之,皆据字论说祸福,俱有精理。"清代梁绍壬《两般秋雨庵随笔》卷七记载崇祯末年派内臣微服私访,遇测字先生,用"友"字测国事,测字者说是"反"字出了头,不吉;又改测"有"字,说是大明江山去掉一半,更不吉;又以"酉"字测,说是天子至尊斩头去脚,大不吉。后崇祯皇帝果然失去大明江山,吊死在梅树上,应了测字者之言。故事虽未必可信,但带有迷信色彩的测字之风实有。

二、语音与民俗

民俗中常常利用词的音同或音近关系,通过联想达到趋吉避凶的目的。这种现象在吉祥语、忌讳语、隐语、谶言、占梦等中应用非常频繁。

在节日民俗中,除夕子夜吃饺子,"饺子"是"交子"的谐音,表示除夕与元旦交替,叫"更岁交子"。正月十五吃汤元,取"团圆"之意。年画中画蝙蝠前面有一枚有眼铜钱,取"福在眼前"之意;画喜鹊在梅梢,取"喜上眉梢"之意;鱼与莲组合,表示"连年有余"。婚姻习俗中在洞房床帐上撒上枣子、栗子、花生等,取

"早子""立刻生子""花着生"之意。商家饮枣栗茶,取"早早得利"之意。

忌讳语中,语言避忌的情况很多。渔民行船忌讳"住""翻"和"沉",称"箸"为"快子"(筷子),称"幡布"为"抹布",称船帆为"篷",吃鱼的时候不能翻过来吃,而是吃过上半面挑去鱼刺再吃下半面,非要翻过来也得说"划过来"或"正过来",盛饭要说"添饭",遇到姓陈的要拆开说成"耳东"。船主只能称作船老大,而不能称为船老板,"老板"与"捞板"谐音,是打捞船板的意思。食俗忌言"梨",夫妻不分梨而食,是因为"梨"与"离"谐音,称"梨"为"圆果"。饺子煮烂了、馒头蒸裂了不说"破了""裂了",而要说"笑了""挣了"。做生意不说"舌",因与"蚀""折"谐音,要说成"利(脷)","干""肝"要说成"润"。门前不栽桑,屋后不种柳,因桑谐音"丧",柳谐音"溜",会人死财散。避言"死"字,"史""施"等姓要念成"胜(生)"。

隐语在表达上属于修辞手段,有一部分是通过词语的语音联想它的隐性义。例如《史记·淮阴侯列传》:"相君之面,不过封侯,又危不安;相君之背,贵乃不可言。"这是辩士蒯通劝韩信背叛刘邦,用"背脊"的"背",表达背叛的"背"的含义。唐代刘禹锡《竹枝词》:"东边日出西边雨,道是无晴却有晴。"用"晴"表示谐音"情"。

谶言也是一种隐语,但要经过时间的验证。往往通过谐音表示隐性的意义。例如:《古谣谚》卷六十三记载《宋末江南谣》:"江南若破,百雁来过。"当时不知其意,后宋亡,才知是丞相伯颜。"百雁"谐音"伯颜"。又隋炀帝曾号召百姓于汴河两岸种柳,当时有谣言说:"天子先栽,然后百姓栽。""栽"谐音"灾"。

占梦是通过对梦进行解释推断吉凶,常常通行语音联想。冯梦龙《智囊全集·舌生毛》:"马亮知江陵府,任满当代。梦舌上生毛,僧占曰:'舌上生毛剃不得,当再任。'果然。""剃"谐音"替"。

三、词汇与民俗

词汇具有反映社会生活最迅速的特点。美国社会语言学家恩伯说:"一个社会的语言能反映与其相对应的文化,其方式之一则表现在词汇内容或者词汇上。"前面讲到的内容都是从不同的侧面反映了词汇与文化的关系,这里着重从词义的角度来谈谈同义词和委婉语。

词语受文化的影响,可以产生大量的同义词或近义词,大大丰富了语言的词汇。例如,上一节提到的"死"字,除了表示等级观念有崩、薨、卒、不禄、死等各种区别外,还与多方面的文化因素有关。如道家认为人死只是一种形化、物化,是回归自然,由此产生化、物化、化去、化形、化升、坐化、归土、归山、归天、归世、归去、归西、归亡、归阴、归道山、归泉、归黄泉、归泉府等;道家追求成仙,道士死称为羽化、仙化、上仙、仙逝、仙游、仙去、仙升、升天、升仙、升霞、升遐、登遐、上升、上天等;道士爱养鹤乘鸾凤,仙人住在西方昆仑山,所以道士死又称"驾鹤西游""跨鹤西归""鸾驭西归"等。佛家追求功德圆满,死后进入彼岸极乐世界,死的说法又不同。《释氏要览》卷下:"释氏死,谓涅槃、圆寂、归真、归寂、灭度、迁化、顺世,皆一义也,随便称之,盖异俗也。"至于口语中称死亡为"会无常""见阎王"等,则是佛教与汉文化中鬼神文化相结合创造了宗教神的产物,"见上帝"是西方宗教的产物。

委婉语是因为语言中的某些词语不便直说而用同义或近义词语代替的词语。这种代替往往只注重意义,具有较大的随意性,但却体现了汉民族重礼仪、讲文明的历史文化特点。前面已经谈到避讳和民间忌讳语都属于这一大类。从语言的角度看,同一个词语有较多的替代形式,并且随着时代的变化具有多变性的特点。如上厕所,古代除作"如厕"外,还有出恭、解溲、解手、大小解、更衣、净手、登东等。《说文》水部:"溲,浸汰也。"《玉篇》:"汰,洗也。"可见是用洗的污水代替人体排泄物。大小便叫大小溲,也叫前后溲,上厕所叫解溲。人要排泄时,身体感到不方便,解溲又称为大小便或便利。《汉书·韦玄成传》:"即阳为病狂,卧便利。"颜师古注:"便利,大小便。"古代又有解溲后要换衣服、洗手的习惯,所以又说"更衣""净手"。元代起考生上厕所要先领"出恭"牌,又称上厕所为"出恭"。古代厕所多在东边,又称东、东司、东净,上厕所又叫"登东"。现代口语说"洗手""方便""上1号""去卫生间""出去一下""办点事去",甚至说"接(打)电话"等,渐渐用相关的行为来代替相关的语义了。

汉语文化可谓面广、量大、内涵深,以上论及的只能说是特色较为突出的,旨在引起学习和研究的兴趣。

思考与练习

1. 何谓"六书"?
2. 谈谈汉字的字体演变。
3. 怎样看待汉字中的避讳?
4. 怎样看待汉语与民俗的关系?

延伸阅读与参考书目

1. 郭沫若撰《古代文字之辩证的发展》,《奴隶制时代》,人民出版社,1973年。
2. 王力撰《汉语史稿》,中华书局,1980年。
3. 陈原著《语言与社会生活》,三联书店,1999年。
4. 周振鹤、游汝杰著《方言与中国文化》,上海人民出版社,1986年。
5. 曲彦斌主编《中国民俗语言学》,上海文艺出版社,1996年。
6. 梁章钜撰《称谓录》,中华书局,1996年。

第七章 教育与科举文化

教育分广义、狭义两种。广义的教育作为人类社会所独有的一种有目的、有意识的自觉活动,是随着人类社会的产生而同时产生的。原始社会就存在着生产技能和经验的传授,宗教信仰和道德风俗的教育。狭义的教育是指培养人才、系统地传授知识的学校教育。中国的教育文化与科举文化密切相关。科举是中国从隋到清末通过考试选拔人才的制度,它与学校教育紧密配合。本章从学校教育和科举制度两个方面简括地勾勒历史流变的轮廓,揭示其文化特征。

第一节 历代的学校教育

据古籍记载,我国夏商时期已出现专门的教育机构和场所。《孟子·滕文公》:"设为庠序学校以教之。庠者,养也;校者,教也;序者,射也。夏曰校,殷曰序,周曰庠;学则三代共之,皆所以明人伦也。""庠"是养奴隶主贵族的"国老"和教育他们后代的地方,"序"是学习射箭的地方,"校"是一种发展较为完备的军事体育性质的教育机构。这一时期的教育内容是习礼和习射,与后来的学校是有区别的。周代国家教育分国学和乡学两大类,国学是中央官学,有小学和大学两级,掌管教育的官员是师氏、保氏。小学有两种,一种是贵胄小学,设在宫廷附近;一种是一般贵族子弟小学,设在郊区。大学也有两种,设在天子都城的叫"辟雍",设在诸侯都城的叫"泮宫",教育体制是官师合一、学在官府。教育的主要任务是"明人伦",涉及礼、乐、射、御、书、数即六艺以及六仪(祭祀之容、宾客之容、朝廷之容、丧纪之容、军旅之容、车马之容)、乐舞等方面。据《周礼·地官·司徒》载：师氏"以三德教国子：一曰至德，以为道本；二曰敏德，以为行本；三曰孝德，以知逆恶。教三行：一曰孝行，以亲父母；二曰友行，以尊贤良；三曰顺行，以事师长"。大司乐"以乐德教国子：中、和、祗、庸、孝、友。以乐语教国子：兴、道、讽、诵、言语"。由这些内容可以看出当时非常重视德行礼仪的教育，与社会重伦理等级的宗法制度有关。这一时期的学校教育已有分年考查的具体规定。《礼记·学记》说："一年视离经辨志，三年视敬业乐群，五年视博习亲师，七年视论学取友，谓之小成。九年知类通达，强立而不反，谓之大成。"

春秋战国时期，诸侯争霸，七雄兼并，官学衰废，私学兴起，各国争相养士，学术百家争鸣。教育对象上至贵族，下及平民。孔子、墨子的弟子充满天下，社会各阶层人士都有。孔子倡导"有教无类"，彻底打破了"学在官府"的局面，学生不能直接做官，而要等待被诸侯任用，因此，教学以培养真才实学的人才为目的，而内容、方式则没有统一的标准和模式，都围绕"德""能"去实施。

秦朝以武力统一中国，建立中央集权的封建统治，"禁私学以吏为师"，强制推行思想文化上的专制，崇法排儒，以致"焚书坑儒"，使教育陷于停滞倒退。不过，秦朝在统一文字方面做过不少有益的工作。

西汉时国力强盛，高度重视教育。汉武帝采用董仲舒的建议，罢黜百家，独尊儒术，兴办太学，并为博士设置博士弟子员，考试择优入学，每年考试，学习不认真、才能低下、不能通一经者，勒令退学。考试形式为"射策"，内容为儒家经典，将疑难问题书之于策，根据难易分甲、乙科，相当于后代的抽签考试。中央官学有大学性质的太学，也有特殊性质相当于文艺专科学院的鸿都门学和宫邸学（又称"四姓小侯学"），鸿都门学以尺牍、小说、辞赋、字画为主要学习内容，宫邸学以讲经为主。汉代地方官学，郡国曰学，县、道、邑、侯国曰校，乡曰庠，聚曰序。以道德教化为主，也讲授经书，也有"都试讲武""习射御之事"。汉代私学有办学面广、生徒众、硕学巨儒私人传授多等特点。私学有"书馆"：低层次的蒙学教育，主要内容是识字、习字兼习算术；有"乡塾"：中等层次的一般经书学习；有"精庐"或"精舍"：高层次的专经教育。汉代的教育原则是"通经致用"，教育制度与职官制度接轨，学子追求的是通经做官，教育成为统治的工具，并为以后各朝代所效法。

  魏晋南北朝时期,军阀分裂割据,战乱频仍,南北对峙,政权更迭频繁,社会矛盾尖锐,教育状况不稳定。官学时废时兴,私学仍然昌盛。魏文帝曾制定五经课试之法,入太学两年考试通一经者称为弟子,弟子学满两年考试通二经者补为文学掌故,经过两年通三经优良者为太子舍人,又满两年通四经优异者为郎中,又满两年通五经优异者,随才录用;但未得到彻底施行。这一时期,本土的道教和外来的佛教日趋兴盛,玄学风行,儒家的独尊地位受到挑战。南朝刘宋明帝泰始六年(420年),在国子学中设玄、儒、文、史四科,可说明这种变化。但儒家的教育理论、方法仍占主导地位。九品中正制的选士任官制度,又被世家大族垄断,重门第而非德才,使学子读经的兴趣大大下降。

  隋唐五代时期,考试制度和学校教育密切结合,逐渐形成了一整套完备的学校考试制度,选士任官实行科举制,使教育的质量和用人的素质方面有一定的保证。隋文帝设立了最早的专门的教育行政机构——国子寺(隋炀帝时改称"国子监",沿用至清)。隋代考试主要分"乙日试"和"卒业试"。"乙日试"即每十天考试一次,通行于中央和地方各级官学。"卒业试"官学和私学都有实施,形式也较灵活。唐代不仅政治强盛、经济繁荣,教育事业也高度兴旺发达。唐高祖李渊初执政时,在京城设立国学,同时在地方上设立州县学校。唐太宗以后,学校越办越多。官学中,不仅有国家学校和地方学校,也有各种培养专门人才的学校,如医学校、历校、律校、天文学校、书法学校、算学、军校等。各类学校广泛推行考试制度,并贯穿学校教育的始终。考试内容丰富,种类很多,根据功能和作用,可分为学业管理考试和水平测验考试。学业管理考试有入学试、旬试、岁试、课程卒业试、毕业试、升入高一级学校的补学试等;水平测验考试有贡举试、乡贡试、入学试、升学试、大成试、荫生试等。贡举试和乡贡试属于科举考试的环节。入学试招收没有学历的生员,升学试是由州县学校升入国子监下属学校的考试。大成试是国子监在所辖国子学中选拔优秀毕业生的考试,项目有读经、试策。荫生试是在弘文、崇文两馆中享受门荫的高级官员子弟一种选拔性考试。唐代学校教育制定过全国统一的考试大纲,内容包括指定修业范围,限定修业时间,规定考试标准。普通学校规定开设的课程以经史为主,分大经(《礼记》《春秋左氏传》)、中经(《诗》《周礼》《仪礼》)、小经(《易》《尚书》《公羊传》《谷梁传》)、专门类(《孝经》《论语》)四大类共十一种。并各自限定了修业时间。为了统一评判标准,唐代颁行了统一的五经版本和关于五经疑难内容的统一解释。唐代逐步形成较为稳定的考试题型,通常有五种:试诵(诵经、读经)、试帖(帖文,即经文填空)、试义(分"口义"和"墨义")、策试(命题作文,内容为经史)、试文(试应用文)。各类专门学校的考试内容与普通学校重视经书不同。唐代地方学校则与中央官学的考试制度配套,与科举考试相接轨。可以说,唐代形成了以考试制度相联结的全国教育网。考试作为一种相对公平的竞争机制,推动了各级各类学校的兴建和发展,刺激了社会文化程度的迅

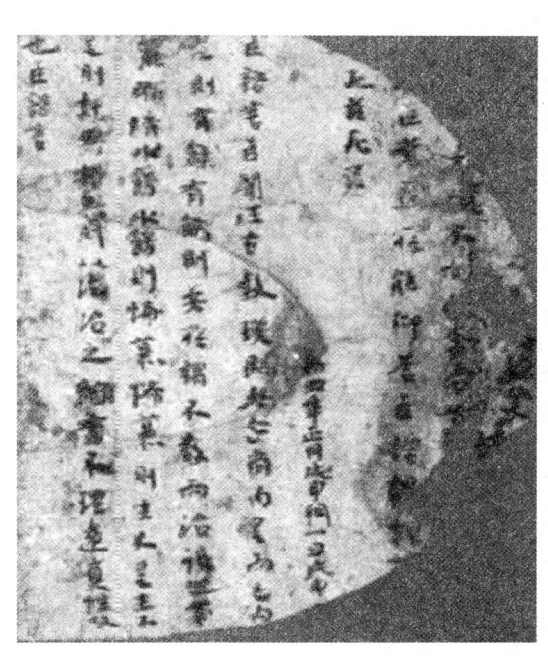

图 7-1 现存最早的策试文实物,出土于哈拉和卓九十一号墓的西凉建初四年(408)秀才对策文

速提高;在学校建设方面,促进了教育管理完善,教学秩序稳定,教育质量上升;通过考试制约教育发展的方向,使其适应国家和社会的需要。五代十国时期因社会动荡不安,学校教育出现了私学压倒官学的现象,但国子监以雕板刻印经史教科书,促进了官学的教育。这一时期,考试制度传播到朝鲜,也是教育史上的大事。

宋代学校类型日趋齐全,除中央官学由国子监管辖的直系学校如国子学、太学、辟雍、广文馆等之外,有州学、府学、军学、监学、县学;有律学、算学、书学、画学、武学等专门学校,还有特殊学校,如王公贵族私办的学校宗学、诸王宫学

和内小学，为庶民子弟设立的四门学。北宋曾三次兴学，史称"庆历兴学""熙宁兴学"和"崇宁兴学"。考试方面注重全面衡量考生的德与才，看重识时务和实际本领。"熙宁兴学"发生在王安石做宰相时，在学校中创立"三舍法"，影响较大。"三舍法"是将太学分成外舍、内舍和上舍，由外舍入上舍均要通过考试。在外舍、内舍读书每月的考试叫月试，每年的考试叫岁试。外舍升内舍的考试隔年举行一次，月考为私试，岁考为公试。经过私试、公试、舍试、上舍试等各种考试及品行考查等合格，才能升舍。王安石主持注释《诗》《尚书》《周礼》，合称《三经新义》，代替原来用的《五经》，反对繁琐章句之学，注重义理。三舍法和重义理的作风对后代影响很大。

金元时期，学校类型和教材等方面都有新的发展。金代中央学校增办了专为女真族子弟设置的女真国子学，地方学校中州学又细分为节镇、防御、刺史州学。教材除经部外，还增加了史部、子部的内容。国子监用的教材，经类有《易》《诗》《书》《春秋左传》《礼记》《周礼》《论语》《孟子》《孝经》；史类有《史记》《前汉书》《后汉书》《三国志》《晋书》《宋书》《梁书》《魏书》《北齐书》《周书》《隋书》《新唐书》《旧唐书》《新五代史》《旧五代史》；子类有《老子》《荀子》《杨子》；并规定版本和注本。考试有学籍管理的"私试"、贡举优秀学生参加科举考试的"充贡试"和因成绩不优秀或不能按期完成学业而不能充贡的"学官试"。"学官试"只试大小经各一部，粗通大义即合格。太学有"入学试"，专门学校如天台、医学校实行"试补"制度（随时补额考试）。女真国子学中考试内容是译成女真文的经书如《书》《易》《春秋》，体现了对前代教育的继承和对汉文化和经学的重视。元代学校民族特色十分突出，除儒学校、医学校和阴阳学校外，在京师创办了蒙古语国子学和回回国子学，在各路分设蒙古字学校，培养了各级翻译人才，对发展少数民族语种教育、促进文化交流意义很大。元代考试制定过一套新方案。元代中期仁宗延祐年间，国子司业齐履谦创造了一套"季考、升斋、私试、积分"的考试方案。将国子学分为三等六斋，每斋规定了学习内容和考试范围。下等是"游艺斋"和"依仁斋"，专门诵书讲说，学习字、词、音、义和作文；中等是"据德斋"和"志道斋"，专门讲说《四书》，讲解诗律；上等是"时习斋"和"日新斋"，专门讲说《易》《书》《诗》《春秋》等，学习经义，撰写论文。每季考查课程和品第，合格者依第递升。私试积分，是指每月进行计分考试，年终累计考核。元仁宗允许蒙古生、色目生读完中等斋后参加私试，而汉人生必须读完上等斋才能参加私试，还必须没有违反学规、触犯刑法，带有种族歧视的倾向。元代前期国子学的学生通过学官博士的考试，成绩合格直接入仕，中期开始实行积分制后，积分"及等"可以铨叙入仕做官，到后期必须参加科举考试，录取略有优惠，后来逐渐减少。元代地方官学值得提及的是创设了以农桑为主要教学内容的社学，并在各路设立阴阳学校，专门学习天文、历算，兼及术数，这对科技的发展具有一定的推动作用。

明代从办学规模看，由于明太祖朱元璋确定了建置"学校，国之首务"的方针政策，超过了唐宋时代，不仅扩大了国子监的规模，并在全国府、州、县衙门所在地开设官办中等学校，又在广大乡村设立初等学校——社学，还有专供宗室子弟读书的宗学和专供武官子弟读书的武学。《明史·选举志一》："无地而不设之学，无人而不纳之教。……此明代学校之盛，唐宋以来所不及也。"明代的考试内容和方法都以科举为轴心，在下一节里详述。

清代承袭明制，不同的是国子监下设八旗官学，专收皇家亲贵以外的八旗子弟，分满洲馆、蒙古馆、汉馆教学生，并有弓箭教习常课；又下设算学，专学算法；除宗学外，并有专为皇家宗室觉罗氏子孙开设的觉罗学。考试仍是以科举为轴心的，随着清末科举制度被废除，中国的学校教育发生了很大变化。

1840年鸦片战争开始，中国进入近代社会，具有近代色彩的学堂制教育体制开始形成。清末学堂大体分为洋务派学堂、维新派学堂和资产阶级新式学堂三类。洋务派学堂中，有外国语性质的同文馆和广方言馆，主要培养协助外交的翻译人才和懂外语的技术人员；有军事性质的军事学堂和军事技术学堂，军事学堂主要有水师（水陆师）学堂和武备学堂两大类，以培养水陆两军将领和技术人才，如李鸿章创办的天津水师学堂和天津武备学堂、张之洞创办的湖北武备学堂都很著名；军事技术学堂培养军事技术人才，如左宗棠创办的福建船政学堂就是培养船舶制造和驾驶技术人才的基地。维新派学堂以培养造就资产阶级维新人才为目的,如康有为创办的万木草堂,教学以孔学、佛学、宋明学为体,以史学、西学为用,重讲"今文学"、讲西学,因此,西方不少科学著作被翻译引进中国。资产阶级新式学堂以光绪二十九年(1903癸卯年)确立"癸卯学制"为起点,该学制参考了欧美尤其是日本学制,分小学堂(初等和高等)、中学堂、高等学堂(相当于大学预科)、大学堂、实业学堂(初等、中等和高等)、师范学堂六类,其课程设置和考试方法以及学校管理等,实为我们今天学校教育之滥觞。

纵观中国历代教育状况,可以总结出下列文化特点:学校作为培养人才的基地,到清代科举考试被废除之前,历代统治者试图把它变成维护其统治的工具,教育受统治者支配为之服务的功能非常显著,教学内容以儒家的经典为主体,而忽视科技应用的教育。到近代以后,教育以富国强兵为目的,看重科技知识的学习,教育逐渐走向建设社会、提高民族素质的坦途。这一点,在今天的教育中愈来愈受到重视。

第二节　科举制度及文化特征

科举制度是由国家设立科目考试进行选拔人才任用官吏的制度。从隋朝开始实行,到清末光绪三十一年(1905年)废除,整整延续了1300多年。它把学校教育同任官制度有机地联系起来,对中国漫长的封建社会起到了至关重要的作用,对中国的文化发展产生了不可低估的影响。

任何社会都要选拔任用人才,但形式可以多种多样。纵观中国历史,人才考选制度是在秦汉以后逐渐形成的,到科举制度的推行,达到了最完善、周密的系统化阶段。粗略地分,科举制度以前,是实行察举制度进行人才考选的,早在尧舜时代就开始了"选贤举能",对人才进行试用考察。据《史记·五帝本纪》记载,尧晚年寻找继承人.是经过四岳(四方部落酋长)的讨论的。他命四岳"悉举贵戚及疏远隐匿者",四岳共推举舜。尧"乃以二女妻舜以观其内,使九男与处以观其外",接下来又"试舜五典百官,皆治",又"使舜慎和五典,五典能从。乃遍入百官,百官时序。宾于四门,四门穆穆,诸侯远方宾客皆敬"。经过这番才德的考察之后,才让他临时代理天子之政,尧临死前经过氏族成员公决,才让他正式继位。后来禹继舜位也大致经历了类似的推举、考察、试用的过程。即使在严格实行世袭制的商周,也有汤任用耕夫伊尹为相,武丁提拔版筑奴隶傅说为相,周文王任用老迈的姜尚为太师的事例。西周时,通过"乡兴贤能"选择低级官吏。《周礼·地官·乡大夫》:"三年则大比,考其德行道艺,而兴贤者能者。"诸侯每三年也要贡士于天子,天子进行考试。据《礼记·王制》记载:"命乡论秀士,升之司徒,曰选士。司徒论选士之秀者,而升之学,曰俊士。……大乐正论造士之秀者,以告于王,而升诸司马,曰进士。司马辩论官材,论进士之贤者,以告于王,而定其论。"这种逐级考选已成为后来科举取士的滥觞。春秋战国时期,因社会的动荡多变,人才的选择主要通过招贤察能、举荐考核、奖励军功、养士等途径,而没有固定不变的模式。察举形成制度,是在西汉时期。标志是设置一定的科目进行考核,汉代察举的科目已经很多,主要有"贤良方正""孝廉""秀才""明经""童子郎"等,分常科和特科两大类。常科是常行的科目,一般情况是每年皆举,如"孝廉"就是按照孝子和廉吏的标准,从汉武帝元光元年(公元前134年)起每年按人口比例推举的。这种制度不仅起到选择廉洁官吏的作用,更对社会风气起到了导正扶善、倡导道德礼义的教育作用。举"贤良方正"是特科中最主要的科目,特科是特定的科目,由皇帝下诏定题,亲自主持"策问",满意者授以官职。察举制度与后来的科举制度相比,没有与学校教育密切结合,考试只是辅助手段,没有设立选官的专职机构和人员,任官的随意性较大,容易出现滥用职权舞弊的现象。汉代重视经学,特科中有明经科,授予官职也较高,其他科目都重视对经学的考核,这与后来的科举重经是一脉相承的,体现了儒学正统的文化特点。

汉末世家大族把持了察举制度的评议权,代之而起的是曹魏时期创立的"九品中正制",在各州、郡、县设置大、小中正,中正就是掌管评选的负责人,由中央派人担任,对所管辖的地区的人物评定,分上上、上中、上下、中上、中中、中下、下上、下中、下下三等九品,根据品级结合家世背景和个人才能品行材料,授予相应的官职。这种制度曾起过积极作用,但到后来,中正又被世家大族控制,形成了"上品无寒门,下品无势族"的局面,终于到隋代被科举制所取代。

隋朝借鉴过历史上的各种选举制度,如"举贤良""征辟""荐举""九品官人法"等,实行"三省六部制",官员统一由中央吏部任命,虽然加强了中央集权,但也难以做到人尽其才的合理安排,于是对以往的选举制进行了改造。隋文帝设置新科选举,"以志行修谨、清平干济二科举人"。隋炀帝继续推行分科选举的方法,大业三年(607年)设孝悌有闻、德行敦厚、节义可称、操履清洁、强毅正直、执宪不挠、学业优敏、文才秀美、才堪将略、膂力骁壮十科举人。并设置了秀才、进士、明经等常科。隋代科举制时间上有明确规定,并限定选举对象,如工商或九官以上现任官不在选举之限,应选者须由地方州县或高级官员举荐,分科选举,吏部考试,考试项目和内容稳定,考试项目是口试、策试和杂文,分等录取,再授予相应的官职。这时的科举制已粗具规模,形成系统,为它在唐代进一步完善打下了基础。

唐代在隋代科举制的基础上,建立了专门管理机构,确立了系统的举荐、考试程序,并制定了配套的法令进行保护和监督。考试科目分常科和制科两大类。常科的目的是选拔优秀常用人才,如唐代前期的进士、明经、秀才三科,是选用文职官员的科目;而明法、明字、明算三科,是选用某种专长人员的科目。常科随社会的需要而发展变化,如秀才科后来被废,增设了武举科、医药科、天文科、音乐科、童子科等,明经科又派生出礼科、史科等。常科通常每年举行,有三个主要程序:解送、省试和选试。解送是由基层向朝廷尚书省推荐经过政策审查和文化考试的考生,一种是"乡贡",由州县推荐,经过州县举行的考试——乡试(也称解试),合格者称"举人",州县设"鹿鸣宴"招待赴京应试的举人。一种是京师和州县学馆的生徒,由国子监向尚书省推荐。省试是国家级考试,生徒、乡贡参加尚书省主持的考试,合格称及第、擢第、登第、登科。选试俗称"释褐试",是省试合格者参加吏部主持的选官考试,合格者分别授以官职。选试包括身、言、书、判,要面试身材相貌和口头表达能力,要考书法、写判文,合格者还要依次考察德、才、劳,全通过才能授官。由于选拔高级通用人才的任务逐步转移到进士科,常科中进士科成为龙头科目。唐初,进士科只试"时务策"一项。

贞观八年(634年),唐太宗下诏,"加进士试读经、史一部";唐高宗时要加试《老子》策;永隆二年(681年)又做了进一步的规范:进士科考三场——帖经、试文、试策,范围和难度都加大了,对经史知识和文律技巧等方面有较高的要求。武则天掌权时,设置了武举科,是专门选拔军事人才和将领的科目,考试军事技术兼看身格体格和语言,后分设为"平射科"和"武举科",实行一段时间就停止了。制科,即隋代的特科,是根据国家某一方面的特别需要由皇帝下诏特设的科目,不定期举行。唐代的制科多达80种以上,如极言直谏科、博通坟典科、军谋宏远科、详明政术科等。不论有官在身还是平头百姓,均可应试,合格者授官。由于设置具有灵活性,搜罗人才广泛,因此与常科互为补充,成为科举制的重要组成部分。唐初为科举立法,颁布了一系列法令,以维护科举制度的正常发展。唐代中期,把吏部省试移归礼部,实行"举选分离"。礼部举行省试,重新建立了考试机构,不断增加了新的管理和监督措施,如进二科帖经考试内容改为"帖《左氏传》《周礼》《仪礼》,通五经与及第";规定各州举荐考生人数;进士科考试答卷要送中书省、门下省详复;明经科口试公开;主考官亲属回避等。在考试内容上,偏重文学,进士科考试中试杂文变为试诗赋,社会上兴起"行卷"之风。所谓"行卷",是指应试的士人在考前将自己的作品写成卷轴,请托达官显贵或声望高的学者向主考官推荐。向礼部行卷,叫"纳省卷"。天宝年间,行卷中得名或"进士名高"者,在帖经试中失败,允许以诗代帖,诗赋的好坏已成为录取标准的重要参照,也成为唐代诗歌兴盛的一个重要原因。与进士科相比,明经科考试分量减少,难度下降,标准降低,录取率升高,而地位退居进士科之下,出现了"三十老明经,五十少进士"的重进士轻明经的变化。唐中期除原有常科之外,又开设了新的科目。如唐玄宗开设了"五经科"和"道举科",并设置了"医药科",恢复了"童子科";肃宗时,设置了孝廉科;代宗在此基础上开设"孝弟力田科";德宗设置了"开元礼科",后又设置"三礼(《周礼》《仪礼》《礼记》)科"等,扩大了常科的范围。唐代中期制科出现的变化是试诗赋,另外制科录取可以授以美官,吸引了常科出身的人争应制科,一人连续或同时应举两科;加上省试属礼部后,吏部设置了一些专项科目,史称"吏部科目选",通过判文考察选人的实际才能,了解选人对政务的分析、判断,并形成文字的综合能力,叫作"平判人等",这种考选不受年资出身的限制,使优秀人才能脱颖而出。将试判登科的举人分为"宏辞""拔萃"两科,体现了重视文学的特色。唐代后期,科举考试由重文学转向以经史为主,重文章内容而不重词采的华丽;明确以对策为取士的主要标准,试诗赋处于次要地位;帖经变为重"义"。在管理方面,建立了科举"甲历"制,"甲历"即档案资料,把科举中的各种文件材料建立档案,归各有关省、部的档案库保存。不断加强甲库管理,推行"三库甲历制",即科举甲历一式三份,分存三库保管。这对保证质量、严密监督、使科举顺利发展起到了积极作用。

宋代仍分常科、制科。常科中进士科最受重视,其余如九经、五经、开元礼、三史、三礼、三传、学究、明经、明法等,合称"诸科"。常科考试分州府试(相当于唐代的解试)、礼部试(相当于唐代的省试)、殿试。殿试由皇帝亲自主持,录取者是"天子门生",第一名称"状元",第二名称"榜眼",第三名称"探花"。录取者分五等三甲放榜。五等按成绩分为:一为学识优长,词理精绝;二为才思该通,文理周密;三为文理俱通;四为文理中平;五为文理疏浅。一甲(一、二等)赐进士及第,二甲(三等)赐进士出身,三甲(四、五等)赐同进士出身。唱名公布后授予官职。这体现了皇帝的重视,提高了士子们的地位。为了杜绝舞弊,宋代采用了弥封、誊录制度。弥封是把试卷上考生姓名、籍贯、家世等记录封贴起来,也叫"糊名"。誊录是将考生试卷另行抄录,防止认出笔迹。宋仁宗时,制举增至十科,达到高峰。宋代称制举为"大科",登科者高官厚禄,为国家选拔了大量人才。宋太祖时,对连考十五场而不中者,"特恩"赐予出身。此后,屡试不中者,别立名册,经特许附试,称为"特奏名",一般皆能录取,称为恩科、恩榜。到北宋中后期,对科举制进行过改革,范仲淹主张考试以策论为重,诗赋次之,虽未推行下去,但策论的地位和重要性得到了加强。王安石改革科举,主张撤销明经诸科,并入进士一科;创立"三舍法",实行科举考试与学校教育直接结合,这对明清时代的科举影响较大。宋代的科举与唐代相比,取消了选试,手续简化了,录取标准放宽了,录取名额增加了(唐时每科进士不过二三十人,宋时通常二三百人,最多达五六百人),对宋代政权的巩固起到了一定的作用。

科举制也曾被辽、金少数民族政权接受并推行,加快了民族文化的融合与发展。

元朝的蒙古族统治,科举制实行左右两榜制,带有民族歧视的特点。蒙古人、色目人为一组,为右榜,考试容易,录取标准较宽,授予官职也较高;汉人、南人为一组,为左榜,与右榜情况相反。如果蒙古人、色目人自愿参加汉人、南人的考试,录取后官加一等。

明代是科举制度的极盛时期,比唐宋以来更加完备。考试分乡试、会试、殿试三级,明确规定了时间,子、卯、午、酉年的八月初九至十五日乡试,称"乡闱",又称"秋闱",中式者为举人,第一名叫作"解元";丑、辰、未、戌的二月初九至十五日会试,由礼部主持,称"礼闱",又称"春闱";殿试在会试后的三月初一,成化八年(1472年)起,改为三月十五日。殿试及第者为进士,第一名称状元。参加科举考试的对象必须是国学及府、州、县学学业有成的诸生,使学校和科举进一步结合。考试内容改宋元时期考经义,规定考"八股文"。八股文,又叫作八比文、时艺、时文、制义、制艺、四书文、经义文等。每篇由破题、承题、起讲、入手、起股、中股、后股、束股以及大结等组成。"破题"用两句话说破题目要义。"承题"是承接破题而阐明之。"起讲"为议论的开始。"入手"为起讲后入手之处。下自"起股"至"束股"才是正式议论,以"中股"为全篇重心。在起股、中股、后股、束股中,有两股排比对偶的文字,合共八股,因此叫"八股文"。明代科举只设进士科,分文武两途。明代学校、科举、任官密不可分,促进了学校教育的发展;科目的单一化,程序的系统化,三级考试由中央统一部署,强化了君主集权统治;应举人员资格放宽,扩大了统治基础。这对清代的科举制有着直接的影响,但明代科举考试用宋代理学统一士子的思想,以《四书》《五经》作为学校和科举考试的法定教科书,实行八股文的僵化模式,由比产生的种种弊端,不仅在明代已经出现,更为清代埋下了祸根。

清代科举制继承明代,不同的是立法更多,制度更加完备。有院试、乡试、会试、殿试等。院试,由各省学政主持,及格者为"秀才",第一名叫"院案首"。

图7-2 现存中国最大的科举考场——江南贡院

乡试,中式者为"举人"(文雅的称呼为"孝廉"),第一名为"解元"。会试,在乡试的次年三月举行,取中后叫作"贡士",第一名叫"会元"。殿试,由皇帝亲自主持,及第者为"进士",其中前三名通称一甲,赐进士及第,一甲第一名称状元,又称殿元,一甲第二名俗称榜眼,一甲第三名俗称探花。二甲赐进士出身,二甲第一名(即殿试中第四名)称传胪。三甲赐同进士出身。如果有人在乡试、会试、殿试中都取第一,集解元、会元、状元于一身,就叫作"连中三元"。除正常科考试之外,遇新君登基、寿诞等庆典,还专门颁诏设置"恩科";也不时开设制科,如博学鸿词科、孝廉方正科、保举经学、巡幸召试、经济特科等。其中最有影响的是康熙十八年(1679年)举行的博学鸿词科,争取了汉族士大夫阶层、明代遗民和上层知识分子的合作,消除了知识分子中的反满情绪,削弱了反清力量,赢得了政治局面的日益安定,为康乾盛世打下了坚实的基础,其政治意义远远超过了科举选拔人才的意义。此外,还专门设立了为八旗子弟开辟仕进之路的翻译科。常科中,乡试设有"官生卷"制度,制定现任京官三品以上官员(包括同等的地方官员)的子孙、同胞兄弟、同胞兄弟之子参加乡试,试卷另编,称"官卷",称他们为"官生",另行分配名额,录取率比民生卷高得多,目的是维护官僚集团的利益。考试录取时,除正榜之外,设立副榜作为备取。清代科举考试的次数和录取人数远远超过了前代。考试规程比前代更严密。乡试、会试的试卷评阅后,增加了磨勘制度。设立磨勘官,对试卷内容、格式等全面检查,对答题、命题、批改方面的错误,要分别加以论处。《清史稿·选举志三》里说:清代磨勘,"禁令之密,前所未有也"。乡试录取的举人和会试录取的贡士,要进行复试。殿试后要参加朝考才能授职。科举条规对考生比前代更加具体而严厉,同时对考官实行保密制度和回避制度,对考官舞弊实行严厉的制裁制度。

随着清末阶级矛盾和民族危机的日益加深,资本主义的产生和西学的渗入,中国发生了戊戌维新和孙中山领导的资产阶级民主革命,科举制日趋僵化和腐朽,随着清末统治的腐败而走向衰亡,终于在光绪三十一年(1905 年)宣布废除。

综观历代科举制度,为各朝培养选拔了大批官员,对维护国家的统一、促进民族融合,起过巨大作用。从宋代科举与学校结合以后,科举对教育产生了极大的影响和推动作用。中国文化中儒学的正统地位,也有赖科举把经书作为考试必备的内容。科举制是政治、教育、文化、制度有机结合的产物,从文化的角度看,它起到了"摇篮"的作用;从负面作用看,它扼杀甚至扭曲了历代士人的思想,阻碍了思想的进步。

思考与练习

1. 唐代科举考试中的明经科和进士科有什么不同?
2. 试叙述明清时期的科举程式。
3. 八股文有什么特点,它的盛行有什么弊端?
4. 科举制度在中国文化史上有什么意义?其利弊何在?

延伸阅读与参考书目

1. 郭秉文撰《中国教育制度沿革史》,《民国丛书》第三编,上海书店,1991 年。
2. 周予同撰《中国学校制度》,《民国丛书》第三编,上海书店,1991 年。
3. 邓嗣禹撰《中国考试制度史》,《民国丛书》第五编,上海书店,1993 年。
4. 傅璇琮著《唐代科举与文学》,陕西人民出版社,1986 年。
5. 刘海峰、李兵撰《中国科举史》,东方出版中心,2004 年。
6. 邓嗣禹撰《中国科举制度在西方的影响》,《中外关系史译丛》第四辑,上海译文出版社,1988 年。

第八章 官制文化

中国官制是中国政治制度的基本组成部分,也是东方特有的政治文化的重要体现。中国传统的政治制度有两个最重要的特征:首先是君主专制主义。在长达两千多年的封建制度中,一直实行的是君主专制政体,奉行专制主义原则。第二是中央集权制。所谓中央集权制,是相对于地方分权制而言,它与专制主义是不容混淆的概念。专制主义指的是国家形式的核心部分,即政体的本质特点,而中央集权制,则是国家政权的结构形式,指的是国家整体与部分之间、中央政府与地方政府之间的相互关系,并包含统治阶级进行统治的手段和管理的方法。中央集权制最根本的特点在于,地方政府在政治上、经济上、军事上和文化上,没有独立性可言,必须严格地服从中央政府的法令。

中国的封建官制文化就是在专制主义中央集权封建国家政体中产生的。官僚政治在西方,是封建主义与资本主义斗争过程中的产物;在中国,则是封建专制主义的派生物,它不像西方的官僚政治那样具有两重性格。中国封建官僚是从奴隶制时代君主的家臣演变而来。官僚的实质,不过是君主的奴仆。君主作为最高统治者是国家活动的原动力和一切权力的来源,但是君主为了有效地运用权力,控制国家和社会,将旨意付诸实施,势必通过一个权力媒介,这个权力媒介就是官。官是管理国家的群体和实现国家职能的具有人格的工具。由于官的行为关系到国家的治乱兴衰,因此在庞大的官僚体系中,需要明确和规定官僚的行为方式、官僚之间的权责、关系,以及官僚的自我调整和必要的强制约束等等,于是官制便适应这种需要而产生,并随着文明的进步和社会的复杂化而日趋于完备成熟。在漫长的中国古代社会中形成的官制,为后世积累了丰富的文化遗产和值得借鉴的历史经验,要研究总结传统的政治文化,必须了解中国的官制。

第一节　奴隶制官制的起源与演变——先秦官制

在中国的传说中,官的起源被推至黄帝时代。例如,黄帝以云为官,炎帝以火为官,太昊以龙为官。其后尧舜举十六相,即颛顼"八元"与高辛氏"八恺"。但由于国家尚未形成,这时的官与相并不具备政府构成实体的职官的意义。

至舜后期用伯禹为司空,后稷为司徒,皋陶为理官,益为虞官,分别主管治水、山林川泽、农业与司法,则初具国家职官的形态。当时的社会正在跨入阶级社会之门,国家与法制的诞生已近在眼前了。

从夏朝建立中国历史上第一个阶级王朝起,便明确揭开了设官分职的官制史的帷幕。从商朝至西周,奴隶制的官制已经形成一定的体系。百官大体可分四类:政务官,有"尹(保)""宰""卿"等;宗教事务官,有"卜""占""巫""贞人""作册""老(万)";武职官,有"亚""师""射""工"等;商王朝京畿之外,设有"侯""伯""男""田"等地方官。西周官制,据《周礼》记述,有三公、三孤和六卿。三公即太师、太傅、太保,三孤即少师、少傅、少保,他们均为天子的顾问;六卿是政务官,亦称六官,其名称和职掌如下表:

名　称	总　称	职　掌	备　注
天官冢宰	治官	总理国政	有大宰、宰夫和其他许多属官
地官司徒	教官	民政教官	有大司徒、小司徒、乡师等职
春官宗伯	礼官	祭祀礼乐	有大宗伯、小宗伯、肆师等职
夏官司马	政官	军事征伐	有大司马、小司马、军司马等职
秋官司寇	刑官	刑法狱讼	有大司寇、小司寇、士师等职
冬官司空	事官	土木兴造	《周礼》亡佚冬官,汉人以"考工记"代替

其中冢宰相当于宰相，统领百官，辅佐天子。

这一时期的官制具有如下一些特点：

（1）在宗法政治的统治之下，国家命官采取亲贵合一的原则，只有奴隶主贵族才有资格担任国家官职。官职的高低不仅与宗法血缘的亲疏成正比，而且世代相承，尊祖敬宗的观念也就是国家观念。

（2）宗教事务官具有显赫的地位，对国家活动起着突出的影响。他们作为神与人之间的中介，掌握着代神发言的神权。

（3）随着王权的提高，周时已建立了较为庞大的宫廷事务官组织，负责侍卫、膳食、车马、服饰等各项事务。宫廷官由于接近国王，因而不可避免地参与和影响着国家政务，后世中朝、外朝之分可以说从西周起已埋下伏笔。

（4）商时职官既有高下之分，也有内外之别，"外服"职官就是地方官的泛称。基层的行政组织也已普遍建立，有了乡师、遂大夫、里胥、邻长等基层官吏。从宗国到四方封国，从中央到基层，层层联结，初步形成了统治网络。

春秋时期，礼崩乐坏，诸侯国群起争雄，独立称王。各国官制亦不尽相同，一般可分为世官制和军功爵制两类。晋、齐、鲁等中原国家，原为周王朝的封国，基本上沿袭旧制。爵秩分为卿、大夫和士三等。每一等又分上、中、下三级，形成"三等九级"，且多以可世袭的"卿"为执政官，故称世官。世官制与宗法制度相结合，卿、大夫、士均系贵族，且官职父死子继。官员均以在王畿内的采邑作为俸禄来源，亦世袭。秦、楚、宋等国非周王室嫡传，其官职均不采用周制，彼此之间也大相径庭。如掌文武二权的官名，秦是官爵合一，楚称令尹、大司马，宋称太宰、大司马。又如楚国国君不似诸侯封国那样称公、侯、伯、子、男，而自称王。楚国的行政系统有别于诸侯国，其行政长官称令尹，军事长官称司马，还设左徒为拾遗、补阙之官，基本不设大夫。战国之后，世卿制度逐渐解体，战国七国封建官僚制度渐渐形成，这是不可抗拒的历史潮流推动的结果。战国时期的新官制反映了社会结构与经济基础、政治制度的变化，和多民族四方文化的融合。伴随新官制俱来的任官之法、考绩之制、文武之别以及玺印、俸禄、致仕等一系列制度，构成了中国封建官僚制度的基本内容。

第二节 封建官制的确立——秦汉官制

公元前221年秦并六国,建立了统一的专制主义中央集权的封建国家。秦官制在吸收战国各国官制的基础上归于统一,但不可避免地反映秦文化的特质。秦官制的基本特点以及官僚集团的首要职能与运行机制,都可以归结为维护专制主义的中央集权制度。汉代官制又直接承继了秦代官制的结构,故秦汉官制可以并称。

一、秦汉的中央官制

封建地主阶级为了加强中央集权和君主专制统治,中央机构建立了"三公九卿"制。秦代中央官制设丞相、御史大夫、太尉,合称"三公"。下面我们分别介绍其职掌与府僚组织:

丞相,是朝廷最高行政长官。西汉丞相的职权虽说是"掌丞天子,助理万机",但主要还是协助皇帝处理军国重务。总的来看,中国古代丞相的职权,主要有:(1)统领百官,主持外朝府工作,研究并参与决策国家大政方针;(2)总领地方郡国上计,考核百官,呈奏皇帝进行赏罚;(3)荐举和任免官吏;(4)带领百官奏事,协助皇帝处理军国重务。丞相府的组织,有丞相司直,掌检举官吏不法失职;丞相长史,辅助丞相督率诸曹掾史,为相府总管。汉代丞相府所属各部门有:东曹掾,掌领郡国之事,出京师则督察郡县;并管二千石长吏的任免调动。西曹掾,掌领百官奏事,主管相府官吏功过升降与任用。此外还有奏曹,主章奏事;议曹,主谋议事;辞曹,主评讼事;决曹,主司法事务;贼曹,主盗贼事;兵曹,

图8-1 秦丞相李斯

主兵事；尉曹，主卒徒转运事；户曹，主民户农桑事；金曹，主货币盐铁事；仓曹，主谷仓之事；集曹，主统计计簿事；法曹，主驿传邮递科程事；侍曹，主传达通报事；黄阁，即相府办公厅，主管簿录事务。

御史大夫是国家最高监察长官，又是副丞相。掌助丞相，总领百官，典正法度，权责重大。汉成帝时御史大夫更名大司空，所以御史大夫的主要职权为御史中丞所替代。御史中丞虽是御史大夫的副手，但权责极重。《汉书·百官公卿表》说，御史中丞在殿中兰台，掌图书秘籍；外督州刺史，内领侍御史，受公卿奏事，监察百僚。西汉初，京师的监察长官只有御史中丞。武帝时增设丞相司直，掌佐丞相，专司监察。又置司隶校尉，使持节，掌察举百官以下京师地区犯法者。秦汉时代，御史中丞以下，有监御史，职掌出监郡国。侍御史，掌察举非法，受公卿奏事，分掌五曹。一曰令曹，掌律令；二曰印曹，掌刻印；三曰供曹，掌斋祠；四曰尉马曹，掌官厩马；五曰乘曹，掌护驾。

太尉在秦汉时代为最高军事长官，掌管全国的军事。西汉太尉官属极少，至东汉时机构大增，设长史一人，千石，署诸曹事务。其所属诸曹的设置，与相府大致相同。

九卿是秦汉王朝的九个政务机关。秦置奉常、郎中令、卫尉、廷尉、治粟内史、典客、宗正、太仆、少府为九卿。汉代时，九卿改为太常、光禄勋、卫尉、太仆、廷尉、大鸿胪、宗正、大司农、少府。因为他们是中央政府的二千石长官，区别于地方郡太守二千石，故九卿的官位都是中二千石。九卿负责全国的行政、军事、司法、财政、礼仪与文化等具体事务。九卿名称的变易及职掌见下表：

名　称		职　掌
秦	汉	
奉常	太常	宗府礼仪
郎中令	光禄勋	宫殿警卫
卫尉	卫尉	宫门屯卫
太仆	太仆	御用车马
廷尉	大理	刑　法
典客	大鸿胪	外交和民族事务
宗正	宗正	皇族、宗室谱系、名籍
治粟内史	大司农	财　政
少府	少府	山海池泽之税及皇帝的生活供应

汉承秦制，汉初官制的变化仍以强化皇权为主旨，为了解决日益明显的相权与皇权的矛盾，而不断缩小相权。在西汉官制的演变中，宫廷官组织的扩大和掌握国家实权，是一明显的特征，这是封建专制主义政治发展的必然结果。掌握国家最高权力而又深居宫廷之内的皇帝，必然要通过更接近于他的宫廷进行统治，以至管理国家事务的实际权力逐渐从朝堂移到宫廷之内，这就形成了所谓中朝官制度。

中朝官制度源于秦代。秦置尚书于禁中，有令、丞，掌通章奏。至汉武帝时，尚书的权力越来越大，逐渐侵夺丞相、御史职权，甚至凌驾于大臣之上。汉武帝拔擢了许多贤良士大夫充当侍中、给事中、尚书等高级侍从官职，他们出入禁闼，有参与议论国家政事的方便条件，皇帝也有意识地让他们参加大臣们的政策辩论，于是中朝官制度逐渐形成。汉代中朝官的构成除了尚书台这个核心机构外，主要还包括通过各种加官可以自由出入皇宫的亲近官吏，这其中有大将军、前后左右将军，以及诸杂号将军。这些将军出则仗钺专征，入则侍卫君侧。大将军有时又冠以"大司马"称号，权尊位隆，甚至于在丞相之上。由这些亲近皇帝的官吏组成的"中朝"，掌握了决策国家政务的实权，而以丞相为首的中央政府所构成的"外朝",却逐渐退居到仅仅执行政务的地位。西汉"中朝"与"外朝"的划分,是封建行政体制的一个重要演变,它反映了皇帝与丞相在权力上的矛盾,以及皇权的加强。至东汉,以尚书台长官总理国政,所谓"事归台阁",是东汉官制的主要特点。为了严密对官吏的监察机制,汉代监察官的职责与权力法律化了。东汉时期监察官的地位不断提高,御史中丞、尚书公、司隶校尉共称为"三独坐"。监察机制的强化,对于巩固中央集权起着明显的作用。

二、地方官制

秦汉时代的地方政府,是实行郡、县两级制。汉初曾分封诸侯王国,使与郡县并行。文、景、武帝时期为加强中央集权,大削王国土地与行政权,以中央委派的相代替诸侯王治国事的郡守。郡国守、相,名殊而实同。至汉武帝时,一度独立于郡县制以外的王国官制体系基本终结。

汉朝置太守为一郡之长,秩二千石;置都尉以助太守。太守的佐官还有郡丞和长史。郡丞设于内地,辅佐太守以治民。汉代郡府组织有门下主簿,就是秘书处主任,以及所属各业务机关。主管民政的有户曹、田曹、水曹、时曹、比曹,主管财政的有仓曹、金曹、市掾,主管司法的有决曹、辞曹,主管治安的有贼曹,主管军事的有兵曹、尉曹、督烽掾(边郡置),主管交通的有法曹、集曹,主管教育的有学官掾史。

汉制,由州刺史监察郡国,但郡亦设有督邮一职以掌监察。督邮的权限很大,上自王侯亲贵,下及豪强猾吏,均在督察之列,考其所属县令、长善恶及称职与否,喜则劝勉,怒则鞭打收捕。

汉在郡国之下,设县、道、国、邑。列侯所食曰"侯国",皇太后、皇后、公主所食曰"邑",少数民族地区设"道",均和县是一级政区。县设令、长,掌治其县。人口万户以上为大县,置县令;不足万户为小县,设县长。县令、长之下设丞、尉为佐官。县丞掌佐县令审批文书,典知仓狱。县尉之职掌捕盗贼,负责一县治安。县廷组织亦有门下主簿,即秘书科长,相当于县廷办公室主任。县廷所属业务部门,与上级机关郡府组织对口,分为民政、财政、司法、治安、军事、交通、教育等诸曹。汉代县廷也有监察官员廷掾,督察一县农桑生产以及国家制度政令的贯彻执行。

汉代县以下的乡里组织为乡、亭、里制度,大抵是十里一亭,亭有长;十亭一乡,乡有三老、有秩、啬夫、游徼。三老掌教化;啬夫掌听讼,收赋税;游徼掌巡逻禁盗贼。

第三节 三省六部的形成与完善——魏晋南北朝隋唐官制

一、魏晋南北朝隋唐中央官制的演变

处于汉唐盛世之间的魏晋南北朝的官制,是一个承上启下的重要历史发展阶段。就中枢官制而言,三公制已经崩溃,三省制代之而起。东汉时期的尚书台,变成了全国最高的行政管理机关,由皇帝指定亲信重臣兼录尚书事,裁决军国大事,被称为"宰相"。但录尚书事并非常设,常设的是尚书令,尚书令也有"宰相"之称。尚书令以下设有协助其处理事务的左右仆射和具体执行政务的左右丞、各曹尚书以及其他属官。

随着尚书台地位的加强和机构的扩充,南梁时王式改为尚书省,所属各曹定为六曹。由尚书台发展为尚书省,反映了封建官僚机构适应社会发展需要而日趋于强化。此外,在曹丕称帝以后,为了牵制日益发展的尚书令的权力、维护以皇权为中心的封建君主制度,将原有的秘书监改为中书省,设中书监、令。中书监、令更接近皇帝,并负责审理奏章,草拟诏旨,执掌机要,因此权力不断加强,渐渐侵夺了尚书省的职权。然而皇帝也唯恐中书省权势日盛,因此,魏晋时采取侍中参与大政的办法,钳制中书省职权的行使。晋时凡属重要政令,由门下省侍中"尽规献纳,纠正违阙",不仅有权弹劾百官,甚至可以批驳皇帝的诏令。侍中也称为"宰相",侍中以下有黄门侍郎、给事中等属官。由此,逐渐形成了三省合议制,即中书草制,门下封驳,尚书执行。

三省制度的形成是封建政治制度的重要发展,由于三省长官各为握有实权

的宰相,因此从相权的分散中,反映了君权的加强,也调整、平衡了统治集团内部的权力关系。

北魏前期胡汉两种官制并存,但居于主导地位的是鲜卑部落官制。在南北文化的碰撞中,北朝官制逐渐变化,或接近或同于南朝。中枢机关三省并重,北齐时,为防止门下省权力过分集中,禁止门下省长官借故"寝而不奏"。

北齐尚书省仿南朝体制,但北齐设二尚书省,一在京都邺城,一在军事与财政中心晋阳,各置录尚书事、令、仆、列曹尚书。二省权力随着皇帝移居何地而为之转移,如移居邺城则晋阳为留守,移居晋阳则邺城为留守,从而显示了皇帝集权及对行政权的干预。

北魏也仿南朝建立御史台为中央监察机关,以御史中尉为长官。北朝地方官与基层官也反映了南北民族文化杂糅的时代特点。例如,北魏地方官刺史、太守和县令,经常设三职,一为拓跋宗室,一为非宗室的鲜卑族,一为汉族。

在基层政权中,实行宗主都护制,即在坞堡组织的基础上,以宗族为单位建立的临时性基层政权。至公元486年,孝文帝改制废除宗主都护制,建立"三长制"。五家为邻,设一邻长;五邻为里,设一里长;五里为党,立一党长,实际上与沿行已久的封建什伍组织相同。三长制的推行,较之宗主都护制加强了对人民的控制。

隋唐是中国封建盛世,典章制度咸臻定型。隋初官制"改周之六官",而取北齐官制,实际上是综合汉魏晋南朝官制,又吸收河西文化的精华,确立了"三省六部制"。至隋炀帝,进一步融合南北官制于一体,形成三公、五省、三台、九寺、五监的中央机关与相应的官制。

三省为中央最高统治机构,由内史省(唐称中书省)、门下省和尚书省构成。中书省为决策机构,负责草拟、颁布皇帝的诏令。长官中书令,副长官中书侍郎,主要属官有中书舍人,掌参议表章,草拟诏敕及玺书册命等。门下省为审议机构,负责审核政令,驳正违失。长官侍中,副长官门侍郎,主要属官有左散骑常侍、左谏议大夫,掌讽规过失,谏谕得失。给事中,掌审核封驳文书,左补阙、左拾遗,均为谏讽官。尚书省为执行机构,负责贯彻执行重要政令。长官尚书令,此职不授人。实际长官为尚书令副职左、右仆射。左、右仆射下设左、右丞,主持省内事务。三省长官共同行使相权。起初,尚书省的左、右仆射是当然的宰相,后来,须经追加"同中书门下"头衔才能为相。由于中书令、门下侍中的地位较高,一般不常设。同时,皇帝经常委派其他官员参与国政。有时候,皇帝委派的官员品级较低,则加以"参与朝政""参议朝政""参议得失""同中书门下三品""同中书门下平章事"等头衔,成为事实上的核心人物、真正的宰相。

六部,指尚书省下属的吏部、户部、礼部、兵部、刑部、工部,六部的职掌与官属如下表:

部　名	职　责	长　官
吏部	官吏的考核、任免	1. 六部每部设尚书1人,侍郎2人。 2. 每部之下辖四司;每司设郎中1人;员外郎1人,主事若干人。
户部	户口、赋税等	
礼部	国家主要礼仪制度	
兵部	军　政	
刑部	刑　法	
工部	国家工程营造	

唐代,六部分为前、中、后三等:前行,吏部、兵部;中行,刑部、户部;后行,礼部、工部。中唐以后的六部尚书衔实际上是官员迁转的资历,并不一定表示其实在的职务。

唐朝官制在中国官制史上已臻于成熟和定型,这表现在:(1)建立宰相联合办公机构——政事堂,凡被指定参加政事堂会议的其他官员也称为宰相,执行宰相职务。经常为四五人,最多时达十余人。宰相人数的增多,既可以集中封建官僚的统治经验,维护专制主义中央集权的国家统治;同时,宰相多系兼理,便于皇帝随时调整,以防止宰相专权。(2)建立翰林学士院。以备皇帝顾问的翰林学士,负责起草诏旨,使机要大权由中书省移向学士院,以至翰林学士有"内相"之称。(3)扩大监察机关组织,赋予御史以广泛的监察权,同时建立谏官系统,这对于肃正封建的政治纲纪,发挥官僚机构的统治效能,起了重要作用。(4)由皇帝派遣临时性的"使"(又称"差遣"),专任某事,考察地方,以弥补设官的不足。但至唐末竟然发展成"官虚使实","官轻使重",这种现象反映了专制皇权的滥用。(5)制定职官法,对官吏的选拔、任免、监督、考绩、品俸、致仕进一步制度化、法律化。(6)建立庞大的内廷官系统。如:执掌皇家经籍图书档案的秘书监;执掌皇帝生活服务事项的殿中监,管理宦官的内侍;执掌后宫事务的内官与宫官,以及东宫官属等。

二、隋唐地方官制

唐代地方行政制度以州、县二级制为主体。而府是州的别名,凡首都、陪都所在之州,因其地位重要,均称为府。京兆、河南、太原三府各置牧一人,代州刺史之职;诸府各置尹一人,通判府事。唐于府之外,地方最高行政区是州。州置刺史,为一州行政长官,职掌清肃邦畿、考核官吏、劝课农桑,每岁巡视所属一次,观风俗,录囚徒,阅户口,有笃学才能之士荐之,不孝违法者纠而绳之。州刺史的属官有:别驾、长史、司马,为刺史的副贰,职掌协助刺史处理一州事务,通判各州府机关,岁终则陈奏上计。州府秘书长为司录参军,掌稽核公文,纠正非违,监守印符,奏闻州府各部门事务。

县是唐代第二级行政单位。县令之下设有县丞、主簿、录事,以及司功佐、司仓佐、司户佐、司兵佐、司法佐、司士佐、县学等。县以下又有百户为里,五里为乡。两京及州县之廓内分为坊,廓外为州。里及坊、村皆有正以司督察。四家为邻,五邻为保,保有长,以相禁约。在唐代,农民和城镇居民都有基层组织,在农村为乡、里、保、邻;在城镇为坊、保、邻;在城郊为村、保、邻。

第四节 专制主义中央集权的强化——宋元明清官制

一、宋、辽、金、元的中央官制

宋初政治中心问题是巩固统一,加强中央集权,防止割据势力的再起,为此,统治集团对外采取守势,甚至屈辱求和,以便集中一切力量,强化专制主义中央集权的制度基础。宋初官制虽然承袭唐后期与五代后周的旧制，但在集权思想的指导下，进行了一些重要的改革。宋朝三省仅存其名，并无实任。最高行政机关是唐末已经执掌大政的中书门下（简称中书）。但宋朝的中书门下不再是宰相的联合组织，而是脱离三省的独立机构，由"中书门下平章事"行宰相事，一般设二三人，无定员。宋初赵普为宰相，为防止其擅权，又以薛居正、吕余庆为副宰相，称"参知政事"，此后遂成定制。参知政事辅佐平章事管理政务，也起着牵制和分割宰相权力的作用。

宋朝官制具有以下特点：

第一，无论中央和地方官制的变化，都是围绕着扩大皇权进行的，形成了以皇帝为中心、中央牢固控制地方的封建官僚体系。地方中的行政权、财政权、司法权、兵权一律收归中央。

第二，扩大了选官的科举途径，造成官制紊乱。宋朝既保存了隋唐五代时期的官职，又新增加了许多官职和差遣，经常是一官五六人做。真宗时，曾有人建议裁减冗员，数目竟达十九万五千余人之多。至南宋，尤为严重，"州县之地不广于前，而官五倍于旧"（宋祁《景文集》卷二六上）。许多机构之间也无所谓隶属关系，而一切统于皇帝，从而造成机构重叠和职权分散。

第三，实行"官与职殊""实与名分"的制度。宋朝有"官""职""差遣"等名目。官虽有品级、俸禄，但不掌握实权，职也是虚衔，如殿阁学士等，作为加给有名望的高级官吏的荣誉称号，只有"差遣"才握有实际权力，担负实际责任，以至经常有官至尚书，但却被差遣为知州之事。这种官与职殊、实与名分的制度，只不过是为了防止官吏擅权，加强中央集权的手段而已，但其结果，却使得"居其官不知其职者，十常八九"（《宋史·职官志一》）。

第四，赋予官吏前所未有的特权和优厚待遇。宋初赵匡胤"杯酒释兵权"时，便以金银田宅作为换取大将兵权的条件。其后为了巩固君主专制统治，对官僚机构的依赖更为加强，因而便极力搜刮民脂民膏去满足庞大的官吏群。不论官职大小，一入仕途，衣食花销，都可按时支取，享用不尽。然而推行宽待百官的政策，并没有带来清廉的吏治，反而加剧了官僚政治的腐败。

辽代,故有官署分设皇帝大帐南北,有南面官制和北面官制两种。目的是"番汉分治","以国制治契丹,以汉制待汉人"(《辽史·百官志》)。北面官又称辽官,治宫帐、部族、属国之政,由辽人担任,是实际执政者,宰相是掌握最高权力的官职。南面官又称汉官,官制多仿唐宋,用以安置汉人、治理汉人,其权限无法与北面官相比,无实际权力。

金代,废除原部落联盟时期的氏族议事会制度,推行勃极烈制度。"勃极烈"系女真语,意为"治理众人"。都勃极烈是最高治理官,国论勃极烈是宰相,忽鲁勃极烈是军事统领官。此外,尚有乙室、阿买、吴迭等名号不等的勃极烈。勃极烈集团以皇帝为首,是最高决策机构,掌握军国大政。勃极烈制度存有部分氏族议事会因素。

元代置官,参照金制。尚书省置废反复,最后演变为专管财务的机构。中书省成为中央政治中心,下辖吏、户、礼、兵、刑、工六部,分设尚书、侍郎。最高长官是中书令,一般由皇太子兼任。中书令以下是左、右丞相,以右丞相为首相,左丞相次之,均由蒙古人充任,其下有平章政事、参知政,属官有参议中书省事、左右司郎中及员外郎、都事等。中书令以下虽蒙古、色目、汉人杂用,但汉人平章实无决策权。枢密院掌理军政、宫禁宿卫、军官选授迁调事宜,职司范围甚广,长官为枢密使,由皇太子兼领。另设知枢密院事,实际掌管事务。枢密院排斥汉人。御史台长官称御史大夫,下辖御史中丞、侍御史、治书侍御史,机构有殿中司、察院、内八道肃政廉访司等构成。

二、明清的中央官制

明清,中央设三公(太师、太傅、太保)和三孤(少师、少傅、少保),合称"宫保",均为荣誉性虚衔。明清均不设宰相,三省、六部直接对皇帝负责。明朝,翰林院编修、检讨及大学士等职衔较低的官员组成内阁,参与机要。内阁原本系皇帝秘书处,因大学士多为四五朝元老,位高势大,渐成事实宰相。票拟是内阁权力的集中体现。所谓"票拟",即对奏章提出处理意见,秉承皇帝旨意,草拟诏令,经皇帝批准后交六部处理的理政过程。内阁专司票拟之后,权势日重,大学

第八章 官制文化

士炙手可热,虽无宰相之名,却有宰相之实。内阁大学士称辅臣,有首辅、次辅、郡辅之分,以避宰相之名,时有"非进士不入翰林,非翰林不入内阁"之说。

清承明制,以内阁为政府中枢机构。但此时的内阁实权远远比不上明朝,尤其是雍正设立军机处之后,军国大政均由军机处操纵,内阁徒有虚名。明清内阁成员通常由七八人组成。明代冠以四殿(中极殿、建极殿、文华殿、武英殿)二阁(文渊阁、东阁)。清代冠以三殿(文华殿、武英殿、保和殿)三阁(体仁阁、文渊阁、东阁)。其中,文华殿为首辅大学士,最为荣宠。内阁成员均拟古称"相国",俗称"阁老",雅称"中堂"。清时,内阁地位为从一品,是文官的最高职衔。

图8-2 明代首辅张居正

强化封建专制主义对官制的影响,在明清两代尤为突出。明初撤中书省、废除宰相制度,解决了绵延千余年的君权与相权在权力分配与行使上的矛盾,成为皇权的历史性的胜利。罢相之后设立内阁,其职权虽然先后不同,但总的说来内阁大学士是附属于皇权的,并没有中枢决策权。阁权与皇权的关系,由初期的完全依附于皇权,到中期的部分分割皇权,发展到后期的皇权日重、阁权日损,这中间虽有因人因势而异的原因,伹根本上是制度造成的。内阁的名分和法定职权限定了它不可能成为汉唐时期的宰相,而且随着皇权的强化,内阁完全受制于宦官,听任其摆布。内阁与六部的关系也由于在体制上六部直接对皇帝负责,而无权领导六部,只能通过票拟批签影响部务,以至废除宰相制以后,皇帝成了事实上的国家行政首脑。不仅如此,为分相权而创设的通政使司,终明之世都是阁权发展的障碍,尽管通政使司的封驳权常为内阁所侵夺。

至清代,专制主义统治更甚于明朝,皇帝握有至高无上的权力,内阁阁权进一步削弱。一方面,皇帝亲自批答内外大臣的奏折;另一方面,又有议政处、南书房牵掣其职权的行使。特别是雍正以后,承旨寄信有军机处,内阁宰辅名存而已。内阁大学士位虽尊而权不重,对于调整统治集团内部权力关系的平衡或作为对某些大官明升暗降的一种措置,仍有其必要性,因而一直沿用到清末。即使是军机处也同样没有决策权,只供传述缮撰,而不能稍有自己的规划决策。为了保证权力集中于皇帝,清朝有意识地使各机关之间互相牵制、制约,以保持权力的平衡。

三、明清的地方官制

明清两代都实行省、府、县三级地方行政制度。明初,朱元璋废除了元代的行中书省,改称为"承宣布政使司",但人们习惯上还是称为"行省"。各省设布政使司、提刑按察使司、都指挥使司,分掌行政、司法、军务,合称"三司"。布政使司,设左、右布政司各一人,左、右参政,总管一省之行政、民政、钱谷等事,为省的行政长官。都指挥使司,设都指挥司一人,为一省最高军事长官,负责管辖本省卫所军务之事。提刑按察使司,负责本省监察与刑狱,设按察使一人,是地方最高司法监察长官。明制规定,三司地位平等,互不统属,均直接向皇帝负责。这样把地方最高一级政权的权力一分为三,其用意在于防止地方长官权力过大而造成尾大不掉之势,乃是加强中央集权制度的重要措施。因为省区太大,政务繁重,于是省之下又设有分司分道,作为省的派出机构。由布政司派出的叫"分守道",由按察司派出的叫"分巡道"。分司到了清朝叫"道台"。分守道、分巡道代表本司长官监临本道区内的府州。

明中叶以后又有督抚之制。总督之职偏重于军事,终明之世并未定制。巡抚初以御史衔巡察地方,后渐成为掌一省军民财、刑的地方最高长官,各省三司负责人均得受其节制与管辖。到了清代,督抚遂成为地方的封疆大吏。总督职掌"厘治军民,综制文武,察举官吏,修饰封疆"(《清史稿·职官志三》)。清制,总督多加兵部尚书或左右侍郎,并兼右都御史或右副都御史衔,以表明管理地方军事与监察地方的身份。所以,总督又俗称为"制台大人"或"大帅"。清代总督或管一省,或管二省、三省。巡抚统布、按二司,为一省之长。凡一省之军政财文以及司法监察等政务,无所不统。巡抚之下设布政使一人,按察使一人。清代于各省还有教育行政长官"提督学政"一人。

清沿明制,省下分府,在司、道领导下辖以州、县。府设知府一人为长官,知府的辅佐官有府同知和府通判。知府衙门的内部机构,则一般由府堂和经历、司狱、照磨等司组成。县之长官为知县,知县的佐贰官有县丞及主簿,属官有典史、巡检、驿丞、闸官、税课所大司等。

中国传统的官制文化有很多成功的经验值得我们重视与汲取。如中国传统官制文化的成功经验之一,就是有发达的政治分工和悠久的制衡观念。中国自秦汉时期起,就有三公九卿制式的政治分工。到了隋唐时期,演化为三省、六部二十四司、九寺五监体制,分工越来越细。及至明清时期,实行内阁六部体制,此外还有六科给事中、五军都督府(明)、理藩院(清)、都察院及诸府寺司监,部门林立,分工细密。这种发达的政治分工,在世界历史上可以说是首屈一指。正是由于古代中国有着发达的政治分工,所以很早时候起,就产生了权力制衡观念,建立了权力制衡体制。秦汉以来,历代朝廷都以御史纠察百官,肃正纲纪,以言官谏议政府,减少政策失误,正是权力制衡观念的具体运用。而魏晋以后形成的三省制,堪称古代中国最好的权力制衡体制。中国传统官制文化的成功经验之二,就是逐渐形成了一套比较公平的官吏选拔制度。第三,在官员的管理上,实行的品阶、俸禄、考课、铨选、迁转、监察、回避、请假、致仕等制度,都积累了丰富的经验。

当然,专制主义中央集权制度下的中国官制文化也有很多弊端:如官为君设,从而赋予官僚政治以浓厚的人治色彩。在封建专制时代,官职的设置、官僚的任用,权归皇帝。各级官僚是皇帝推行个人意志、统治百姓的工具,必须对皇帝尽忠。换句话说,官僚政治的要害,是确立官僚对皇帝、以及官僚上下级之间的人身依附关系。又如,中国的官僚政治虽然有一套完善的考选官僚的制度,但是,无论是从考选对象和内容,还是从考选的方式与程序上看,都体现了它的封闭性特征。两汉的察举、辟除、征召、荐举之制,魏晋的九品官人之法,唐宋以降的制举、荐举等等,都是以官举人,权操于上,百姓无得参与,民意无得反映。

因此，它与近现代的民选制大相径庭。按照这种方式选拔出来的官僚素质大成问题。科举制实行以后，虽然表面上突破了世家大族垄断官场的局面，但是，科举考试的科目及内容，大抵不出经义的范围。这样选拔的不是人才，而是官僚，多半没有创造进取精神，极端缺乏推进社会发展的科学知识和开展经济建设、造福人民的聪明才智。再如，历代设官，皆置胥吏，胥吏作为封建官府中的具体办事人员，与官僚相辅相成，构成官僚政治的实体。官与吏职责不同，任期不同，政治素质也有很大差异，种种原因使得吏胥往往能左右官场。他们舞文弄法，稽延政务，恐吓州县，飞书走牍，要索当道，降低了行政效率，搅乱了行政秩序，招摇纳贿，敲骨吸髓，草菅人命。胥吏当政乃是官僚政治腐败性的典型表现。这些丰富的文化遗产和历史经验，有待于我们进一步的总结，从而为现实的政治体制改革提供历史的借鉴。

思考与练习

1. 何谓"三公九卿制"？
2. 何谓"九品中正制"？
3. 何谓"三省六部制"？
4. 明清时期的省级政区设置哪些政权机构？

延伸阅读与参考书目

1. 高一涵撰《中国内阁制度的沿革》，《民国丛书》第五编，上海书店 1993 年。
2. 王超著《中国历代中央官制史》，上海人民出版社，2005 年。
3. 严耕望著《中国地方行政制度史》，上海古籍出版社，2007 年。
4. 祝总斌著《两汉魏晋南北朝宰相制度研究》，中国社会科学出版社，1990 年。

第九章 文　学

中国古代文学是世界上历史最悠久的文学之一,至少已有近五千年的历史,以其辉煌成就而成为全人类文化宝库中的瑰宝。中国最早的文学是口头创作——神话和歌谣两大类。神话是原始人类综合的意识形态,是他们对世界的认识和解释,是他们百科全书式的知识体系,又是他们愿望的表达。在现代人看来十分荒诞的描述中,包含着先民心目中的世界起源、宇宙模式、民族历史、宗教观念乃至日常生活知识。中国最典型、最著名的神话大多保留在《山海经》《淮南子》《楚辞》《庄子》等著作中,如女娲补天、大禹治水、后羿射日、夸父逐日、黄帝擒蚩尤等。值得我们注意的是,与我国农业文化的特点相呼应,这类神话大多与天灾(洪水与旱灾)有着密切的关系。神话对后世文学的影响很大,它启发了后世作者的想象力,并为后世的诗歌、小说、戏曲等提供了丰富的文学题材和艺术形象。

与世界各民族一样,中国上古的歌谣,同样是乐、舞、诗三者的结合,它们共同的命脉是节奏。从现存材料来看,上古歌谣主要运用于求偶婚配、宗教巫术与生产劳动三种场合。《吴越春秋》中所载的《弹歌》,《礼记·郊特牲》所载的《蜡辞》等比较典型地反映了上古歌谣的一般面目。

然而,中国文学的"信史"时代,还是应始于文字发明之后。可以认为,殷商卜辞中即已包含了中国书面文学的萌芽,因此,中国书面文学至少已经具备了三千年没有中断的历史,它成为中国文化一个十分重要的组成部分。下面我们拟分诗词、散文辞赋、小说和戏曲几个部分,对中国文学的发展做一概略的描述。

第一节 诗 词

《诗经》是我国第一部诗歌总集,共收入自西周初年至春秋中叶大约五百年之间的诗歌305篇,分风、雅、颂三个部分。《诗经》的形成首先得力于周朝所实行的采诗制度。据班固说:"孟春之月,群居者将散,行人振木铎徇于路以采诗,献之大师,比其音律,以闻于天子。"(《汉书·食货志》)"国风"和"小雅"中部分诗歌是周王朝在各诸侯国的协助下,由行人采集,然后经过乐师的整理、编纂而成的。而雅诗和颂诗的大部分,可能是公卿列士的献诗。颂诗语言典重,形式板滞,其中一部分春夏祈谷、秋冬报赛(答谢神佑)的祭歌中,写到当时农业生产的情况和规模,是我们了解当时宗教祭祀、农业生产和人民生活的重要史料。雅诗又分"大雅"和"小雅",一般认为运用于宴飨朝会之时。"大雅"中的《生民》《公刘》《绵》《皇矣》《大明》叙述周民族自后稷建国到武王灭商的全部历史,是中国文学史上最出色的史诗。而二雅中的怨刺诗,则主要产生于西周末年的幽、厉时代。这些作品或借鉴历史经验,或揭露现实矛盾,或针砭昏君,或斥责佞臣,表现出作者心系国事、维护统治集团利益的忠心诚意。而《诗经》中最有价值的是"国风"中的作品。在"国风"中,反映爱情、婚姻生活的占有很大的比重,这其中有热烈奔放的情歌,此类作品表现对爱情的大胆追求,描述热恋的情景,讴歌爱情的甜蜜;也有深沉执着的恋歌,此类作品表现对礼法压迫的反抗和对婚恋自由的执着追求;更有痛苦哀伤的悲歌,它们以哀伤的情调,描述了沉痛的婚恋悲剧,深刻揭露了在私有制下夫权制的不合理,倾诉了女主人公的哀怨和痛苦。其他还有反映农业生产和劳动的农事诗,反映兵役、徭役的征役诗等。

在中国诗歌史上,恐怕没有一部作品的影响能与《诗经》相比。中国第一个伟大的教育家孔子将《诗经》作为他教育学生的教材。至汉朝,诗经又成为"五经"之一,成为历代士人的基本读物,是中国知识分子求仕做官的必读书,这使得这部著作具有无与伦比的权威性。其兼经学与文学于一身的特征,对中国的文学与政治均产生了重大影响。中国诗歌史上一些优良而悠久的传统,如以人文世界为核心的诗歌内容，以抒发情志为目的的诗歌功能，以赋比兴为手段的诗歌表现方式，其基础都是由《诗经》奠定的。

春秋以后的社会动荡，使得采诗制度不复实行，这使得我们对于春秋战国时期的民歌缺乏了解。但是，战国后期，在楚地文化的肥沃土壤上，产生了屈原（约前340—前278年）这样的伟大的诗人。丰富的物质条件，较少压抑而显得活跃的生活情感，造成楚国艺术的高度发展。楚地发达的民间歌谣使得楚辞这种新颖的诗歌形式脱胎而出，当地人神杂糅、巫风盛行的民情风俗使得楚人沉浸于一片充满奇异想象和炽热情感的神话世界中。而在战国的晚期，政治的黑暗和外交的失策使得原本强大的楚国濒于危亡的边缘。各种因素的契合，造就了中国历史上第一位伟大的诗人。屈原的创作，融会了他生命的全部热情。在《离骚》等作品中，屈原展示了自己丰富变幻的心路历程，"路漫漫其修远兮，吾将上下而求索！"第一次在诗歌中鲜明地提出了个人与社会的矛盾，诸如对祖国的眷恋、对命运的抗争、对世人的哀悯等复杂的感情，都被融进了他动人心魄的自我倾诉之中，"亦余心之所善兮，虽九死其犹未悔"，体现出强烈的个性色彩和比《诗经》更为深刻的抒情性。

屈原的影响首先表现在他那种忠于理想、守道不阿、忠君爱国的不朽人格对后世的中国人所产生的教益作用。屈原成为中国文学史上富有责任感和使命感的诗人的最高典型。他开启了中国文学史上士大夫哀怨文学的源头，创造了一种使用繁丽文辞、容纳复杂内涵、表现丰富情感的新文体——骚体，而且发展了《诗经》的比兴手法。从此，《楚辞》便与《诗经》一起，成为中国文学史上的两个源头。

汉武帝时期的乐府机关，再次担负起了在全国各地采诗的工作。这使得当时部分民间诗歌得到了保存。汉代的民间乐府诗继承了国风的现实主义精神，并且具有了一些新的特点。比如说叙事性的大大增强，对话的大量应用，形式的自由和多样等等。对照以哀怨为主的汉代文人诗赋，乐府诗歌中表现的乐观主义色彩就显得更为引人注目。著名的《陌上桑》述说一位民间女子巧妙拒绝一位太守不道德的求爱，诗中洋溢的俏皮与机智只有民间诗人才会具有。与文人诗歌表达感情的含蓄收敛不同,汉乐府表达情感是那样奔放直率,修辞上又是那样别出心裁:"上邪!我欲与君相知,长命无绝衰。山无陵,江水为竭,冬雷震震,夏雨雪,天地合,乃敢与君绝!"在描绘婚恋悲剧的众多民歌中,形成于建安时期,并在后世不断传唱、修改,定型于齐梁时期的《孔雀东南飞》达到了一个高峰。这首长达一千七百多字的叙事长诗,叙述了一个典型的中国式的爱情悲剧。一对相亲相爱的年轻夫妻在家长的逼迫下分手,最后他们双双以死殉情。千百年来,多少人为此一掬同情之泪。此诗人物形象的生动,语言的朴素而带有感情,剪裁的繁简适当,结构的完整紧凑等一系列的特点,均使它不逊色于文学史上的任何名作。

  民间诗歌为文人创作提供了丰富的养分。至东汉中后期,就在模仿民间五言诗的基础上,文人创作的五言诗也渐渐开始成熟。其中被中国历史上最伟大的文学理论家刘勰(约465—532年)誉为"五言之冠冕"的组诗《古诗十九首》乃是五言诗充分成熟的标志。这组由于被昭明太子萧统(501—531年)选录在《文选》而得以保存的古诗,我们至今不知道它们的作者,但这丝毫无损于这组诗的价值。诗歌以温柔敦厚的风格,含蓄收敛地抒发他们的哀怨。闺人怨别、游子怀乡、游宦无成、追求享乐构成了这组诗的主要内容。那种怨而不怒的感伤情调赢得了中国士大夫的一致赞许。

  充满了战乱、瘟疫的建安时期却造就了一批出色的诗人。这批出色的诗人以魏武帝曹操(155—220年)和魏文帝曹丕(187—226年)为领袖,其中有曹丕的弟弟曹植(192—232年),有被曹丕称为建安七子的孔融(153—208年)、王粲(177—217年)、陈琳(?—217年)、阮瑀(?—212年)、应玚(?—217年)、徐干(170—217年)、刘桢(?—217年),还有一位极其出色的女作家蔡琰。他们所创作的作品表现出一种较为一致的内容与风格:即反映这一时期的民生疾苦,抒发建功立业的雄心壮志,"并志深而笔长,故梗概而多气也"(《文心雕龙·时序》)。这种雅好慷慨的风格被后世评论家概括为四个字——"建安风骨"。这以后,正始年间动荡、复杂、多变的政局造就了两位诗人,一位是以清峻刚烈而著称的嵇康(223—263年),他因为反对司马氏的统治而死于非命。而在文学史上更有地位的阮籍（210—263年）却采取了饮酒昏晦、发言玄远的方式来躲避迫害，他将自己不能明言的苦闷投射在他的八十二首《咏怀诗》中。在他的这些咏怀诗中，对人类的广泛同情与缺乏共鸣的强烈孤独融为一体，慷慨激烈的感情与隐晦曲折的表现融为一体，形成了"言在耳目之内，情寄八荒之表"（钟嵘《诗品》卷上）的审美特征。

魏晋南北朝时期最伟大的诗人是陶渊明（365—427年）。陶渊明以他的生活实践和文学创作，相辅相成地构筑起一种独特的生活方式和一个崭新的审美境界。陶渊明是第一个将一种道家式的人生态度付诸实现的士大夫。他真正做到了与自然的和谐结合，并与下层人民融为一体。他的达观、从容、闲适、诙谐赢得了无数赞许，他的境界难以达到。正是陶渊明的出现，中国诗歌史才开始了对田园生活的描绘，陶渊明用他的诗笔为我们营造了一种全新的诗歌风格——平淡。这种平淡体现出自老子以来道家所一直追求的审美理想。几乎和陶渊明同时，一流高门谢氏家族对山水诗的发展作出了巨大的贡献。这个家族的谢混（？—412年）、谢灵运（385—433年）、谢朓（464—499年）都或多或少地创作了山水诗，使得山水成为中国古典诗歌中的传统题材。这种对山水田园的关注发展至唐朝，就形成了一个以孟浩然（689—740年）、王维（701—761年）、储光羲（707—约760年）等人为代表的山水田园诗派。在这些诗人的创作中，我们都可以看到他们对自然的爱好。与西方把大自然全体看成是神灵之表现的泛神主义不同，中国诗人对于自然的爱好与观照首先在于情趣的契合，其次在于体悟出某种玄意妙理，而并不关注超自然力量的支配从而产生一种宗教式的崇拜。从东晋到唐朝，情趣上的契合一以贯之，但陶、谢诗中用山水意象或田园风光所表现的"真意"或"道"，已经被空山、幽涧中所透露的禅学的领悟所代替。与山水田园诗派同时出现的还有边塞诗派。这个以高适（约702—765年）、岑参（715—770年）、王昌龄（约698—757年）、王之涣（688—742年）、李颀（？—约753年）等人为代表的诗歌流派继承了南朝拟古乐府中的边塞诗传统，描绘了雄奇壮丽的边塞风光，表达了将士从军报国的英雄气概，使唐诗增加了无限新鲜的光彩。

图 9-1 诗仙李白

盛唐时期,出现了中国诗歌史上的两座巍然并峙的高峰,那就是李白(701—762年)与杜甫(712—770年)。李白的诗歌,最充分也最集中地体现了盛唐时代的精神风貌。饱满的青春热情、争取解放的蓬勃精神、积极乐观的理想展望和强烈的个性色彩,这一切汇成了中国古代诗史上最富有朝气的歌唱。李白诗中所展示的,是一个不断在痛苦中挣扎腾越而始终无法扬弃痛苦的躁动不安的灵魂,在反复地咏叹生命的无常,感慨人生的失意,赞美自然的奇伟,追求精神的自由。而诗人的天才使得这些内容表现得无比的精彩。他以其天马行空的想象使形象突破常规而带上奇幻的色彩,以壮浪纵恣的抒情使感情在开阖动荡中坦露无遗,以天然生动的语言营造一种清新俊发、明朗流转的诗歌风格。李白那强烈的歌唱将中国的古典诗歌引向了一个顶峰。

这一时期的另一座顶峰——杜甫的诗歌创作,则呈现出完全不同的形态。安史之乱所造成的万方多难、哀鸿遍地的社会现实,使得盛唐时期那种充满自信、富于浪漫色彩的诗歌情调在杜甫这里便戛然而止。在飘零的旅途上,杜甫背负着对于国家和民族命运的沉重责任感,凝视着流血流泪的大地,忠实地描绘出时代的面貌和自己内心的悲哀。杜甫的诗是儒家精神的集中体现。他的诗中流露出广博的爱心。他的一生,以仁者的怀抱,践履了儒家的操守,使儒家的精神在艺术形象中得到了具体生动的体现。

安史之乱以后,中唐诗坛中艺术风格与流派更加多样化。白居易(772—846年)、元稹(779—813年)所倡导的"新乐府运动",以其对社会政治问题的强烈关注和平易通俗的语言,发展了中国古典诗歌关心社会现实和民生疾苦的优良传统,既开拓了诗歌的领域,又发展了新的诗歌语言。和元白诗风殊趣的,有韩愈(768—842年)、孟郊(751—814年),他们崇尚险怪、以理入诗;有柳宗元

(773—819年)、刘禹锡(772—842年)、贾岛(779—843年)等,各具风格;在中晚唐之交出现的李贺(790—816年),更是以其诡异的诗风独树一帜,并启迪了晚唐诗歌。晚唐诗歌带有浓厚的感伤色彩,被誉为"小李杜"的两大诗人李商隐(813—858年)和杜牧(803—853年)最有成就。杜牧长于七绝,内容多伤春惜别和咏史怀古,风格俊爽自然;李商隐的七律沉博绝丽,以爱情诗独擅胜场,其"无题诗"工于比兴,意蕴深永。

唐朝人在诗歌史上所取得的辉煌成就使得宋人有无以为继之叹。尽管宋人以自己的努力也形成了具有宋人特色的诗歌风格,概括地说,唐诗主情韵,宋诗主理致。但应该说,宋朝人抒情的天才在当时的一种新兴文体——词——中得到了更淋漓尽致的发挥。词原本是配合燕乐歌唱的新诗体,最早起源于民间,中唐以后文人染指渐多;五代时,西蜀和南唐成为词的创作中心。西蜀词人的作品结集成为我国的第一部文人词集《花间集》,而南唐两位君主李璟(916—961年)与李煜(937—978年)的词作,代表了五代词坛的最高水平。

北宋初期,词在上层士大夫文人如晏殊(991—1055年)等人手里,完全是娱宾遣兴的工具。他以珠圆玉润的音调,抒发着"无可奈何花落去,似曾相识燕归来"的闲愁;他的儿子晏几道(约1030—约1106年),则由于个人遭遇不幸,词风较多低回感伤。与当时词坛的正格主流不同,范仲淹(989—1052年)因其出塞抗敌的经历,写出了境界开阔、格调苍凉的佳作。宋词在柳永(约987—约1053年)手里得到了发展。这位倍受统治者鄙夷却深为歌妓舞女喜爱的浪子从都市市民的生活中汲取创作素材,创制并写作了大量慢词,以高超的铺叙技巧,抒发他的相思与旅愁。但真正对词进行了大胆革命的,乃是宋朝最伟大的文学家苏轼(1037—1101年)。作为一个富于浪漫气息和自由个性的人物,苏轼是中国文学史上少见的全才,诗、词、文、书、画样样精通。他的诗说理抒情,自由奔放,实际上是他在人生道路上进取、怀疑、厌倦、解脱的真实记录,既有深沉的感伤,又富于智慧的理趣。赵翼《瓯北诗话》称赞他是"天生健笔一枝,爽如哀梨,快如并剪,有必达之隐,无难显之情,此所以继李杜后为一大家也"。苏轼的诗代表了北宋诗歌革新运动的最高成就。他的词在文学史上具有更高的地位。他打破了诗词的界限,扩大了词的题材,提高了词的意境,丰富了词的表现手法,在以婉约为主的传统词坛上,开创了一个新的词派——豪放派。苏轼以后,秦观(1049—1100年)、贺铸(1052—1125年)、黄庭坚(1045—1105年)、周邦彦(1056—1121年)、李清照(1084—约1155年)诸人各擅胜场,分别对词的发展做出了贡献,共同创造了北宋词坛多种风格相互竞争的繁荣局面。

南宋最伟大的爱国主义词人当数辛弃疾(1140—1207年),他使宋词的思想境界和精神面貌达到了光辉的高度,在词的艺术表现手法方面也有新的突破和创造。他的词多种风格并存,或壮怀激烈、豪气逼人,或缠绵哀怨,或清新活泼,由于他在词坛上的成就,被视为是南宋豪放风格的代表人物,稍后的陈亮(1143—1193年)、刘过(1154—1206年)、刘克庄(1187—1269年)、刘辰翁(1232—1297年)等被称为辛派词人,风格似辛而不免剑拔弩张。此外,南宋尚有一派宗法周邦彦,走上了尚风雅、主格律的创作道路,姜夔(约1155—约1221年)的词作意境清空,吴文英的词作格调密丽,他们与张炎、周密、王沂孙一样,都有音律严整的特点。

宋诗自苏轼以后,形成了一个以黄庭坚为首的诗派——江西诗派。黄庭坚对诗歌创作提出了一系列理论主张。他重视诗歌语言的创造,有"点铁成金""夺胎换骨"之说,其诗宗尚杜甫,瘦硬生新。南宋诗人的杰出代表是陆游(1125—1210年)、杨万里(1127—1206年)、范成大(1126—1193年)和尤袤(1127—1202年),被誉为"中兴四大诗人"。陆游是宋代最突出的爱国诗人,存诗一万多首,他以激昂悲壮的诗篇集中反映广大民众雪耻御侮、收复失地的迫切愿望,《书愤》《关山月》等表达了强烈的爱国精神,唱出了那个时代的最强音。

元代诗歌以元仁宗延祐(1314—1320年)年间为界,分为前后两期。元代前期诗歌是由北方作家与南方作家两个群体的不同创作构成的,大体北方诗风雄放而豪健,南方诗风清婉秀雅。前期以出身北方的耶律楚材、刘因和祖籍南方并由宋入元的赵孟頫为代表。耶律楚材(1190—1244年),字晋卿,号湛然居士,燕京(今北京市)人。他博览群书,能诗善文,颇有开元代文学风气之功。他存诗六百多首,几乎是元代前期在朝一枝独秀的诗人。刘因(1249—1293年),字梦吉,号静修,保定容城(今河北徐水)人。人们将少年时代的刘因与唐代李贺(人称"李昌谷")相比,称之为"刘昌谷";他晚年学陶渊明诗成癖,写了大量的"和陶"诗。赵孟頫(1254—1322年),字子昂,号松雪道人,湖州(今浙江湖州)人,其诗风清丽委婉,被认为是元代诗风的开创者之一。元代后期的诗坛上的主要作家是有"元诗四家"之称的虞集、杨载、范梈、揭傒斯,还有萨都刺、王冕、杨维桢等。在元末诗名最高的是杨维桢(1296—1370年),字廉夫,号铁崖、铁笛道人、东维子,诸暨(今属浙江)人。他诗歌以自由奔放的古乐府为主要体式,追求构思的超乎寻常和意象的奇特不凡,形成了元代诗坛上独一无二的"铁崖体"。

明代前期的诗歌以刘基、高启最为著名。刘基(1311—1375年),处州青田(今浙江青田)人,"诗沉郁顿挫,自成一家"(《四库全书总目》卷一六九《诚意伯文集》提要)。高启(1336—1374年),长州(今江苏苏州)人。他是明初最著名的诗人,陈田《明诗纪事》(甲签卷七)中说:"(高启)诸体皆工,天才绝特,允为明三百年诗人称首,不止冠绝一时也。"永乐至天顺年间,诗坛独尊台阁体。尔后茶陵派的领袖为李东阳(1447—1516年),对于"三杨"等人的台阁体既有因袭,又有变革,他论诗主张"求其浑雅正大"。

明代中期诗坛上活跃的主要是吴中四才子、前七子、后七子等。吴中四才子指祝允明(1460—1526年)、唐寅(1470—1523年)、文徵明(1470—1559年)、徐祯卿(1479—1511年)四人。吴中四才子缘情尚趣,追求自适与狂放的诗歌创作倾向,成为晚明以公安派为代表的文学解放思潮的先声。弘治、正德年间,以李梦阳(1472—1529年)、何景明(1483—1521年)为首前七子崛起,倡言"文必秦汉,诗必盛唐"。嘉靖、隆庆年间,以李攀龙(1514—1570年)、王世贞(1526—1590年)为首的"后七子"复起,继前七子之后再次主盟文坛,其声势之壮大,影响之深远远较前七子为盛。

明代后期的诗坛上涌现出一股文学解放思潮。以袁宗道(1560—1600年)、袁宏道(1568—1610年)、袁中道(1570—1623年)为代表的公安派力倡"宁今宁俗"(《与冯琢庵师》)、"独抒性灵,不拘格套"(《叙小修诗》)。相对于公安派的开放高潮,以钟惺(1574—1624年)、谭元春(1586—1637年)为代表的竟陵派又有所收敛,他们提倡"求古人真诗",抒写"幽情单绪"(钟惺《诗归序》)。崇祯及后期的诗坛上最为著名的是陈子龙(1608—1647年),陈田《明诗纪事》(辛签卷一)中评论陈子龙诗时说:"殿残明一代诗,当首屈一指。"他中年以后是骨干老成,沉雄清丽,苍劲浑雅。明亡后,他的诗更是向悲壮沉雄一路发展。

清代诗歌的数量超过了以往历代诗歌的总和,而且流派迭出,风格多样,以其绚烂丰硕的盛貌,焕发着中国古代诗歌集大成时期所特有的风采。

明清易代之初,大批诗人由明入清,他们中有的直接参加抗清的政治、军事斗争,甚至以身殉难;有的以流亡隐居或削发为僧保持气节,志行皎然,如顾炎武、黄宗羲、王夫之及吴嘉纪、屈大均等。清初有一些诗人主动投降清朝或被迫在清朝应举做官,按照传统的观念属于"失节"者,如在清初诗坛上并称"江左三大家"的钱谦益、吴伟业、龚鼎孳。钱谦益(1583—1664年),字受之,号牧斋,江南常熟(今属江苏)人。他的诗各体兼善,尤工近体,风格沉博艳丽。他又延揽后进,奖掖新人,堪称清诗的开山宗匠。

吴伟业(1609—1672年),字骏公,号梅村,江南太仓(今属江苏)人。他在继承初唐四杰七言乐府的格律和中唐元白长庆体叙事体制的基础上变化创新而成的长篇七言歌行,抑扬多姿,跌宕有致,辞藻富丽,情韵悠然,开拓了中国古代叙事诗的艺术境界,后人称之为"梅村体"。继钱谦益、吴伟业之后崛起于康熙诗坛的有王士禛、朱彝尊、施润章、宋琬、赵执信、查慎行等人,最负盛名的是王士禛(1634—1711年),字贻上,号阮亭,又号渔洋山人,山东新城(今桓台)人。他提倡"神韵说",成为康熙诗坛的领袖。

清中叶的诗坛上,诗人们对创作道路的探索,显得更为踊跃,有沈德潜的格调说、翁方纲的肌理说、袁枚的性灵说,还有厉鹗与浙诗派也颇为活跃。袁枚(1716—1797年),字才子,号简斋,钱塘(今杭州)人,因居南京小仓山随园,自号随园老人。他的思想颇有离经叛道的色彩,表现出强烈的反传统倾向,在汉、宋之学笼罩的学术界和思想界的时代氛围中能独树一帜,开启了清代中后期个性解放的思潮。乾隆年间的诗坛上有所谓的"江右三大家"——袁枚、蒋士铨、赵翼。又有黄景仁(1749—1783年),字仲则,江苏武进人。他的诗抒写真性情,诗中有我,主观性强;多用白描手法,诗风清新。

清道光、咸丰年间,最杰出的诗人是龚自珍(1792—1841年),字璱人,号定庵,浙江仁和(今杭州)人。龚自珍的诗歌创作追求独创,别开生面,想象奇特,色彩瑰丽,富有浪漫精神,对晚清"诗界革命"派和南社诗人产生很大的影响,柳亚子赞扬他为"三百年来第一流,飞仙剑客古无俦"。

词至清代而复兴,一时流派纷呈,风格多样,词人专集,多如繁星,出现所谓"中兴"的局面。清初词坛的兴盛的主要标志是出现了阳羡词派、浙西词派等两大词派和陈维崧、朱彝尊、纳兰性德等"三大家"。陈维崧(1625—1682年),字其年,号迦陵,江南宜兴(今属江苏)人。陈维崧是阳羡词派的领袖,阳羡一地有词作流传至今的共达100多家,如蒋景祁、万树等都是颇为有名的词人。清词中兴,阳羡词派导夫先路。朱彝尊(1629—1709年),字锡鬯,号竹垞,浙江秀水(今嘉兴)人。朱彝尊的词以姜夔、张炎为宗,而这成为浙西词派的一面旗帜,以至形成"浙西填词者,家白石(姜夔,号白石道人)而户玉田(张炎,号玉田)"的局面。

与阳羡、浙西二派同时尚有一些创作成就突出但却不属于二派的作家,其中佼佼者有纳兰性德。纳兰性德(1655—1685年),字容若,号楞伽山人,满洲正黄旗籍。大学士明珠之子。他的词多抒写扈驾出巡的凄苦,与妻子的离情别绪以及"羁栖良苦"的人生感受,词分真挚自然,婉丽清新。

常州词派起于嘉庆年间,大畅于道光时期。常州词派张惠言开山,至周济发扬光大,蔚为宗派。张惠言(1761—1802年),字皋文,号茗柯,江苏武进人。他与兄弟张琦合编《词选》成了开宗立派的旗帜。周济(1781—1839年),字介存,号止庵,荆溪(今宜兴)人。他是张惠言的再传弟子,他不仅继承了张惠言词学理论的精髓,而且有较大的发展。

清季四大词人——王鹏运、朱祖谋、郑文焯、况周颐,是常州词派后劲,在晚清特定的历史条件下多有发展,各具特色。晚清四大词人卓然自立,代表了晚清词创作的最高境界,并且为清词发展作一结穴。

第二节　散文与辞赋

中国文化属于史官文化,自古就有重史的传统。至迟在商代,便已设立了专司记事的史官。史官掌握文字和历史知识,并由历史知识得到人类行为的经验与教训,从而开出其他人文方面的知识和学问。因此,史和巫,乃是远古时期文化的主要承载者。中国散文史的开端是由史传文开始的。相传,中国古代的设置有左史与右史之别,左史记言,右史记事。如此严整的史官设置预示着中国的散文将会有一个非常辉煌的传统。

散文大致可分为两类:一是记事,二是论说。这两类文章在先秦散文中皆已具备。从散文史的角度来看,殷代的卜辞和周代彝铭爻辞的记事方式是记叙文的萌芽,重视时间、空间、人物、事件,奠定了右史记事的格式,后期有代表性的记事之史当数《春秋》。而《尚书》乃是记言体的代表,被韩愈称为"佶屈聱牙"的风格便是古老口语的直观反映。春秋时代的史传文大致可分为三类:一是编年体,如《春秋》三传(《左传》《公羊传》《穀梁传》);一是国别体,如《国语》;还有一类专记一人言行的,如《晏子春秋》。这些文字,在描写上注重情节的曲折生动,注重语言符合人物个性,还往往注重文章的铺叙和气势,对于后来的记叙性散文有着很大的影响。

如果说史传文是中国记叙文之祖的话,那么,诸子文就是中国论说文之宗。春秋末期,天下大乱,礼崩乐坏。随着王官之学的流入民间与士阶层的兴起,各种思想也纷纷涌现,这就导致了百家之学、诸子著作的产生。先秦诸子散文也可分为三类:一是语录体,如《论语》;二是对话体,如《庄子》和《孟子》;第三是论说体,如《荀子》和《韩非子》。这些著作各具风格。如《论语》的雍容和顺、迂徐含蓄;《孟子》的气势充沛,笔带锋芒;《庄子》的意出尘外,汪洋恣肆;《荀子》的严谨周详,淳厚老练;《韩非子》的犀利畅达、议论透辟等。古代散文是实用性很强的文体,真实性和思想性是评价文章优劣的重要标准,先秦史传文和诸子文在这两方面都有突出表现,所以成为后世散文的典范。我们必须提及,《战国策》

在战国散文中是属于难以分类的一种,它既可属于史传散文中的记言之作,又可视为是纵横家的思想汇编,它记载了战国策士的滔滔雄辩,形成了一种铺张扬厉、使气骋辞、纵横捭阖的纵横家风格,这对后世的论说文和辞赋均有很大的影响。

西汉早期,陆贾(前240—前170年)、贾谊(前200—前168年)、晁错(?—前154年)等围绕中央政府的文臣所上政治策论以实用为指归,言辞激切,畅所欲言,而依附于诸侯各国的游士邹阳(?—前129年)、枚乘(?—前140年)等的上奏与谏书则博引史实,排比铺张,更多地继承了战国纵横家的遗绪。代表两汉时期散文最高成就的,是司马迁(约前145约—约前87年)的《史记》。此书以人为经,以事为纬,开创了纪传体这种新的史书体例,它那种不虚美、不隐恶的实录精神和批判精神,向来为人们所称道。从文学角度看,它所塑造的一大批出身不同、性格各异的人物形象,栩栩如生,闪耀着鲜明独特的个性光彩;刻画人物的高超技巧,谋篇布局的多样和巧妙,语言的非凡表现力,都对后世叙事散文起到了示范作用。后出的班固(32—92年)的《汉书》虽然与《史记》并称,但无论在思想性还是艺术性上都比《史记》稍逊一筹,其语言则更为整饬,显示了中国散文语言骈偶化的发展趋向。

汉代也是辞赋兴盛的时期。作为动词,"赋"既指一种不假比兴的直陈手法,也指一种脱离音乐的诵读方式。作为文体名称,赋是一种介于诗文之间的,以陈述性、叙事性和描绘性为主的文体。从句式上看,赋是骈散相间的;从音节上看,赋是韵散兼行的。所以赋兼有韵文、骈文和散文三体。汉代赋体文学的发展,大致可分三个阶段。汉初六十年是骚体赋的时代;西汉武帝至东汉中叶,是散体赋勃兴、发展而渐趋衰落的时代;东汉中后期,则是汉赋走向抒情化、小品化的时代。

六朝文章,是骈偶化的时期。南齐永明年间兴起的声律论,不仅影响于诗,也影响于文。这一时期,文人为文崇尚对偶,加上平仄相应,音调谐协,再加上数典用事,这就形成了骈文的几大要素。而徐陵(507—583年)、庾信(513—581年)可谓是集骈文之大成者,世称"徐庾体"。骈文一直盛行于六朝至中唐这一漫长的历史时期,直到韩愈发起的"古文运动"向骈文提出挑战。

"古文运动"虽然是以恢复奇句单行的先秦两汉文体为号召,然其实质乃是一场思想上的革新运动。齐梁时刘勰著《文心雕龙》便提出了文学应该"宗经""征圣""明道"的主张。隋唐之际,王通更以排斥异端,复兴儒学正统的继承者自居,他的《中说》在论文时就非常强调"道"的内容,已初具文以载道的观念。天宝以后萧颖士、李华、元结、独孤及、梁肃、柳冕等人继起,复古主义的思潮进一步高涨。中唐以后,佛道两教盛行,儒学有衰落之势。韩愈打着复古的旗帜,主张恢复孔孟儒家思想的正统地位,反对佛道二教,整饬社会风尚。这种思潮,在贞元时期发展成为一种广泛的社会思想运动。由于骈文已经成为表达思想内容的桎梏,因而自然地需要开展一个文体革新运动。汉以前的古文,不仅语言长短不拘,便于表现现实生活内容,而且它本来是载道的,因而也便于学习和宣传儒家之道。在这种思想指导下,韩愈和柳宗元的散文有比较充实的思想内容,力求反映各种社会现实,感情真切,内容形式都达到了推陈出新的境地。但古文运动的成果在后来并没有得到巩固。晚唐五代直至宋初,文坛上流行的文风不外两类:骈偶与怪奇。这里既有骈文的复兴,又有属于古文内部的分化,如韩门弟子皇甫湜与其再传弟子孙樵等人,就是从古文创新的要求而变本加厉,走上好奇尚怪的道路。晚唐的散文应以罗隐(833—909年)、皮日休(约834—约883年)、陆龟蒙(?—881年)等所写的小品为代表,鲁迅曾赞之为"一塌糊涂的泥塘里的光彩和锋芒"(《小品文的危机》)。由于古文运动的濡染,晚唐还产生了散文化的赋,如杜牧的《阿房宫赋》。

宋仁宗庆历年间,在政治革新潮流的鼓荡之下,诗文革新运动随之兴起,浮华文风得以廓清,宋代散文取得了足与唐文媲美的杰出成就。欧阳修(1007—1072年)是诗文革新运动的领袖、宋代散文的奠基人。他坚持"事信言文"的创作主张,极力提倡平易通达的文风,所作散文极富情韵。在他的提携下,文坛人才辈出,王安石(1021—1086年)、曾巩(1019—1083年)、苏洵(1009—1066年)、苏轼、苏辙(1039—1112年),都是一时俊彦。其中苏轼成就最高,散文诸体兼备,自由挥洒,如行云流水,姿态横生。其《前赤壁赋》,是宋代文赋的代表作。

欧、王、曾、三苏加上唐代的韩、柳,被后人尊崇为"唐宋八大家",他们的作品一直是人们学习古代散文的楷模。

宋代以后的文章,随着时代的变化而各有特色,如明清的八股文,是科举考试的标准文体。它的来源,可以说是综合了唐宋的经义、策论和律赋的手法形成的,但这种文体在内容和形式上的种种限制,使它变成了束缚创造力的枷锁,成为后世文学和思想革命的首选对象。而明朝的散文作者众多,风格各异。王慎中(1509—1559年)、唐顺之(1507—1560年)、茅坤(1512—1601年)、归有光(1506—1571年)等提倡古文的作者,被称为"唐宋派",以归有光成就最高。他的散文如《项脊轩志》,善写日常生活琐事,即事抒情,淡而有味。以三袁(袁宗道、袁宏道、袁中道)兄弟为代表的"公安派",提出了"独抒性灵,不拘格套"的主张,擅长写作抒情小品、游记和尺牍。稍后的"竟陵派"钟惺、谭元春等人,崇尚"幽深孤峭",艺术趣味偏狭。张岱(1597—?)的《陶庵梦忆》、《西湖梦寻》以一种颇为苍凉的心绪,用旷达与痴情酿成了纯美的意境,成为晚明散文的最后一位大家。在清代,最受世人称道的是桐城派。方苞(1668—1749年)、刘大櫆(1698—1779年)、姚鼐(1771—1815年)都是安徽桐城人,他们主张学习《左传》、《史记》等先秦两汉散文和唐宋古文家韩愈、欧阳修等人的作品,讲究"义法",要求语言"雅洁",以阳刚阴柔分析文章风格。还有阳湖文派恽敬(1757—1817年)、张惠言(1761—1802年)等,抒情写态,亦别树一帜。阳湖派致力于古文,调和汉学与宋学,兼采古文与骈文之长,以博雅恣肆取胜。恽敬为文颇有气势,不拘死法,讲究辞采。张惠言的散文笔力纵恣,语言流畅,并富有文采,往往于雅润中见气势,缜密而有不乏典丽,这与他深厚的儒学修养有关,也与他在古文创作中融入赋的手法不无关系。

龚自珍、魏源、林则徐等是鸦片战争前夕时代的精灵与思想界的先驱,在龚自珍的作品中还透露出反对封建专制的个性解放的色彩。龚自珍(1792—1841年)是中国近代杰出的思想家、文学家,接受并发展了乾嘉公羊学派经世致用的合理部分,将学术研究与现实政治社会问题研究相结合,用文学作品干预时政,宣传变革,在当时的社会上产生过振聋发聩的作用。他的散文常常立意新颖,表现奇巧,如《病梅馆记》在字面上是句句写梅,字字写梅,而实质上是句句写人,字字议政,借梅言志,委婉曲折,通过开辟疗梅馆疗救病态梅树的描述,抒发了作者追求个性自由的理想。

进入近代,姚门弟子——管同、梅曾亮、姚莹、刘开等在扩展桐城派势力和影响。姚门弟子之后,曾国藩及其弟子延续了桐城派的活动。曾国藩(1811—1872年),字涤生,湖南湘乡人。他是所谓的"同治中兴"的"名臣",在他幕府中广聚人才,并以坚持理学传统的桐城派为号召,使桐城古文一时复盛,后人称之为"湘乡派"。曾国藩在文学理论和创作实践方面对桐城派加以修正与改造,他以"经济"药救桐城派空疏之病,其文论主张来源于姚鼐的"义理、考据、辞章"之说,曾氏增加了"经济",四者相并,以与孔门的德行、文学、言语、政事四科相比。他既以崇文药救"崇道贬文"的消极的文艺观,又以真情实感药救文章的空虚浮泛,更是注重缕分文章风格,崇尚阳刚之气。

第三节 小　说

在庄子口中,小说是一种不登大雅之堂的琐屑之谈,在班固的笔下,小说是出自于稗官的街谈巷语。《汉书·艺文志》著录的小说共有十五家,内容驳杂,"或托古人,或记古事,托人者似子而浅薄,记事者近史而悠谬者也"(鲁迅《中国小说史略》)。总之,古代的小说概念与现代小说有很大的不同。我们在迁就历史上有关小说定义的情况下,将小说分为以下几个阶段。

第一阶段是唐以前的志怪和志人小说。这一阶段的文体,严格地说,并不是现代意义上的小说。因为,无论是作者还是读者,都相信他们讲述或读到的是真实的故事。这与小说是作者有意识虚构的叙事散文这一现代小说概念不同。这一时期,志怪的大量出现与当时的宗教观念有着密切的关系。它们的目的主要是为了"发明神道之不诬",宣扬教义,培养与巩固信仰。代表作是《搜神记》。志人小说则以《世说新语》为代表,记载人物逸事、清言隽谈。

第二阶段是唐传奇的出现。唐传奇渊源于六朝志怪,但两者有着本质的不同，原因就在于唐传奇是"始有意为小说"。影响唐传奇形成的因素多种多样，就文学本身来说，面向市井民众的俗文学形式如说话、变文、史传文学、故事化的辞赋等对传奇都有影响；而就时代风气来说，当时行卷的盛行等为传奇的出现与兴盛也创造了条件。唐传奇的早期代表作有张鷟的《游仙窟》、王通的《古镜记》、佚名的《补江总白猿传》等；盛期代表作有沈既济的《枕中记》、李公佐的《南柯太守传》、李朝威的《柳毅传》、元稹的《莺莺传》、白行简的《李娃传》、蒋防的《霍小玉传》、陈鸿的《长恨歌传》；晚期则有薛用弱的《集异记》、李复言的《续玄怪录》、张读的《宣室志》和裴铏的《传奇》。唐传奇展开了一片崭新的艺术天地。它通过虚构的故事和虚构的人物，能够比以往任何文学样式更自由更方便更具体地反映人们的生存状态和生活理想，从而影响人们的生活趣味。

　　第三阶段是宋元话本的出现。话本原是"说话"艺人的底本，是随着民间"说话"伎艺发展起来的一种文学形式。尽管唐代已出现话本，但至宋元时代才渐趋成熟。在宋代汴京、杭州等工商业繁盛的都市里，为了市民的娱乐，各种瓦肆伎艺应运而生。瓦肆（瓦舍、瓦子）是一个比较集中的游艺场所，"瓦肆"中有若干"勾栏"，表演戏曲或说话。当时的说话分作四家：小说，讲短篇故事；说经，讲宗教故事；讲史，讲长篇历史故事；合生，两人合演。其中最重要的是小说和讲史两家。现存宋元话本的小说包括《京本通俗小说》的全部，《清平山堂话本》中的大部和《喻世明言》《警世通言》《醒世恒言》中的小部分，约40篇左右。现存的小说话本以爱情、公案两类作品为多。话本小说在艺术上较之唐传奇有了很大的进步。说话人为了吸引听众，很注意情节的动人，往往以巧妙的布局步步引人入胜。并且在小说中已开始运用具有典型意义的细节来刻画人物性格，而且还出现了人物内心活动的描绘。小说的作者有时还通过富有戏剧性的对话，表现人物的性格特征。而讲史大都根据正史敷演成篇，结构散乱，人物性格模糊，故事、情节前后不连贯，语言文白夹杂，无论思想内容和艺术成就都无法和小说相比。

　　宋元话本是我国小说发展史上的一个崭新阶段，有承前启后的重要地位。讲史本身成就虽然不高，却对后来的《三国演义》《水浒传》《封神演义》《列国志传》等历史小说有很大的影响。至于小说，不仅思想内容，在创作方法和语言运用上都取得了很大的成就，对后来的小说、戏曲有深远的影响。

第四阶段是章回小说的出现。元明时代出现了长篇白话章回小说，一种由宋元讲史话本发展而来的小说形式。章回小说的开山之作，是明初罗贯中在民间流传的三国故事的基础上整理加工而成的《三国志通俗演义》。这部作品展现了东汉末年和整个三国时期各统治集团之间的军事、政治、外交斗争，是一幅生动的历史画卷。《三国演义》在史料的基础上，作者做了许多铺张渲染，更增添了不少纯出乎虚构的情节，在以上几种成分的组合下，全书形成一个完整的结构。此书塑造的人物则与它截然分明的道德评判相关联，有一种"类型化"的倾向，但传奇性的生动情节给人物涂上了浓厚的色彩。相比之下，施耐庵的《水浒传》艺术成就更高一些。《水浒传》艺术地表现了北宋末年以宋江等36人为首的一场波澜壮阔的农民起义，突出了"官逼民反"的主题。它塑造了一系列性格倾向十分强烈、性格特征十分鲜明的人物，加上充满传奇色彩的情节，明快、简练的语言，这一切使得它成为中国小说史上的经典之作。

明中叶以后，长篇小说创作出现高潮，举凡讲史小说、神魔小说、世情小说、公案小说，各有佳作问世，流传至今的尚有五六十部之多。其中如吴承恩所作的神魔小说《西游记》，描写唐僧师徒四人去西天取经的艰难历程，特别是通过寓人于神、人神合一的孙悟空形象，表现了广大人民群众对美好理想的不懈追求，和战胜自然、克服困难的无畏精神，具有鲜明的浪漫主义艺术特征。兰陵笑笑生的《金瓶梅》是我国古代第一部以普通家庭生活为素材的长篇小说，书名由小说中三位主要女性（潘金莲、李瓶儿、庞春梅）的名字合成。《金瓶梅》是以带有浓厚市井色彩的反面角色西门庆为中心人物。小说围绕西门庆所写的人物，上自皇帝宰相，下至州县衙门的差人吏役、勾栏中的妓女、老鸨以及帮闲清客，绝大多数是反面角色，展示了一幅封建末世的世俗人情画。尽管《金瓶梅》以分寸把握不好的性描写而招致非议，但它是我国最著名的一部世情小说，是白话长篇小说发展的里程碑。从神到人，从美到丑，从雅到俗，小说中大量吸取了市民中流行的方言、行话、谚语、歇后语、俏皮话等，熔铸成了"一篇市井的文字"

第九章 文　学

(张竹坡《金瓶梅读法》)。

明代短篇小说的主要形式是拟话本。这是一种模仿民间话本而创作的案头文学。著名的拟话本结集,有冯梦龙(1574—1646年)的《喻世明言》《警世通言》《醒世恒言》,以及凌濛初(1580—1644年)的《初刻拍案惊奇》、《二刻拍案惊奇》,合称"三言""二拍"。拟话本作者的艺术笔触,涉及明代社会生活的各个方面,着重对市民阶层中的商人、手工业者和妓女的生活及心态进行了描绘。拟话本作品中也流露出因果报应、宣扬色情等错误思想与庸俗情趣。

清代小说的思想性和艺术性都达到了新的高度。就长篇章回小说而言,清中叶出现了曹雪芹(1715—1763年)的《红楼梦》。这位出身于败落世家的天才作家具有极高的文化素养,特殊的人生经历使他清醒和冷峻地看到了人情世态中某些本质的东西,并对社会所宣扬的价值观与实际生活状态的背离,以及统治阶层人物的堕落与虚伪有了更深切的体验。《红楼梦》是曹雪芹以毕生心血构撰的巨著,"字字看来皆是血,十年辛苦不寻常"。它以贾、史、王、薛四大家庭由盛转衰的过程为背景,以贾宝玉、林黛玉的爱情悲剧为中心,强烈地表现出对历史、社会与人生的荒芜感,天生我材无所用、美的理想遭到毁灭的悲哀,始终笼罩着这部精美的小说,全书充斥着一种封建末世的氛围,反映了具有新的人生理想的文人在这一时代中的困惑与痛苦,具有一种宿命的伤感和悲凉。宏大而精致的长篇结构,复杂、典型、具有鲜明特色的人物形象,具有极高造诣的语言均使得这部小说登上了我国古典小说艺术的高峰。另一部长篇巨著是吴敬梓(1701—1754年)的《儒林外史》,这部用一个个相对独立的故事串联起来的小说并没有一个贯穿始终的主要人物和故事框架,却有一个非常明确的中心主题,即揭示封建专制下读书人的精神堕落和与此相关的种种社会弊端。《儒林外史》是我国文学史上少有的讽刺杰作,对晚清谴责小说有很大的影响。就文言短篇小说而言,最优秀的是清初蒲松龄(1640—1715年)的《聊斋志异》。它继承了六朝志怪小说和唐宋传奇小说的创作成果,用众多的花妖狐魅故事,曲折地反映现实、抨击时弊、歌颂爱情;情节曲折离奇,引人入胜,即使是写非现实世界的人物,也极富人情味。

19世纪末到20世纪初,受现实政治的刺激,也受域外小说的影响,中国小说逐渐改变了传统的结构方式,积极面对现实,以小说作为反殖民、反压迫的工具,中国小说也就从古典形态向现实形态发生了根本的改变。

第四节 戏 曲

我国戏曲艺术经历了漫长的孕育过程。从原始歌舞开始,到后代宫廷、民间许多娱乐表演都与此有关。唐代到宋金时期,是戏曲的形成期。唐代各种艺术都获得了高度的发展,它们从多方面推动了戏曲的诞生。如燕乐集中了隋唐时期民间和外来乐曲的成就,完成了中国音乐声律的大转变,宋元戏曲的乐调主要是按照燕乐的宫调来分配的。唐代舞蹈有"软舞""健舞"之分,而且产生了《樊哙排君难》一类故事性相当强的演出,对后来杂剧的表演艺术有直接的影响;参军戏更为盛行,而且已有歌唱和音乐伴奏。与此同时,变文、市人小说以及文人传奇小说的产生和流行,为后来的戏曲提供了丰富的题材。北宋时在唐参军戏的基础上发展起来的杂剧和后来的金院本都是戏剧的雏形。宋金的说唱文学主要有鼓子词、词话和诸宫调等。北宋的傀儡戏有杖头傀儡、悬线傀儡、药发傀儡、肉傀儡等;影戏也有乔影戏和大影戏之分。如此丰富的艺术门类为戏曲的成熟提供了条件。传奇小说和话本小说提供了为人民所熟知的人物形象;说唱诸宫调的乐曲组织和曲白结合的形式直接影响了戏曲的体制;各种队舞使戏曲的舞蹈身段和扮相更加美好;傀儡戏、影戏也给戏曲的舞蹈动作和脸谱以影响。它们的发展使戏曲表演艺术渐趋成熟,同时也为产生优秀的文学剧本准备了条件。

元代是我国戏曲史上的黄金时代,当时有姓名可考的杂剧作家有八十余人,见于书面记载的作品约有五百余种。元杂剧一般以大德年间(1297—1307年)为界,分为前、后两期。前期是元杂剧高度繁盛的时期,作家、作品的数量相当可观。关汉卿是我国戏剧史上最早也是最伟大的戏剧作家,他的一生创作了六十多种杂剧。代表性作品如《窦娥冤》《拜月亭》《单刀会》等,七百多年来一直上演不衰。他的剧本，无论是选材与剧情安排，还是人物形象的塑造和语言的运用，都很重视舞台演出效果，适应观众的欣赏心理，以生气勃勃的艺术活力，表现出新鲜的社会意识和人生追求。他的许多杂剧，站在普通民众的立场，提出了社会正义这一人类生活中的严峻问题。在戏剧结构方面，他非常善于布置情节，在激烈的矛盾冲突中，营造戏剧氛围，并使舞台富于动作性。关剧中的人物很少是概念化的产物，往往具有生活中真实人物的多面性，而作者对人性常常表现出宽泛的认可。在语言方面，关汉卿则是元杂剧本色派的代表。上述一切，都使关汉卿在中国戏曲史上占有崇高的地位。

就单部作品而论，王实甫的《西厢记》可以说是元杂剧中影响最大的。它以五本的规模来敷演一对青年男女追求自由的爱情与婚姻的故事，不仅题材令人喜爱，而且人物刻画得更丰满细致，情节表现得更曲折动人，再配以与浪漫内容相称的秀丽优雅而又活泼的语言，自然有一种不同寻常的魅力。此外，马致远、白朴等也是前期的重要作家。白朴的《墙头马上》《梧桐雨》，马致远的《汉宫秋》，以及纪君祥的《赵氏孤儿》、康进之的《李逵负荆》等都是元杂剧早期的名作。

南北统一以后，东南沿海城市经济发展迅速，北方城市的地位明显降低，所以引起北方杂剧作家的纷纷南下，必然导致作家阵容、作品数量明显不如前期。这一时期的代表性作家有秦简夫、郑光祖、乔吉等。

元杂剧是用北方的曲调演唱的。在南方地区，自南宋以来还流传着一种用南方曲调演唱的戏剧，称为"戏文"或"南戏"，其体制、声腔、乐器、风格与杂剧均有不同。南戏中较重要的曲目有《荆钗记》《白兔记》《拜月亭》《杀狗记》，它们的作者大多很难确定，题材主要依据长期流传民间的故事，其伦理意识及生活情趣更具世俗性。至元代末年，高明写出了《琵琶记》，通过赵五娘、蔡伯喈的家庭悲剧，比较深入地反映封建时代的某些伦理问题和社会问题。

明代后期是戏曲的繁盛时期，这时期，明传奇取代了杂剧的主导地位，传奇创作出现了新的高潮，东南一带，传奇尤为风行。晚明的社会新思潮也深深影响了这时的传奇创作。特别是在一些爱情、婚姻题材的剧作中，主"情"反"理"、追求人性解放的精神十分突出。当时,最有影响的作家是汤显祖(1550—1616年),他的《牡丹亭》问世之后,以其对社会陈规的强大冲击力,引起了广泛的反响。这部戏曲史上的浪漫主义杰作通过杜丽娘和柳梦梅生离死合的爱情波折,表现了古代青年男女争取自由幸福的曲折过程,体现了个性解放的时代精神。该剧细腻的心理描写,瑰奇的艺术境界,优美动人的曲辞,显示出作家卓越的艺术才华。由于传奇创作的繁盛,剧作家内部又分以沈璟为代表的主音律的吴江派和以汤显祖为代表的主才情的临川派。明代其他传奇作家作品有李开先(1502—1568年)的《宝剑记》、梁辰鱼(约1510—1580年)的《浣纱记》等。明代杂剧作品则有康海的《中山狼》和徐渭(1521—1593年)的《四声猿》。

图9-2 昆曲《牡丹亭》

清代戏曲创作也有重要的收获。清初吴伟业的《秣陵春》、李玉(约1591—约1671年)的《清忠谱》,反映了明清之际的民族矛盾和社会现实。清代传奇的杰作当推洪昇(1645—1704年)的《长生殿》和孔尚任(1648—1718年)的《桃花扇》。两部戏都把美好爱情的丧失与政治的变乱相联系,取得感人的效果。前者对唐明皇、杨贵妃的爱情悲剧这一传统题材进行了新的演绎,注入了更为丰富的社会生活内容,情节动人,并富于抒情气氛,是一部以写"情"为主、兼寓政治教训与历史伤感的作品。《桃花扇》以侯方域、李香君的离合之情为主线,写南明王朝兴亡的历史,达到了艺术真实与历史真实的较好统一。剧作把历史的巨变解释为一场空幻,表现了个人在历史变迁中的无奈和渺小,弥漫着悲凉与幻灭之感,它是中国戏剧史上少有的不以大团圆为结局的作品。

清代传奇在出现了"南洪北孔"的创作高潮以后,便日趋衰微,殊无足观了。民间的地方戏曲则逐渐兴盛起来,成为近代京剧和其他地方剧种发展的基础。

思考与练习

1. 汉朝的代表性文体是什么？有哪些重要的作家作品。
2. 唐朝的代表性文体是什么？有哪些重要的作家作品。
3. 宋朝的代表性文体是什么？有哪些重要的作家作品？
4. 元朝的代表性文体是什么？有哪些重要的作家作品？
5. 明清时期的代表性文体是什么？有哪些重要的作家与作品？

延伸阅读与参考书目

1. 王国维著《宋元戏曲史》，上海古籍出版社，1998年。
2. 鲁迅著《中国小说史略》，人民文学出版社，1973年。
3. 胡适著《中国章回小说考证》，安徽教育出版社，2006年。
4. 胡适著《白话文学史》，安徽教育出版社，1999年。
5. 陆侃如、冯沅君著《中国诗史》，百花文艺出版社，1999年。
6. 郑振铎著《插图本中国文学史》，上海人民出版社，2005年。
7. 游国恩等主编《中国文学史》，人民文学出版社，1963年
8. 袁行霈等主编《中国文学史》，高等教育出版社，1999年。
9. 章培恒、骆玉明主编《中国文学史新著》，复旦大学出版社，2011年。

第十章　绘画艺术文化

中国古代绘画艺术是典型的中华民族造型艺术形式,凭借着独特的绘画语言以及一以贯之的东方艺术精神在世界美术领域独树一帜。通常,人们称之为"国画",以强调和概括中国绘画的鲜明民族个性。中国绘画,从使用材料工具来看,新石器时代彩绘陶器中已有用毛笔的迹象,而直至今天,笔、墨、纸、砚、绢素仍是中国绘画独有的用材和工具,这与西方绘画用油彩、画刀等是截然不同的。中国绘画有着自己严格的分科,一般分为人物、山水、花鸟等科,主要运用线条和墨色的变化,运用独特的造型手法,如钩、皴、点、染、浓、淡、干、湿等来形成各种技法形式,如写意、工笔、勾勒、设色、水墨画等,描绘山川风貌、瓜果花卉、人间百态。中国绘画在装潢形式上,也创制出一种与我国木构架建筑内部气氛融洽一体的方法,即运用独特的装裱技法,形成卷轴、册页、扇面等形式。中国绘画这些明显的特征表明它是与西方绘画并存着的另一个完整的绘画体系。它的独立性、完整性还表现为融合儒、道、释三家的哲学精神,深深浸润着东方艺术文化的精华。中国绘画有着自己的空间观念,从不拘泥于焦点透视法,而是以游动的视点,以"天人合一"的宇宙空间观,营造出宽广的、物我融合的精神空间。中国绘画又由于书画同源的缘故,与书法艺术在骨法用笔、抒情达意互相影响和紧密结合,始终贯穿着中国书法艺术的精神;中国绘画坚持"外师造化、中得心源、意存笔先、画尽意存"等原则,创造出独特的精神意境,取得与中国诗词在意境上的融通,中国画因此又被称作"无声诗"。

中国绘画所具有的东方文化特质,是随着传统文化的发展而逐步充实、扩展的。从某种意义上来说,中国绘画史几乎与中国文化史迈着同一的发展步伐。要想深入体认中国绘画艺术的深厚内涵,应该理清中国绘画的萌芽、发展、壮大的线索。

第一节 中国绘画的萌发

中国新石器时代陶器艺术中的彩绘虽然还不是独立意义上的绘画,却表明古代中国人对于色彩线条已有相当的认识和表达能力,并且已经使用毛笔一类的工具来绘画。自殷商至战国有文献记载以来,有关绘画的内容较为丰富,有可供探求的线索。《孔子家语·观周》:"孔子观乎明堂,睹四门牖,有尧舜之容、桀纣之像,而各有善恶之状、兴废之诫焉。"可见,孔子当时看到的是以历史人物为题材的壁画。屈原《天问》提出了172个问题,是屈原参拜楚先王庙中壁画后有感而发的,也可见楚先王庙中有着史诗式的大型组画,展现神话传说和历史变迁。壁画随着建筑的毁灭而消失了,而大量的青铜器、漆器、丝帛等文物上的水陆攻战、羽人升天、珍禽异兽、孝子烈女等纹饰,却带给后人当时绘画状况的信息。尤其是湖南长沙楚墓出土的两幅帛画,使得人们得以真正目睹古代早期绘画的面目。如驭龙帛画,这是直接用墨笔画在绢帛上的独到绘画,人物头戴高冠,身着长袍,一手握剑,一手拉缰,驭龙而驰。用笔已能因形、因势而有粗细、刚柔之变化,还用了若干线纹的飘动,寓示龙的飞驰神速。该画人物造型、线描结构已初具规模,证明了中国式的以线造型、笔画帛书的绘画形式已经确立。

汉代绘画大为昌盛。那时室内往往有壁画、屏风画作装饰。墓地中也有大量的石刻绘画、壁画。如山东嘉祥东汉武梁祠石刻浮雕,左边为后羿射九日的故事,右边描述主人在厅堂大会宾客,上部布满旋转的卷云、不同形态的神怪以及神兽,营造出一种"天人合一"的奇异环境。

绘画在生活中的普及性,势必使绘画技法日益成熟。如长沙马王堆一号墓帛画,在绘画技法上,运线如丝,刚劲且有神韵;用色上,石青、石绿、藤黄、银粉,多色并用,绚丽而沉着;人物形象多作正侧面像,这是早期人物画的标志。从画像石刻、墓室壁画、帛画等文物看,汉代绘画构图完整,线条流畅,画风工整严谨,用色丰富多彩,较前代已有长足进步。但这一时期的绘画仍处于发轫期。而真正的转折期和走向成熟的蜕变期,是魏晋南北朝时期。

第二节　魏晋南北朝时期的绘画

魏晋南北朝时期,中国绘画真正拉开序幕。而其中具体的实践者是一些卓有成就的大画家。他们的作品各具风格,在创作风格、技巧手法上各有千秋。这种画家个性的展示正是绘画脱离稚拙、步入成熟的标志之一。唐代张怀瓘评论说:"像人之美,张得其肉,陆得其骨,顾得其神。"其中所指画家正是六朝最有成就的顾恺之、张僧繇、陆探微,后人将他们并列为六朝三大家。

图 10-1　[晋]顾恺之《洛神赋图卷》

顾恺之(约 348—409 年),字长康,小字虎头,无锡人。出生东晋高门士族,博学而有才气,一生主要从事绘画创作。《洛神赋图》是顾恺之根据三国时期曹植的《感甄赋》而创作的人物故事手卷。他提出"传神写照,正在阿堵中",即眼睛乃心灵之窗户,最能传神。又说:画"手挥五弦"易、"目送归鸿"难,难在表现人物目送归鸿时眼中的丰富表情。他还认为，动态、服装都应为"神"服务。作者要展开丰富的想象来创作，来安排布局与描绘形象，此为"迁想妙得"。《洛神赋图》是顾恺之绘画理论的具体实践，此画为绢本设色，且工笔重彩画成，华丽富贵，意态生动。洛神体态婀娜，含情脉脉，与曹植遥遥相对，"若还若往，含辞未吐"，如丝般缠绵的爱情以及人物的复杂情绪，尽归于形的写照之中。

继顾恺之之后，谢赫进一步发展"以形写神"的理论。他在《古画品录》中提示"六法论"（气韵生动、骨法用笔、应物象形、随类赋彩、传移模写，经营位置），其中"气韵生动"实乃"以形写神"的扩展。顾恺之、谢赫等将中国传统哲学的"神"的概念，成功地运用于绘画艺术之中，对日后中国绘画的创作产生了重大的影响。

陆探微，南朝吴（今江苏苏州人）人，生卒未详。谢赫在《古画品录》中对他极为推崇，以为他已备绘画"六法"。陆探微是一名佛教画家，具有杰出的肖像绘画能力。他观察事物极为严谨，人物造型"动与神会"，创造了一种被称为"秀骨清像"的造型风格，这种风格几乎可以作为整个时代的象征。六朝古人心目中仪表美、风度美的典范是佛经故事中的人物维摩诘，有"隐几忘言之状，清羸示病之容"，而所谓魏晋风度，实则大多是仿效维摩诘居士的为人行事。瘦骨嶙峋、形容枯槁、超脱世俗的仪容成为美的代表。陆探微所作的"秀骨清像"正是时代审美潮流的反映。

张僧繇，南朝梁人，生卒未详。他的绘画笔法被称为"疏体"，以区别于顾、陆为代表的密体画法。自张僧繇开始，中国绘画正式奠定了疏与密两种基本的绘画方法。张僧繇用笔，"点、斫、拂，依卫夫人《笔阵图》"，"离披点画，时见缺笔，此虽笔不周而意周也"。他的人物造型也与陆探微相异，非"秀骨清像"，而是画"天女宫女面短而艳"，即所谓"张得其肉"。张僧繇在绘画上个性突出，颇有成就。相传他曾在建康（今南京市）一乘寺用天竺（今印度）传入的凹凸花画法创作壁画，并且设朱、青、绿诸色，使观者远望如凹凸不平，近看实乃平面绘画，因此该寺又被人称为凹凸寺。

宗炳（375—443年），南朝宋人，是一位佛教徒、隐士。生平爱山水，爱远游,曾与高僧慧远、慧坚交游。宗炳曾作《画山水序》论述山水画理,他把"传神论"应用于山水画,认为山水之神本无端绪,无从把握,如果有所感受而表达于山水画的形体中,神也进入画幅。他又将山水与"圣贤""仁者乐山"等修身之道联系起来,在"以形写形"、"以色貌色"、"画色画形"的同时,"应心会目"、"万趣融其情思",追求会心的境界,使观赏者"披图幽对",能够"畅神",能够陶冶情操。

第三节　隋唐时期的绘画

隋代国祚虽短,却很好地承袭了六朝以来的文化传统,在绘画艺术领域,起着承前启后的作用。

展子虔(约550—604年),渤海(今属山东省)人。传为他所画的《游春图》是现存古代山水画的重要作品。此图为绢本,画幅不大(纵43厘米,横80.5厘米),却表现出广阔的山水空间。图中花红树绿,山青水碧,士人闲游于山径,仕女泛舟于湖上,以圆劲的线条和浓丽青绿色彩,描绘出阳春三月的景象,是迄今为止所保存的最早的卷轴山水画。展子虔在山水画上所达到的成就及其绘画方法,直接开启了唐代画家李思训、李昭道父子金碧山水的先河,因而被后世誉为唐画之祖。

唐代绘画是中国封建社会绘画的顶峰,其艺术成就大大超过往代。如李思训、李昭道父子继展子虔之后将青绿山水画提高到新的阶段。李思训的《江帆楼阁图》(绢本,纵101.9厘米,横54.7厘米),画中江水浩渺,风帆远影,壮阔深远,又有长松掩映廊舍、庭院,江岸边二三游人结伴而行,悠闲适意。画面构图疏密有致,虚实相生。色彩较为丰富,"青绿为质,金碧为文","阳面涂金,阴面加蓝",较之于展子虔的《游春图》有了显著的进步,是中国早期山水画的代表作品之一。李思训之子李昭道擅画山水,继承家学,又能"变父之势,妙又过之",与乃父齐名,因此李氏父子史称"大李将军""小李将军"。

唐代张彦远《历代名画记》记载:"山水之变,始于吴,成于二李(指李思训、李昭道)。"所谓始于吴,指山水画的变革始于吴道子。吴道子,尊称吴生,史称"画圣",兼擅人物、佛道、神鬼、山水、鸟兽、草木、台殿等各类题材,尤以人物、佛道见长。他的画用笔洒脱,充满激情,抛弃工致细腻的陈法,有的仅用水墨作画,改变了青绿染色的面貌,往往通过墨线的肥瘦抑扬,表现出物象的动感和量感,为白描的发展做出了贡献。

山水田园诗人王维也以绘画著名,他精于山水,更以水墨山水画擅名后世。他的山水画能吸收众家之妙,有接近李思训的青绿山水,也有追踪吴道子的山水松石。他以画家的观察力去捕捉自然景色中诗的灵感,又以抒情的诗人的感怀去描绘景物,往往是"诗中有画"、"画中有诗"(苏轼语)。王维以田园诗人的眼光取景,往往好画雪景、剑阁、栈道、捎鱼、村墟、农作等等,其幽淡的趣味迥异于二李之金碧山水。自王维等人之后,水墨山水成为山水画中的主角,而王维以文人的观念作画,诗、书、画三者融合,因影响巨大而被公推为文人画的始祖。

唐代绘画的题材非常丰富,除山水画外,还有人物画等。吴道子即以人物画见长,活跃于盛唐时期。他天资聪颖,是一位早熟的天才画家。少时孤贫好学,初学书法于张旭、贺知章,后专攻绘画。他年轻时远游四川,巴山蜀水的雄奇秀丽促使他喜画蜀道山水。后来旅居洛阳,在东都人文荟萃之地充分施展他的卓越才能,画了大量宫廷和寺观壁画,画名大振。吴道子天赐英才,成就卓著,作品气势雄大,技法上勇于开拓创新,成为一代宗师。吴道子曾观裴将军舞剑一曲,奋笔作画,有如神助。他的这幅作品连同张旭书法、斐旻剑舞,被洛阳人称为一日之中得观"三绝"。他的寺观壁画中的人物大多基于生活中仔细观察的结果,如画天王力士"虬须云鬓,数尺飞动,毛根出肉,力健有余"(《历代名画记》),具有威武健壮的气概。其《地狱变相》名震一时,画中虽无刀林、沸锅,却同样使人不寒而栗,有些渔夫、屠夫看后甚至因害怕而改行。吴道子还在绘画技法上勇于创新,不拘陈法。他继承六朝绘画成就,尤其注重发展张僧繇的疏体画法,又注重吸收外来绘画尤其是佛画中的营养,在线条运用上变前代铁线描为具有明快节奏和丰富表现力的"莼菜条",成功地画出高低深斜、卷褶飘动之势,使人物产生"天衣飞扬,满壁风动"的效果。他又强调笔墨线条的功力和力度,将书法的气象与形迹融入画中,成功地使书画用笔同法同道。在此基础上,一变灿烂绚丽的设色画为焦墨勾线,薄施淡彩。在人物画中,甚至有不设色的白画,后世称"白描"。吴道子在绘画技法上"出新意于法度之中,寄妙理于豪放之外",成为全新风格的缔造者,当时就有"吴家样""吴带当风"等评语。而阎立本等人则带有中原作风,继承了北朝杨子华与南朝张僧繇的传统,能准确把握人物的造型和气质风度,用笔圆劲,赋色沉着典雅,单纯而不单调,富有概括性。

图 10-2　[唐]阎立本《步辇图》

唐代张萱、周昉等人的仕女画也具有时代性。开元、天宝之际,社会经济繁荣,贵族生活豪华而铺张,一些描绘贵族形象和游乐生活的作品也盛行一时。张萱《捣练图卷》、周昉《簪花仕女图》皆取材于宫廷贵族女子生活。贵妇人高髻纱衣,丰颊厚体,体态安详,衣饰华贵。用笔秀润匀细,衣裳劲简,设色柔丽,透体纱衣和丰腴肌肤的质感均能表现,显示了画家高超的绘画技能。这些仕女浓丽丰肥,有富贵气,与顾恺之"洛神"的缥缈脱俗趣味大异。一方面,绘画中反映唐人尚丰肌这一社会审美风尚;另一方面,画家写形传神,将富贵妇女难遣之寂寞气氛表露无遗,正是社会上层生活慵懒无聊的写照。

第四节　五代、两宋时期的绘画

五代十国时期的绘画艺术领域涌现出许多大家:山水画有荆浩的北派、董源的南派,花鸟画有黄筌"富贵"、徐熙"野逸"的差异,周文矩、顾闳中等人的人物画也各具特色。五代时期绘画恰似一座桥梁,联络了唐与宋这两个文化昌盛的时代,这其中又以山水、花鸟画的表现最为显著。

荆浩,生卒年未详,字浩然,唐末避战乱而隐居于太行山洪谷,自号洪谷子。荆浩于笔墨运用及形象塑造上独有心得,自成一格。他所画的山、树皆以粗笔细写,形如篆隶,苍古有力,山石先以笔皴出体面结构,再以浓墨相衬,厚实生动。荆浩的山水画传世作品仅有《匡庐图》。他的山水画,是长年游于山林,山水之美郁结心中而进行的艺术创作,并非客观山水的再现,但他的全景式山水画以气势雄浑的北方山水为主要表现对象,境界雄阔,景物逼真,构图完整。他的全景式山水画,奠定了稍后由关仝、李成、范宽等人加以完成的全景山水画的格局,推动了山水画走向空前未有的全盛期。

与荆浩雄奇的北派山水遥遥相对的,画坛还有董源、巨然的秀润明净的南方山水画派。董源(?—962年),字叔达,钟陵(今江西南昌附近)人,在南唐曾任北苑副使,后人称之为董北苑。董源在绘画技法上用干湿不同的墨线皴出峰峦坡岸,又以聚散变幻的墨点画草木杂树,这种"披麻皴""点子皴"交互使用的方法,成功地表现出草木葱茏、烟雨迷茫的江南山水。他又以平缓的山峦、宁静的湖泊、水村渔舍、洲渚林麓入画,这种选材,再配合技法,真实地映照出江南风光。如《潇湘图》将夏天江南的丘陵,江湖闲草术茂盛、云气瀚郁的特定景色表现得淋漓尽致。正是由于董源画中追求意境,使他的南派山水画深得文人画家的推崇,成为后世文人画的楷模。巨然是董源的嫡派,他的山水画表现了江南景色,史称"江南董源僧巨然,淡墨轻岚为一体"。董、巨的江南山水画,丰富了中国山水画的表现领域,带来了"平淡趣高"的新意境,从而在中国画史上占有重要地位。

五代时期的花鸟画也成绩斐然,主要有以黄筌和徐熙为代表的两大派别,在题材、风格和审美情绪上存在着差异,所谓"黄家富贵""徐熙野逸"。"黄家富贵"指以黄筌首创,并由他的儿子们继承发扬,为满足宫廷需要而创作的一种华丽而鲜艳的绘画风格。黄筌画派的作品惟妙惟肖,工整细致,充满后蜀宫廷的富贵气息,而徐熙的花鸟却野逸旷达,与黄家富贵相映相对。徐熙,出自江南名门,一生未仕,称"江南布衣",以高雅自任,生活淡泊。他工于花鸟,以江湖野花野草甚至药材入画,以鱼虫水鸟蔬果入画,力求形似逼真,同时还力求墨的韵味。

两宋是中国绘画艺术的高潮期,此时建立宫廷画院,以考试制度网罗绘画人才,而宋代帝王如徽宗赵佶、高宗赵构都是书画行家里手,他们的嗜好与参与也有力地推动了宫廷院画的繁荣。两宋画院中,山水画家有李唐、高克明、燕文贵、许道宁、郭熙、王希孟及南宋四家(刘松年、李唐、马远、夏圭)等;花鸟画家有黄居(黄筌之子)、崔白、李迪以及赵佶等;人物风俗画家有张择端,其《清明上河图》被视为"神品",为中古城市生活的真实写照。

两宋山水画,在题材、风格、技法上都有进展。既有李成、关仝、范宽三家,又有米芾父子承董巨之风,进一步将山水画诗意化,强化董源山水画中云水迷漫、江南秀润的特征,承袭前人又勇于创新;更有小景山水,界面,大青绿山水,从燕文贵燕家景致,到李唐山水酝酿新的变化,逐渐突破全景式章法,开南宋山水新风。刘松年、李唐、马远、夏圭等南宋四家,成为山水画改革的前锋。因此,两宋山水画坛是人才济济,画风多姿多彩,于继承中拓展创新,创造了山水绘画的高峰。

李成的画继承了荆浩、关仝北方山水画派的成就,并进一步发展其风格。如他与王晓的《读碑窠石图》,荒野中一骑驴老人在读一古碑,旁有老树虬屈,气氛苍茫而荒寒,令人深切感受到历史悠远和变迁。李成的画,师法荆浩又有所创新,其特点是"气象萧疏、烟林清旷、毫锋颖脱、墨法精微",善于运用墨法、笔法表现烟霭雾气、风雨明晦,用墨淡而有层次,真正做到惜墨如金。他独创的笔墨以及自身经历的变迁,酝酿成苍凉的风格,极具个性。由于他博涉经史,胸富文墨,却一生未仕,不事权贵,深为后人推崇。这种修养及阅历使他的绘画个性更显突出,李成画风也成为一时间竞相模仿的榜样。

范宽早期学习荆浩、李成,虽然画得精妙,总觉赶不出前人窠臼,后来省悟,发展了荆浩的北方山水画派,并能独辟蹊径,因而宋人将他与关仝、李成并列,誉为"三家鼎峙,百代标程"。如他的《溪山行旅图》,崇山峻岭扑面而来,声势磅礴,厚实强烈,令人有亲临其境之感。瀑布飞泻,溪水淙淙,山路曲折,行人徐徐,显示出流动的、生命的活力。范宽与李成同样画北方山水景物,但范宽气势豪迈,李成荒寒苍凉,各具个性。北宋画坛一度临摹之风盛行,山水画家米芾、米友仁父子对此很为不满,认为"山水古今相师,少有出尘格者"(《式古堂书画汇考》),因而主张独创,将书法中的点画用笔融于绘画,并以大笔触的水墨表现自然山川的烟云风雨变化,人称"米点山水"。如米友仁的《潇湘奇观图》,烟雨迷蒙的江南山水跃然纸上,充分发挥了水墨渲染的效果,具有独特的风格。米芾、米友仁父子齐名,世称"二米",他们所画的山水被称为"米氏云山"或"米家山"。

南宋时期,山水画坛创造性画家更为活跃,代表人物有刘松年、李唐、马远、夏圭,产生"水墨苍劲"的画风,这主要由李唐开创,由马远、夏圭达于高峰。李唐的《万壑松风图轴》以斧劈皴画出突兀的山石,刚劲坚韧,墨彩浓重而云气却能画得萦绕透空。画山之一侧,就全然表现了崇山峻岭的挺拔与幽深,与前期绘画的全景式构图相比有了进一步的发展。李唐的画风也是在师法传统中参悟自然而独创的。李唐本人经历也很坎坷。徽宗政和年间,48岁的李唐赴开封参加画院考试,题为"竹锁桥边卖酒家",他画桥头竹外挂一酒帘,深得"锁"意,被徽宗评为第一名,因而入画院,成为专职画家。而不久靖康之变,李唐亦被押往北国,途中逃脱投奔高宗赵构。在这段流落时期,他饱受不被理解的痛苦,于街头卖画,却曲高和寡,因而更加感叹时世艰辛。经过人生的磨炼,他后期绘画从早期师法范宽、李成变成自己的清新,成为南宋时期独树一帜的大画家。

另一位画院画师马远,师法李唐,再加以新法。如他的《踏歌图》的山石是尖锐而有力的,峭拔雄奇,其构图上变唐、五代、北宋山水画中山重水复的全景式构图,为取山之一角、水之一涯,经过提取、加工、剪裁,突出自然山水的雄奇峭拔部分,利用空白来衬托画中主体,给人以强烈印象,人称"马一角"。而与马远并称"马夏"的夏圭,喜用一角半边的构图,因而有"夏半边"之说。他们的边角取景,可以说是南宋偏安时代"残山剩水"的曲折反映,寄托着国破家亡的悲慨。

两宋时期的花鸟画有着质的飞跃和提高。北宋时期,承袭黄筌画风,尤其是在画院之中,以"黄家富贵"画风为规范。徽宗赵佶本人即是一位技巧精绝的书画家,在花鸟画方面有较高造诣,如他的《瑞鹤图卷》,画出了祥云缭绕、白鹤翱翔于碧空的梦幻般的气象,显得富丽典雅。院画的风格细腻富丽,与宫廷生活情趣非常合拍,但是更有大量的画家活跃于画院内外,深入自然界观察动植物,在写生中"掇集花形鸟态",拓展了花鸟画的题材,磨砺了艺术技巧。易元吉深入深山观察野生猿猴的形态习性,积蓄作画素材,状物传神无出其右;赵昌于清晨朝露未干时观察花的情态,调彩作画,人称"写生赵昌"。他们在绘画布局和形象塑造上摆脱了北宋画院过分严格的写实要求,于大自然中汲取灵感,非但于写实技巧上攀登了历史最高峰,更在艺术意境上达到了生动、自然、传神的境界。

自北宋中期以后形成了巨大的文人画的艺术潮流。两宋文人士大夫中涌现了仲仁、杨无咎的墨梅,文同的竹,苏轼的古木怪石,米芾、米友仁父子的云山,赵孟坚的水仙等,成为后世文人画追随学习的典范。文人士大夫在绘画理论上也颇有建树,如欧阳修提出表现萧条淡泊的情怀,陈与义主张"意不足求颜色似,前身相马九方皋",苏轼的"论画以形似,见与儿童邻"等一系列见解都有代表性。

两宋文人画家崇尚绘画笔墨的抒情性、写意性,导致梅、兰、竹、松、山石等题材的风行。而在不同的时代氛围中,这些自然界的花木又被画家赋予不同形、意,如南宋末年郑思肖画墨兰露根而不画土,谓"土为番人夺去",卷上题"纯是君子,绝无小人",表现了爱国之心和文人志士的节操。这种托物言志的方式在日后画坛上层出不穷,也可以视为中国绘画独特的一种民族语言,以区别于西方绘画体系。

五代、两宋在山水、花鸟及文人画论上的成就,充分显示了该历史时期的文艺的繁荣和成熟。艺术更具有"自娱"的、避世的功能,这也是两宋文人美术思潮勃兴的原因。就绘画艺术文化而言,两宋院画的严谨章法、工致写实、醇密作风,文人画抒情之笔墨、幽远之意境以及深刻精辟的画论,都是构建中国传统绘画文化体系重要的组成部分。而中国士大夫文化精神于两宋的厚积薄发,形成波涛汹涌的文人美术思潮,却真正主宰了中国绘画数百年,于元、明、清三朝蔚为大观。

第五节　元、明、清时期的绘画

元代绘画中,文人画占据画坛主流。在元代短短九十余年内,画坛名家辈出,其中以赵孟頫、钱选、李衍、高克恭、王渊等,和号称"元四家"的黄公望、吴镇、倪瓒、王蒙最负盛名。

赵孟頫(1254—1322年),字子昂,号松雪,湖州(今浙江湖州市)人。他曾经官至一品,是一位学问、修养极高,书、画皆精的大艺术家。他崇尚唐人,厌弃南宋院画末流柔媚纤巧的画风,主张画贵有古意,同时又强调要有所取舍,以文人的审美眼光来取舍传统,为我所用,这种取舍又要以自然为师。"久知图画非儿戏,到处云山是我师"。赵孟頫是元代画坛的领袖人物,他传世的真迹较多。他所画的济南的华不注山、秋鹊山,淡设色,兼用水墨,以两山为主体,画泽地、河水,杂树穿插,村落散置,轻舟数叶,芦苇,小草,耕夫,渔民,充满宁静、悠远的气氛,正如张雨的赋诗:"鹊华秋色翠可餐,耕稼陶渔在其下。"这幅《鹊华图》代表了赵孟頫风格古雅的一路,充满文人气息,是他"贵古意"、重士气之主张的体现。赵孟頫家族画手云集,一门七画家,周围门人学者众多,更有赵孟頫本人在书画界的成就和地位,造成极其深远的影响。

号称"元四家"的黄公望、吴镇、倪瓒、王蒙都是山水画家,他们的作品在章法、笔墨、风格上个性鲜明,在文化气质上却又有共同之处。元四家中,有的散尽家财云游四方(倪瓒),有的隐而复出,最后却瘐死狱中(王蒙),有的放浪形骸,与山水为伍而得享天年(黄公望),有的在无病时即亲撰墓志,自称"和尚"(吴镇),生活经历不尽相同,却大多是遭遇到生活中的种种矛盾,对现实心怀不满,借隐逸、诗画来抒发感情,这一点上四家是相同的。元四家又因经历的不同、个性的差异、生活环境的变迁,画中呈现出不同的个性与风格。王蒙出自名门(赵孟頫的外孙),风格以繁密胜;倪瓒出身江南富豪,他后来散尽家财,弃家遁迹,且爱洁成癖,画以天真幽淡为趣;吴镇终其一生闭门隐居,未入仕途,平时喜欢以僧人贫士为友,以沉郁醇厚、意境幽远胜;黄公望隐居不仕,依道教全真派,寄情山水,沉醉于自然胜景,因而山水画的风格苍劲高旷,气势雄秀。

图 10-3 [元]黄公望《富春山居图》

元代的花鸟画也得到了进一步的发展,并发生显著变化。尤其是水墨花鸟,在宋代墨竹墨梅等水墨画的基础上,已发展成为一种普通的画风。当时的画家纯以墨色画花鸟,不贵五彩,色调清淡,风格写意抒情,墨色清淡明净,勾花点蕊,风致绰然。如以画墨竹而著名的管道升(赵孟頫之妻),她工诗文书画,擅画梅、兰、竹;柯九思的墨竹祖述文同,能画出竹的晴雨风雪、横出悬垂、荣枯稚老的种种情状,且力求以书法入画,用笔老辣,疏散有致。

墨画花鸟在元代被认为是文人雅事。当时许多画家,于山水之外兼工竹、兰、梅,如赵孟頫、高克恭、王蒙、倪瓒、吴镇等人。应该说,元代画家弃色彩而钟情于墨画,并非仅仅是形式上的选择,而是与文人、画家、道人等追求清雅的审美思潮有着密切的关系。明代画风迭变，画派繁兴。在艺术流派方面，涌现众多的以地区为中心或以风格相区别的绘画派系。在师承方面，主要有师承南宋院体风格的宫廷绘画和浙派，以及发展文人画传统的吴门派和松江派等两大派系。

浙派以戴进和吴伟为代表，因创始人戴进为浙江人，故有浙派之称。戴进（1388—1462年）字文进，号静庵，又号玉泉山人，钱塘（今浙江杭州）人。他曾于宣德年间被征召入画院，后又因馋而被逐，最终卖画为生，穷困以终。戴进曾下苦功临摹南宋马远、夏圭、李唐等人的山水名作，深得精髓，同时又自创笔墨，形成"健拔劲锐"的一体，以简练的线条扼要地画出山石的轮廓，再以似点非点的横线加诸其上，形成山石凹凸、林木苍郁的特点。戴进的绘画能自创新路，影响较大，追随者颇多。后来吴伟崛起，使浙派的势力盛极一时。

明代前期以浙派为画坛主力，明代中期以沈周、文徵明、唐寅、仇英最负盛名，史称"吴门四家"。他们开创的画派被称为"吴门派"或"吴派"。沈周（1427—1509年），字启南，号石田，长洲（今江苏苏州）人。他是明代吴门画派的创始人，他的山水画法大致由吴镇、王蒙、黄公望而来，笔力苍老、雄健，章法有气势。他的画有粗笔、细笔之分，所谓"粗沈""细沈"。当时，宗法沈周的画者众多，其中文徵明又能自成一格，山水秀润雅致。唐寅的山水画有院体的格局，却又不拘陈规，形成秀润、缜密、流丽的风格。仇英的作品发展了宋代院画的"青绿工整一路"，精丽艳逸。沈周、文徵明、唐寅、仇英又有共同的特色，那就是雅致、秀润、古雅，追求文人逸趣，既有文人画的血脉，又具有苏州地区"吴趣"的气质。

明代后期绘画领域出现新的转机。徐渭进一步完善了花鸟画大写意画法，以董其昌为代表的画家在文人山水画方面另辟蹊径，矫正吴门画派末流之弊。董其昌（1555—1636年）标榜复古，重新倡导文人画，注重笔墨，追求"士气"，并提出了绘画"南北宗论"。董其昌的绘画多从古人画迹着手，通过悉心模仿和兼收并蓄，加以融会贯通，探索古人的笔墨情趣。他擅长用墨，墨色鲜丽，层次分明，于意趣简淡中见天真秀润。但他片面地追求艺术形式和一味仿古的倾向，造成了摹古的不良风气。由于他官至礼部尚书的显赫地位和画坛上的声望,便成为画坛盟主,他所创立的松江派也取代了吴门派的统治地位。

徐渭(1521—1593年),字文长,号天池,晚号青藤,山阴(今浙江绍兴市)人。徐渭中年以后才开始学画,山水人物、花鸟等无不精妙,尤其是水墨写意花卉,完成了写意花鸟画的重大变革,推动了大写意画派的发展与盛行。如他的《墨葡萄》以饱含水分的泼墨法,点染出纷披错落的藤条和透明欲滴的葡萄。笔墨奔放淋漓,随意挥洒,状物不拘形似,自有神韵。并自题诗一首:"半生落魄已成翁,独立书斋啸晚风。笔底明珠无处卖,闲抛闲掷野藤中。"抒写了他郁郁不得志的心情。他的画以个性之张扬、笔墨之老辣,对后人产生很大的影响。郑板桥曾刻有"青藤门下走狗"之闲章,近代绘画大师齐白石说自己恨不能生于三百年前,为青藤磨墨理纸。这些都从侧面反映了徐渭在画坛上的地位。

明代人物画亦有名家名作。陈洪绶(1599—1652年),字章侯,号老莲,诸暨(今浙江省诸暨市)人。陈洪绶山水、花鸟、人物皆精。尤以人物画著称于世。他与明末画坛上另一位人物画家崔子忠(山东莱阳人)有"南陈北崔"之称。他的人物画用线强调金石味,简洁质朴,"森森然如折铁纹",人物形象因而极富装饰趣味而显古拙。如《九歌图》中的《屈子行吟》,成功地塑造了古代爱国诗人屈原被放逐后形容憔悴、忧国忧民的形象。

清代绘画呈现特定的时代风貌,文人画风靡,山水画勃兴,水墨写意法盛行,文人画呈现出崇古与创新的两种趋势。清初早期画坛上,艺术上具有开拓、创新精神的,以金陵八家、新安派和"四僧"为代表。"四僧"是指朱耷、石涛、石豀、弘仁(字浙江)。前两人是明宗室后裔,后两人是明朝遗民,四人均有强烈的民族意识。他们借画抒写身世之感与抑郁之气,寄托对故国山川的深厚感情。在艺术上,他们主张"借古开今",反对陈陈相因,使人耳目一新,其中石涛、朱耷的成就最为显著。石涛,释号原济,又号苦瓜和尚、大涤子等。清军入关后出家为僧。他游遍山山水水,尤其钟情黄山等山脉,提出"搜尽奇峰打草稿",以真切的感受摄取山川千变万化、生动奇异之态。朱耷(1626—1705年),清顺治五年

(1648年)落发为僧,康熙二十三年(1684年)始号八大山人。署款"八大",也常连缀成"哭之""笑之"字样,以寄托其愤懑之情,誓不与清王朝合作,性格倔强,行为狂怪。他擅长花鸟、山水。其阔笔写意花鸟画,以象征寓意的手法、夸张奇特的形象、简朴豪放的笔墨、孤傲雄奇的格调,创造出前所未有的风貌。

清代中期,在商业经济发达的扬州地区,崛起了"扬州八怪",形成了一股新的艺术思潮。八怪并不限于八个人,而是代表了艺术个性鲜明、风格怪异的一批画家,主要有金农、黄慎、汪士慎、李鱓、郑燮、李方膺、高翔、罗聘以及华岩等人。他们多取梅、兰、菊和山石、野花等为题材,以寓意手法比拟清高的人品、孤傲的性格、野逸的情趣。他们在艺术上继承徐渭、石涛、朱耷的水墨写意的传统,不拘成法,泼辣奔放,自由挥洒,形成了个性鲜明、神韵独到的风格。扬州八怪之"怪"与"四僧"的狂傲孤僻,虽是画坛现象,却在特定的时代中蕴含深刻的社会文化意义。

鸦片战争之后,中国社会沦为半殖民地半封建社会,绘画文化亦深受影响。被视为正宗的文人画流派和皇室扶植的宫廷绘画日渐衰微,而辟为通商口岸的上海与广州,这时成为新的绘画要地,出现了海派与岭南画派。聚集在上海的"海派",以赵之谦、虚谷、任熊、吴昌硕等为主。他们大胆提出"一棒打破去来今"(吴昌硕语),创时代新风貌,其中尤以吴昌硕最为杰出。吴昌硕(1844—1927年),作画气势磅礴、力量雄厚,色调于冲突中求统一,吸收民间用色,成为历史上写意画家最善于用色者。其画色墨并用,浑厚苍劲,再配上画上所题写的真趣盎然的诗文和洒脱不凡的书法,再加盖上古朴的印章,使诗、书、画、印熔为一炉。

中国画具有丰厚悠久的传统,是以中国独有的笔墨等工具材料按照长期形成的传统创造的一种特定的文化,具有中国民族特色与东方审美特征。至今留存下来的绘画杰作和绘画理论,证明了中国绘画艺术文化具有强大的生命力,在新的历史时期一定会更加辉煌。

思考与练习

1. 隋唐五代有哪些重要的画家与作品?
2. 两宋书画艺术有什么特点?
3. 明代绘画有哪些重要的流派?
4. 什么是清代绘画的时代风貌?

延伸阅读与参考书目

1. 潘天寿撰《中国绘画史》,商务印书馆,1936年。
2. 王伯敏主编《中国美术通史》,山东教育出版社,1988年。
3. 俞建华撰《中国绘画史》,东南大学出版社,2009年。
4. 陈师曾撰《中国绘画史》,中华书局,2014年。

第十一章　书法文化

书法,是中国富有民族特色的艺术。汉字经书法制作,成为世界上最完美的文字,表现了书写者的情趣、气质或个性,其价值远远超过了汉字的实用意义。

第一节　概　述

中国书法是借助于汉字的书写来表达书者精神美的艺术。书写汉字之所以能发展成为一门艺术,主要依赖于以下两方面因素的综合作用:一是汉字构形的独特性,二是所用工具材料的独特性。

汉字属于表意文字,其形体构造的复杂多样性及结构单位(笔画、部位)的充分可变性,表明汉字形体本身蕴含着丰富的可供开发的艺术素质。汉字构造的这一特征,使汉字的书写在点画、结构以至通篇的行列布局等方面均可呈现出灵活多变的视觉样态。这是中国书法得以成立的重要前提条件。而圆锥形毛笔所具有的丰富而敏感的弹性及其"万向"书写功能,墨色的丰富层次,以及纸张等书写材料(尤其是宣纸)的特殊性能,又赋予汉字形体以丰富的表现力。书写者充分利用汉字构形与工具材料的上述特点,遵循阴阳相生、虚实相应等对立统一的规律,运用巧妙的艺术构思,调动各种艺术手段,可以创作出独具风采的书法作品,借以表达自己的审美理想,予人以艺术美的享受。

汉字本起于实用,但它在创制伊始,就内含着视觉美感的因素。魏、晋以前,字体的演变过程实际也是书体的演变过程,其间始终伴随着汉字视觉形式的美化。此后,字体(书体)的演变虽基本结束,而书法艺术却仍在承前启后地持续发展着,以至今日。书法在历史上虽立足、脱胎于汉字书写的实际运用,而且至今仍未脱离字形的约束,但从本质上看,书法的艺术美既是超越实用的,又是超越外在形迹的;它是依托汉字形体的动态美来展示书者的审美追求与精神境界。正因为此,汉字的书写才能在实用的基础上走上相对独立的、艺术美的发展道路,升华为视觉造型艺术,成为展现个性、表达美感的工具。同中国传统的其他艺术一样,真正对书法起支撑作用的,是具有丰富社会性的创作主体的情志。正如清人刘熙载所说:"笔性墨情,皆以其人之性情为本。"(《艺概·书概》)性情源自人的学养、阅历等,故中国书法历来强调"字内功夫"与"字外功夫"应兼修并重,讲求作品的内涵,将学书视为修身养性、提升人生境界的一种手段。

书法既是中国传统文化的重要组成部分,又是中华民族创造力的体现。源远流长的历史、广泛的应用性、深厚的群众基础和巨大的审美感召力,使书法不仅成为大众最喜闻乐见的艺术样式,而且具有强大的民族凝聚力。书法蕴含并参与孕育了中华民族独特的思维方式与审美理想。在古代,书法的研究早已成为博大精深的专门学问。书法不仅有自己独特的体系,而且与中国传统文化的其他众多门类,尤其是哲学、诗文、绘画等有着广泛而深刻的联系。学习和研究中国书法,可以从一个重要的侧面认识和理解传统文化的博大精深与独特魅力。

第二节 中国书法史述要

一、汉字的产生与书法艺术的萌芽

古人曾认为汉字是由黄帝时期的史官仓颉创制的,并说他"龙颜侈哆,四目灵光"(《路史禅通记》),这虽然只是传说,却表明汉字的创造是高度智慧的结晶。从可考的中国最早的文字——甲骨文可以推知,先民在创造作为实用的汉字的过程中,当同时伴随字形美化的要求。而汉字表意体系的确立,为人们进一步追求字形的书写美并使书写升华为艺术活动奠定了基础;毛笔用于书写,又为书者提供了进一步发挥其艺术才能的广阔天地。这说明从汉字的起源看,书法艺术"自然地"孕育于早期汉字(如先秦文字)的书写之中,而对它的自觉追求,恰是在这"自然"中逐步建立起来的,并非突兀地从后来某一时代(比如通常认为从汉魏以后)才开始的;否则我们便不好说,先秦至秦汉时期的文字遗存,有许多就是精美的书法艺术品。

二、先秦时期的书法

先秦书法遗存,从物质载体看,包括甲骨文、金文、石刻文字、简牍与缯帛手迹等。从书体看,除少量为"草篆"和"古隶"外,其余均属后人所谓广义的大篆。此间,毛笔已广泛用于书写。尽管考古发掘的最早毛笔实物属于战国时代,但从殷商时代书而未刻的甲骨及陶片、玉片上的朱书、墨书字迹可知,早在殷商时已在使用毛笔。毛笔的发明及用于书写,反映了先民非凡的创造力。另外同后世一样,先秦时期"书写"材料的变更与书法风格的演变,是政治、经济和社会生活不断发展变化的结果。

1. 甲骨文书法

甲骨文自1899年以来共出土约15万片,包含5000多个单字。不仅是相当成熟的文字,且已具备书法艺术用笔、结体、章法的基本要素与规则。甲骨文主要是殷商时代的遗物,内容多为王公贵族的占卜记录,少量为记事,其书者"贞人"可谓为当时的书法家。

甲骨文多系契刻而成,首先著录甲骨的

图 11-1 殷商·武丁 祭祀狩猎

刘鹗称之为"刀笔文字"(《铁云藏龟》自序)。其线条以平直方折为主,无论粗细,均遒劲而流畅。甲骨文在书风上不论是奇肆雄放还是精到整饬,从笔画、结体到布局无不活泼自然,不仅反映了殷人的审美理想,而且奠定了先秦书法天真烂漫的基调。近人董作宾从时间、风格上将殷商甲骨文分成五期,当代文字学家李学勤又提出九组分法,这表明甲骨文书法风格的丰富多样性。其中,武丁之世的作品,多出于高手,气势宏伟,堪称绝伦。殷商甲骨文及其书法的兴盛,与当时求神问卜的普通风气密切相关。

2. 金文

金文主要指铸刻于钟鼎等青铜器上的铭文。商代中后期的铭文,多为二三字,偶有多达数十字者,其形体结构与当时的甲骨文类似,只是铸造过程中较易保存笔意,故线条趋于圆润流转,粗细分明,略具抽毫引书的书法意趣。金文大盛于周代。随着礼乐制度的建立与发展,青铜器增多,且工艺精湛,金文和金文书法也蔚为大观。

西周金文,早期承袭殷商体势,但铭文逐渐加长,章法渐趋齐整,笔画厚重,肥笔较多,书风雄浑而端严凝重,显示出周王朝初建时的雄强蓬勃之气。《大盂鼎》可作代表。中期(昭王、穆王)笔画变为细瘦,肥笔与波磔减少,结构、章法多趋于匀齐,无复早期恣肆雄奇的气象与变化多端的活力。后期金文,肥笔消失,字形逐渐定型,象形意味减弱,结构更趋方整、简约,风格多样,洋洋大观,属于金文的鼎盛时期。代表作有《墙盘》《大克鼎》《簋》《多友鼎》《散氏盘》《虢季子白盘》《毛公鼎》等。其中,《毛公鼎》于凝重中透着灵动之气,铭文长达490余字;《大克鼎》等虽有界格,但字形活泼得势,章法参差错落;《散氏盘》横宕取势,结构扁平而奇古,书风朴厚,在众多金文中别具一格;《虢季子白盘》字形方整,章法疏朗开阔,在风格

图11-2 周 《大盂鼎铭》

上开启东周秦系文字书法的先河。总体来看，西周金文笔画的线条化，结构的渐趋方整、紧凑与简约，以及风格的多样化，表明汉字正努力摆脱象形的束缚，朝着书写的便捷与艺术化方向发展。

春秋战国五百年间，诸侯分立，包括金文等在内的书法，地域性日益加强。文字异形、书风多样是其主要特点。其中，西土秦系文字直接继承了西周金文的书法特点，产生了《秦公钟》《秦公簋》等上承《虢季子白盘》，下启《石鼓文》的金文作品，其他各国金文中，草率者与秦系文字中的俗体一同开草篆、古隶之端；精细者极尽华美与装饰意味，字形修长，甚至出现了鸟虫书等"美术字"。至战国晚期，列国交通、文化交流频繁，书体又渐趋统一。

3. 石刻文字

先秦石刻文字，目前公认最早的是战国时秦国的《石鼓文》（在十块鼓形石碣周围各刻四言诗一首）。它自唐初发现后，历代备受推崇。其书法似从西周《虢季子白盘》等金文脱胎而来，笔画更为圆劲均匀，结构更为方整匀称，已朝抽象化的方块字迈进。后世将战国时通行于六国的文字称为"古文"，将春秋战国间秦国的字体称为"籀文"。此刻作为晚期籀文的代表作，是研究大篆向后来小篆演进的重要资料。

图 11-3　战国·秦　石鼓文

4. 毛笔朱墨书迹

此类手迹，除前述殷代书而未刻的甲骨叙辞及少数陶片与玉、石上的字迹之外，主要有属于春秋末年的侯马盟书（用朱、墨书于玉、石上），属于战国时的楚缯书、楚简书（均为墨书），以及属于战国末年秦国的青川木牍和云梦睡虎地竹简上的墨书字迹。这些手迹，除表明先民高度的书写成就之外，还提供了书法发展与书体演变方面的宝贵资料。其中大量的字迹，用笔率意而富于提按、疾徐变化，形体活泼多样，属于"草篆"；而青川木牍和睡虎地秦简，虽结体尚存篆意,但笔画已由繁趋简、由曲变直,并略具起伏与波势,字形也多趋于正方或扁方,横向取势,已明显具有隶书的规模,人称"古隶"。这就纠正了过去以秦权量铭为秦隶和程邈造隶的错误见解。这种"古隶",一直存续到秦代和西汉中期,才被今天人们所熟知的汉隶和"草隶"所取代。

三、秦汉时期的书法

1. 秦代的小篆和古隶

秦统一六国后,采取"书同文"政策,"罢其不与秦文合者",由李斯等人以战国以来的秦系篆文(籀文)为基础,整理、加工成作为官方标准字体而通行全国的小篆,又称"秦篆"。后世因称籀文为"大篆"(即狭义的大篆,广义的大篆系先秦甲骨文、金文、籀文、六国古文的统称)。小篆较籀文简省,其特点是:笔画圆匀劲挺,字形长方齐整,结构对称平稳、上密下疏,章法上行列分明、各字大小一等,颇具整饬端庄之美。代表作有《泰山刻石》《琅琊台刻石》等,系秦始皇巡行各地时所立的纪功石刻(共六处),相传均为李斯所书。从残存于今的《泰山刻石》《琅琊台刻石》两刻中,可以看到"秦篆"的雄强浑厚之风,也可窥见小篆与先秦籀文尤其是《石鼓文》之间一脉相承的关系。秦篆的严整与雄厚,虽是书法、书体演变的结果,同时也是秦帝国集权统治之威严气象的反映。这种笔画匀停圆劲的小篆,后人或称为"玉箸篆"。它在秦代主要用于庄重严肃的场合。

图11-4 《秦诏铭》

与规整的"玉箸篆"风格迥异的是刻铸于大量诏版、权量上的铭文。它们在字体上虽属统一后的小篆,但可能出自书法素养高低不等的中下层官吏或一般善书者之手,故多率意为之,不计工拙。其特点是:线条多瘦硬方折，各字大小、疏密、斜正不一，有行无列，参差错落，极富天真、生拙之美，为秦代小篆的另一种风格。诏铭本属广义的金文，与先秦金文中相对率意的作品自然地保持着风格上的接近。

秦代沿用了古隶，作为小篆的辅助书体，以赴急疾。前述睡虎地秦简，部分属于秦帝国的遗物。古隶的实用性及其在民间的普及，说明它比趋于定法的小篆有着更强的生命力，故能在小篆通行和日趋衰落的过程中，不仅仍被大量使用，而且逐渐走向成熟，成为后来汉隶和"草隶"的源头。

2. 汉代隶书

两汉是隶书大盛、篆书渐退的时代。隶书进一步摆脱篆书形迹，逐渐由古隶发展成笔画简约、用笔以平直方折为主、结体方扁的成熟汉隶，继而又演化、定型为左右分展、波磔分明的"八分"隶书。

两汉隶书主要有两大系统，一为简帛隶书，一为石刻隶书。

西汉刻石传世较少。早期的《鲁孝王刻石》仍属古隶；中后期的《麃孝禹刻石》《莱子侯刻石》，线条劲挺方折，结构方扁，已明显脱去篆意，确立了隶书的新面貌。

较能反映西汉隶书风貌的是大量的简帛书迹，就中可清晰窥见隶书由古隶到成熟的八分隶书的演进轨迹。代表作如早期的马王堆帛书《老子甲本》、《老子乙本》，篆意由浓趋淡，隶势由隐而显；书于宣帝时的《元康四年简》（居延，前62年）、《五凤元年简》（敦煌，前5年）、《定县汉简》，已完全脱去篆意；书于成帝时的《武威仪礼简》、书于新莽时的《天凤元年牍》，更是成熟的隶书。这说明早在西汉中期（宣帝时），像东汉碑刻那样的八分隶书不仅业已成熟，且已成为普遍运用的日常书写体。

东汉是隶书的鼎盛时期。由于树碑立传、勒石记功之风盛行，故东汉隶书石刻（包括碑刻）不仅量大，而且风格多样，异彩纷呈，代表了汉隶的最高成就。

传世的东汉隶书石刻数量极大，各具特色，从风格上大致可分为如下四类（从钟明善说）：

(1) 茂密雄强、浑穆厚重者。如《开通褒斜道刻石》《裴岑纪功碑》《郙阁颂》《西狭颂》《衡方碑》《夏承碑》等。其中,《开通褒斜道》《郙阁颂》两刻,笔画无明显波磔,结构四角撑满,以古拙胜;《西狭颂》字体外紧内松,宽博大度;《夏承碑》则参以篆法,当属有意为之。

(2) 方整劲挺、斩截爽利者。如《张迁》《鲜于璜》等碑。

图 11-5 东汉 《礼器碑》

(3) 法度森严、立汉碑风范者。如《乙瑛》《礼器》《史晨》《孔宙》《华山》等碑以及《朝侯小子残石》《熹平石经》《韩仁铭》等。此类碑版数量最多,也最能体现"八分"之极则:波磔显著,字势相背而左右分展。"八分"成熟于西汉中期,其用于碑刻,约起于东汉帝建初以后,盛极于桓、灵之世。此类碑刻,多力求规范,不尚变化,代表了汉隶经由自然发展的千变万化之后终至定型的标准风范。其中多数作品虽左规右矩,尚不乏生动活泼的气象与韵致;而灵帝时作为官定标准范本所立的《熹平石经》,则近于刻板,流露出汉隶盛极而衰的兆候。魏晋以后直至唐代的隶书石刻作品,多为此路风格的末流格局,无复生机。

(4) 舒展峭拔、烂漫多姿者。如《石门颂》《杨淮表记》等,为东汉石刻最为自然洒脱、疏宕豪放的一类。东汉简牍隶书与当时的石刻隶书类似,然因系墨迹,书写较为灵活,也更易见出用笔的真实消息。

3. 汉代篆书

两汉通行隶书,篆书(小篆)多用于特别庄重或特别需要装饰美化的场合,且其写法或多或少受到处于上升势头的隶书的影响,传世的两汉篆书作品多为小件。东汉时篆书除大量用于砖瓦等的装饰及印玺之外,另有不少碑刻作品传世,如用于碑铭的主要有《袁安碑》《袁敞碑》《祀三公山碑》等;用于碑额的主要有《郑固碑额》《孔宙碑额》《西岳华山庙碑额》《鲜于璜碑额》《西狭颂碑额》《张迁碑额》等。就中可知,东汉碑刻、铭文多用规整的隶书,碑额多用篆书。

4. 章草的成熟和今草、行书、楷书的萌芽

章草是草书的一种,由"草隶"演变而来。"草隶"为隶书(古隶与汉隶)的草写,主要存在于汉代简牍之中,虽未构成一种独立的书体,却孕育了草、楷、行诸体的胚芽。章草定型并盛行于东汉,其特点是:尚存隶书遗意,字字独立,横向取势,笔画时带波挑,字内出现有规律的牵连、省简等草法。东汉章草书家主要有杜度、崔瑗、张芝等。张芝师法崔、杜而自谓不及,但名气最大,传有《八月帖》。在他们的影响下,汉末一度出现学习草书的狂潮。

今草、行书和楷书在汉末已见雏形,到魏晋时则发展成独立的书体。

四、魏晋南北朝时期的书法

把书法的学习、欣赏或研究作为一种自觉的追求,这种情形在东汉已有所表现。魏晋之际,书体演变结束,书法艺术从此进入更为自觉的、以个性创造与风格翻新为主的发展时期。

1. 三国书法

三国时期,书法以魏、吴两国为盛。曹魏居中原腹地,文化承汉末遗绪,若干书法名家,如梁鹄、钟繇、邯郸淳、韦诞、卫觊等,多贡献极大,传有小楷《宣示表》《贺捷表》《力命表》《荐季直表》《墓田丙舍贴》等,均为后人临本或摹刻本,书风质朴而古雅生动。

曹操以葬礼过繁,曾下令禁碑,此后碑刻锐减,然并未完全绝迹。三国时,仍以曹魏碑刻最多。传世魏刻石主要有隶书《上尊号碑》《受禅表》《孔羡碑》《曹真残碑》《范式碑》以及用古文、小篆、隶书所刻的《三体石经》,其中以《范式碑》书法价值较高。

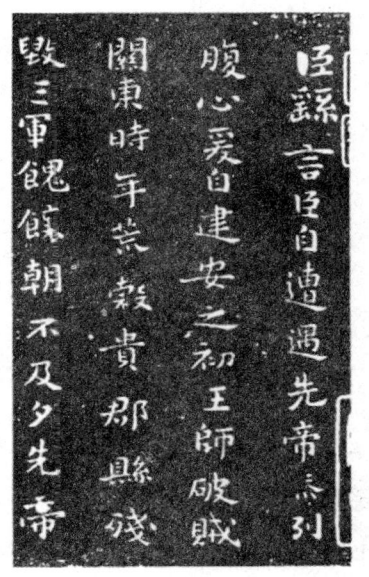

图 11-6　三国·魏　钟繇　《荐季直表》

孙吴所遗碑刻中,较具特色的有:《谷朗碑》,楷书而存有隶意;《封禅国山碑》,篆书而参有隶法;而最为著名的是《天发神谶碑》,篆体隶笔,方圆互济,起笔多以所谓"折刀头"笔法出之,伸向结构外围的笔画多锋芒外射,书风奇伟狞肆。吴国书家以皇象最著名,据传"松江本"章草《急就章》原出其手。

2. 两晋书法

西晋著名书家有卫瓘、索靖、陆机等。卫、索师法张芝,并善章草,时称"一台二妙"。陆为著名文学家,所书《平复帖》,体在章草、今草之间,书风淳厚古朴,为迄今发现的最早的名家真迹。

东晋偏安江左,门阀士族多纵情山水,谈玄论道,书翰往还,相互争胜,极大地促进了书法艺术尤其是行、草书的发展与繁荣。而王、谢、郗、庾四大世族,更是名家辈出,其中尤以王羲之、献之父子成就最大,世称"二王"。

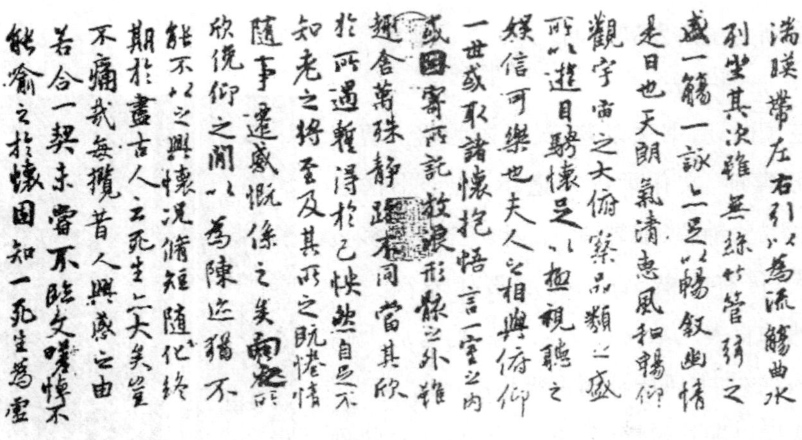

图 11-7 东晋 王羲之 《兰亭序》 唐 冯承素摹本

王羲之(人称"大王"、王右军)为真、行、草诸体书法的集大成者,也是继钟繇质朴书风之后开启并确立妍美书风的重要书家。他博采众美,为楷、行、今草书的规范做出了卓越贡献。其书清新典雅,含蓄蕴藉,最能体现晋人尚韵的风致和中国古典书法的冲和之美。他以技法超绝、内涵深厚的作品为历代景仰,被尊为"书圣"。其书迹流传于今者,均为临摹本或翻刻本。其著名代表作,楷书有《东方朔画像赞》《乐毅论》《黄庭经》等,行书有《兰亭序》《丧乱帖》《姨母帖》《快雪时晴帖》等,草书有《十七帖》《初月帖》等。今传唐人临摹《兰亭序》中,以冯承素摹本最得原作神韵(王书原迹据传随唐太宗殉葬昭陵)。唐释怀仁集王书《圣教序》,亦为影响深远的行书名帖。宋刻《淳化阁帖》十卷,"二王"书居半,而羲之独占三卷,数量巨大。

王献之(人称小王、王大令)亦精真、行、草书,风格纵逸奇崛,与大王的含蓄蕴藉适成对照。其主要代表有《洛神赋》《鸭头丸帖》《中秋帖》《廿九日帖》等。其行、草书多笔势连绵,体势欹侧,气势非凡。

东晋著名书家尚有王荟、王珣、王徽之、谢安等。王珣《伯远帖》为唯一流传于今的东晋名家真迹,曾与王羲之《快雪时晴帖》、献之《中秋帖》同列为清代"三希"。

两晋碑禁未弛,碑刻不多。其中最著名的是东晋《爨宝子碑》,楷书而兼有隶法,刚劲凝重,古朴奇巧。后世将此碑与同立于云南的南朝《爨龙颜碑》合称"二爨"。

晋代小楷,在"二王"手中已脱去隶意,而用于刻石的大字楷书,尚存隶意。此时的刻石虽偶用隶书,然隶中已杂有楷。至南北朝时期,楷书在石刻中几乎完全取代隶书,且多数为脱去隶意的纯粹楷体(古代又称楷书为真书)。

3. 南北朝书法

南朝著名书家主要有羊欣、孔琳之、王慈、王志、王筠、萧思话、薄绍之、王僧虔、陶弘景、萧衍、萧子云等,多擅行、草。虽此时书坛已为"二王"书风笼罩,但他们大都定得任情恣性、生气洋溢。南朝书法风气之盛可比东晋,书法著述亦多。羊欣书学献之,时有"买王得羊,不失所望"之誉;所著《采古来能书人名》一卷,为最早的书家小传著作。王僧虔书有《舍人帖》等,传有《论书》《笔意赞》两文。陶弘景与梁武帝萧衍讨论书法,来往答启多达九通。它如庾元威《论书》、庾肩吾《书品论》、袁昂《古今书评》、虞《论书表》等,均为重要的书法著述,从中可窥见南朝书法品鉴风气之盛以及时人在建立书法品评标准方面所做的努力与贡献。

南朝石刻著名者有:《爨龙颜碑》,尚含隶意,奇古雄浑;《瘗鹤铭》,原刻于焦山崖下，传为陶弘景书，笔势开张，结体宽博，风神超逸淡远，宋黄庭坚于此碑得力尤多；《萧憺碑》，贝义渊书，峻爽遒媚；《萧景神道题字》，乃左行反书；《刘怀民墓志》，写法近于《爨龙颜碑》。以上均为楷书。

北朝为继东汉以来又一碑刻高峰，也是书法史上第一个楷书高峰。尤其是元魏统一北方以后，崇仰佛教，刻石立碑之风因以盛行。北朝石刻书法遗迹极其丰富，被统称为"北碑"，以与"南帖"相对，因其中名碑多立于元魏时代，故又称"魏碑"。北碑主要包括以下四类：

（1）碑碣。主要有《中岳嵩高灵庙碑》《苻秦建元四年产碑》《大代华岳庙碑》《晖福寺碑》《吊比干碑》《高贞碑》《敬使君碑》《张猛龙碑》等。就中以《张猛龙碑》最负盛名，康有为赞其"为正体变态之宗"（《广艺舟双楫》）。

（2）摩崖。著名者有《石门铭》《泰山经石峪金刚经》《铁山匡喆刻经颂》《水牛山文殊般若经》以及由著名书家郑道昭所书《郑文公碑》《观海童诗》《论经书诗》等。摩崖书迹以其所处地理环境的独特性，故多呈现为雄浑博大、自然朴拙之美；其中的刻经类作品，则同时富有超逸萧散之趣。

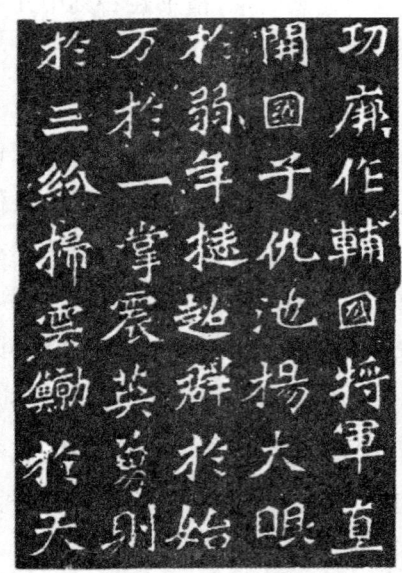

图11-8　北魏　杨大眼为孝文皇帝造像记

（3）造像记。此乃北魏佛教美术兴盛的产物之一。此类石刻多达数千方，其中最著名的首推"龙门二十品"，主要包括《始平公造像》《杨大眼造像》《元详造像》《郑长猷造像》《孙秋生造像》《魏灵藏造像》等。此类作品在刻凿时往往不加修饰，而于用笔之方切则强化有加，故大多线条粗犷、棱角分明、斩截利落，结体则雄茂而峻宕，反映了北方游牧民族的剽悍之气。

（4）墓志。即置于墓中的小块石板，其作用及铭文内容均与墓碑相类。魏晋实行碑禁，墓志渐兴。北朝时期尤其是北魏孝文帝迁都洛阳、实行汉化政策以后,墓志大盛而碑刻转少,主要是墓志更易于保存,适应了当时南迁洛阳而依诏死后不得北还的大批鲜卑贵族希望身后能迁葬故土的心理。此后刻置墓志演为风尚。北魏以后的墓志,带有上盖,上刻标题,作用类于碑额,兼有保护志铭之用。墓志因深埋地下,故出土如新。已出土的北朝墓志多达五百余方,其中著名者如《张黑女墓志》《刁遵墓志》《崔敬邕墓志》《元晖墓志》《鞠彦云墓志》《司马景和妻墓志》等,多为精美秀整的楷书,较能反映其与魏晋楷书之间的传承、因革关系,对隋、唐之际楷书的发展影响较大。

从总体看,北朝石刻书法因处于楷法初创、隶楷递变时期,尚未如唐楷那样高度规范、应规入矩,故能呈现出以质朴率真为基调的多样化风格。清代初期以降,由于金石书迹的发现日多,伴随碑学的兴起,"北碑"书法始广受重视。康有为《广艺舟双楫》盛称北碑、魏碑书法有"十美",概而言之,主要是力强气厚、自然活泼。

两晋南北朝时期还遗有大量写经墨迹,多为严谨、工整、秀美而技法纯熟、体势方扁的小楷,人称"写经体",奠定了此后楷书抄经的基本格调与样式。隋、唐人写经书法,即由此发展而来。

五、隋唐五代时期的书法

1. 隋代书法

隋统一天下后,伴随南北文化的大融合,书法也在兼融南北的基础上逐渐归于"二王"书系,以清新遒丽为基调,继续向规范化、法度化迈进,为唐代书法做了有力铺垫。这在隋代所遗石刻、写经及名家书迹中均有明显体现。

隋代祚短,然石刻书迹尤其是墓志数量巨大,成就突出。其中名品有《龙藏寺碑》《董美人墓志》《苏孝慈墓志》《曹植庙碑》《启法寺碑》等,而以《龙藏寺碑》最具代表性,书风典雅秀健,法度完备而又灵活自如、神气俱足,康有为誉之为"六朝集成之碑"(《广艺舟双楫》)。

隋代书家,如智永、智果、房彦谦、丁道护、史陵等,实皆南北朝人。其中智永为王羲之七世孙,是羲之家法的重要传人。由于唐太宗李世民推重大王书,故其影响及于唐代,成为王系书法发展中承前启后的关键人物。据说他曾手书《真草千字文》八百余本,而传于今者除数种刻本外,真迹只有一本,已流入东瀛。据载著名的《兰亭序》,即由他传于弟子辩才,而为唐太宗辗转所得。

2. 唐代书法

唐代为书法史上又一高峰,各体书法均有所发展,尤以真、草两体成就突出,影响巨大。唐代书法以真、行、草为代表,法度谨严而不失生机,充满正大气象,与大唐帝国的辉煌灿烂相表里。

初唐承隋代书风,祖述大王,兼取北碑,书风主于瘦劲。唐太宗李世民推崇大王书,亲为《晋书·王羲之传》撰写赞词。他竭力购求王书,并命人整理编目、精工临摹以广其流传,又准予设立弘文馆以传习书法。凡此均对王书正统地位的确立和初唐书法的隆盛产生了重要影响。他本人书法造诣极高,所书《温泉铭》《晋祠铭》,风格豪纵大气,开行书入碑之先例。在他周围聚有一批著名书家,如欧阳询、虞世南、褚遂良等。

欧、虞均为隋代旧臣。欧擅长多种书体,传世书迹中,除隶书碑刻受时代局限、水平一般之外,楷书《九成宫》《化度寺碑》《皇甫诞碑》及行书《梦奠帖》《卜商帖》《张翰帖》等,均极精妙。其书险劲峭拔,书名远播海外,高丽尝遣使购求其书。

虞世南曾问学于智永,深得羲之笔法。其代表作为楷书《夫子庙堂碑》、行书《汝南公主墓志铭》等。其书圆润遒媚,雍容华贵,深受唐太宗喜爱。他是太宗的书法老师。他死后,太宗感叹无人可与论书,魏征因此而荐褚遂良。褚氏晚出,长于真书,风格居欧、虞之间,刚柔相济,险夷相生,空灵舒展,婀娜多姿。代表作有《伊阙佛龛碑》《孟法师碑》《雁塔圣教序》等。

欧、虞、褚三家俱有传人,而以学褚者为多。欧阳询子通,书传乃父衣钵,融隶入楷,殊欠含蓄、少变化。陆柬之得乃舅虞氏真传,上追大王,所书《文赋》墨迹,温厚有余,灵秀不足。薛稷、薛曜兄弟及敬客、王知敬等均效褚法,俱无质的突破。薛曜书专取瘦硬而多顿笔,虽格调非高,却是后来宋徽宗"瘦金体"之所从出。

初唐名家尚有钟绍京、孙过庭。钟善楷书,传有小楷《灵飞经》。孙长于草,遗有《书谱》墨迹,为典型的大王小草规模。稍后贺知章草书《孝经》,体势与之相类。《书谱》还是历史上最重要的书法论著之一。

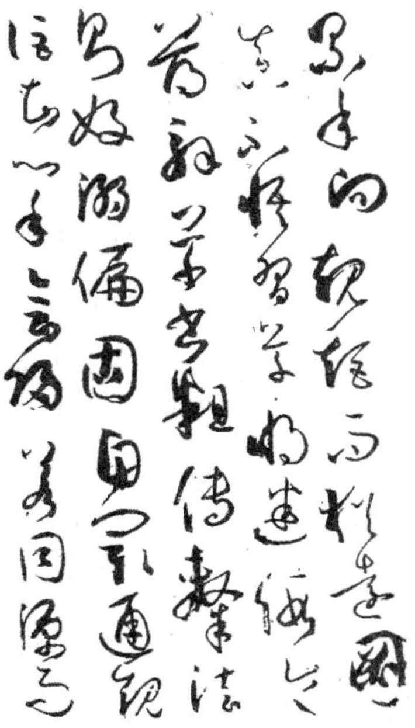

盛唐时期,各体书法均获发展。真、行、草书逐渐突破"二王"樊篱,形成崭新格局,书风趋于雄放。篆、隶二体亦于久绝后复出,涌现出李阳冰、史惟则、唐玄宗、韩择木、蔡有邻、李潮等书家,虽无复秦汉古风,却也展示出一种壮观景象,映射出盛唐书法的繁荣。兹简介著名的真、行、草书大家如下:

李邕,字泰和,扬州江都人,李善之子。官至北海太守,人称"李北海"。他擅行楷书(即行书中楷法多于草法),初学二王,后创造出新,为唐代新书风的开拓者,自称"似我者俗,学我者死"(刘熙载《艺概》卷五)。其书多在真、行之间,用笔生拙雄健,结体似欹反正,极富个性。代表作有《岳麓寺碑》《云麾将军碑》等。

图11-9 唐 孙过庭 《书谱》

张旭,字伯高,吴人,官至金吾长史,人称"张长史"。性嗜酒,为杜甫笔下"饮中八仙"之一,常醉后作书,世号"张颠"。书擅真草,而以草书闻名。文宗时以李白歌诗、斐旻剑舞、张旭草书为"三绝"。其书初得自舅氏陆彦远(陆柬之子)家风,故其真书奄有虞、褚流风。其草书极富创造精神,变二王以来的今草(小草)为狂草(大草),连绵飞动,气势磅礴,激情洋溢而不失法度,开宋人"尚意"书风之先河。代表作有楷书《郎官石柱记》及草书《古诗四帖》《肚痛帖》等。

颜真卿,字清臣,曾任平原太守,世称"颜平原";后封鲁国公,人称"颜鲁公"。以忠烈而为后世敬仰。其书初学褚遂良,后从张旭得笔法,彻底摆脱初唐风范,并弃其姿媚,一变古法,创造了圆浑雄强、天骨开张、大气磅礴的时代新风。其楷书端庄宽博,茂密雄强,不仅深具盛唐气象,且与其正直、刚烈的高尚品格相表里。其行书用笔率意,不拘绳墨,字里行间,激情洋溢;而"画沙"、"漏痕"之妙,雄秀奇伟之气,一同其楷书。其书对怀素、柳公权及五代、北宋以后诸名家,影响至巨。代表作主要有楷书《多宝塔》《东方朔画赞》《麻姑仙坛记》《李玄靖碑》《勤礼碑》及行书《刘中使帖》《祭侄文稿》《争座位帖》等。

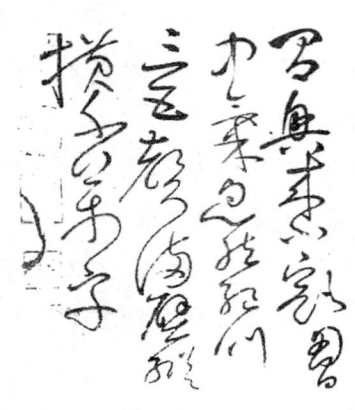

图 11-10 唐 释怀素 自叙帖

怀素,字藏真,长沙人。曾问学于颜真卿,间接悟得张旭笔法,以草书名世。其性疏放,好饮酒,兴到挥毫,笔走龙蛇,圆转飞动,变幻莫测。人谓之"以狂继癫"。张妙于肥而苍茫老辣,素妙于瘦而圆劲古澹。怀素传世作品主要有《论书帖》《自叙帖》《苦笋帖》《小草千字文》《圣母帖》等。

晚唐书法多袭前规,较少独创,惟柳公权异军突起,以颜书为体,欧、虞为用,创为瘦挺爽健、中宫紧结的"柳体"楷书,世称"颜筋柳骨"。其代表作有楷书《金刚经》《玄秘塔碑》《神策军碑》及行书《蒙诏帖》等。唐楷至此已规整至极。"柳体"乃唐楷之最后一块里程碑。

唐代诗人李白、白居易、杜牧等亦工书。杜牧《张好好诗并序》,为晚唐行书巨迹,气格雄健姿媚,雅有六朝风韵,与其诗文相表里。

3. 五代书法

五代虽遭丧乱,历时又短,而书法沾唐雨润,未坠枯谢,回光反射,斐然可观。惟大家已寥若晨星,其间最杰出的书家,首推由唐而入五代的杨凝式。他官至太子少师,人称杨少师;又曾佯狂自晦,时呼为"杨风子"。他工于行、草,出入颜、柳、欧,臻二王之妙,书风天真烂漫,萧散纵逸,淋漓快目,个性突出,堪称唐、宋间继往开来的一代大师。其遗迹较少,主要有《韭花帖》《神仙起居法》《夏热帖》《卢鸿草堂十志图跋》数种,每件各出一奇,令人心驰神往。

六、两宋时期的书法

宋代自太宗倡以文治,始留心翰墨,书法同诗歌一样,接续唐、五代以来的余风,渐成文人士大夫的普遍爱好和必备修养。然刻帖与"趋时贵书"风气的盛行,一定程度上抑制了两宋书法的发展,致使其总体成就逊于唐人。北宋前期,承唐末、五代余绪,书风主于闲雅安和,但已少唐人开拓向上的精神与气象;后期以苏轼、黄庭坚、米芾为代表的"尚意"书家的崛起,标志着宋代书法辉煌时期的到来。

宋代书坛,行书最盛,成就最著,楷书多带行书笔意。宋初李建中,存世有《贵宅》《土母》《同年》诸帖,均为行书,用笔丰厚凝重,惟乏秀异。他由五代入仕北宋,书有唐人余韵,比之杨凝式,较少创意。北宋前期工于书翰者另有林逋、范仲淹、欧阳修、文彦博、苏洵、蔡襄等人,其中以蔡襄成就最大。蔡擅真、行、草诸体,与苏、黄、米并称"宋四家"。其书出入二王、颜真卿,书风温婉闲雅,有晋人韵致。苏轼谓其"天资既高,积学至深"(《评杨氏所藏欧蔡书》),推为"本朝第一"(《评杨氏所藏欧蔡书》)。米芾评其书"如少年女子,体态娇娆,行步缓慢,多饰繁华"(《书林藻鉴》卷九)。存世书迹较多,主要有《谢赐御书表》《纡问帖》《诗札册》《自书诗卷》等。

北宋后期,苏、黄、米等人崛起,受禅宗哲学的影响及盛唐以来新书风尤其是颜真卿、杨凝式的启导,追求主观表现、独创精神和放达、超逸的趣味,从而开创了书法发展的新局面。

苏轼为宋代"尚意"书风的倡导者,自谓"我书意造本无法,点画信手烦推求"(《石苍舒醉墨堂》)、"心忘其手手忘笔,笔自落纸非我使"(《小篆〈般若心经〉赞》)。其书不拘形迹,似无意于佳,而笔酣韵足,刚健婀娜,气势豪迈,在"宋四家"中最得天真烂漫之趣。其所书碑石、墨迹,在王安石变法后数十年新旧党争期间,一度遭毁禁,然其所遗墨迹仍多,就中以行书《寒食诗帖》最为名作。黄庭坚跋此帖云:"此书兼颜鲁公(真卿)、杨少师(凝式)、李西台(建中)笔意,试使东坡复为之,未必及此。"(可参看《中国著名碑帖选集·苏轼集》)其他如《前赤壁赋》《祭黄几道文》《答谢民师论文》《新岁展庆帖》《洞庭、中山二赋卷》等,也都是流传于今的苏轼书法名作,无不达到了物我两忘、随意所适的境地。

黄庭坚为"苏门四学士"之一,"江西诗派"创始人。他是"宋四家"中唯一一位行、草两体均臻高妙境界的书家。其行书用笔圆润恣肆,字形紧结,笔划外展,体势险侧挺拔而呈辐射状。其草书遥承张旭、怀素,用笔更加纷披老辣。其行、草代表作有《苏轼寒食帖跋》《经伏波神祠诗卷》《松风阁诗卷》《李白忆旧游诗卷》等,用笔泼辣,字势瑰奇,风格豪纵,意境壮阔。

米芾在"四家"中最为晚出,学书至为勤奋,精于临仿与鉴别,传统功力深厚。因其为人狡黠,举止颠逸,人称"米颠"。他力追前贤,善于融会贯通,技法精熟,挥洒自如。他自称"刷字",运笔迅疾,八面出锋沉著痛快,变化多端。苏轼称其书如"风樯阵马,沉著痛快"(《书林藻鉴》);黄庭坚则云:"元章书如快剑斫阵,强弩射千里,所当穿彻。书家笔势,亦穷于此。"(《书林藻鉴》)米书法度谨严而不失天真烂漫,可谓出新意于法度之中。较之苏、黄,米书存有更多的传统血脉。其传世作品以行书最优,除尺牍、题跋外,主要有《苕溪诗》《蜀素帖》《自叙帖》《虹县诗》等。

与米芾大体同时的书法名家,尚有薛绍彭、蔡京、赵佶等,虽各具特色,而笔力转弱。徽宗赵佶是宋代帝王中最能书的一位,虽系昏君,却极具书画才能。其书初学唐代薛稷,变其法度,创为端庄疏朗、绮丽细劲的"瘦金书"。其代表作有楷书《牡丹诗册》、行书《蔡行敕》、草书《千字文》等。蔡京乃著名奸相,或以为其书在襄之上,"宋四家"之蔡应为京,后世恶其为人而以襄代之。

南宋时期(包括辽、金),书法已呈颓势,学者大体沿苏、黄、米、蔡(京)诸家余波,取径浅近狭窄,基本无新的开拓。其间仍以行书为优,较有成就者有高宗赵构、米友仁(芾子)、吴说、朱熹、张孝祥、陆游、范成大、王庭筠、吴琚、张即之、赵孟坚等,其中以陆、范二人气象较大。

七、元明时期的书法

1. 元代书法

元代书法总的形势是受赵孟頫影响向晋、唐回归。它力图恢复晋、唐古法,对两宋时期以意趣为尚的主导倾向是个转折。这使元代书家找到了自己的立足点,并以卓越成就扭转了南宋书法的颓势。元代各体书法均得复兴,而以真、行、草为优,作品中多深藏思古之幽情。惟自艺术的立场看,书法的法度固然重要,而主要源自书者情性,由意、法熔铸而成的书之神采更为重要;大至时代,小至个人,对书法创造精神的弘扬,也比法度的继承来得重要。元代有复兴书法之功,若干大家亦卓然自立,而总起来看,此期书法不及北宋,无论晋、唐。

元代书坛以赵孟頫功力最深,成就最著,其他书家均或多或少,或直接或间接受其影响,有些只是赵的翻版,了无个性。赵孟頫善各体,尤工真、行、草书,风格平正温雅、谨细婉丽。代表作有楷书《胆巴碑》《汲黯传》,行书《洛神赋》《赤壁赋》,及章草《急就章》等。他遗有大量书札,其中以《与中峰明本》尺牍最佳。其书对后世有重大影响。值得一提的是,由于他的努力,章草与小楷二体在元、明时期颇呈中兴之势。

元代较有成就的书家尚有鲜于枢(与赵齐名)、张雨、邓文原、冯子振、康里巎巎、杨维桢等,其中又以冯、杨、康里诸人较为特异,书风奇崛,于赵孟頫之外别树异帜;而杨维桢融章草的笔法、情韵于草书,尤见古雅。

2. 明代书法

明代书法继承宋、元以来的帖学传统而集其大成,善真、行、草者多不胜数,名家辈出。受政治、经济、文化思潮等影响,明代书法发展呈现出分明的阶段性。除初期为元代书风笼罩及受"台阁体"冲击、书坛成就较小之外,中后期则涌现出众多有开拓性的书法大家。另外,与普遍的鉴藏风气及高厅宏轩的室内装饰的需要相适应,明代书法作品的样式(亦称格式、幅式)极其丰富,而中后期又特多气势宏大的、超长的条幅和手卷。

明初书法为元代书风的延续,代表书家有"三宋"(宋克、宋璲、宋广)、"二沈"(沈度、沈粲兄弟)。其中以宋克成就最高,影响最大。宋克善真、草书,尤工章草。其章草由元代赵孟頫等人上溯皇象《急就章》,变古章草的扁方为长方,变用笔的圆厚古拙为挺拔雄秀。他还融章草的波势于行、草之中。其书深受元代书家影响而呈现出新的面貌。其书法总体特征是:用笔隽秀劲挺、矫健俊爽而富于节奏感,体势修美险奇而摇曳多姿。其代表作有《章草急就章卷》《草书唐人诗卷》《章草书谱卷》等。后者杂有小楷,自然而富于情趣。

宋璲乃开国文臣宋濂(亦工行草书)之子,长于篆、楷、草诸体,中年涉案被诛,传世作品稀少,仅遗有行草书《敬覆帖》及少量小楷,书风闲雅秀美。宋广专长于草,师法张旭、怀素。二人用笔均劲健流畅,惟稍乏余韵。

明人书法善于表现体势,注重结构、章法的错落有致,以及强调通篇的气势与节奏感等特点,在明初已显露端倪。

沈度书善各体,尤精楷书。他以圆润婉媚、雍容端庄的楷书而深受明成祖爱重,被过誉为"我朝王羲之",成为当时流行的"台阁体"的代表人物之一。沈粲精于草书,深受宋克影响,缠绵飘逸而沉雄不逮。

明中叶以后,文禁松弛,在经济发达、文人荟萃的江浙一带,一些文人开始寄情于诗文书画,若干有见地的书家,力求摆脱日益刻板、渐失主导地位的"台阁体"的束缚,广开出路,取得了卓越成就。明中叶杰出书家主要有陈献章以及被称为"吴门三家"的祝允明、文徵明、王宠等。

陈献章,广东新会人。居白沙里,人称白沙先生。他因地制宜,自制茅草笔,号称"茅龙"。传世作品有行书《自书诗卷》等,用笔苍劲爽利,结构簇聚,字形拙朴奇异,风格泼辣雄放。

祝允明转益多师,遍习魏晋以来历代名家书法。他善行、楷,尤长于草书,为黄庭坚之后又一狂草大家。其草书代表作有《自书诗卷》《赤壁赋》等,风格豪纵而沉雄奇拔,与其狂放不羁的性格相表里。

文徵明擅长诗文书画,于书法临学精博,功力深湛。他各体兼工,尤精于楷、行、草书。其小楷最堪称道,得力于钟繇、王羲之和初唐诸家,笔法严谨纯熟,点画挺秀,结构清整,风格俊雅。他享寿九十,晚年尚能作蝇头小楷,一无懈笔。其小楷代表作有《赤壁赋》《真赏斋帖》等,另有大量行草书作。其书法总体特点是:精工稳健,清秀雅致,雅俗共赏。

王宠有晋人风度,书法亦深得晋唐遗韵。他极富才华,敏于体悟,去世时年仅四十岁。他擅长小楷与行、草书,拙中藏巧,疏宕超逸。传世作品有楷书《滕王阁序》、行书《韩愈送李愿归盘谷序》、草书《五忆歌》等。

上述四家中,陈书苍劲,祝书奇崛,文书和雅,王书雅逸,鲜明体现了"书如其人"的书学命题。他们敢于冲破既有束缚,法古出新、以书写怀的开拓精神,对明中后期的书法产生了积极而深刻的影响。

明代后期,相继涌现出一大批以行、草见长的书家。受大的文化思潮的影响,明末书法以徐渭、董其昌、张瑞图、黄道周、倪元璐为代表,以洒脱奔放为基调,在笔法、墨法、章法等方面均呈现出丰富多变的情貌。上述诸家中,除董书偏于古典之外,其余则奇肆雄逸,充满浪漫情调,与他们不拘一格、变化多端的艺术手法相表里。

徐渭富奇才,是杰出的文学家、书画家,一生命运多舛,充满悲剧色彩。其行草由黄庭坚、米芾化书,不拘法度,不主故常,任情率性,奇纵飞动。袁宏道评其书云:"不论书法而论书神,先生者诚八法之散圣,字林之侠客也。"(《徐文长传》)其大字行草作品,多打破行列界限,上下错落,左右掩映,洋洋洒洒,一派天机,整篇构图犹如一幅写意画;那恣肆奔放、近似疯狂的挥洒中,透着不可遏制的烈焰般的激情和慑人心魄的力量,折射出他狂放不羁的性格和愤世嫉俗的叛逆精神。

董其昌通禅理,善书画。其书集宋元以来诸家之长而出以平淡简远,点画圆劲秀逸,墨色鲜活清雅,章法疏朗空灵。他善真、行、草书,融生拙、流畅、秀雅于一体,意境淡远而超凡脱俗。尝以书比之赵孟頫,自云"赵书因熟得俗态,吾书因生得秀色"(《容台别集》卷二《书品》,转引自黄惇选注《董其昌书法论注》)。其书生前已风靡一时,入清后更因康熙帝的推重而身价倍增。

比董稍晚的张瑞图、黄道周、倪元璐三人均工书画,并善行草,书中多新理异态,字间茂密,行间宽疏。张师法钟、王,另辟蹊径,真书如断崖峭壁,行草如急湍危石,奇姿横生,别具一格。他善用侧锋、折笔,运笔欲纵故擒,结字欲斜又正、将放还收。黄氏以文章风节高天下,不谐流俗,明亡后被清兵捕至南京,坦然赴死。其书奇古而不怪,点画方劲峭厉,笔势翻覆盘旋,节奏明快,结体横扁,摇曳多姿。其小楷在明末书坛堪称绝伦。倪书点画圆劲凝涩而不失古朴,结构、章法参差错落、大疏大密而不求匀停,节奏如紧锣密鼓,铿锵有力,昂扬激越。

作为帖学的新生面,并在明末达到高潮的浪漫书风,一直持续到明清之际的王铎、傅山、朱耷、石涛等人,旋即因清代前期对董、赵等正统帖学书家的推崇和"馆阁体"的流行而烟消云散。

八、清代书法

清代为帖学转衰、碑学由兴而盛的一代。

1. 明末书风的延续

清初的王铎、傅山、朱耷、石涛诸家,均系明季遗民,并善书画,后两位尤以画名世。他们的书法实是明末浪漫书风强劲势头的延续。王铎因仕清而为人不齿,实乃明清之交成就最高的书家。其书在明末时即与董其昌齐名,书法师承亦相近,而董尚柔媚秀逸,王铎则沉雄苍迈,全以力胜。他工多体书,尤善行、草,书法主要得力于钟繇、二王、颜、柳及米芾。其巨幅行、草,多雄厚恣肆,用笔盘旋腾掷,体势险奇多变,行墨则干湿、浓淡并用,通篇跌宕起伏,气势恢宏,对稍后的傅山、清末吴昌硕均有重要启发,且对民国以来尤其是当代中国的书法和日本书法影响至巨。

傅山为著名思想家、医学家和书画家。他性格倔强,拒不仕清。其书工多体,尤善行、草。其书主要得力于大王、颜真卿,并深受王铎影响。他鄙睨赵、董的圆熟巧媚而力倡"正""拙",提出"宁拙毋巧,宁丑毋媚,宁支离毋轻滑,宁直率毋安排"的惊人主张和"作字先做人"的书法观。其拙朴率真、刚健婀娜、看似粗头乱服的行草作品中,充溢着奔放直率的激情和一往无前的气势。

朱耷号八大山人,为明宗室后裔,明亡后隐迹山林,曾削发为僧。他一生坎坷,行为怪癖,常藉诗文书画发泄内心积郁。从传世书迹看,他先后师法过欧阳询、董其昌、王宠、黄庭坚、米芾、钟繇、二王、李邕等人,逐渐形成个人面目。他还学过篆、隶、章草,而成就最高、最具特色的是其小楷与行、草。其小楷兼具钟繇的质朴、大王的清丽、欧阳询的挺拔、李邕的险绝、王宠的空灵秀拙和章草的古雅；行草则笔画均匀圆劲，似秃笔写就，笔势忽擒忽纵，结体乍开乍合，字形奇古，章法疏朗，风格冷峻、简澹而不失天真烂漫，个性十分突出。其署款"八大山人"，连缀如"哭之""笑之"，寓意深刻。

石涛与朱耷同为清初画坛"四僧"之一。他工真、行、隶书，书迹多见于其画作题识，拙朴烂漫，不检绳墨，游行自在，与画中物景相得益彰。

2. 盛极而衰的帖学

清初至乾嘉年间，书坛基本仍是帖学的天下。因康熙帝酷爱董书，乾隆帝喜爱赵书，董、赵书风遂先后风靡朝野，以至成为干禄正体。当时科举和官场用字，规定要端正匀净，只能用正体，不准有破体、俗体，遂形成千人一面、一字万同、但求所谓"乌方光"的"馆阁体"，从而严重遏制了书法艺术的个性创造。当此风气，大批帖学书家为时风和功名所囿，视野狭窄，下笔拘谨凡庸，再无明末清初一批浪漫书家的豪放拙朴气息；书坛被单一、萎弱的书风笼罩着。其间如姜宸英、张照、刘墉、梁同书、王文治、翁方纲等人，虽于帖学用功至深，且名重一时，俱无力自振。帖学至此遂盛极而衰。嘉道之后，碑学兴盛而入缵大统，虽帖学并未止息，然专攻帖学者不仅锐减，且无一名家。

3. 碑学的兴起与发展

清代碑学酝酿于帖学极盛期间，崛起于帖学衰微之时，而后取代帖学而入主书坛。

明末清初，金石篆刻之学逐渐复兴，促使清初以来部分书家，欲从晋魏而上，探求更高古淳朴的书法。他们从秦汉篆隶碑刻中汲取营养，从而辟出新路。其中较具代表性者，有清初的郑簠，康雍年间的王澍，雍乾年间的金农、郑燮、丁敬等。从主要书法成就看，郑簠、王澍、金农长于隶书，郑、金二人成就较大；丁敬专工篆书，颇有金石意趣；郑以行书为尤，师法黄庭坚、《瘗鹤铭》，融入篆、隶、草书及兰竹笔意，创为"六分半书"。这些书家的变革意向，为清中叶书法由帖向碑的转变奠定了一定基础。

雍乾之际，屡兴文字狱，士人将精力集中于经史考据与诠释，金石文字成为证经订史之资。由于金石出土日多，摹拓流传日广，其书法价值益受世人瞩目。

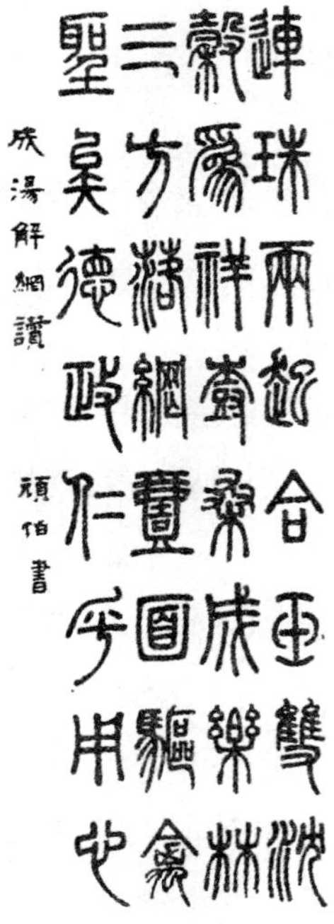

适逢帖学衰颓，金石文字转成书法临摹的绝佳范本。此势与晚明以来的篆刻等学交汇融贯，蔚成新的书风，即所谓"碑学"的崛起。乾嘉年间的著名碑学家，首推邓石如。

邓石如，号完白山人，安徽怀宁人，为著名篆刻家。于书工篆、隶、楷、行诸体，尤精于篆、隶，而篆又胜于隶。其篆书以李斯、李阳冰为宗，参以隶书跌宕、劲折之笔意，字体微方，婀娜刚健，对同时及后来的篆书家影响巨大。与邓同时或稍后的碑学家尚有桂馥、钱坫、孙星衍、伊秉绶、陈鸿寿等。钱氏工篆书，孙氏善篆、隶，其余三人精于隶书。伊氏大字隶书最负盛名。

嘉道间，对金石文字颇有研究的阮元，首著《南北书派论》《北碑南帖论》，摈斥法帖，表彰北碑；大约同时的包世臣，则因其师邓石如在秦汉篆隶上的杰出成就，于所著《艺舟双楫》中进一步尊碑抑帖。由于两人的理论在书坛产生了巨大影响，更由于邓石如等人的成功实践，处于上升之势的碑学遂一跃而居书坛正统地位。后来，康有为又著《广艺舟双楫》，更加有力地鼓吹碑学，并将学碑的范围加以扩展。风会所趋，嘉道以后，学书者莫不究心于秦汉及南北朝的碑刻，书坛相继涌现出吴熙载、何绍基、莫友芝、杨沂孙、张裕钊、赵之谦、翁同龢、吴大澂、杨守敬、沈曾植、康有为、曾熙、李瑞清、吴昌硕等大批碑学书家。兹择其要者略述于后。

图 11－11　邓石如　篆书

何绍基，字子贞，号东洲、蝯叟，道州（今湖南道县）人。工经术词辞。书法初学颜真卿，后泛览秦、汉、北朝诸碑，尤得力于《张迁碑》《张黑女墓志》。其书工篆、隶、楷、行诸体。他深谙书体演进之绪，所作各体，均溯源以求，冶多种书体的笔意于一炉，又以独特的"迴腕法"执笔，故其书拙朴奇肆，灵秀圆空。

张裕钊，字廉卿，湖北武昌人。楷书由北碑化书，劲洁清拔，饱墨沈光，精气内敛，颇具新意。康有为甚重其书，誉之为"集碑之成"（《广艺舟双楫》）。居今视之,实则不无程式化。沙孟海云:"康氏提倡碑学,乍见张作,大喜过望,不觉言之溢量"(《清代书法概说》)。

赵之谦,字㧑叔,会稽(今浙江绍兴)人。杰出的书画篆刻家。其书初学颜真卿,后受包世臣影响,改习北碑,并参悟包氏所推阐的邓石如"万毫齐力"之法,逆入平出,用笔坚实。篆、隶由邓石如上追秦汉,并揉入北碑笔法,姿态横生,秀美婀娜。所作魏碑楷书,亦参以隶书笔法,凝练雄强,迥异时俗。其行书直接从魏碑化出,拙朴奇肆,风度隽雅,仪态万方。化北碑作行书,金农已开其端,而赵之谦的变法更为成功。

翁同龢,江苏常熟人。擅行、楷,师法颜真卿,晚年亦时采北碑之华,纵意所适,气度宽弘。在晚清学颜诸家中,有一定新意。

杨守敬,字惺吾,号邻苏,湖北宜都人。曾任驻日钦使随员,其间先后带书汉魏至唐碑帖万余册,并致力于北碑书法的传授,对中日书法交流有特殊贡献,被誉为"日本现代书法之父"。他重碑而不排斥帖,重汉魏六朝碑亦重唐碑,认为碑碣与集帖均有精与不精之别,并云"集帖之与碑碣,合之两美,离之两伤"(《评帖记自序》,转引自谷鸿《杨守敬书法思想管窥》),堪称卓识,不似其前后的包、康二人偏激。其书工篆、隶、楷、行诸体,尤精于行书。其行、楷得力于欧阳询,参法汉碑、北碑,而出之圆浑大度,行书略带纵笔。他精于地理、目录、金石文字之学,著述颇丰。其《学书迩言》稿本,系其晚岁专为日本门生水野元直所撰。

沈曾植,号寐叟等,吴兴(今属浙江)人。博学,工诗文书画。其书初学包世臣、吴熙载,远受邓石如影响,深昧于包氏"筋摇骨转"、"无一笔板刻纸上"之说。他临过金文、汉碑、汉简、魏碑、钟繇等,于隶楷过渡期的《嵩高灵庙碑》、"二爨"等用力尤深,皆以神取之。晚岁转攻章草,成就卓著,在晚清独一无二。其书以章草及饱含章草笔意的行书为胜,多用方笔翻转,飞腾跌宕,振拔古朴,奄有帖意碑法、篆笔隶势。曾熙评其书云:"工处在拙,妙处在生,胜人处在不隐"(转引自马宗霍辑《书林藻鉴》卷十二)。

康有为,广东南海人。著有《广艺舟双楫》(一名《书镜》),旨在尊碑抑帖、尊魏卑唐，虽持论不无偏激，然于书体变迁之迹及其优劣得失，论之甚详，对此前清代碑学作了出色的总结，对碑学在清末民初的持续发展做出了历史性贡献。其题榜大字，由《石门颂》《泰山金刚经》化出，圆笔宽结，雍容挺拔，气势磅礴，最为绝诣。其行书亦全从碑出，纯以神行而不计工拙，长撇大捺，体势开张，颇见其慷慨激荡之情。

李瑞清，号梅盦，入民国后改道服，自称清道人。平生对古文、篆、隶及南北朝、唐宋书迹，皆能通习。行书仿宋四家，尤得力于黄庭坚，参以汉晋木简及北碑笔法，而出以古拙茂密。其自负在大篆，而得名在北碑。他写北碑，融入篆籀笔意，用笔生涩坚实，体势开张。他比较注重金石味，晚年所作各体，时用颤笔，颇为识者所讥。同时的曾熙，所写北碑作品，用笔与之类似，而行笔更为扭曲。

吴昌硕，清末著名书画家、篆刻家。浙江安吉人。他工篆、隶、楷、行诸体，楷书初学颜真卿，继学钟繇；隶书学汉石刻，参以篆意，厚重朴茂，波磔含蓄；行书初学王铎，后融欧阳询、米芾笔法，兼以篆书抽毫引书笔意，线条圆匀挺拔，转肩处多直折而不作顿笔。其篆书最负盛名，主攻《石鼓文》，参法两周金文及秦代诸石刻，笔墨苍劲，结体茂密，气势酣畅。其艺名誉满海内外，对后世有重大影响。

4. 碑帖兼融的开始

嘉道以还，虽碑学昌盛，而帖学并未因此而绝响。若干超拔颖脱的书家，如前述何绍基、翁同龢、杨守敬、李瑞清、吴昌硕等，或由帖转碑，相互参悟；或碑帖兼收，相互融贯，从而创立了独特的书风。另外，嘉道以降，众多宗碑的书家，其对法帖的参悟或取法，已深受碑版率真质朴、奇肆浑穆气息的影响；加之若干书家作行草不由帖入，而直接从北碑化出，故此间行草书，已明显呈现出与二王以来的帖学传统迥异的风貌。但由于帖学的优秀成果早已积淀于绵延不绝的书法历史长河中，因此，那些号称专攻碑学而同时能作行草的书家，其实无法排斥帖学之深厚积淀所起的哪怕是隐性的作用，因为行、草书实乃帖学的标志性成就。无论如何，在碑学昌盛期尤其是清代晚期，大体已开始呈现碑帖兼融的态势；而杨守敬等人甚至还提出了相应的主张。民国以来，尤其是到了当代，碑帖兼融逐渐成为众多学书者的自觉追求。

以上对古代书法发展的历史作了简要回顾。从中可以看出，中国书法不仅有悠久的历史和自身发展演变的规律，而且始终与传统文化的诸多方面保持着密切而深刻的联系，它本身又是传统文化的重要组成部分。如何使这门艺术发扬光大，并使之服务于新形势下国民素质的培养与提高，正是摆在我们面前的重要课题之一。

思考与练习

1. 魏晋南北朝有哪些重要的书法家和作品？
2. 唐宋时期有哪些重要的书法家和作品？
3. 明代初、中、后期的书法有何特点？
4. 为什么说清代为帖学转衰、碑学由兴而盛的一代？

延伸阅读与参考书目

1. 丛文俊著《中国书法史》（先秦·秦汉卷），江苏教育出版社，2007年。
2. 刘涛著《中国书法史》（魏晋南北朝卷），江苏教育出版社，2007年。
3. 朱关田著《中国书法史》（隋唐五代卷），江苏教育出版社，2007年。
4. 曹宝麟著《中国书法史》（宋辽金元卷），江苏教育出版社，2007年。
5. 黄惇著《中国书法史》（元明卷），江苏教育出版社，2007年。
6. 刘恒著《中国书法史》（清代卷），江苏教育出版社，2002年。
7. 徐利民著《中国书法风格史》，河南美术出版社，1997年。
8. 侯开嘉著《中国书法史新论》，上海古籍出版社，2009年。

第十二章　建筑艺术文化

中国建筑艺术由于深深植根于中华民族日常生活、生产之中，又由于中华传统文化的独特性和相对稳定性，因而具有体系完整、风格独特、民族特征突出等特点，从而在整个世界建筑艺术体系中独树一帜。

中国建筑艺术起源极为古老。《孟子·滕文公》说："下者为巢、上者营窟"，即低地适合架木搭屋，高地适合打洞穴居，这记录了中国原始建筑物的两大渊源——巢居和穴居。考古发掘也证明了这一点。半坡遗址提供了六千年以前人们居住的建筑由半穴居发展到地上建筑的情况。而浙江河姆渡遗址，则表明远古人们为了便于渔猎、种稻而选择沼泽地落户，房屋采用干阑式，即一种采用木桩架空地板的建筑，这是由巢居发展而来的。随着文明的进步，建筑样式、艺术形态也在同步发展着。中国建筑史上，曾经多次出现建筑艺术发展的高潮期，创造出令世界瞩目的高水平杰作，它们留存至今，已成为中华民族文化的标志。目前从文字记录及遗留建筑物等情况来看，春秋战国和秦汉时期为中国建筑艺术发展的第一个高潮期。秦有阿房宫，汉有长安城，今天所见的万里长城和秦始皇陵遗迹，皆规模空前，映射出昔日建筑的盛况。隋唐时代是第二个高潮期，非但有大明宫等宫殿类鸿篇巨制，也有世界上最早的敞肩拱桥——赵州桥，还有受外来佛教文化影响而开凿的大型石窟寺及宗教寺庙建筑，都城长安为当时世界上最大的城市。在艺术成就上，中国建筑艺术从此步入成熟期，木结构、砖石结构、建筑群的处理及建筑技术等都进一步完善和提高。隋唐建筑艺术代表了中国封建社会鼎盛期的建筑风格。五代、宋、辽、金、元是中国建筑史上的重要阶段。随着经济的发展，城市由政治中心型向经济中心型转化，建筑物造型大多灵活多变,以适应各种功能,风格也渐趋华丽轻巧。而各民族之间的交流使中国建筑艺术在这一时期兼收并蓄,融会外来文化的精华,创造出典型中国风格的建筑杰作。其中,元大都是封建社会后期的最大都会,它的规划体现了周《考工记》的思维,被明清宫殿建筑所沿用。明清时期是中国建筑艺术集大成的时代。此时的建筑物,类型全、数量多、分布广,既有深受儒学影响、规定建制的宫殿、孔庙等,又有明万里长城这样的巨构。而且,明清建筑艺术离我们最近,留存最多,艺术水平极高,是认识中国建筑艺术精华最具体、直观的范例。

中国建筑艺术史可以说高潮迭起,精品杰作众多,而它的艺术体系则更显独特,这就是区别于古代埃及、希腊的承柱式,罗马的拱券式体系,而以木结构为骨骼形成的架构式建筑体系。随着中国社会的演变和科学技术的进步,这个体系不断完善,从个体建筑物设计到组群布局、城市规划,在历史上创造了无数优秀的范例,留下了宝贵的经验。一方面,古代建筑工匠在长期实践中创造了许多"就地取材,因料施用"的技术经验,利用我国特有的竹、木、砖、石巧妙施工,创造了世界木构建筑技术的最高水平,如山西应县辽代佛宫寺木塔,便是现存最高的木构建筑;另一方面,在工程技术上,又创造了"斗拱"这种特有的构造,形成了"梁柱式"、"穿斗式"两大结构体系,演绎出无数优美、宏伟的建筑艺术形象,再结合木雕、石刻、砖雕、琉璃、彩画、塑饰等手法,使建筑装饰丰富多彩又相得益彰。现存世界上规模最大的宫殿北京故宫——紫禁城,在规划布局、艺术装饰、土木结构技术方面可谓世界奇珍,是建筑艺术的集中体现。

第一节 宗教建筑艺术

宗教建筑从形式到功能及艺术风格,无不围绕着扩大、传播宗教教义这个核心思想来筹建规划,因此,宗教建筑又可以说是宗教文化的具体象征和载体。

随着印度佛教不断传入中国,外来僧人将印度及犍陀罗艺术的佛教建筑样式带到了中国。《魏书·释老志》中曾提到:"自洛中构白马寺……凡宫塔制度犹依天竺旧状，而重构之。"正处于模仿阶段的中国佛教建筑艺术，其布局是以塔为中心，周围环绕僧房的佛寺即廊院式寺院，也就是印度佛寺的翻版。随着佛教在中国逐渐传播，其教义为适合中国国情不断补充、完善，并且渐渐地中国化，这时的佛寺建筑也出现了新的变化。布局上，模仿型的廊院式被三合院、四合院式代替，以塔为中心转变为以佛殿为中心的纵向轴线布局。变化的直接原因，是南北朝时期一度盛行的"舍宅为寺"的风气，使儒家传统宗法礼制文化的代表建筑形式——三合院、四合院，移入了佛教建筑；另一个原因，是廊院式建筑不适合复杂地形，且在结构及艺术效果上显得松散，不能够充分突现宗教主题。这种中国化了的纵轴式寺院布局秩序井然，层次丰富，能够在一条或几条纵轴上各自营造主体建筑，以此烘托宗教气氛。如北京碧云寺就是沿山势地形布置的纵轴式寺庙的佳作。层层佛殿及牌楼沿台地拾级而上，步移景异，最后以金刚宝座塔为统领全局的全寺结尾，气势雄大，主题突出、强烈。这种寺院布局形式的变化十分明显地反映了佛教文化与中国儒家思想文化的融合，是佛教中国化的一个明证。

佛寺在中国发展到后期，出现了一种自由式布局。这种布局是佛教中国化加深，出现民族化形式的标志。这一自由式布局就是随着藏传佛教的盛行而在西藏地区创立的一种形式，它的特点是没有明显的主轴线，按照地形自由地布置寺院的各类建筑，于不均衡中求对称，变化中见协调。如日喀则的扎什伦布寺即为一例。藏传佛教的宗教内容与中原佛教有所不同，在藏传佛教建筑中需要有保存活佛遗体的灵塔、信徒转经的转经廊，还有喇嘛塔、活佛公署、喇嘛住宅等，而且须随时间推移不断扩建调整。因此，也只有自由式的布局才能适应这种宗教内涵。

佛寺的布局形式是不断变化的，而其中的佛殿和塔的样式、结构也同样如此，表现出佛教中国化的过程。早期佛教的佛像是设在佛塔内，以后才出现中国式的佛像供养殿，而且根据使用要求的不同，佛殿的形式结构在不同历史时期又有所不同。一是常用的宫殿式佛殿。如建于公元857年的唐代五台山佛光寺大殿，是五世纪以来"舍宅为寺"，在住宅基础上改造的佛寺，以原有的厅堂作为主殿建筑，因此佛殿与宫室的殿堂类似。殿内长方形空间内多佛并列供养，运用壁画、塑像以及其它装修方式来烘托宗教气氛。二是楼阁式佛殿。公元八世纪佛教中的密宗十分推崇观音菩萨，寺院中往往单独造观音阁，其内供奉观音立像。有的像十分高大，配合而建的佛殿则为多层木结构的楼阁。如北京雍和宫万福阁等，又如西藏佛寺中某些供养大佛的佛殿等。这种形式的佛殿中，巨大的佛像，身躯高大伟岸，充塞于整个建筑空间，似乎要冲破建筑的框框，体现出佛的伟大和佛法无边的神力。有些置于园林中的佛阁则采用六角或八角形式，如北京颐和园佛香阁，外观丰富而秀巧，与整体建筑呼应协调，又平添一分中国园林的韵味。

　　塔，也是佛教建筑中重要的一个组成部分。它原来是起源于印度的"窣堵波"，是由台基、复钵、宝匣、相轮四部分构成的实心建筑物。这种建筑形式随佛教传入中国以后，从形式到功能及内柱结构都得到了改造和创新。首先是位置，随着寺院布局的变迁，塔由模仿印度置于寺院中央，变为唐代殿旁建塔、宋代殿后建塔，这一位置变迁，也表明塔的中心地位逐渐被殿所取代。其次，塔的形式，逐步结合中国古代固有的楼、台、亭、阁等木构建筑的处理手法，创造出楼阁式塔、密檐塔、单层塔、喇嘛塔、缅塔以及金刚宝塔等，还有过街塔、塔门等综合建筑。其中楼阁式塔为中国佛塔的典型，是印度窣堵波与汉代楼阁高层建筑的结晶，山西应县佛宫寺释

图 12-1　河南嵩山　北魏　嵩岳寺塔

迦塔为辽代所建，是一典型楼阁式塔。后来，由于木结构佛塔易燃招虫，便逐渐采用砖石、铜铁等材料造塔。今天矗立在河南登封市的嵩岳寺塔，是我国现存最古的砖塔。此塔下层倚柱和券面细部仍有印度风味。塔身自二层以上各层急变低矮，密檐用砖石层层向外挑出，呈凹形曲线，外形优美动人，堪称我国密檐

式塔的鼻祖。有名的大雁塔是木楼阁式塔的发展,小雁塔则为嵩岳塔的发展。喇嘛塔是一种特殊塔形,白色圆肚的实心塔身,上有十三重相轮、宝盖坐落在高大的台基上,故又称白塔。元始祖时,尼泊尔建筑师阿尼哥设计的今妙应寺白塔是藏式喇嘛塔的典型,它形体高大,气势宏伟,白色醒目而纯洁,艺术效果非常强烈,类似的还有扬州瘦西湖白塔等。塔的功能,由最初的舍利遗物存放,到为存放舍利、遗物、经卷、佛像的多种功能,又融合中国建筑中高楼、高台的远眺功能,可以说是随着佛教的中国化而不断演变、扩充的。

图12-2 唐·敦煌石窟第103洞维摩论经图壁画

佛教建筑除建造佛殿、佛塔、寺院外,还有依山开凿的佛寺——石窟寺。我国石窟寺的建造兴衰与佛教文化的传入和兴衰密切相连。这一种源于印度的佛教形式、约在东汉初年,随着僧侣的传教活动,蔓延到天山南北,二至三世纪,创建了第一座石窟——新疆克孜尔千佛洞。佛教沿丝绸之路向内传播,到达河西走廊,于是在公元366年开始建造敦煌莫高窟,后来又相继兴建麦积山石窟、炳灵寺石窟,它们成为河西走廊上三座著名的石窟寺。而中国的西北和华北地区,由于北魏的崇佛,于首都平城附近武周山开凿云冈石窟。迁都洛阳后,又沿洛河的龙山建成龙门石窟。这种工程庞大,耗资无数的石窟寺,到唐代由于国力的强盛达到顶峰。如武则天时期,出现了大佛或以大佛为中心的造像组群,气势宏大,规模工程皆令世界瞩目,把石窟艺术推向高潮。这个高潮随佛教兴盛而盛,也随佛教衰落而衰。唐代以后,石窟寺的修建热潮消退,到明末清初已基本停止。

这些历史上遗留下来的石窟寺,为后人保留了数量惊人的壁画、佛像雕塑等艺术品，如著名的敦煌莫高窟有洞窟492个，历代壁画4.5万多平方米，彩塑2400多身，唐代木结构窟檐五座，是世界上保存规模最大、最完好的佛教艺术宝库。其中壁画、佛像的艺术风格衍变，具体、细致地展示了历代佛教中国化的进程，如佛像从早期的犍陀罗式到魏晋瘦骨清相，及至丰腴华丽的唐装菩萨。

第二节 古代宫殿建筑艺术

"宫"在古代中国曾经是普通住宅的通称，"殿"指大房子。自从阶级分化以后，宫室成为统治者特有的建筑名称，及至汉代，宫殿才正式并称，成为帝王办理政务、举行朝会和居住之所的专称，从此，宫殿建筑成为特殊的建筑物，成为至尊至贵地位及政治中心的象征。历代帝王对宫殿建筑都十分重视，往往在登基之初即大兴土木，建设都城宫殿。据记载，秦始皇曾仿六国宫殿建阿房宫，其间用阁道相连，后来项羽火烧阿房宫三月而火未尽，可见规模之巨。刘邦建立汉朝，丞相萧何亲自督造长安未央宫，前殿"东西五十丈、深十五丈、高三丈五尺"，皆"金铺玉户""重轩镂槛"，壮丽异常，连刘邦本人都觉得太过分，而萧何一语道破天机："非壮丽无以重威。"九五之尊的帝王具有最高的权威，当然要用最壮丽的建筑来烘托。正由于这个因素，就建筑水准而言，宫殿建筑艺术往往能够代表当时建筑的最高成就。宫殿建筑代表着封建帝王的政治权威，体现着中国传统儒家文化中宗教礼法这一大主题，在艺术形式、风格等各方面都紧紧围绕这个中心，成为独特的一种建筑艺术文化。现在世界上保存最大、最完整的宫殿建筑群，北京故宫——紫禁城，就是最为典型的实例。

北京故宫是明清两代的皇宫，从明永乐四年(1406年)开始修建，永乐十八年(1420年)基本建成，至今已有595年的历史，中间虽经多次重修、扩建，却仍保持着初建时的格局。故宫的建筑布局体现了中国传统礼法思想。《周礼·考工记》记载宫殿的布局，"左祖右社,面朝后市"，宫室位于中心，且有"五门""三朝""六寝"的制度。明永乐十八年(1420年)年皇帝明令下诏建筑要"仿古制"，因而紫禁城在布局、门殿、宫寝以及整个城市总体规划上，无不以复现《周礼》中的古制为准则。如前门到太和殿之间，有大清门（新中国成立后拆去）、天安门、端门、午门、太和门，恰是"五门"；太和殿、中和殿、保和殿象征"三朝"；东西六宫即为"六寝"；左边是帝王的家庙"太庙"（今劳动人民文化宫），右边是祭土地之神和五谷之神的"社稷坛"（今中山公园），恰是"左祖右社"制的体现。而整个城市宫殿群都以一条中轴线呈对称分布，从永定门经前门、天安门、端门、午门、太和殿、景山、地安门、鼓楼、钟楼近8公里长的中轴线贯穿南北，宫殿位于正中心。而其中的外朝——太和殿等前三殿，内廷——乾清宫等后三殿，以及太和殿（俗称金銮宝殿）上的皇帝宝座，都不偏不倚，正处在轴线穿过的地方。整体布局以恢复古制为准则，充分强调了政治权力中心——皇权的至高核心地位，是明清时代封建集权专制进一步强化的集中体现。可以说，故宫在平面布局上，"礼制"得到了最典型的反映。而在空间处理、建筑形体的塑造等方面，也同样为这一主题服务。太和殿是整个建筑群中最高大的建筑物，殿前丹墀下有一个3万平方米的广场庭院，可容上万人，宫殿高33米，三层台基高7米。太和殿、天安门等建筑群高大壮丽，皇宫前大道纵深，一路约束、引导人们将视线集中于前方，经过重重门阙，才能到达太和殿前广场。当时上朝的文武官员都要在这个广场上向高高在上的皇帝跪拜。如果想象一下当时的场面：传呼之声、礼乐之音，一道道仪仗以及严格的觐见规范，可以强烈地感受到整个空间营造的气氛，强制着进入这一空间的人以帝王为唯一的中心。古代建筑设计家又将后三殿即后宫布置成与前三殿基本类似，连殿前的陈设也做同样处理，只是巧妙地在空间处理上缩减宫殿建筑的体量。这种构思，一方面衬托出前三殿的宏伟，帝王的"天子"神威；另一方面，奇妙地形成一种同类对比，形成一唱三叹的韵律。因此，无论是平面还是空间的布局，都充分显示出古代建筑艺术家为突出主题而做的苦心经营。

　　故宫建筑的造型形式也充分围绕"天子重威"这一核心，并且使用象征手法来进行艺术构思。太和殿的屋顶为"重檐庑殿"式，属中国古建筑中级别最高的形式。面阔十一间，深五间，屋檐斗拱层层出跳，繁巧精致，飞檐描金，屋顶铺设

第十二章 建筑艺术文化

图 12-3　北京紫禁城(建于公元 1406—1420 年)从午门望太和殿

金碧辉煌的琉璃瓦,形成轻快、流畅的曲线造型,整体的美感常使见者震撼。而这种重檐庑殿式也是复古制的形式,《周礼》中天子的"明堂"、"世室"都是"四阿重屋",正是太和殿造型的来历。内廷乾清宫象征天,坤宁宫象征地,日精门、月华门分别象征日月,东西十二宫象征十二星辰。这些日月星辰的象征性的对称建筑组合,拱卫着象征天地的乾清宫和坤宁宫。而金水河是按照古制"帝王阙内置金水河,表天河银汉之意",象征天河银汉,功能上又起到建筑取水水源,消防、排水等功能。它的造型更显匠心,金水河的造型不用直线,而是运用对称的弧线,上面安排五座桥梁,正中间一座为皇帝专用,突出于弧线的最前端,而河面也相应地在中间最宽,两端渐窄,最后隐没东西地下。这样的造型,突出了中心,又拱卫着宫殿,设计构思可谓变幻奇妙。整个宫殿群近万间建筑,同类造型中有大小外开的对比,中间又穿插门楼、大道、广场、台阶,形成主次分明、等级有序的效果。而色彩的配合也是如此,金、黄、红色用于主要宫殿,次则用绿色,使主体建筑在中心位置灿烂生辉,其寓意就更为鲜明。设计者的构思意图,通过造型、色彩等具体筹划得到了完美的展现。

紫禁城的建筑设计艺术还渗透着传统阴阳五行学说的影响。中国阴阳五行学说产生很早，它认为一切事物都应分析为相互对立、相互依存的阴、阳两个方面，如上对下、奇对偶……紫禁城分外朝与内廷，外朝属阳，内廷属阴，因此，外朝的主殿布局采取奇数，称"五门""三朝"，内廷多用偶数，两宫六寝。阴阳学说尤其在方位与色彩上主导着宫殿建筑设计。东部宫殿（如文华殿）方位在东，用绿色琉璃瓦屋顶，有木叶萌芽之色，象征春天。又如乾隆年间所建的南三所，称皇子宫室，幼年属五行中"木"的生化过程，方位在东，也用绿色琉璃瓦。五行中赤色象征喜，因此宫墙、檐、门、窗、柱一律用红色，真正的朱门重户。而规定普通百姓门柱只能用黑色，仅婚嫁时才能用红，使色彩的象征寓意得到明确的指定。而有的雕刻装饰也必须遵循五行的思想原则，如最北面的建筑装饰，按正北方向应属水的说法，钦安殿后面正中间的构栏板雕刻为波涛水纹，其他则为穿花跑龙。从整体布局到种种细微之处，都能见到传统阴阳五行思想的影响，它一方面体现着中国传统文化的一些有关内涵，另一方面更彻底地为确立帝王权力的中心地位服务。

故宫建筑除了在规划布局、造型形态、空理色彩、用各方面集中体现了封建宗法观念等封建文化意识外，在室外陈设及装潢等局部，也是步步精心设计，紧扣主题。

华表，曾经是尧舜时代的"诽谤木"（古人提意见处）以及"路标"，在宫殿建筑群中，被置于天安门前后，保留下一些劝诫君王的含义。华表上雕蹲兽，天安门前面的兽头向宫内，寓意"望君出"，提示君王视察民情。后面的兽头向宫外，寓意"望君归"，希望君王不要沉溺于游山玩水，早回宫中处理政务。如今，这种柱身洁白，刻着蟠龙流云纹的挺拔、直插云天的华表形象，不只是皇宫的表征，它已成为中华民族文化的一个标志。

在北京古城内，皇家的大型建筑中除故宫外，还有全世界罕见的祭天建筑物——天坛，占地面积相当于四个紫禁城。其规模之大，形式之妙、结构之精，都是世界罕见的。而除北京故宫、古城建筑外，我国还有少数民族的代表性建筑如布达拉宫，它独特的碉房形式和迷宫般的结构以及豪华的陈设被称为世界屋脊的明珠。还有汉唐都城宫殿的遗址……种种宫殿式建筑点缀着中华大地，既代表着中华民族的智慧和艺术才华,是民族文化的象征;又像一个个乐章,汇成雄壮的交响曲,令人震撼。带着审美的眼光重新面对昔日的皇宫禁地,也许会对"建筑是凝固的音乐"这句话有深刻的体会吧。

第三节 园林艺术文化

一、园林艺术的发展概况

我国园林的兴建是从奴隶社会开始的,它最初的形式称为"苑囿"。据记载,商纣王曾"益广沙丘苑台,多取野兽飞鸟置其中"(《史记·殷本纪》)。西周,有专职的"囿人"掌握"囿"。苑囿实际上是在圈定的范围内让鸟兽滋生繁育,且挖池筑台,形成一片自然朴野的景色,供帝王打猎、游乐。可以说,早期的苑囿具有一定的畋猎渔耕的经济意味。到了春秋战国时期,园林已有成组的风景,堆土山、挖池塘、构亭营桥、种植花木,已然萌生出自然山水这一造园主题,与早期苑囿有所区别。秦汉时期,在前阶段人工构筑的景致基础上,再综合宫殿的建筑形式,形成"宫苑"式的园林。如汉武帝的上林苑,有离宫十所,又有鱼鸟观、观象观、白鹿观等观览用的建筑物,模拟海上仙山挖池堆山,在人间追求神仙的生活。这种"宫苑"可居、可游、可娱乐,用途功能有多种。上行下效,秦汉时期的大族富家,筑造园林的风头也大为兴盛,风栉与帝苑相似又各有千秋。到秦汉时期为止,可以说是中国园林的初始阶段,奠定了中国园林建筑的基础,形成了中国建筑格局中造园的传统,但是又尚未在文化内涵上对园林的构筑进行理性的认知。这一过程,只有在魏晋南北朝时期才得以展开。

魏晋南北朝时期是中国园林发展的转折时期,也是中国造园的典型代表——山水园的奠基时期。建康、会稽、吴郡等士族聚居之地,私家宅园与郊区别墅相继兴起。帝苑以华林、游乐两园最为著名,私家名园则有纪瞻的乌衣巷宅园、谢安的别墅、吴郡顾辟疆园等。南朝名士戴颙居于吴下,"吴下士人共为筑室,聚石引水、植林开涧……有若自然"(《宋书·戴颙传》)。而齐刘勔在钟山山南麓建园,"聚石蓄水、仿佛丘中"。当时盛行的造园方法已经以自然作为一个重要准则,说明人们对于园林建筑的欣赏已从华丽宏大的人工建筑物转向模山范水的人工山水,而且这些人工山水又以不露痕迹,仿佛自然天成为最高层次。这一原则和标准,成为中国江南园林、山水园林设计思想的圭臬。

魏晋时期,园林建筑进一步提倡小型化,欣赏和构筑小园成为一种时尚。在有限的景致中领略自然变化之美,于小园中寄托淡泊之志。当时的山水园盛行人工堆山,种植松、竹、梅等植物,堆置奇石等等。这些内容完全是自然山水主题下的产物。至此,中国山水风景园已形成了稳定的创作思想和方法,形成了高雅、精致、小型化以及人工山水的写意化等独特形式,这一独特的民族艺术体系已构造出基本的框架。

唐宋时代,中国的园林艺术在文化发展趋向上,表现出广泛化、深入化、个性化等多种趋势。

一方面,唐宋园林出现了具有社会公共性质的开放式景点。这一时期的朝廷、地方政府都注意保护和开发各地区的自然山水美景,点缀以建筑物,如唐代有黄鹤楼、滕王阁、岳阳楼等名楼,可登高远眺,放眼自然风光。又如杭州西湖有白堤、苏堤,与文化名人的参与相联系。这些景点和自然山水成为古代的大花园,具有公园的性质,那时的人们宴集宾客、送别亲友大多选择可凭远眺目送的楼阁:"故人西辞黄鹤楼,烟花三月下扬州。"春游修禊、重阳登高,无不与优美的风景点相联系。就连酒肆饭馆,也有庭园可供赏玩,这在著名的《清明上河图》中就有描绘。唐宋时期,对园林的建筑、欣赏、游玩已从过去局限于帝王贵胄士大夫发展到士庶商贩,已渗透到社会各阶层的生活、风尚之中,成为社会文化活动中重要的组成部分,这是前所未有的园林艺术的普及。

另一方面,唐宋园林艺术在设计思维上进一步深化,这得益于魏晋山水园林的艺术审美思想,也得益于日益成熟的山水画。这种深化具体表现在叠石、堆山、理水等各个领域。宋代文人对石的个性评判,立下了审美的标准,如米芾强调"瘦、绉、漏、透",久为后人所沿用。唐宋以前以堆土山为主流,而此时的园林叠山以石为主,宋代还出现专职的"山匠"——假山工。

唐宋园林艺术中涌现出一些独创之作,展示出园林艺术个性的风采,尤其是一些名人小园,如白居易在洛阳道坊的宅园,园中以池为中心,池中设岛,岛上有亭,又有桥与岛相连,筑小涧可闻水声,立太湖石、天竺石作山的联想;又有小楼、游廊、书库,可作读书、待客之用,成为一种园林化的住宅,情趣雅致,意境高远,具有文人学士的个性风格。而白居易贬为江州司马时,在庐山北麓遗爱寺之南筑草堂,面对香炉峰,茅屋三间,石阶、木柱、竹编墙;室外有池,蓄红鲤白莲,周围多山竹野卉老松,自然飞瀑流泻左右,形成另一番简素、朴野、幽寂之风。其它园林,如唐代王维的辋川别业、李德裕的平泉山庄也具有朴野风格。宋代文人雅士也多爱好园林,自行设计,如欧阳修曾仿江船格局作"画舫斋",可作为后世石舫、船厅的先驱。从这些具体的事例可以发现,唐宋时代众多文人的参与,园林艺术的形式、风格、内涵更具个性魅力,成为后代各种园林风格、流派的先声。

明清时代的园林,步入意境高超、笔法简练的成熟时期。明清两朝曾经有过两个造园高峰。明正德、嘉靖年间至明末,江南园林大盛。江南名园如苏州拙政园、无锡寄畅园、南京瞻园等都相继建成,北京则有海淀李伟的清华园、米万钟的勺园。另一盛期是清中叶时期,帝苑从西郊香山行宫、静明园、畅春园到承德避暑山庄,规模之巨上追汉唐,尤其是雍正、乾隆年间大加扩修而成的圆明园,中西合璧,被欧人视为"万园之园"。私家园林则以苏州、扬州最盛。乾隆年间扬州盐商邀宠,为乾隆皇帝南巡修筑离宫别馆而大力修筑园林,形成了有名的瘦西湖一带整体园林组群。明清园林之盛是空前的,而尤其重要的是这一时期关于园林建造艺术,人们已有更为明确的认识,并写出了完整、系统的园林著作,如明末计成的《园冶》,书中从规划布局到具体建筑物的屋宇、门窗和叠山之法、理水之法等都有总结和研究,尤其总结出"虽由人作、宛如天开"这一园林美的主旨。除计成外,还有张涟、李渔等人对园林艺术都有著述。从发展盛况、专门著作以及现存园林状况来看,明清园林艺术可以说是中国园林艺术的总结和集大成时期。

二、园林艺术中透视的自然观

中国园林艺术的自然观,是受传统哲学影响的产物,首先是老庄哲学中有关自然的思想。中国古代在人与自然的关系上强调"人法地,地法天,天法道,道法自然"(《老子》二十五章)。老子的自然观深深地影响了中国园林的艺术构思和营造法则。如苏州网师园,在原有水面洼地的基础上,布局出以聚为主,适当引出小水湾的水面布置,形成了烟水弥漫的水乡情趣。在原有的地形地貌上构思园林,而不是勉强改变地貌来造成景观,体现出设计思维中的自然观。造园法则中,最常用的手法是辩证的方法.曲、直、大、小、抑、扬、虚、实的对比,相辅相成,这是导源于老子辩证思维的方法。总之,"外师造化,中得心源",师法自然,营造自然的艺术意境,是中国园林艺术设计的主导思想。因此说,中国园林艺术从宏观的发展趋向到微观的布局设计,深受老子自然观的影响,并且由此形成了中国园林的独特风格。

园林艺术中,除了老庄哲学的影响外,儒家思想中将自然比拟于道德的方法也直接推动山水园林的发展。孔子所说的"仁者乐山,智者乐水","智者动,仁者静",成为人们尤其是士大夫阶层欣赏山水、创造山水园林的冠冕堂皇的依据。而儒家认为某些自然现象可以作为道德的象征,并借此以修身养性。因而在园中,叠山理水、种植花木大多与伦理道德观念相通,形成了特有的评价标准,水令人性淡,石令人近古,竹直而心虚,松劲而刚健,梅凌寒而怒放,儒家思想中"比德"的自然观、审美观深入到园林艺术之中,取名题景,布局设置,荫花植木等等,无不与此有关。例如"圆明园",为清康熙皇帝题名,而乾隆皇帝解释为"君子之时中也",近乎中庸之道。苏州沧浪,取"沧浪之水清兮,可以濯我缨;沧浪之水浊兮,可以濯我足"之意。而松、竹、梅、菊也成为园林中比拟高洁的植物。因此,园林艺术中的自然,又可以带给人们伦理道德观念的熏陶,在艺术化的自然环境中修身养性。

显然,中国园林艺术深受儒道等哲学思想的影响,形成了一种人与自然相亲、相融的自然观念。这种独特的自然观与西方园林的自然观是迥然不同的。

西方庭园也取自然之景，但在规划布局中重视人的意志，方圆成块、道路行直，树木修剪成几何形，是人在改造自然、征服自然。而中国园林艺术集中地体现了东方的自然观，创造了高度自然的精神境界，富有深刻的哲理，充分显示了生命的和谐和宇宙的永恒。

三、园林艺术独特的空间观

在中国艺术中，对空间的认识是通过极目远眺、细察事物同时进行来完成的，这一空间是无限的、运动的，生生不息充满活力的；这一空间要用眼睛观察，更要用心灵去观照。这样的空间观念和观照方法诉诸于具体的艺术构思，就形成了独特的艺术空间。园林艺术本身即是处理空间的艺术，在园林艺术中众多美妙的艺术空间处理表现出的中国艺术空间意识特质就显得更为具体、直观。中国园林艺术在构思、立意中非常重视空间的可望性、可游性，这实质上就是上述独特的空间观念的具体反映。

可望，观察的出发点是静止的，是静看景物。园林艺术中强调的可望是要求在有限的空间中能够看到无穷的景色，甚至能够超越视线极限，创造意境。"借景法"就是实现可望性的一种好方法。如无锡寄畅园，西靠惠山，东有锡山，园林中自九狮山北侧小路东行到尽头，随处可见锡山的龙光塔，处处可借景，拓展了观望的空间。扬州瘦西湖钓鱼台，圆洞门将五亭桥画面收入，成为天然的一幅画。这种借景可以把自然山水、园林风光纳于户牖，与诗中"窗含西岭千秋雪，门泊东吴万里船"（杜甫《绝句四首》）具有异曲同工之妙。借景丕可以借邻院水景、甚至借声助景，许多园林邻借寺庙的高塔，甚至钟声、磬声、木鱼声……梵音到耳，远近相映，这种借景使人产生时空的超越感，引发出更大的艺术想象空间。

园林在观赏中要突出无穷的空间感，更要步步精心，一景一物造成奇妙莫测的效果，使可望性进一步加强。假山假水是人工堆砌、开凿的。但具体构筑既要师法自然，以客观山水的意象、神韵来塑造假山水，更要采用特殊的方法使山水显得深远而有变化，让假山假水活起来。园林多用湖石掇山，千姿百态，岩、峦、洞、穴、涧、坡、矶……具有自然山峰的各类特征，甚至在选材中有意选怪

图12-4 拙政园西部水上游廊

石、丑石,取其千锤百炼、生机勃勃的个性美,表现山峰"雄""秀"的神态。而假山道上,道路盘曲掩映,涧桥沟通断崖,显示出险峻和幽深。园林中水的处理,也手法多样。苏州狮子林"修竹阁",阁下做成水口,流水好像从阁下流出,使人不知源头,但观者望之,觉水有生意,人有远思。拙政园"小飞虹"水院,一座跨于水湾的廊桥,使堤岸隐于廊下,令人觉得池水无边,而透过廊桥,可见隐约的"荷风四面亭""倚玉轩""见山楼"等处,桥形优美如飞虹,景色空漾而远。

  中国园林静观可望,动观要求可游,要使空间随着游览者的脚步而变换,给人以幽深无穷的空间感。苏州拙政园"海棠春坞""枇杷园",是园中的小园,却处处借景,处处成景。空间的处理中,还可以将庭院建筑布置得高低错落,配合以多个通道成出入口,或园中小路,或穿房越舍,或有曲廊相连,空间分隔得复杂多变。种种奇妙的空间安排,目的在使庭院之中、景区之间构成错综复杂循环往复的游览线路,使游人在游览中随着观赏方向和视觉的改变而产生空间无限的错觉,觉得"庭院深深深几许"而意趣无穷。因此,园林艺术强调的可游性,使空间在游览中同样形成广大、丰富的效果,同时又随时间推移而变化,处处相通，形成了空间的流动性。

园林艺术中追求的可望性、可游性，以及其它细微具体的处理，都力求在有限的空间中进行拓展，以达无限。在园林的空间范围中，无论是驻足小憩或信步游览，所见所感都有身在庭院而意趣无穷之感，更使人"神与物游"，驰骋想象，于有限中观照无限，于自然中观照人生、观照万物的变化，陶冶心灵而睿达智慧。与西方园林孤立、规整的空间处理以及实证、探索的空间意识相比，中国园林迥然不同，具有中国艺术的民族特色。

四、中国园林艺术的意境追求

中国园林艺术中，海上仙山式的空间营造是最早出现和延续时间最长的一种园林意境。这种布局方式，以大池为中心，象征东海，池中堆土垒石形成岛，象征海上仙山，一般为三座，象征蓬莱、瀛洲、方丈。汉武帝就曾于建章宫内作太液池，池中有三山，以求神丹仙药，以效神仙长生不死。这种模式虽然起源于荒诞的神仙思想，却为园林艺术形成定出了一种布局方式，流传至今。如圆明园福海、北京北海公园，以及苏州园林"小蓬莱""小瀛洲"等，无不源于此种构想。随着岁月的流逝，昔日海上仙山的幻想化成了优美的园林景色，人们开池堆山，模仿自然山水，在这样的山水美景中，娱目畅神，远离尘嚣。海上仙山的意境也化作离尘脱俗、亲近自然的意境。

从模拟虚构的海上仙山，进而仿写各地名胜园林艺术的意境创造更加拓宽了思路。大自然的佳山佳水给予人们丰富的联想，也常常令人流连、回想，园林中仿照各地名胜进行再创作，就是表达了人们对自然山水、名胜古迹的眷恋之情。如承德避暑山庄的山岳区仿东岳泰山，设"斗姥阁"，象征泰山之斗姆宫，乾隆皇帝有诗"寒林穷处忽成峰，仿佛如登泰麓东"，园中胜景仿佛泰山，而泰山这座中国历史文化之山足以引发出种种思绪。又如圆明园以水景为主，大量布置如"柳浪闻莺"等景区，仿西湖十景，在北国营造出江南水乡的意境。仿写各地名胜、山水，是师法自然而进行的艺术创作，对于艺术意境的追求已有明确的立意与构思，从此，园林艺术的意境营造更加接近自然，艺术体系日益完整。

　　如果说海上仙山、各地名胜是园林最初的意境营造,那么,这尚属模仿性的构思,而随着传统美学思想的不断深化,山水园林的意境创造迎来了最彻底的改观,那就是南北朝以后人们对自然真趣的领悟,对林泉丘壑意境的追求。造园之中,构思立意——如中国绘画艺术的创作方法,"外师造化,中得心源",开凿水池不求似东海,而是天下江河湖海的概括;堆叠假山,是天下名山奇峰峻岭、平坂土岗的抽象;松、竹、梅、藤萝、浮萍、沙河、小涧、卵石,甚而蜻蜓、蝴蝶,都是大自然的象征,充满自然天趣,显得生机勃勃。林泉丘壑意境的追求是总结自然山水的特征,酝酿构思,然后付诸实在的空间形象,既化实境为虚境,又创设园林山水这种形象作为自然山水的象征。颐和园的仿西湖之景,又不尽同于西湖,西堤、水岛、烟柳画桥,将江南水色移诸北地,景同而趣异。苏州环秀山庄假山拟真,假山中空而雄浑,山谷曲折而幽深,山中藏洞屋,内贯涧流辅以步石、悬崖,一如天然山水。蹬道自东北来,与涧流相会于步石,仰天而望,一线青天,俯察山谷,则清流曲绕,环道飞梁,引人攀登而神游。环秀山庄假山占地仅0.5市亩,却使观者、游者好像身处万山之中,山重水复,千岩万壑,水有源,山有脉,幽谷清溪假亦真。身处此中,令人感怀山水之幽、天地之大,在烦嚣的城市中恍若隔世,心胸豁然开朗。

　　从本质意义上讲,中国园林是中国文人的园林,充满着中国传统文人的情趣追求,如诗如画。点景题额、楹联书画、叙写园景的诗篇,那是看得见的诗情画意,而实际上中国园林处处皆以诗情画意为造园构思的中心。扬州个园的假山便用了春夏秋冬不同的色石,春山用略带春绿的石笋,夏山用灰色的湖石,秋山用褐色的黄石,冬山用白色的雪石。石笋置于修竹茂林之中,春来真假春笋幻化为春景;湖石山有洞如屋,池水流入,在夏日成为幽静清凉之所;黄石山主面向西,夕照中倍觉色彩丰富,峻峭挺拔,望之有秋之萧飒挺劲之感;雪山堆叠于厅前,冬日足不出户,可观似睡之冬山。绘画的意韵可圈可点。而山石树木、建筑物的巧妙安排布局,使园林空间或开朗,或收敛,或幽深,游园观景,正如同逐渐展开的中国画之长卷。从局部山石堆叠、树木修整,到整体的空间布局,必以画理构思,充分体现画意为佳。人在画中游,会产生丰富的联想,诗兴勃发,许多园林的景致有的直接表露诗情于楹联、题名之中。如扬州平山堂前一联"晓起凭阑,六代青山都在眼;晚来把酒,二分明月正当头",概括了景物,抒发历史沧桑之情。无锡天下第二泉后山云起楼,取王维"行到水穷处,坐看云起时"之意。苏州拙政园远香堂取"香远益清"之意。名称、楹联无不与景物共同融成诗的意境,将观赏者带入诗情画意的境界中,激发游人的诗兴,同时又能咀英嚼华,品味传统文化的醇厚。

园林的造境在林泉丘壑、诗情画意的三调基础上,糅合多种境界,形成多层次的文化艺术意境。如田园村舍,造园者有意远借、邻借田园景色,或竹篱村舍,或田畴农舍,植禾麻菽麦五谷,营造出陶渊明田园诗中淡泊自然、恬静朴实之美的意境;又如梵刹琳宇于园林中设佛阁、佛塔,或远借梵音钟声、佛阁塔影,形成离尘脱俗的宗教艺术之境;还有街寺酒肆曲水流觞等等各种雅、俗的文化艺术意境,都被汇入园林艺术造境之中。中国艺术的最本质的特质——意境追求,被表达为各种典型化的形象,凝结于园林艺术的形式之中,成为中国艺术精华的象征。

思考与练习

1. 中国佛教建筑艺术有什么特点?
2. 中国古代宫殿建筑有什么特色?
3. 中国园林艺术追求什么意境?

延伸阅读与参考书目

1. 梁思成编著《图像中国建筑史》,百花文艺出版社,2001年。
2. 刘敦桢等编著《中国古代建筑史》,中国建筑工业出版社,1984年。
3. 刘敦桢等编著《苏州古典园林》,中国建筑工业出版社,2005年。
4. 周维权编著《中国古典园林史》,清华大学出版社,2008年。
5. 王毅著《中国园林文化史》,上海人民出版社,2004年

第十三章　工艺文化

提到工艺,也许人们首先想到的是博物馆玻璃橱柜中展示的金银玉器、奇珍异宝,它们华贵而神秘,仿佛离我们非常遥远。而实际上,工艺所涵盖的内容范围远远不止这些珍宝,而且从工艺的产生以及它未来的发展趋向来看,工艺都是最贴近人们生活的一种艺术形式:从山顶洞人的一根缝衣骨针到半坡氏族人们汲水的彩绘陶瓶;从第一个人工培植的蚕茧织出的丝织物到绚烂多彩的绫罗绸缎及精美织绣;从民间百姓的剪纸窗花、木刻年画到文人书斋里的清玩摆件;以及进入机械时代、信息时代,一些新颖的生产生活用具设计……这些都属于工艺的范畴。工艺又称工艺美术,是实用与审美相结合、兼具物质性与精神性的一种艺术形式。人类文明之初,人们为了生存而进行创造活动,衣、食、住、行等方方面面的工具、用具,都是从无到有,凭着日益灵巧的双手创造出来的。在创造过程中,人们还融进对大自然的认知、讴歌,对美好生活的憧憬。这样,许多实用、美观的工艺美术品诞生了,也就奠定了人类文明生活的基础。从文化角度而言,工艺文化的意义正在于它伴随人类心智的物化而贯穿于整个创造活动中,工艺文化从本质意义而言是生活的艺术文化。

工艺文化是生活的艺术文化,而生活是多层面的,是随着时代的发展而不断延续变迁的。工艺文化正是由于贴近生活,而具有多层面的、多变化的丰富内涵。中国工艺美术历史悠久,品类繁多,是民族生活艺术的真实写照。中国的陶瓷工艺、丝织工艺、漆器工艺等是中国人民对世界文明的创造性贡献,而青铜工艺、金银玉器工艺、硬木家具工艺等门类,又都因地区的差异或别的原因而呈现多种艺术风貌。民间工艺美术造型中,"生命树""鱼戏莲""凤穿牡丹"等题材,高扬着生殖与生命的旗帜,主题之直露、造型之拙朴、色彩之夸张浓烈、线条之提炼,处处透视着民间生活的文化气息;贵族宫廷工艺中,宫殿的陈设用具,帝王将相的袍服款式,用色以及图案题材,都经过精心筛选,采用珍贵的材料精雕细作而成。用以衬托统治者地位的至高无上和威严文人士大夫的工艺中,桌椅、书房,一个插花的瓷瓶,样式要求端正而不奢华,色彩要求素雅而不夺目,都是以文人生活的清幽高雅趣味为制作准则,追求脱俗、雅致的中国文人风格;宗教工艺中,一幅刺绣经幡、一个水盂的制作,也从造型、色彩到装饰题材各处都具有宗教典故背景和特殊的教义。生活的丰富多彩是工艺文化丰厚内涵的源头。中华大地上无数的工艺美术文物负载着博大精深的民族艺术文化信息,无言地向人们诉说着历史的变迁,诉说着社会风情、人文习俗、宗教信仰、技术环境、审美意识等多方面的丰富内涵,又恰如一面面镜子,折射出社会各阶层、各地区、各民族的不同文化生活风貌。

第一节　陶瓷艺术文化

一、陶篇

"神农耕而作陶",陶器的产生是伴随农业和定居生活而出现的。七千多年以前,我们的祖先在掌握用火的经验后,发现泥土经火烧后会变硬、变结实,遂开始有意识地选泥、揉泥抟填器皿、烧制成器,做出了各种各样的器皿和工具。氏族社会的生活因陶器的产生而有了许多变化。人们可以用陶瓶汲水,用陶罐煮熟食物,用陶弹丸狩猎,用陶挫来鞣制皮革……这些陶制品在生活中愈来愈重要。甚至人死后,也要用陶器作为葬具。人们日益精心地制作着,改进着技艺,陶器的造型愈来愈丰富,表面也开始用奇幻的图案来装饰,这既是人们的美好向往和追求,又是在没有文字等表达手段的情况下对情怀、信念的寄托。陶器艺术的发展和成就终于在中国文明史、艺术史上写下了耀目的第一章,创造了中国艺术史上的第一个辉煌。

如图所见,这是一只来自渭水之滨、约七千年以前的彩陶盆,是仰韶文化中半坡类型的典型代表。造型上,盆口口沿宽而弯卷,口部到底足的外轮廓形态明确简洁;装饰图案简练、鲜明而生动,砖红底子上绘有黑色内彩,效果强烈而悦目。就艺术效果而言,这一件在装饰、造型、工艺上都已达到相当高水平的作品,仔细审视与探究,就会发现:这件彩陶人面鱼纹盆,蕴含着丰富的远古文化信息。盆内壁用黑彩描绘出一组相

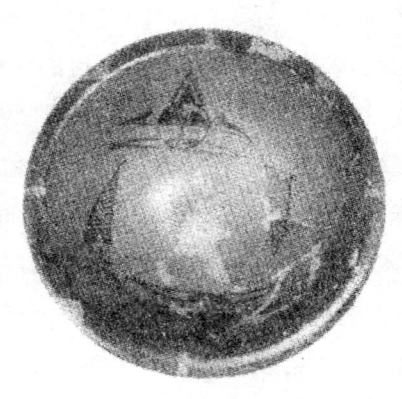

图13-1 新石器时代彩陶人面鱼纹盆

对的人面鱼纹。人面为圆形,头部有高耸的三角形发髻,左右两鱼咬住双耳,嘴部又似两条头部相叠的鱼形;两组人面之间,又绘有游动的鱼,呈追逐之势,所有图形均用抽象的线条来表示,笔法又具有一定的程式,人面居主位,人鱼地位主次分明,而又密不可分。稚拙、简洁的图案在红黑的色彩中,愈益显得奇幻、神秘。确实,这件彩陶盆并非一般日常所用的盆碗,它在出土时是一个儿童瓮棺顶盖,是葬具的一部分,而相同用途、相同装饰的这种彩陶盆,出土累计已达十件,这就不能不使人追寻这种盆器所代表的社会意义。

民族学资料告诉我们,纯动物的图腾崇拜曾广泛存在于史前民族中,而族徽、氏族的崇拜旗帜等图腾标志,则是相对较为高级的状态,已出现了图腾的人格化。显然,渭水之滨的重要经济——渔猎,使鱼人之间具有紧密的依赖关系。而传说、文字记载也使人们对鱼这种动物刮目相看。《诗经·小雅·鱼藻》中反复将鱼与周人的祖先联系起来。这些,印证了流行于渭水流域的鱼纹之重要,也说明抽象化的、符号化的人面鱼纹可能有着类似族徽的作用。

彩陶艺术在六七千年以前曾经流行于中华大地的各个区域。而不同区域和不同文化类型的器物之造型、流行的主题花纹也不尽相同。如半山型彩陶壶,广肩小底,肩部线条饱满圆润,划分四大圆圈的装饰,中填网格,繁密而充实,整体充满张力。青海地区的大口双耳瓶,肩部有太阳纹、犬纹的装饰,使人

联想到西部羌人的生活风貌。彩陶艺术反映了各个时期不同氏族的生产、生活方式,也反映了错综复杂的各种原始宗教情况和各地区氏族人民的审美观念等等。然而,在各具特色的表面之下,却具有中华民族艺术的一些共同本质特征。(1)以意写形的构思方法。彩陶艺盛行于"万物有灵"的原始社会,人们认为人和自然万物通过神灵是可以相互转换和渗透的,因比从不照实摹写自然物,而是把握人与物、物与物之间的关系,来表达事物的本贡。天上的飞鸟、水中的游鱼、生活或神话中的人、神,可以用意来融合成图像,表现出鲜明的意境,从而使画面留下艺术想象的余地。这种艺术创作表现方法成为中国艺术中"画以立意"、讲求意境的滥觞。(2)以线造型的特点。彩陶艺术一些图案,具有高度的概括性,比如1953年发现于河南陕县庙底沟彩陶的鸟纹,三面飞翔,仅用 ☼ 来表示,造型单纯,以线为主。这种单纯的线的表现与现代艺术中线的艺术表现力的追求是一致的。这种简明的图案,也从一个角度反映出中华民族善于抓住本质而后作高度概括的艺术思维能力。此后的甲骨文字、中国画、书法对线的升华,无不源于此。以上中国艺术的两个主要特质在原始艺术——彩陶艺术中已表现得十分强烈。从东海之滨到青藏高原,从台湾海峡到黑龙江畔,中国

图13-2 新石器时代黑陶鹰形尊

彩陶艺术都有立意明确、造型肯定、以线造型等特点,有着较为共同的造型语言、手法及思维。从彩陶艺术中,我们可以看到长江、黄河之水孕育的中华民族艺术有着共同的文化特质,这也使我们看到了民族文化的完整性、不可分割性。

如果说,从陶艺术中可以见到原始艺术的概貌,那么,新石器时代晚期的黑陶艺术,就会使我们发现原始艺术文化正在演变。精美的黑陶器出现在父系氏族社会形态下,它们乌黑闪亮,薄如蛋壳,用高技术的快轮旋制。这些高脚酒杯,造型上口部向外伸展,腰线收敛,线条曲折变幻,高足部分又加以镂空,更显

精巧别致。如大型黑陶鹰尊，更是少见的艺术精品。它既是器皿，又是大手笔的雕塑。整体浑圆有力，稳重中见威猛。这些黑陶艺术品出现于父系氏族社会时期，已是特权阶层所用的精美奢侈品，我们从中一方面看到彩陶艺术中简练浑厚的特质在黑陶艺术中的延续，看到先民们在形体塑造、制作技艺上的高超和杰出；另一方面，也会发现黑陶的艺术风格的神秘、诡奇和压抑，不再有彩陶纯朴鲜明的风格。艺术风格的演变反映了社会形态、风俗的变迁。

图13-3　唐·三彩骑驼乐人

中国古代陶器艺术自彩陶、黑陶等新石器时代的陶器之后，余绪不绝。至东汉初年，在制陶的基础上产生了瓷器，使我国成为世界上最早发明瓷器的国家。瓷器在人们生活中的地位日益重要，但陶器艺术并未消退。一方面为瓷艺提供借鉴，另一方面在自身领域也开放出灿烂的奇葩，它们的发展脉络至今绵绵不绝。秦始皇陵兵俑的宏伟、汉代说唱俑的生动、唐代三彩陶的富丽、明清宜兴紫砂陶的朴雅，不仅是中国陶器艺术一次次的成功，它们也各自代表着时代的文化，展现了多姿多彩的丰厚文化内涵。如三彩俑，是唐代社会盛行的陪葬品。骑驼、马的胡商、黑奴，披着轻纱戴着面罩的鲜卑族妇女，雍容华贵、着艳丽唐装的贵妇，华美交融，丰满蔼足，中外文化大融合、大交流的时代景象跃然眼前，让人真切地感受到中国历史上最兴盛、最开放时期的状况。

二、瓷篇

众所周知，世界上许多地区的人类史前文明都经历过陶器的时代，陶器工艺在其发生、发展上具有普遍性。而瓷器却是中国人的独创和发明，是中华民族对世界文明的一大贡献。瓷器的产生，并不是偶然的，而是中华民族的生产、生活实践推动所致。其中陶器生产为其直接基础。我国早在商代,已有用较纯净的高岭土制作的白陶器,这种高岭土的胎质正是瓷之所以区别于陶的标志之一;又有一种青釉陶器出现,只是火候较低,但已具备了"釉"这一瓷器要素。到战国时期,流行一种单把弦纹杯,已是一件原始青瓷的标本。因此,可以这么说,瓷器是基于陶器生产实践的基础上而产生的。至东汉末年,原始青瓷已大为盛行。东汉以后,更表现为青瓷独盛的局面,尤其是越窑青瓷系统,风靡了几个历史朝代。青瓷卧羊造型精练,线条饱满而圆润,通体釉色匀净,呈温暖含蓄的绿色,恰当地表现了羊的温驯敦厚。由卧羊尊可见六朝青瓷工艺造型及艺术水准已有上乘表现。到了唐朝,越窑青瓷更是独领风骚,在人们心目中占据了崇高的地位。这与中国美学观念的发展变迁有着密不可分的联系。中国人的审美思潮,走过三代青铜器的"错彩镂金、雕缋满眼",进入魏晋南北朝以来寻求一种更高、更新的境界,那就是自然与清新。越窑青瓷釉层均匀,青绿的色调代表着自然界的勃勃生机,一如初发之芙蓉,出水之新荷。审美的潮流推动着瓷器艺术的意境追求,在造型、釉色、装饰各方面进一步提高与完善。清新、自然的时代审美要求固然是青瓷独盛的一个重要动因,而另一个动因则是青瓷"如玉类冰"的质感与人们审美理想的吻合。中国自古以来一直将玉作为美的代

图 13-4 唐·越窑青瓷碗

表,并且延伸为艺术之美、人格之美。"绚烂之极归于平淡",富于光彩却内含不露,这体现着中华民族对美的理想。因此,对玉的情愫是中国艺术精神中难以割舍的重要环节。中国瓷器艺术,选择"类玉"的青瓷为典型,将对"玉"的审美移入瓷器艺术之中,要求胎质洁白、釉色匀净含蓄,手感温润。唐时盛行饮茶,类玉茶碗应运而生。以此类玉瓷碗泡茶,如千峰之苍翠,映衬绿色的茶汤,清新、自然的美感迎面而来,非但能享受茶的清香,领悟茶的禅机,更多的是大唐盛世中人们精神文化上健康、自由、充满生机的追求,是一种时代精神的象征。

社会风尚、生活习俗、审美思潮推动着中国瓷器艺术的发展,而瓷器艺术的成就又极大地丰富、提高着人们生活艺术的水准。

在瓷器艺术史上,比较于唐代人们仅止于对青瓷的由衷赞赏和喜爱,宋代则刻意去开辟瓷器在美学上的新境界,使宋瓷成为世界公认的难以企及的艺术典范。

宋代是我国历史上文化极为发达的时期,社会风尚的偏好,尤其是上层的喜好,使瓷业得以有财力、物力、人力的支撑,在釉色、质地、造型、装饰等各方面精益求精,在唐代瓷业的基础之上继续发展。各个地区瓷窑纷纷形成,且有官窑、民窑互相激荡,既有汝、官、哥、定、钧五大名窑,又有磁州窑、建窑、吉州窑等民间地方窑业,可谓百花齐放,是瓷业的盛期。在艺术格调的追求与新境界的开辟方面,宋瓷深深地浸润着时代的营养,创造了独具时代风格的艺术成就。宋代理学盛行,文人画兴起,美学上追求朴质无华、平淡自然,反对矫揉造作和装饰雕琢,并且渐渐把这种审美观提高到彻悟的哲理境界。这种美学追求也导致宋瓷在唐代瓷器清新、自然、"类玉"的基调上,运用新的工艺成就,开辟了典雅、清丽的新境界,在刻意追求中达到最自然、最朴质的艺术效果。宋瓷造型受文坛复古思潮的影响,多仿三代彝器,但在仿古中又能糅合新的时代精神,形成与当时审美理想相吻合的形式。如汝窑三足盘仿青铜器三足盘,但变青铜兽形三足为水滴形,通体简洁之中寓规矩,爽利之中见柔和,造型稳重含蓄。汝窑为北宋名窑,胎骨呈米色,釉莹净无比,光度极好。据称当时为求"玉"的效果,掺入玛瑙为填料,使得色泽既有蓝色之冷,又有绿色之温和,清丽、高雅而自然,足以代表宋瓷艺术的最高境界。

如果说类似汝窑器的一些官窑瓷器艺术在审美意境上刻意寻求以达平淡、含蓄与典雅,那么,宋代民窑瓷器却在大量生产的不经意之中显示出与官窑不同的风格。民间艺人以饱满的热

图 13-5 北宋·汝窑天青椭圆水仙盆

第十三章 工艺文化

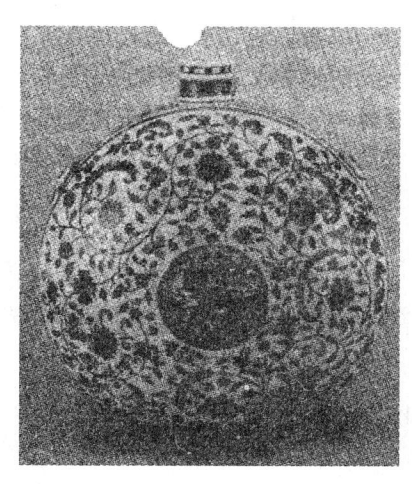

图 13-6 明永乐·青花扁壶

情投入创作,与清心寡欲的上层理学相背,充分赞赏和颂扬人间的欢乐和趣味(如婴戏图、孩儿枕)。民窑瓷器有着健康与广阔的境界,而它们在绘画装饰上的成熟也为后世青花瓷的问世打下了良好的基础。

元明清三朝在瓷艺领域各有成就,最终使中国成为瓷器产量最丰、质量最精的"瓷"国。元代国祚虽短,却在瓷业工艺上有飞跃性的突破,形成了以胎料上,改进配方,改变了历来重釉轻胎的倾向,使中国瓷器成为真正的硬质瓷。同时,又新创"青花""釉里红"品种,使北宋以来绘画的装饰手法获得更广大的施展空间。中国绘画与瓷艺的紧密结合,使中国瓷器艺术的传统文化内涵更为丰厚,民族特色更为浓郁。元代在工艺上对于各种呈色剂的把握已相当成熟,可以烧造出红釉、蓝釉等多种色釉。发展至明清,更是集大成的时代,粉彩、斗彩、五彩、红、黄、蓝、紫,各种品种,各种颜色,都能烧造,在瓷器的胎质、釉药、工艺技术上达到历史最高水准。元明清三代瓷器也成为中国出口贸易的大宗,推动了中国经济的发展。

第二节　青铜艺术文化

青铜,是一种红铜、铅、锡等的合金,颜色呈青灰,因而得名。青铜的发明,是人类历史上具有跨时代意义的创造,它标志着文明的历史由石器、陶器时代进入了金属时代,社会的方方面面都有了巨大的变化。在我国历史上,自夏代开始,经商、西周、春秋战国,历时一千五百多年,青铜铸造业一直是国家控制的重要行业,青铜器具既是人们日常生活中最为常见的工具、工艺品,又是社会主流文化的集中代表。那些地位低下的奴隶铸造制作生活用具青铜器,供王室、贵族享用。贵族们用鼎来盛肉,用簋(或敦)来盛放黍稷稻粱,用爵、尊、壶来盛酒,当然少不了用剑、戈、戟这些青铜兵器来厮杀战斗。贵族们过着"以蒸以尝"、"以食以享"的奢靡生活,青铜器遂成为这种特权生活的象征。在宗教仪式中,也少不了青铜器,它们作为"礼器",根据不同的场合与作用,其规格、数量都有特定的讲究。相传禹铸九鼎,以象征九州。后来,这九鼎就成为传国之重器、政权的象征。青铜礼器又有浓重的宗教巫术色彩,人们祭祀鬼神、祈福禳祸都须借助青铜礼器为媒介来传达。正因为青铜器有着如此特殊的地位和作用,所以,社会上层建筑、意识形态的变迁,都能在青铜艺术造型、装饰纹样、风格等方面做出淋漓尽致的反映。

纵观青铜艺术的发展史,早在二里头文化时期已有简单的青铜工具、兵器、酒器等。这是青铜艺术的发轫期。而第一个艺术高峰期,则是商代晚期(殷墟期)。商代晚期青铜器制作精良,造型厚重,胎壁也较厚实,且多有巨构,如著名的后母戊大鼎,高133厘米,重875公斤。这一时期的作品具有气势恢宏、凝重庄严、神奇诡异的艺术特点,器物上常常布满花纹。这些纹样有些是生活中的牛、羊、马、虎等动物形象,有些为现实中所未见,如饕餮纹、龙纹、夔纹等,尤其是饕餮纹为这一时期的主要流行纹样,且装饰于器皿的主要部位。对于饕餮纹,古书上有着种种解释,而学者们对于它的含义更是各持一端。有人认为是虎头,有人认为是牛头。它的含义,有人认为是"通天地(亦即通生死)",有人认为是"辟邪驱鬼",有人认为是"戒之在贪",纹样的含义非常丰富。结合礼器用于祭祀这一用途,再审视一下它的组织结构,应该是牺牲品牛、羊等动物的正面形象加以艺术夸张变形而成。这些牺牲物具有"协上下、承天休"的祥瑞意义,遂盛行一时。后来逐渐演变,经过象征化、抽象化的综合艺术处理,形象愈益丰富复杂,其含义日益丰富。随着年代的久远,今天的人们对此只能揣测而已,而直面那双眼圆睁、张开大口甚至口含人头的形象(后母戊耳),那种神秘、诡异的气象扑面而来,有所谓"狞厉的美感"。这种狞厉之美是商周社会特定气氛下的产物,它混杂着恐怖慑人、又能辟邪护佑的双重功能。

青铜器艺术进入第三期,发生了很大的变化。从艺术的角度而言,这一时期的青铜器已渐渐丧失了撼人心魄的那种"狞厉之美",取代以平和的方式,艺术魅力也因之减弱。而配合时代的节奏,另一种艺术形式却带来新的审美感受和艺术高潮,那就是青铜铭文的高度发展。铭文又常称"金文"(旧称"钟鼎文"),上承甲骨文,下启篆隶楷。周代铭文,长篇宏制,韵律清晰、笔道工细典雅,如毛公鼎,计497字,被人誉为世界上最早、最美的庙堂典章。从铭文的优雅与节奏中,也许能够最确切地领会那个钟鸣鼎食、进退有礼的礼乐盛期的社会风貌。西周覆亡,王室东迁,新的历史时期反映于青铜艺术,便有了第四期"新式期"。新兴的地主阶级蔑视贵族的"天命观",冲击着旧的体制。非常典型而有趣的是,社会的急变又是以鼎为中心而进行,从禹的铸九鼎以象征政权到诸侯问鼎,并且自行铸鼎,正是社会形态发展的鲜明线索。春秋战国时期,青铜器的造型、花纹一改过去凝重、神秘,逐渐走下神坛,进入日常生活。如莲鹤方壶为春秋晚期的酒具,装饰有蟠螭龙纹,双耳塑立体怪兽,颇具动势。壶顶有方盖,盖四周饰有交体蟠虺纹,盖顶塑双层莲瓣,仰起盛开,中央立一鹤,伸翅欲飞。此鹤正踌躇满志,睥睨一切,仿佛践踏传统于其脚下,而欲作更高更远的飞翔。青铜艺术上的新风气,预示着新时代的到来。青铜器上出现了愈来愈多的现实生活,宴乐、攻战、渔猎、采桑,新颖而亲切,艺术情趣迥异于商周。

图13-7 莲鹤方壶

曾经作为社会主流文化的代言者的青铜鼎虽然已逐渐退出主要舞台,而青铜艺术却并未消退。秦汉时代仍有杰出的青铜艺术品出现,如马踏飞燕、长信宫灯。它们是生活陈设、日用品,其设计取源于生活,形象轻松、灵动,充满生动的美感,是丰富人们生活的优秀工艺品。这些剑器、灯、铜镜成为青铜艺术美丽的余晖,折射着昔日的辉煌。

值得关注的还有近年的考古成就,又出土了一些前所未见的青铜器,它们具有强烈的地域特色,如云南晋宁虎斗牛案、四川广汉三星堆蜀王像。这些青铜艺术文物,虽然至今无法清晰地阐明其源流,但它们的政治、宗教礼器作用,却与中原青铜无异,至少说明青铜时代中华民族文化的多元性、融合性。

第三节 古代家具艺术

中国家具的历史非常悠久,但是它的艺术最高峰时期却在明、清两朝,这段时间的家具风格被称为"明式""清式",其造型优美、工艺精湛、用料讲究,整体设计中体现出丰富的人文精神,具有独立的审美意义,这在世界家具艺术领域是非常令人瞩目的。

典型的明式家具在选材、工艺、造型及艺术格调之追求各方面,都能令人感受到浓郁的中华传统文化意蕴。明式家具大多认硬木为首选之材,如花梨木、紫檀木、鸂鶒木、铁力木、红木等材料。实际上,这是在明隆庆年间海禁松弛后,产于海南与南番的贵重硬木方才不断输入内地的。苏州,历来盛行细木作家具,称为"苏作",这种工艺与硬木材料一拍即合,形成了以苏州为中心的硬木家具生产中心。这些硬木材料本身极具美感,如花梨木的纹理非常稠密、木质坚实,呈现一种琥珀色调。这种本质之美又有历久弥新的特殊性能,日常生活中人们的抚摩、岁月的磨炼,会在家具表面形成一种光润的肌理质感,并且使木质本色之美更加突出。如此神奇的特性极富人情味,因而倍受青睐。而且,明代以前家具大多盛行漆饰,一经发现木质之美,家具业便以不加修饰为新风尚。崇尚本质之美实际是中华民族传统审美习惯之一,它在家具业的流行是各种物质技术条件成熟后的一种必然。明代文人大力提倡家具业的新风尚,反对家具一味"施金漆""雕龙凤花草"的俗气,也正是对这一传统审美观念的倡导和强调。明式家具注重材质本色之美,推崇历久弥新的独特效果,使家具的材质、工艺成为可被独立审视的艺术美的要素,也铸成了明式家具的典型艺术风格。

明式家具在工艺上,继承了传统木制作艺,又根据硬木材料性质进行新的革新,主要是在宋元以来建筑装修小木作的工艺基础上,将木工榫卯结构和制作技术发展至顶峰。一件家具,通常要用十几种乃至几十种榫卯。为了家具造

第十三章 工艺文化

型线条上的流畅,木器制作工艺中,不用钉、胶,而在不同造型部位用榫、闷榫等暗藏结构,使整体造型挺拔,轮廓线条流畅。又有"攒边"的特殊工艺,既考虑了家具木材受气候、湿度影响而有胀缩系数,又避免了木材横断面不美的一面,真是巧妙神奇,极具科学性、艺术性。明式家具艺术在工艺上创造的成就,集中体现了中华民族的智慧,令世界家具领域的研究者至今赞叹不已。

明式家具的造型形式,是中国典型的"线造型"传统的升华。明式椅子中有一种"S"型靠背,曾被西方科学家称作东方最美好、最科学的"明代曲线",既适合人体功能,又独具形体特征;而各种"搭脑""牙条""腿足"的线型,互相之间气韵贯通,极富整体感;各种"线脚"的处理,在类似或相同的家具上,也各自施展着或柔或刚的个性;形体造型上,"面"的处理,更有适当的比例和尺度,往往于造型的结束处、转折处,加以不同的处理,使形式更完美,装饰风格更显简洁、生动。明式家具继承了中国传统"线造型"的手法,且得其精髓,形成了独特的造型语言。

明式家具在用材、工艺、造型等各个方面都浸涵着中国传统文化的观念意识,也明显地受到明代文人文化的深刻影响。当时的文人,注重内心世界之肃静,崇尚内省、不张扬的性格,硬木家具温润如玉的质感、行云流水般的纹理,充满内在之美,任凭岁月的考验,不裂不翘,常用常新,与文人的人格追求相契合,因而深受文人的推崇。明代文人有的还亲自参与设计、提出建议,在家具造型中灌输人格精神的追求。如明代黄花梨文椅,造型委婉、精致,温文尔雅且落落大方,富于书卷气。明清的诗人、画家大多喜欢在书斋、画室安置这种椅子。东南地区因此称这种椅子为"文椅"。明式家具大多类似这种椅子,造型方正、材质精良,在流畅圆润的轮廓线下是方正规矩的形体,与刚正不阿、寓刚于柔、光泽内敛等文人的精神追求非常一致。而明式家具古朴、典雅、脱俗以及功能

图 13-8 紫檀木扇面形文椅

上的舒适宜人等优良风格形式,直接受到文人文化的影响,是文人士大夫在物质生活、精神生活上的艺术要求使明式家具日臻完美,且独具深厚文化意蕴。

明式家具因深受文人精神的影响,带有浓浓的书卷气,而在入清以后,这种书卷气却渐渐消退了。清代家具制造中心有广州、苏州、北京等地,其中苏州地区继承明式风格较多一些,但已非家具业的主流。取而代之的是装饰华美、雍容华贵的新式硬木家具——广式家具。雍正、乾隆两朝经济较为兴盛,广州由于其特定的地理位置,成为对外交流的重要门户,各种手工艺都很繁盛,如象牙雕刻、景泰蓝等。而木材方面,南方本来就产贵重木材,又有南洋进口,家具业发展条件十分成熟。另外,雍、乾两朝建筑模仿西方的风气大盛,如著名的圆明园,就有典型的西方风格,家具当然与之匹配,力求在造型上、装饰上变革。当时西方艺坛盛刮"罗可可"艺术之风,其精细、繁缛、奢华的趣味与清代宫廷趣味一拍即合。因此,在家具制作中,简练、大方的明式风格被华美的宫廷风格、西方的装饰风格所取代,在广州这个"西风"刮来的第一站,形成了清式家具的主流风格——广式。

清代家具为增加陈设效果,往往利用各种手法进行雕刻,有的甚至通体满雕,还有的运用嵌石、螺钿、瓷板、金属、珐琅等材料,以求得色彩之富丽鲜艳。皇室宫廷用品更为豪华。如太和殿中的金漆屏风、宝座,其大无比,宝座椅背一龙昂首张口,雕镂细缛,与殿中装饰相呼应,金碧辉煌,洋溢着帝王豪门之气,可为宫廷家具之典型。较之于明式家具的内敛与朴素,这类清式家具从工艺到形制、风格深深地带着宫廷文化的烙印。清代社会的风尚上行下效,富商巨室仿效宫廷之风,配置的家具用料讲究、精雕细刻,极尽奢华。在这股风气之中,连苏州地区以明式风格为主流的家具也受到影响与冲击,这样,清式家具走出了一条与明式不同之路。清式家具在工艺技术上也有许多创造与革新,又能大胆运用各类材料,吸收外来文化的一些营养,因此清代家具不乏精品。然而,在整体的文化气氛、艺术追求上,较明式格调呈下降趋势。

思考与练习

1. 怎样看待中国陶瓷工艺的发展历程?
2. 怎样看待中国青铜艺术的分期?
3. "明式""清式"家具有何特点?

延伸阅读与参考书目

1. 王世襄著《明式家具研究》,三联书店,1991年。
2. 尚刚编著《天工开物:中国工艺美术史》,三联出版社,2007年。
3. 王家树著《中国工艺美术史》,文化艺术出版社,1994年。
4. 杭间著《中国工艺美学史》,人民美术出版社,2007年。

第十四章　音乐文化

"音乐"和"乐",在我国先秦典籍中是两个不同的概念。"音乐"首见于《吕氏春秋》,如"凡音乐,通乎政而风乎俗者也"等,所指与现代意义相通。"乐"则出现得更早,运用也相当普遍,所指乃歌唱、舞蹈、器乐相结合的原始乐舞。这种"三位一体"的原始艺术,正是当时生产力水平低下的反映,彼此相互依存,都不足以成为独立的艺术门类。经过很长一段时期的发展,才逐步成熟而独立开来。后来,又出现了综合音乐、文学、舞蹈、表演、舞美等各种艺术的大型体裁——曲艺和戏曲艺术。本章就各个历史时期中最突出的音乐文化成就作简要的介绍。

第一节　神话传说与历史遗存

我们的祖先在漫长的历史时期中,用双手和智慧创造了丰富灿烂的音乐文化。作为文明古国之一的中国,音乐究竟产生于何时?远古时期没有文字,也就没有对当时音乐的文字记载,只能依赖地下实物的考古发现,而这又是那么的微乎其微。周代以来的文献有许多关于远古音乐的神话传说,虽然难免有后世的时代烙印,但仍可以从中寻觅到一些远古音乐的踪迹。

  帝尧立,乃命夔为乐。夔乃效山林溪谷之音以歌,乃以麋骼置缶而鼓之,乃拊石击石,以象上帝玉磬之音,以致舞百兽。(《吕氏春秋·古乐篇》)

第十四章 音乐文化

"夔",是历史上公认的最早的音乐家。夔所作之乐是用可击可拊的石磬和"麇(鞈置缶)"的土鼓等原始乐器伴奏、先民们化装成鸟兽的原始舞蹈,当是一种反映远古狩猎生活的乐舞。

昔葛天氏之乐,三人操牛尾,投足以歌八阕:一曰《载民》,二曰《玄鸟》,三曰《遂草木》,四曰《奋五谷》,五曰《敬天常》,六曰《建帝功》,七曰《依地德》,八曰《总禽兽之极》。(《吕氏春秋·古乐篇》)

这里的"葛天氏之乐"应与原始农牧生活有关。八阕中的《敬天常》《依地德》和《建帝功》可能出自后人笔墨,非当时所能有,但《遂草木》《奋五谷》和《总禽兽之极》之类合乎原始文化。当时以农业和畜牧业为生的先民们,为了求得理想的收成,向祖先(《载民》)和图腾(《玄鸟》)顶礼膜拜,以期得到这些神秘的超自然力量的庇护。

远古音乐传说中也有关于爱情的歌曲,如《吕氏春秋·音初篇》:

禹行功,见涂山氏之女,禹未之遇,而巡省南土。涂山氏之女乃令其妾待禹于涂山之阳,女乃作歌,歌曰:"候人兮猗!"实始作为南音。

涂山氏之女唱"候人兮猗"等候大禹治水归来,这首只有四个字的原始歌曲,有人称之为古代最早的情歌。

音乐传说固不可信,而考古发现则以一桩桩铁的事实,为我们揭开古代音乐文明神秘的面纱。

1986年,河南省舞阳县贾湖新石器时代遗址出土了十多支骨笛,大多七孔,最完好的一支七音孔骨笛可以吹奏河北民歌《小白菜》的曲调,具备了六声音阶的结构。经碳14C同位素的测定和树轮校正,距今约八千年左右的历史。这一伟大发现令世人非常震惊,不但将中国音乐可考的历史提前了一千年左右(贾湖骨笛出土以前，六七千年以前新石器时代的黄河流域和长江流域普遍存在的陶埙被史学界认为是古代最早的乐器)，而且还给今人留下两个困惑：八千年前的中华民族是不是已经创造了六声、七声音阶？为什么其后三四千年间的乐器反而滞留于简陋、粗糙的原始状态(其后的考古乐器中只有到了三千年前晚商的"五音孔陶埙"才可以吹奏完整的七声音阶)？尽管人们依靠丰富的想象力给予贾湖骨笛诸多猜测："外星人"的礼物、"文化断裂"……但毕竟这是一个惊心动魄的大发现。

1973年在青海省大通县上孙家寨村的新石器时代遗址出土了一个舞蹈纹彩陶盆，距今五千多年，这是迄今为止我国发现的最早的一幅乐舞图。其内壁上部有三组相同的舞蹈图案，每组五人，牵手而舞，服饰相同，动作整齐划一。如果往盆中注水，就会出现少女们在水边的树木花丛中翩翩起舞的动人景象，并与水中倒影相映成趣。我国成语中有"三五成群"一词，如并非巧合，其历史可追溯至遥远的新石器时代。

夏朝是我国历史上第一个奴隶制王朝。夏代有无文字，悬而未知。借助考古学能够确定的是夏代音乐文化遗存的实物，也少得可怜。

商代是我国历史上著名的青铜器时代，精美的青铜乐器的出现，使商代音乐又进入一个新的时代。商人非常迷信，《礼记》载："殷人尊神，率民以事神。"事无巨细，凡事都要由巫觋用龟甲兽骨占卜吉凶，请命于鬼神，并在甲骨上刻下占卜事项及日后应验的结果。这就是"甲骨文"，又称"卜辞"。甲骨文字的发现，标志着商代已进入我国文明的时代。

商代人的音乐主要有"巫乐"和"淫乐"。巫乐的首要特征是酣歌狂舞，漫无节制。这种祭祀歌舞，常常夜以继日、不分昼夜地进行。《尚书·伊训》云："恒舞于宫，酣歌于室，时谓巫风。"商代的"淫乐"，内容污秽荒诞，形式靡丽奢侈，供奴隶主贵族尽情享乐。1950年，在河南安阳武官村发掘了一座商代晚期的大墓，墓内殉葬了74个奴隶(后来还在祭祀礼坑中清理出被屠杀的奴隶骨架1380具之多)，而在其椁室西侧有女性骨架24具。随葬品有一个精美的虎纹特磬(大石磬正面以刚劲、柔和的阳纹刻上一只瞠目踞状、刚猛壮美的虎形)和三个小铜戈。可以推想,这 24 具女尸生前便是乐舞奴隶。这一事实充分暴露了奴隶主贵族荒淫无度的腐朽生活。

第二节　雅颂之声与礼崩乐坏

西周是我国奴隶制发展到顶点的时期。传说周的始祖姓姬名弃,善种稷和麦,死后被尊为"农神",称作后稷,因此,周族的农业生产非常发达。周人的宗教观念虽仍占支配地位,但其文化意识形态与殷人有很大的不同。《礼记》云:"殷人尊神,率民以事神";"周人尊礼,敬神而远之。"

周王朝为吸取商朝灭亡的教训,制定一整套十分严密的封诸侯、建国家的等级制度,以礼、乐、刑、政四术统治臣民。其中礼、乐是专为统治阶级内部而设,而刑、政则专门对付下民。所谓"礼不下庶民,刑不上大夫"。统治者严格规定不同身份的人在不同的场合有不同的礼仪,并且有不同的音乐与之相配合。例如,天子在祭祖时所用音乐为《雍颂》,士大夫则不能用;两君相见,用大雅《文王》,诸侯宴请他国使臣则用小雅《鹿鸣》《四牡》《皇皇者华》。再如,在歌舞乐队的编制上也有明确规定:天子享用 64 人的"八佾之舞",排成八行;诸侯"六佾",36 人;卿和大夫"四佾",16 人;士则"二佾",4 人(也有人认为每"佾"是固定的 8 人,则分别是 64 人、48 人、32 人、16 人)。

礼乐制度的建立,标志着我国历史上第一个比较完备的宫廷雅乐体系的建成。所谓"雅乐",指我国古代祭祀天地、神灵、祖先等重大典礼所用的音乐。名称源于其歌词的"典雅纯正",《淮南鸿烈·泰族训》云:"今夫雅颂之声,皆发于词。"雅乐题材大多粉饰太平,为统治者歌功颂德。风格庄重、肃穆,营造和谐、安宁气氛。曲调简单,节奏缓慢。音阶用七声雅乐音阶(又称"古音阶"、"旧音阶"),两个偏音是"变徵"升 fa 和"变宫"(si)。显然,统治者提倡音乐,是希望通过和平中庸的雅乐,使贵族及其子弟受到伦理道德的感化,以达到巩固统治的目的。他们首先强调的是音乐的教育性和政治功能,而不是艺术性和审美作用。

西周宫廷雅乐的最高典范是"六代之乐",即古代六部乐舞:黄帝时期的《云门》、尧时的《咸池》、舜时的《箫韶》、夏代的《大夏》、商代的《大濩》、周代的《大武》。这六部规模宏大的典礼音乐,用于祭祀天地山川、日月星辰、列祖列宗和歌颂统治者的文德武功。其中《箫韶》为后世儒家所推崇,《论语》云:"子在齐闻《韶》,三月不知肉味。""子谓《韶》尽美矣,又尽善也。"而《大武》在孔子眼里,虽然音乐有平和之美,但内容并不合乎其仁德的标准,故"尽美矣,未尽善也"。除"六乐"之外,《诗经》中的"颂乐"和"大雅"基本上也属于雅乐的范畴。

周王朝将"乐"作为其统治的工具,而且处处受到"礼"的束缚,其结果必然是越来越僵化。春秋时代的大动乱和大变革,彻底打乱了奴隶主贵族金字塔般的等级秩序,音乐等级制度也失去了约束力。《论语·八佾》载:鲁国大夫季桓子在自家庭院里竟然演出天子方可享用的"八佾之舞",引起孔子的极大愤慨,谓之"是可忍也,孰不可忍也"。"礼崩乐坏"至此,任凭谁也无法支撑摇摇欲坠的雅乐大厦。与此相反,民间俗乐以其新颖的风格、流畅的旋律和真挚的感情,受到士大夫甚至诸侯国君的喜爱。"郑卫之音"就是其中的典范。

"郑卫之音"是我国周代郑国、卫国的民间音乐,位于今河南一带,原是商民族聚居之地。《诗经》中160篇"国风",郑、卫合占60篇。音乐史上对"郑卫之音"一直褒贬不一,褒者曰"音声之至妙",贬者云"乱世之音也"。至于崇尚古乐的孔子自然不会对其有好感,以为"郑声淫",于是"恶郑声之乱雅乐也"。孔子既然反对"郑卫之音",可经过其精心删选而成的《诗经》,却又保留了大量的郑卫民歌,这似乎不太合情理。于是有学者提出,"郑风"与"郑声"不是同一概念,孔子否定声色之乐,即被统治阶级享用的"郑声",但不反对郑风、卫风。不管怎样,"郑卫之音"这股强大的"新风",势不可挡,连精通音乐的魏文侯(前446—前396年在位)也无可奈何:"吾端冕而听古乐,则唯恐卧;听郑卫之音,则不知倦。敢问古乐之如彼,何也?新乐之如此,何也?"(《乐记·魏文侯篇》)

1978年,在湖北随县城郊擂鼓墩的一个小山包上,沉睡于地下2430多年的

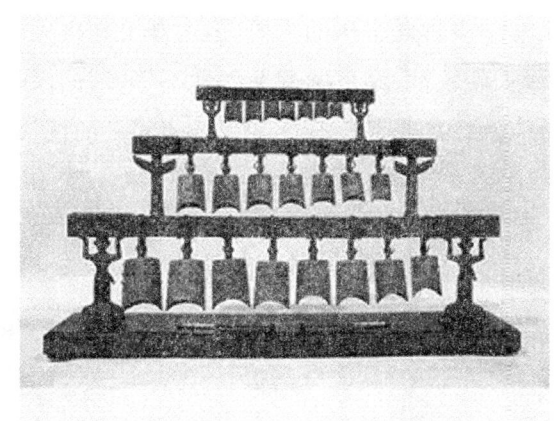

图 14-1 曾侯乙编钟

曾侯乙编钟重见天日。这是我国文物考古、音乐史和冶铸史上的一次空前大发现,轰动了全国,震惊了世界。这座埋葬于公元前 433 年的古墓共出土八类 124 件乐器,其中最为壮观的是一套 64 枚的编钟,总重量 1 万多斤。钟体上镌刻有 2800 多字铭文,是极其珍贵的先秦音乐理论。十二律俱全,音域超过五个八度。尤为令人叫绝的是,每钟均可发出相距三度的双音。可以想见,墓主生前的"钟鼓乐队""金石之声"是多么的气派、何等的辉煌。如此小国之君,如果遵循雅乐之旧制,其音乐规模决非这般宏大。

第三节　乐府新声与胡戎之乐

汉初的宫廷音乐,虽然承袭旧制,但周代宫廷雅乐却因战乱和秦始皇的"焚书坑儒"而大都失传,就连"世世在太乐宫"的人也"但能记其铿锵鼓舞,而不能言其义"(《汉书·礼乐志》),因而重建宫廷音乐就成为当务之急。"至武帝,乃立乐府。采诗夜诵,有赵代秦楚之讴"(《乐府诗集》)。由此可见,汉代宫廷音乐不同于旧乐,民间音乐得到了广泛的重视,并成立了庞大的音乐机构"乐府"。乐府的创置,并非始于汉代,而是秦代。1976 年,一件有错金篆书铭文"乐府"的秦钟在秦始皇陵出土。由此可以肯定乐府机构的设立乃是秦王朝的功绩,武帝时扩大了乐府机构及职能。乐府的主要任务是采集民间歌谣,《汉书·艺文志》云:"自孝武立乐府而采歌谣,于是有赵、代之讴,秦、楚之风,皆感于哀乐,缘事而发,亦可以观风俗、知薄厚云。"对乐府歌曲的价值给予了充分的肯定。这里的"代、赵、秦、楚",不仅仅是指河北、山西、陕西、湖北一带,且泛指四面八方。

乐府的建立,虽然主观上是为了统治阶级宫廷享乐的需要,但客观上却极大地促进了民间音乐的发展。随着西汉王朝政治、经济的衰退,"性不好音"的汉哀帝即位不久便迫不及待地撤销乐府,企图重建雅乐,以维护其岌岌可危的统治。汉以后,各朝虽然仍设乐府机构,但不再大规模地进行民间音乐的"采风"工作。

乐府歌曲中影响最大的有三种:相和歌、鼓吹乐和清商乐。"相和歌"是汉代各种民间歌曲的总称,是先秦时期以《诗经》为代表的音乐现实理性精神和以楚辞为代表的音乐浪漫情趣的交融和聚合,还遗存有西北地区的"秦声",是华夏音乐之传统。就其表现形式而言,有原始的"徒歌"(清唱),一人唱、三人和的"但歌"。最名副其实的是"丝竹更相和,执节者歌",即一人击节而歌,旁设丝竹乐队伴奏。相和歌发展到最高阶段为"相和大曲",是集歌、舞、器乐于一身的大型歌舞。例如,汉代乐府民歌《江南》:"江南可采莲,莲叶何田田!鱼戏莲叶间。鱼戏莲叶东,鱼戏莲叶西,鱼戏莲叶南,鱼戏莲叶北。"这应该是一首"但歌",前三句为"一人唱",后四句是"三人和"。

"鼓吹乐"是一种以击乐器和管乐器为主,或兼有歌唱的乐种,它是由汉代北方边境少数民族的"北狄乐",经丝绸之路传入中原的"西域乐"和中原汉民族音乐相互融合而成的民间音乐。鼓吹乐不同于轻歌管弦、抒情细腻的相和歌调,而是以其粗犷、雄壮的气势,活跃于仪仗行进的原野大道。作为中原文化和外来文化相交融的鼓吹乐,在乐府音乐中独树一帜,常能给人以激奋、进取的情感力量。

"清商乐"是相和歌的继承和发展。"清商乐,一曰清乐。清乐者,九代之遗声。其始即相和三调也,并汉魏以来旧曲,其辞皆古调及魏三祖所作。"(《乐府诗集》)曹氏父子尤爱清商三调(即平调、清调、瑟调),亲自制作歌词,还设立清商署,对清商乐的发展起了重要的促进作用。东晋南渡后,清商乐又得到显著的发展,主要成分已是南方民间音乐,即"江南吴歌""荆楚西声",内容多表现男女爱情和抒发游子思乡的别离之情。"清商乐"的发展为隋唐高度发展的"燕乐"奠定了基础。

西汉时张骞两次出使西域,开辟了横贯亚洲的"丝绸之路",实际上也是一条中外文化交流的重要通道。从此,西域音乐、外来乐器纷拥而至,中西方音乐相互碰撞,汉唐音乐文化也因此面貌一新。

《晋书·乐志》载:"张博望入西域……惟得《摩诃兜勒》一曲,李延年因胡曲更造新声二十八解,乘舆以为武乐。"摩诃是梵语"大"的意思,兜勒是西域的一个国家。《摩诃兜勒》是张骞从西域带回中原的第一批音乐成果,著名音乐家李延年将其改编成28首新曲,为民族之间音乐文化的交流做出了贡献。汉灵帝(168—189年在位)时,西亚的生活习俗和音乐艺术盛行中原。"灵帝好胡服、胡帐、胡床、胡坐、胡饭、胡箜篌、胡笛、胡舞,京都贵戚皆竞为之"(《后汉书·五行志》)。公元一世纪中期,印度佛经由西域传入洛阳,佛教音乐也随之传入我国。

魏晋南北朝时期,西域音乐和中原音乐的文化交流达到了历史上的高峰时期。在长达近四百年的分裂、战乱中,民族融合的进程大大加快,政权的更迭、民族的杂处,使得各民族之间的音乐文化相互影响、相互吸收,西域音乐更是畅通无阻。龟兹、疏勒、康国、安国、天竺、高丽等国的音乐纷纷落户中原,琵琶、筚篥、羯鼓、羌笛、胡笳、箜篌、铜钹等也成为中原人民竞相学习、演奏的乐器。

长达近四百年的民族融合、文化交流,上承西汉、下启隋唐,在音乐史上起着继往开来的作用。大量外来音乐文化的传人不但没有将我国华夏传统音乐"西化""胡化",相反,我国传统音乐的基础却不断扩大。可以说,"胡戎之乐"与"汉乐"的交融为我国民族音乐的发展开辟了更加广阔的道路。

第四节　歌舞伎乐与异国风情

盛唐之音,可谓雄浑激越、气象万千;盛唐之乐,可谓兼容中外、璀璨夺目。由于西域音乐和中原各族民间音乐的长期共存,由于唐初统治者实行的兼收并蓄和重俗轻雅的音乐文化政策,也因为唐代不仅在音乐,而且在诗歌、绘画、书法、舞蹈、建筑等领域的高度的全民族的文化素质,从而造就了唐代宫廷音乐盛况空前的繁荣局面。

唐朝建国之初,曾有人竭力反对《玉树后庭花》《伴侣曲》等陈、齐旧乐,以为悲泣之乐、亡国之音。唐太宗李世民回答说："悲欢之情,在于人心,非由乐也。将亡之政,其民必苦,然苦心所感,故闻之则悲耳。"(《旧唐书·音乐志》)李世民作为唐初最高统治者,敢于冲破儒家正统音乐观念的束缚,反对把音乐的政治功能夸大到不切实际的地步,并且注意音乐本身的艺术性,反映了他英明豁达的战略眼光,对唐代宫廷燕乐的发展无疑起到了一定的促进作用。唐玄宗李隆基,史称"性英断多艺,尤知音律,善八分书"。他才思敏捷,擅长作曲,一生中从未间断过。著名大曲《霓裳羽衣曲》就出自玄宗之手,表演者上身穿洁白的羽衣,下身着彩虹般长裙犹如天女下凡,飘然而至。诗人白居易对此舞极为推崇,"千歌万舞不可数,就中最爱霓裳舞",还为此写了一首长诗《霓裳羽衣歌》。唐玄宗还十分热衷于器乐演奏,尤擅西域乐器羯鼓和玉笛。有一次,玄宗在洛阳城上阳宫内吹奏新曲,正好李谟散步经过此地,默记于心,第二天在酒楼吹奏,一音不差,令玄宗十分惊异。诗人张祜更是无限感慨:"平时东幸洛阳城,天乐宫中夜彻鸣。无奈李谟偷曲谱,酒楼吹笛是新声。"玄宗还在宫廷中始设音乐机构——"梨园",从太常乐工中精选三百人,专习法曲(燕乐歌舞大曲的一种,以器乐为主),专事器乐,其规模丝毫不逊色于现代的民族交响乐团。玄宗常亲自组织排练,"有一声误,玄宗必觉而正之"(《旧唐书·音乐志》)。李隆基沉湎声色,怠于朝政,致使国力衰退,令后人惋惜;但其以卓越的音乐才华和皇帝的特殊身份,同千千万万个普通"乐伎"一道,缔造了繁盛的盛唐音乐,他在音乐史上的地位和作用为世人所公认。

　　隋唐宫廷音乐称作"燕乐",即"宴乐",是古代宫廷宴会中一切音乐的总称,是区别于雅乐的重要乐种。隋初设置"七部乐":一曰国伎,二曰清商伎,三曰高丽伎,四曰天竺伎,五曰安国伎,六曰龟兹伎,七曰文康伎。"国伎",即"西凉伎",位于今甘肃西北部。"高丽伎"即古代朝鲜的乐舞。"天竺伎"是古代印度的乐舞。"安国伎"是当时中亚细亚地区(位于今乌兹别克斯坦境内)的音乐。"龟兹伎"是古龟兹国(位于今新疆库车一带)音乐。"文康伎"是汉族的一种面具舞。隋炀帝时增加康国、疏勒两部乐舞,成"九部乐"。康国位于今乌兹别克斯坦境内,疏勒即今新疆喀什噶尔和疏勒一带。唐初"因隋旧制,用九部之乐"

(《唐书·音乐志》)。唐太宗统一高昌(今新疆吐鲁番)后,又加奏"高昌伎"而形成"十部乐"。在隋唐多部乐中,清商、西凉和龟兹三个乐部占有突出的地位,代表着三种具有典型意义的音乐风格。清商乐是汉民族传统的乐舞,西凉乐是西域音乐与中原音乐相融合的产物,而龟兹乐则是西域音乐的优秀代表,被誉为"胡部诸乐之首"。唐朝高僧玄奘曾到达龟兹,在其著作《大唐西域记》卷一中称龟兹乐"管弦伎乐,特善诸国"。

隋唐多部乐中,西域各族乐舞占有很大的比重。各个乐部之间的争奇斗妍,反映了唐代宫廷燕乐的兴盛。那异国情调的歌舞伎乐,令人痴迷和神往。

第五节　繁声淫奏曲子词

曲子,又称"小曲",俗称"里巷歌谣"。有的直接产生于城镇市民的日常生活,有的则是民间山歌流入城镇以后,经文人或职业艺人加工改编而成的手法多样、流传广泛的艺术歌曲。宋人王灼在《碧鸡漫志》一书中概括了曲子兴起和发展的历史过程:"盖隋以来,今之所谓曲子者渐兴,至唐稍盛。今则繁声淫奏,殆不可数。古歌变为古乐府,古乐府变为今曲子,其本一也。"

曲子一般是先有曲调,然后创作歌词,称之"倚声填词";也有少部分是根据歌词重新创作曲调,叫作"度曲"。隋唐时期曲子歌词流行整齐句,唐代的绝律诗体就是在民歌小曲的基础上发展起来的。诗人们为曲子填词最初就是为了供艺人们演唱,如唐代诗人刘禹锡和皇甫松的《竹枝词》就是根据蜀地山歌《竹枝》的曲调填写新词而成。晚唐五代以来,曲子歌词逐渐转向以长短句为主的形式,即文学史上所谓的"词"。因为,长短句歌词能使乐曲获得更为丰富的节奏变化,在表达思想感情方面也比诗体歌曲更为灵活自由。由此可见,民间歌曲与诗、词文学关系极为密切,一方面,曲子的流行推动了诗词的创作,使得唐诗、宋词成为时代艺术的杰出代表;同时,诗人们的创作也促进了民间小曲的发展,从而造就了唐宋艺术歌曲高度繁荣的局面。

曲子的音乐,被称作"曲牌""词牌"或"词调"。除了继承传统之外,还广泛汲取了少数民族和外域音乐的曲调。如《杨柳枝》《乌夜啼》是传统乐曲,《菩萨蛮》《南天竺》《婆罗门》则应是外族外域的音乐。曲牌还常有令、引、近、慢等名称,表示长短不一的音乐体裁。"令"是较为短小的曲调,唐宋文人常在宴席上即兴填词歌唱,如《调笑令》、《浪淘沙令》。"引"和"近"则稍长,节奏偏慢,如《祝英台引》《诉衷情近》。"慢"的曲调较长,盛行于北宋,一般源于唐燕乐大曲中的慢板歌唱部分,如《声声慢》《木兰花慢》。其他还有"序""歌头"等名称,都与音乐结构有一定关系。

唐代最流行的小曲有《五更转》《十二时》《雀踏枝》《长相思》《渔歌子》《南歌子》《虞美人》《竹枝歌》《杨柳枝》《拜新月》《内家娇》等,但音乐大多失传,只留下浩瀚的无声之诗。王维创作的《阳关三叠》,还是在古琴谱中才得以保存下来。《阳关三叠》,又名《渭城曲》《阳关曲》,因当时演唱时将某些诗句再三迭唱,故名《阳关三叠》。诗人通过对眼前所见景物的精心描绘,创造了一个感人至深的美的境界,充分体现出苏轼所称道的"诗中有画""画中有诗"的艺术特色。因为此曲在唐代影响颇大,以至于"阳关""渭城"成为惜别之词。如"相逢且莫推辞醉,听唱阳关第四声"(白居易《对酒诗》),"旧人唯有何戡在,更与殷勤唱渭城"(刘禹锡《与歌者何戡》)。

宋代词调音乐绝大部分也已经失传。清代的《九宫大成南北词宫谱》,虽存有丰富的词曲音乐,但受元明散曲和戏曲的影响较大,已经很难说就是宋词音乐的原貌。流传至今的姜夔《白石道人歌曲》,运用俗乐字谱(近世工尺谱的前身)记录了极其珍贵的宋词曲调。姜夔,号白石道人,是南宋词坛上最为讲究音律、号称"格律派"的词人和音乐家,人称"音节文采,并冠一时"。《白石道人歌曲》集有词体歌曲17首,其中14首是自度曲,如《鬲溪梅令》、《杏花天影》、《扬州慢》、《凄凉犯》等。《扬州慢》是其离开汉阳沿江而下,途经扬州触景生情,感慨万千而谱写的不朽名篇,描写昔日繁华名都遭金兵多次侵袭后的荒芜景象。这首词上阕主写景,下阕主抒情,但上下阕的旋律却未依当时雷同的习惯,而是根据文辞内容作了变化。音阶、音律兼收并用七声古音阶(两个偏音为"变徵"升 fa 和"变宫"si)和七声新音阶(两个偏音为"清角"fa 和"变宫"si),旋法常大跳或连续音阶式和琶音式进行,既给人以慷慨悲歌的气魄,又给人以凄凉伤感的情调。总之,姜夔的自度曲以声韵精美著称,是一份十分宝贵的音乐遗产。

第六节　满村听说《蔡中郎》

宋、元、明、清各朝,再未重现盛唐宫廷音乐那种辉煌和盛大规模,象征着宫廷文化和皇权统治的一蹶不振。另一方面,随着都市的繁荣、工商业的发展,市民艺术不断崛起,如雨后春笋般出现的瓦舍、勾栏,标志着音乐中心已由宫廷转向民间。从此,以戏曲和曲艺为主体的民间音乐终于取代了盛极一时的歌舞伎乐,我国古代音乐又步入一个崭新的历史时期。

曲艺,是各种说唱艺术的总称。通过音乐和语言的完美结合,生动、形象地演述故事,塑造人物,表达思想感情。我国现存二百几十个说唱曲种,唱腔风格异彩缤纷,但在艺术表现手法上又有不少共同之处:散、韵相间的文体特征,一人多角(说唱演员模拟多种角色)、叙事(第三人称)代言(第一人称)相结合的表现手段,说唱兼备、自操乐器的表演形式,等等。

早在两千多年前的战国时期,民间流行一种叫"成相"的艺术形式,史学界一般认为这是说唱艺术的萌芽。"相",原是春米的工具,后成为击奏乐器,用几尺长的粗竹筒制成,唱奏时两手捧着春击地面,打出嘭嘭的节奏。荀子为宣传其"尚贤""不阿亲"等开明政治主张,曾模仿民间"成相",创作了通俗歌词《成相篇》,唱词的基本节奏形式为:×××|×××|××××|×××|××××|××××|×××|全篇三大段五十六次重复了上述节奏型。

唐朝佛教兴盛,和尚为宣传教义,将深奥精微的印度佛经与民间叙事歌曲相结合,从而创造了一种新的说唱艺术——变文。变文是现存唐代唯一的说唱曲种,唱本如《法华经变文》《王昭君变文》《孟姜女变文》等。

宋元时期城市繁荣,市民阶层日益壮大,曲艺音乐也得到了飞速发展。当时城镇流行的曲种已经相当丰富,重要的有陶真、鼓子词、诸宫调、唱赚、货郎儿等。陶真源出于北宋汴京,后随赵构的南渡而移至南宋的临安。一般不入勾栏，只在街巷热闹之处表演，伴奏乐器为琵琶或鼓。诗人陆游曾写诗描写陶真的表演场面："斜阳古柳赵家庄，负鼓盲翁正作场。死后是非谁管得，满村听说《蔡中郎》。"《蔡中郎》叙述蔡伯喈"弃亲背妇，为暴雷震死"的故事，在当时家喻户晓，引起人们的强烈爱憎之情。诸宫调是宋代曲艺集大成者，由北宋勾栏艺人孔三传首创。诸宫调的音乐特点在于宫调的多样性和曲牌的丰富性。现存唯一完备的本子《西厢记诸宫调》（金代董解元作，简称《董西厢》），全本共用了14个宫调，基本曲调有151个，连变体在内则有444个之多。诸宫调伴奏乐器最初用鼓、板、笛，唱者自击鼓，后来加上了弦乐器。诸宫调的产生和发展，标志着宋代曲艺已进入成熟时期，为元曲的昌盛奠定了音乐基础。

明清曲艺充分继承宋元曲艺的成就并发展创新，现存的二百多个曲种绝大部分在清代中叶以前就已形成或发展壮大了。就唱腔结构而言，明清曲艺可分为板腔体和曲牌体两类。板腔体曲艺源于唐代变文及宋元词话。在一个基本曲调（上下句或四句）的基础上，通过速度、节拍、节奏及旋律的变化来表现各种不同的感情色彩。"板"，指各种不同速度的板式；"腔"，是指旋律变化的腔调。例如，京韵大鼓、苏州弹词就属板腔体曲艺。曲牌体曲艺出于宋元唱赚、诸宫调，由音乐风格接近而格式不一的若干个曲牌有机连缀而成。如四川清音、扬州清曲、天津时调等。就曲种分类而言，明清曲艺基本上可归纳为弹词、鼓词、道情、琴书、牌子曲等几大类，影响最大的当数弹词和鼓词。

弹词流行于我国南方，多用琵琶、三弦等弹弦乐器伴奏，弹词名称可能与此有关。元末文学家杨维桢已有《四游记弹词》（即侠游、仙游、梦游、冥游），是现知最早以"弹词"命名的唱本。被誉为"江南明珠"的苏州弹词，其柔软的吴语、委婉的唱腔、抑扬顿挫的韵味，很受城镇市民的欢迎。早期以长篇说唱为主，后来为了适应城市听众流动性大的特点，又创造了短篇和只唱不说的开篇等体裁形式。清朝中叶被列为四大名家之首的陈遇乾（1736—1795年），其唱腔含有昆曲和苏滩音乐的风味，音域不宽，旋律舒缓深沉，朴实苍凉，被称为"陈调"。陈调在苏州弹词中风格特殊，具有独特表现功能，较适合书中老年人的角色。嘉庆年间的俞秀山（1796—1850年）及其学生，不仅吸收苏滩、昆曲音调，还借鉴京剧旦角的运腔和唱法,从而创造了"三回九转"、曲折婉转、激越多变的"俞调"唱腔。俞调旋律高起低旋,音域越过两个八度。"马调"创始人马如飞(1861—1908年),其唱腔流传最广。马调唱腔的唱词格式很有特点,常运用"凤点头"格,即在传统上下句的基础上增加一个下句,形成"一上二下"的结构形式,好似"凤凰三点头"。如"青楼寄迹非她愿,有志从良配一双,(但愿)荆钗布裙(去)度时光"(《杜十娘》)。马调拖腔也很有特色,下句尾字行腔前以短小的过门隔开,然后轻轻一带,出口即收,犹如蜻蜓点水,极富情趣。如"度时……光。""断回……肠。"陈调、俞调、马调,并称为苏州弹词音乐的三大腔系。

鼓词主要在我国北方流行。明代中叶以后,与南方弹词并驾齐驱。说唱者自兼鼓、板,鼓的直径不足一尺,高约一寸,俗称"大鼓"。早期鼓词也大都是长篇巨制,后来逐渐兴起"摘唱""段儿书"等短篇形式。清乾隆、嘉庆年间,短篇鼓词在满清八旗子弟中盛行一时,并得到较大的发展,从而获得"子弟书"的称号。清末,河北河间的木板大鼓陆续进入天津、北京等城市演出,经胡十、刘宝全等人的改革,吸收子弟书、京剧唱腔、梆子腔等艺术成就,发展成闻名全国的京韵大鼓(又称"京音大鼓")。刘宝全被誉为"鼓界大王",其弟子白凤鸣又发展出"少白派",宗刘派的著名曲艺家骆玉笙(艺名"小彩舞")则发展成当代的"骆派京韵"。京韵大鼓板式分慢板(4/4节拍)、紧板(1/4节拍)和垛板(2/4节拍)三种。唱腔有平腔、挑腔、长腔、甩腔、预备腔和落腔六种,行腔特点各异,表现功能多样。

第七节 北剧南戏趋"乱弹"

中国的戏剧,人们习惯称为"戏曲",因为它与音乐有着血肉相连的关系。"戏曲"一词,最早见于元末明初文学家陶宗仪的《南村辍耕录》一书,当中有"宋有戏曲"一语,所指乃宋代杂剧。杂剧,起于北宋,盛于元代。南宋初期,浙江温州地区又兴起一种民间戏曲,称之"南戏",杂剧衰落以后,南戏很快蜚声中国剧坛,其辉煌的历史持续了三百年之久。北剧、南戏,为中国戏曲艺术带来了无限的活力和生机,也为后来的新兴剧种"乱弹"戏曲的迅速崛起和繁荣奠定了坚实的基础。

杂剧形成于宋代并非偶然,繁荣的都市经济,遍布的瓦舍、勾栏,尖锐的民族矛盾和阶级矛盾,川流不息的市民观念都是杂剧赖以产生的重要条件。而先秦的乐舞、俳优,汉代的角抵戏,隋唐的歌舞杂戏更为杂剧提供了宝贵的艺术传统的积累。杂剧原是各种滑稽表演、歌舞杂戏的统称,"从内容到形式都是五花八门,纷繁杂沓的,所以才叫杂剧"(吴国钦《中国戏曲史漫话》)。在这凝聚着浓重的世俗生活情感的氛围中,或直揭隐私,或调笑讥刺,表现出独特的谐谑情趣。但又不是仅仅满足市民低级趣味的滑稽效果,而是包含着深刻的社会内容和生活哲理,道不能道之事,吐不能吐之言,在轻松、幽默的喜剧氛围中体验着人生的苦涩。

宋代杂剧有"末泥""装旦""副净""副末"四种主要角色,已经具备了后世所谓生、旦、净、丑四大行当的雏形。有时还添加一个做官的角色"装孤"。"副净"一般身姿畸异,相貌丑陋,是被戏弄、调笑的对象。"副末"为调笑者。故宫博物院收存宋杂剧绢画中有当时官本杂剧《眼药酸》的演伎形象:酸秀才("副净")用眼药给人治病无效而受到"副末"(手中持棒,腰插一把写着"诨"字的破扇)的戏弄。北宋灭亡以后,金人称杂剧叫"院本"(演员居处称"行院",行院的本子即"院本"),"院本、杂剧,其实一也"(陶宗仪《南村辍耕录》)。

元曲,主要指元代杂剧,和唐诗、宋词一样,历来被人们看作是一个时代艺术的典型代表。元蒙统治者对外实行扩张政策,横跨欧亚太陆的广大地区都成了元人的疆土。当时印度和中亚一带的戏剧已经比较成熟,对元杂剧的发展应该有着或多或少的影响。统治者对内则实行民族歧视和分化政策,一大批知识分子失去了晋升的仕途,转而投身杂剧的创作,大大推动了元曲的发展。尤其不容忽视的是,元曲音乐汇集了当时所有曲乐的艺术精华和创作成果。据近人王国维(1877—1927年)对元人周德清《中原音韵》的研究考证,其中的335个杂剧曲牌有一半以上源自唐宋以来的歌舞大曲、词调音乐、诸宫调等乐种。有些学者还认为,北曲的粗豪奔放之风格、雄浑遒劲之乐风,也是构成元杂剧艺术风格不可缺少的一面。王国维评白朴《秋夜梧桐雨》："沈雄悲壮,为元曲冠冕。"吴梅评关汉卿："以雄肆易其赤帜,所作《救风尘》《玉镜台》《谢天香》诸剧,类皆奔放滉漾,跅弛以自喜。"

元代杂剧结构严谨,一般一本演述一个故事,有时情节较复杂时则可增加本数,如《西厢记》多达五本。每本通常分四折,一折相当于现代戏剧中的一幕或一场。每折由同一宫调的若干曲牌组成。而四折则用四个不同宫调的套曲,第一折往往用仙吕宫。有时在戏的开头或折与折之间可加进一个短小的"楔子",一般只唱一、两支曲牌,起序幕或过场的作用。值得注意的是,元杂剧的结构和宫调特点与宋元曲艺诸宫调有着诸多的血脉和传承关系。此外,元杂剧演出时,只有一个角色歌唱,多系正末或正旦所扮演的主角,而其他角色只说不唱,这样有利于集中刻画和塑造人物形象。如《救风尘》由正旦赵盼儿歌唱,《汉宫秋》由正末汉元帝歌唱。以上的"一本四折""一折一宫""一本主唱"等程式,说明元曲的表演形式已经相当完善和成熟,艺术成就亦已达到较高的水平。

南戏,又称"温州杂剧""永嘉杂剧",是在南方民间歌舞小戏基础上发展起来的,后又不断吸收北宋杂剧和其他音乐成分。传入临安以后,获得较大的发展。当时所存剧目不多,有《赵贞女蔡二郎》《王魁负桂英》《张协状元》等,这三剧都是写知识分子金榜题名以后弃儿抛妻的传说故事,揭示了当时科举制度放宽后出现的社会问题。当元曲兴旺之时,南戏几乎被其声誉所掩盖,很少引人注意。其实,南戏一直在民间自然发展,只是文词相对粗糙。直到元末明初,杂剧衰微以后,南戏才得以"传奇"的新面目重新赢得观众的喜爱。当时著名的作品就有《荆钗记》《白兔记》《拜月亭》《杀狗记》等,并称元代"四大传奇"。另有高明创作的《琵琶记》,取材于民间传说赵贞女、蔡二郎的故事,对后世的戏曲创作产生了重大影响。五剧中尤以《拜月亭》和《琵琶记》最为成功,以至于明代不少理论家曾试图在二者之间分出高下。元代南戏不同于杂剧,不仅折数不限,而且各行角色都可以演唱。南戏音乐也不只限于委婉、清丽的南曲,还广泛吸收杂剧、曲艺及少数民族的曲调,形成了南北曲并用、曲牌极其丰富的特点。如《拜月亭》和《琵琶记》都用了180个左右的曲牌,如果加上变体在内则多达三四百首。

自明初至清代中叶,南戏获得迅猛的发展,并促成了多种声腔剧种的产生,中国戏曲进入了以传奇为主体的新时代。声腔,即唱腔与伴奏的总体;剧种,指因地域、声腔、方言等不同而形成的戏曲的地方类别。如昆剧所用声腔为昆山腔,京剧所用声腔有皮黄腔、昆山腔、吹腔、南梆子、高拨子等。明代南戏声腔中流传最广、影响最大的有海盐腔、余姚腔、弋阳腔和昆山腔,号称"四大声腔"。尤以弋阳、昆山两腔发展最盛,并形成长期争胜的局面。弋阳腔,产生于江西弋阳,由于音调高亢,清代称"高腔";因其"错用乡语"受到"四方士客"的欢迎。弋阳腔的演唱形式是"一人唱而众和之",这种一人启口、众人帮腔的形式至今仍在高腔剧种中沿用。早期伴奏只用锣鼓,不用管弦,音乐风格略显粗犷豪放,具有浓厚的乡土气息。昆山腔,又称"昆腔""昆曲",初时只是极简单的地方小戏,流传不广。后经江西人魏良辅的改革,才渐渐扩大影响,既而"清丽悠远,出乎三腔之上"(徐渭《南词叙录》)。魏良辅久居昆山,以为弋阳腔虽入耳,"惟昆山为正声",故下决心推广。于是集合一批人,在原昆山腔的基础上,

图 14-2 昆曲

广泛吸取北曲及弋阳、海盐诸腔的长处,历经十年,创造出一种细致、洗练的新腔。自此以后直至清初,便出现了以昆腔为代表的传奇剧的全盛时期,并产生了众多优秀的作品。如明代汤显祖的《牡丹亭》,高濂的《玉簪记》,王玉峰的《焚香记》,李玉的《千钟录》等;清初洪昇的《长生殿》,李开先的《宝剑记》,孔尚任的《桃花扇》等。新昆山腔风格清柔婉转,演唱时音调抑扬,"转音若丝",人称"水磨调"。伴奏以曲笛为主,加用箫、管、笙、琵琶、月琴、三弦、鼓板等多种乐器,形成了规模完整、管弦并用的新型乐队。随着时间的推移,昆曲的发展逐渐偏向

于贵族及文人士大夫的审美趣味，音乐过分缠绵、悱恻，唱词越来越文雅难懂。到了乾隆后期终于衰弱下去，而由新兴的"乱弹"剧所替代。

"乱弹"，又称"花部"，是指除"雅部"（即"昆曲"）以外的各种新兴的地方声腔剧种。"乱弹"一词，最早见于康熙、雍正年间刘献廷的《广阳杂记》："秦优新声，有名乱弹者，其音甚散而哀。"乱弹声腔最大的特点在于其板腔体结构。全部唱词基本上由七字、十字等整齐句式组成。上下句为一组，反复咏唱，并形成不同节奏、不同速度的一系列板式，如原板（2/4节拍）、慢板（4/4节拍）、二六（2/4节拍）、流水（1/4节拍）、快板（1/4节拍）、散板等。这种结构的渊源是唐诗、变文以及宋元鼓词、词话，与传奇音乐依据宋元词曲、唱赚和诸宫调所产生的曲牌体结构明显不同。

乱弹声腔中最为发达的是梆子腔和皮黄腔。梆子腔，因用枣木梆子伴奏而得名，发源于秦地陕、甘一带，故又名"秦腔""陕西梆子"。后来逐渐向东发展，结合当地的语言、民间曲调，演变为各地的梆子腔剧种：山西梆子、河南梆子、河北梆子、山东梆子等。乾隆年间，秦腔与昆腔形成对峙和抗衡的局面，清政府曾采取严厉的行政手段强行禁演，并勒令秦腔艺人改习昆弋。但这种崇"雅"抑"花"的文化政策，却无法抑制人民大众"趋新"的文化意识和审美旨趣，无法逆转乱弹剧种繁花盛开的戏曲新潮。梆子腔首创戏曲音乐的板腔体结构，伴奏上运用南戏声腔所弃用的拉弦乐器，以板胡为主，配以月琴、梆笛、锣鼓等乐器。还创造了丰富的"引子""间奏"，成为塑造戏曲形象、烘托舞台气氛不可缺少的重要手段。

皮黄腔，包括西皮和二黄两种腔调。西皮源于秦腔，经湖北襄阳到武汉发展而成（湖北称唱词为"皮"，由陕西传来的腔调故称作"西皮"）。二黄大概产生于江西、安徽一带。今天某些剧种中的"北路""南路"，即西皮、二黄二腔。乾隆年间，"四大徽班"（三庆、春台、四喜、和春）相继进京，使得徽二黄风靡京城。道光年间，湖北艺人王洪贵带班入京后，使徽、汉的二黄和西皮进一步合流，从而初步确立了以二黄、西皮为主的京剧格局。早期京剧，摒弃南戏擅长的才子佳人剧目，而继承梆子戏的传统以演历史剧为主，发展老生戏，音乐也以生腔为主,塑造古往今来忠臣良将的崇高形象,透露出在国家危亡时刻,人民要求政治革新、抵抗侵略的爱国思想。20世纪初,著名京剧旦角演员王瑶卿(1881—1954年)发展并丰富了旦腔艺术,为旦角的表演方法开辟了新的道路。京剧皮黄腔音乐,不但继承、发展和完善了戏曲音乐板腔体结构,而且还创造了用自由移调手法来发展新腔的成功经验。如将二黄唱腔向下方四度宫音系统自由移调,创造出反二黄声腔;反西皮腔也是用类似手法将西皮腔的部分旋律移低四度而成。再如,京剧皮黄腔音乐运用同宫音系统变换调式的方法,将生腔向上方五度自由移位而形成旦腔,既克服男女同腔演唱上的困难,而且还产生了宫、徵两种不同的调式色彩。然而在此之前,不论杂剧、南戏,还是秦腔,都未能很好解决生旦分腔的问题。京剧,虽然在乱弹剧种中历史较短,但由于其皮黄腔音乐的巨大成就,一跃成为晚清戏曲中影响最大的剧种。随着"三鼎甲""四大须生""四大名旦"等一代代京剧表演艺术家的共同努力和探索,京剧艺术不断发展、创新和提高,声名远播海内外。

思考与练习

1. 何为"十部乐"?怎样看待中原音乐与西域音乐的交流?
2. 何为"四大声腔"?怎样看待昆曲?
3. 京剧是如何产生的?有什么特点?

延伸阅读与参考书目

1. 杨荫浏著《中国音乐史稿》,人民音乐出版社,1981年。
2. 金文达著《中国古代音乐史》,人民音乐出版社,1994年。
3. 张庚、郭汉城著《中国戏曲通史》,文化艺术出版社,2014年。
4. 廖奔、刘彦君著《中国戏曲发展史》,中国戏曲出版社,2013年。

第十五章 饮食文化

饮食,是人类生存的最基本的需要,所谓"饮食男女,人之大欲"(《礼记·礼运》)。人类自出现在地球上的那个时代起,正是在不断开发食物资源的过程中得到进步与发展,同时在这个过程中也创造和发展着灿烂的文化。由黄河与长江孕育的中华民族,也形成了独特的饮食文化,人们不仅从中获得物质享受,而且也得到精神陶冶和美的启迪。

第一节 饮食民俗的形成

饮食,包括饮料和食物。饮食加工、制作及食用的风俗习惯丰富多彩。民以食为天,饮食是人的生命的第一需要。随着社会生产力的发展,经济生活和文化生活的不断改善,吃的技巧、吃的文化也不断丰富起来。如果追溯历史,饮食习俗同样十分古老。它最初是怎样形成的,虽无可考,但原始社会发展史告诉我们,火的发现与发明对人类文明,包括饮食习惯的形成,有着决定性的影响。在火尚未发明之前,人类是"食草木之实,鸟兽之肉,饮其血,茹其毛"。随着火的发明,这种"茹毛饮血"的生活方式才渐渐得到改变。火的使用使人类进入了熟食阶段,而熟食的发展便是讲求烹饪的美食阶段。可见,从饮食习俗的产生、发展来看,经历了生食、熟食、烹饪三个阶段。只要考察中国各民族的饮食习俗,不难发现如上习俗在民间有传承关系。

生食,指植物的果实、兽肉、鲜鱼等,均不用火烤,稍加处理,直接食用。赫哲族"吃生鱼块"往往将鳟从骨上剔下两块,切成连接的鱼丝,然后从鱼皮上片下来,拌上用开水烫过的土豆丝、绿豆芽,蘸上辣椒油、酱油、醋、食盐等佐料来吃。每逢客人来到,常以生鱼片招待为敬。云南大理地区的白族有"吃生皮"习俗。杀完猪后,取里脊肉,切成丝,蘸各种佐料配制的汤汁面食,清软可口。甘肃、青海、西藏地区的藏民将羊肉风干后生食。贵州有些苗族和侗族,也有吃生鱼吃生肉的习俗。这些便是古老的生食习俗的"遗留"结果。腌制生鱼、生肉,是古老生食习俗的变异。侗族的腌鱼,酸、甜、辣三味俱全,且具有鲜、嫩、脆的特色。腌鱼时间常在农历九、十月份,此时气候凉爽。制作方法为:将鲜鱼剖腹取出内脏,用食盐浸泡。腌桶大小不等,腌鱼前用蒸好的糯米饭、辣椒面加适量的米酒、生姜、大蒜、花椒、土硝、火炉、灰水和浸鱼盐水混合拌匀,称为"腌糟"。腌鱼时先用"腌糟"垫桶底,然后用腌糟擦鱼皮并将其包入鱼肚,一层鱼、一层腌糟摆放好,最后盖上棕片、笋叶等,上压石头一块。腌制出的鱼不仅营养价值高,而且能久放久存,不变味变质。其他肉类如猪、鸡、鸭、鹅、牛肉也可以用此法腌制。在我国各民族中,用腌制法保存肉食,是普遍风俗,显然它是生食古俗的一种变异传承。

熟食,分烤食和煮食(蒸食)。当火发明后,首先盛行起来的是烤制食品,生食习俗被取而代之。然生食习俗并未绝迹,而是以另一种方式传承下来。至今仍有一些民族在烤肉或煮肉时,并不将其完全烤(煮)熟,肉尚带有血丝时即取而食之。烤是最古老的食俗,方法多种多样。古代用烧红的石片、石块烤肉吃更香。在石板上烙饼,挺酥的。用泥将兽肉密封,放入火中,泥干肉熟,味香可口。云南傣族的香竹饭别有风味:砍断香竹,从有节的地方断开,盛入米和水,封口后,放在火里烧,然后破竹取食。最有特色的是石烹法。用烧红的石头,放入盛有水和食物的木桶或其他器皿中,放取数次,食物自熟。东北的鄂伦春族、云南的傣族、普米族、纳西族等民族过去都曾使用过此法。陶器、铁器作为煮饭用具之后,此法渐渐淘汰。

烹调。是在熟食基础上发展起来的。由于生产的发展,经验的不断积累,粮食生产、肉类生产和蔬菜生产不断扩大食物的来源,主食和副食有了明显的区别。稻米、小麦、玉米、高粱、小米等成了人类的主要食物;蔬菜、禽蛋、肉类等成了辅助食物。各类食物调剂搭配,制作的精细程度越来越高,由此形成不同的地方风味和民族特色食品。我国在世界上被誉为"烹饪王国"。中餐同西餐相比,制作方法和风味完全不同。中餐的煎、炒、烹、煮、蒸、烧、烤方法有几十种。甜、酸、咸、辣等各种调味品不下百种,加上各地区、各民族独特的烹调技艺,极大地丰富了人们的饮食文化生活。

饮料的制作和品饮习俗,同样十分古老。水,作为最廉价和可口的饮料,相沿至今。但人们并不以此为满足。动物的奶汁既是食物,又是饮料。我国北方的牧业民族至今还有奶食习俗,如蒙古族的白食习俗,就以奶为主。鲜奶、酸奶、马(牛)奶酒,是自饮和招待客人的上好饮料。新疆哈萨克族的马奶酒,不但能解渴,而且能充饥。每年的六至九月末,被哈萨克人民称为"黄金季节",这时畜群转移到夏季牧场,哈萨克人一边给牲畜抓膘,一边准备过冬的奶制品,其中少不了制作马奶酒。除奶制饮料外,人们还发明其他饮料,其中酒便是最早发明的饮料之一。起初做酒的原料是植物的块茎和果实。农业兴起后,用谷物酿酒。"酒"字在甲骨文中早已出现,写作" "或" ",金文则写作" "或" "。商周时代,谷物酿酒相当普遍,当时已发明用由谷物制成的含有丰富发酵微生物的"曲"来酿酒。用"曲"酿酒,可以使"糖化"和"酒精发酵"两个化学过程连续交替进行。这叫复式酵法,为中国所首创。古代的酒,"清者曰醳,清甜者曰酏;浊者曰醴,亦曰醪;浊而微清者曰盎;厚者曰醇,亦曰醹;重酿者曰酎;三重酿者曰酎;薄者曰醨;甜而一宿熟者曰醴;美者曰醑;苦者曰醤;红者曰醍;绿者曰醽;白者曰醝"(《饮膳标题》)。上古有"六清"(水、浆、醴、醇、医、酏)"四饮"(清、医、浆、酏)。汉代的中山冬酿十分有名,有诗曰:"安得中山千日酒,酩然直到太平时。"即咏此,足见此酒的醉香程度。绍兴黄酒的生产,相传始于夏少康时期。少康,一说就是杜康,历来被奉为酒的鼻祖。后世流传许多名酒,皆托于杜康所制,也有以杜康为酒的代称者。春秋时期越王勾践出师伐吴,百姓劳之以酒,勾践投酒于河,军民同欢,今绍兴仍有投醪河存于世。绍兴酒中的"状元红",色深而味浓,宋代已问世。另外如花雕酒、加饭酒、善酿酒、香雪酒等品种,其知名度更在"状元红"之上。晋代开始酿制药酒,唐宋之间有了烧酒,是用蒸馏法蒸烤而成的。用蒸馏酒为酒,配以香花异卉,果品和药材中提炼的香料酿制而成的露酒,不仅味美,而且更有补身强体的功能。葡萄酒则来自西域。中国古代白酒的香型很多,有清香型、浓香型、酱香型、蜜香型。清香型清香纯正,诸味协调,醇甜柔和,余味爽净,亦称"汾香";浓香型浓香沉郁,绵柔甘洌,尾净余长,饮后尤香,亦称"泸香";酱香型酱香突出.幽雅细致,柔和醇厚,回味悠远,亦称"茅香";蜜香型蜜香清芳,入口柔绵,落口甘洌,回味怡畅,亦称"半香"。清香型的山西杏花村汾酒,陕西柳林镇西凤酒,浓香型的四川泸州老窖特曲,宜宾五粮液、绵竹剑南春、安徽亳县古井贡酒、江苏泗洪洋河大曲等知名度都很高。

  茶也是人类欢迎的饮料。中国在远古时代,把茶叶称之为"荼",是以生叶蒸服,只当作药材使用。茶叶味清香浓,可解热止渴,这种功能在不断的医药实践中,终于成为人们的共识。西汉王褒《僮约》记载了饮茶习惯,先制成茶饼,然后捣碎放入壶中,用沸水冲泡,外加葱、姜、橘等调味。南北朝和尚以饮茶驱除睡魔,唐代文人学士遂饮茶成癖,纷纷以茶作为咏诗作赋的题材。茶圣陆羽的《茶经》认为煎茶用的水,以山水为上,江水居中,井水最下。又认为煮茶只可三沸,否则便老不可饮;饮时要趁热连饮,冷饮则香味淡薄。宋代特别讲究品味茶叶的清香,饮茶直接用焙干的茶叶煎煮,不再另加调料。明代发明炒青制茶,茶叶已改为开水冲泡饮用,这是饮茶史上的一大进步。明代许次纾主张,饮茶茶壶宜小,便于保存香味,茶杯必须每人专用,用后洗净擦干,都不失为经验之谈。清代饮茶盛况空前,茶叶成为家家户户"开门七件事"之一,大凡应酬、交际、送礼都离不开茶。古人还把"受茶"当作男女订婚之礼,茶在中国民俗中不是一般饮料,而含有更广泛的文化内涵。中国茶品种繁多,主要有红茶、绿茶、花茶、乌龙茶、紧压茶等。红茶经发酵,著名品种有安徽祁门功夫茶,福建闽红功夫茶等。绿茶不经发酵,著名品种有杭州龙井茶、平水珠茶、洞庭碧螺春茶、齐山云雾瓜片茶、凌云白毛茶、黄山毛峰茶、四川蒙顶茶、君山银针茶、石亭绿茶等。花茶经香花熏制,著名品种有福建茉莉花茶;乌龙茶"绿叶红镶边",经半发酵,边缘呈红色,著名品种有安溪铁观音等。紧压茶用黑茶、花青茶、花茶、绿茶等散装原料经蒸熟后放入模具压制而成,著名品种有云南普洱方茶、普洱紧茶、普洱饼茶、普洱沱茶等。此外,湖南大贡尖,属黑茶;云南苍山雪绿,属青茶;福建白茶,汤色黄。白茶为中国茶中之大类。饮食民俗的形成、发展和传承,在人民生活中有着特殊的意义。当我们把饮食民俗作为传承已久的文化现象来对待时,便会发现它的研究领域是十分广泛的。合理的饮食结构和优良的饮食习惯,既有营养学的价值,又有美学的价值。

第二节 饮食的结构和类型

饮食结构是指日常生活中一日三餐的主食、菜肴和饮料的搭配,即配餐方式。饮食结构是一个复杂问题。某地区某民族饮食结构的形成,常与该地区的经济发展、生产方式有关,或者说受到经济条件和生产方式的制约。可见,任何饮食结构,都带有明显的地区性和民族性。此外,有些地区和民族存在的独特的食品和饮料,并不在日常食用,故不在我们所说的饮食结构之内,如广东的"蛇餐",广西的"果子狸",大理下关的"砂锅鱼",蒙古族、维吾尔族的"全羊"等便是。

中国古代很早就实行三餐制。从结构内容上说,是以植物性食料为主,主食是五谷,辅食是瓜菜、禽蛋、肉类、果品;此外还食用菌类、藻类和花卉。在饮食方式上,采取聚食,又从聚食衍化出筵宴。中国古代以谷粒制成的食品,主要是饭和粥。饭古时又称为"食",《礼记·曲礼》云:"食居人之左,羹居人之右。""粥"本作"鬻",煮谷粒使之糜烂即成粥。中国古代饭、粥有用单一的谷物制成的,也有用多种原料合在一起制作的。《燕京岁时记》记载"腊八粥"的配方有:"黄米、白米、江米、小米、菱角米、红豇豆、去皮枣泥等,合水煮熟,外用染红桃仁、杏仁、瓜子、花生、榛穰、松子及白糖、红糖、琐琐葡萄以作点染。"这种"腊八粥"宋代已流行开来。

饭、粥外,还有糗,用炒熟的米、麦制成,也叫"糇粮",粉状,犹今之炒米粉、炒麦粉,食用时往往用水浆调和,称为"寒粥"或"糗"饭。糒,用蒸熟的米、麦制成,《说文》谓之"干糇",又叫"干饭"。糗和糒,大多用于旅途和行军。粽子与纪念屈原有关。魏晋时，人们煮食用菰叶包黏米、栗子、枣子及其他佐食裹成的粽子。南北朝时吃了端午粽，还吃夏至粽。后世江浙一带吃粽子风盛行。此外，还可用糯米蒸制出各种糕，如榆钱糕、太阳糕、乳糕、糖糕、肉丝糕等。古人九月九日吃重阳糕，寓"步步皆高"之意，明清时代吴中手工业作坊主以吃重阳糕为契同，发动工人夜晚加班，成为风尚。汉代中国已使用与现在民间相似的磨，于是，粉制食品发展迅速，大多以麦为主要原料。饼是中国古代面食的总称。汉代吃饼的习俗十分盛行；魏晋以后，饼的花样层出不穷。蒸饼类的馒头为蜀汉诸葛亮所创；西晋有发酵馒头；古代馒头皆夹馅，自宋代开始，则称夹馅馒头为包子。汤饼类的面条，古时叫索饼，元代已能生产挂面；馄饨最早出现在三国时期；饺子在唐代已传到边远少数民族地区。炉饼类的麻饼，汉代称为胡饼，中唐白居易曾亲制胡麻饼以赠友人；月饼见于苏轼"小饼如嚼月，中有酥与饴"之句，南宋已大行。油饼类的油条，也在南宋时期问世，据说当时人们因痛恨奸相秦桧和他的老婆王氏，故状其形制成此物，下在油锅里炸，所以，油条又名"油炸桧"。烧卖亦称"烧麦"，明代叫"纱帽"。《嘉定县续志》说："以面为之，边薄底厚，实以肉馅，蒸熟即食最佳。"烧卖由来已久，除肉馅外，还有菜馅，或包裹咸、甜糯米饭。春饼，是从晋代春盘发展而来的，《关中记》云："唐人于立春日作春饼，以春蒿、黄韭、蓼芽包之。"明清时代，州府所在地几乎都有经营春卷的店铺，当时所谓春卷，就是唐代的春饼。石鏊饼，即后世的石子馍，唐代与周朝曾用作贡品。此饼用上下两层烧热的石子焙制而成，既不焦糊，又能熟透，吃起来油酥咸香，味美可口。红绫饼餤，以红绫束之，硬而脆。卢延让诗曰："莫欺零落残牙齿，曾吃红绫饼餤来。"（《避暑录话》）这种饼餤在唐代作为宫廷御膳。馓子，又叫"寒具"，是古代寒食节的节令食品。《楚辞》称"粔籹"，《齐民要术》叫"细环饼"，《本草》则名"捻头"。油香酥脆，与麻花相似，清代淮安的地方名特产就是馓子。乞巧果，款式多样，有麦面的，有米面的，或炉烤，或油炸，或圆形，或其他形状。民间供奉织女，即用此物。清代吴地的乞巧果"以面和糖，制作苎结之形，油氽"（《清嘉录》）。元宵为糯米粉制品，又名"汤团"或"汤圆"。宋代民间开始盛行正月十五吃元宵，因其煮熟后浮于水面，宋人或名之曰"浮圆子"。南宋时，元宵由无馅改包糖馅。后世元宵有甜、咸两种。

中国菜肴，口味精美。《周礼·天官·膳夫》郑玄所注的"八珍"为淳熬、淳母、炮豚、炮牂、捣珍、渍、熬、肝膋，即八种烹饪方法。后世八珍成了8种珍贵食品的代称，所指又有所不同。元代陶宗仪《南村辍耕录》认为："所谓八珍，则醍醐、麆沆、野驼蹄、鹿唇、驼乳麋、天鹅炙、紫云浆、玄玉浆也。"明代张九韶《群书拾唾》则认为八珍乃指龙肝、凤髓、兔胎、鲤尾、鸮炙、狸唇、熊掌、酥酪蝉等。古代法定祭品是三牺（雁、鹜、雉）三牲（牛、羊、猪）。脯与脩，都是干肉，不加姜桂以盐甘之者谓之脯，加姜者谓之脩。腊肉早在《易经》中已涉及，明代高濂《遵生八笺》记载了制"火肉"之法："以圈猪方杀下，只取四只精腿，趁热用盐，每一斤肉盐一两，从皮擦入肉内，令如绵软，以石压竹栅上，置缸内二十日，次第三番五次用稻柴灰一重间一重迭起，用稻草烟熏一日一夜，挂有烟处。初夏水中浸过一日夜，净洗仍前挂之。"火肉是腊肉中的佳品，即"火腿"。羹，通常指肉的浓汤。供饮用的纯肉汁称"太羹"；调和五味，视羹用肉的不同，外加一种蔬菜者，称"肉羹"。没有肉的叫"菜羹"。后世之羹成了煮成浓稠状的食品的统称。醢，肉酱和鱼酱，制法以碎肉杂粱曲及盐、酒、涂置瓶中，日久便成。中国古代关于菜肴的掌故很多：西汉的"五侯鲭"，晋张翰的"莼鲈之思"，隋朝的"镂金龙凤蟹"等均名扬天下。

用来配制菜肴的原料主要有蔬菜、鱼肉、禽蛋、调味品等四类。这四种原料合理的搭配和烹制，产生了我国丰富多彩的烹调艺术，形成不同的菜系。这些菜系主要是由民间风味发展起来的特定菜肴体系，它们各自争奇斗艳。

京菜，主要由北京风味和原山东菜构成，以烤、爆、炸、熘、炒见长，兼用烧、烩等法，选料广泛，刀法精细，造型美观，主咸，有"国菜"之誉。传统品种有烤鸭、涮羊肉等。还有多种仿膳菜，也属于京菜。京菜中的全羊席，盖承隋唐宫廷"浑羊殁忽"而来。"浑羊"即整羊，"殁忽"即宴席。京菜在元代蔚为大观，清代登峰造极。

鲁菜，主要由济南菜和胶东菜组成。济南菜擅长爆、烧、炒、炸，以清、鲜、脆、嫩著称，特别讲究清汤和奶汤的调剂。胶东菜擅长爆、炸、扒、蒸，以鲜为尚，偏重清淡。鲁菜传统品种有九转大肠、油焖鱼、蒸白条鱼饼、清氽赤鳞鱼、德州扒鸡、韭菜炒海肠子、福山烧小鸡、泰安三美、烤雏鸡、糖醋黄河鲤鱼等。历史上，鲁菜一直是"北菜""北食"的主角，元、明、清三代均为御膳支柱。

苏菜，主要由南京菜、扬州菜、苏州菜组成，以炖、焖、蒸、烧、炒见长，重视调汤，浓而不腻，淡而不薄。南京菜口味和醇，玲珑细巧；扬州菜清淡适口，刀工精细；苏州菜口味趋淡，清雅多姿。苏菜传统品种有烧方、水晶肴蹄、清炖蟹粉狮子头、金陵丸子、白汁鼋菜、黄泥煨鸡、盐水鸭、金香饼、鸡汤煮干丝、肉酿生麸、凤尾虾、无锡肉骨头、沛县狗肉等。苏菜在唐宋时，已与浙菜齐名，同为南食的领袖菜。

图15-1　清炖蟹粉狮子头

浙菜，主要由杭州菜、绍兴菜、宁波菜组成。杭州菜擅长爆、炒、烩、炸，工艺精细、清鲜爽脆；绍兴菜擅长烹饪河鲜家禽，入口香酥绵糯，汤味浓重，富有乡村特色；宁波菜擅长蒸、烤、炖、制海鲜，鲜咸合一，讲究嫩、软、滑。浙菜传统品种有东坡肉、西湖醋鱼、宋嫂鱼羹、清汤越鸡、霉干菜焖肉、花生肚、丝瓜卤蒸黄鱼、西湖莼菜汤、油焖春笋、湖式剪羊肉、三丝拌蛏、绍兴腐乳、平湖糟蛋、金华火腿等。浙菜已有2000多年历史，宋代在南食中居首要地位。

徽菜，主要由皖南菜、沿江菜、沿淮菜组成，重火、重油、重酱色，多用砂锅木炭煨炖，善于烹制山珍野味。皖南菜芡大油重，朴素实惠；沿江菜多以烟熏，讲究刀工，注重形色；沿淮菜咸中带酸、汤汁浓重。徽菜传统品种有无为熏鸭、红鸡、徽州丸子、毛峰熏鲥鱼、腌鲜鳜鱼、清蒸鹰鱼、奶汁肥王鱼、蜂窝豆腐、定远桥尾等。徽菜起于汉唐，兴于宋元，盛于明清。

川菜，以成都菜为正宗，擅长小煎小炒、干烧、干煸，调味多用辣椒、胡椒、花椒和鲜姜。传统品种有回锅肉、鳝肉丝、水煮牛肉、清蒸江团、干煸鱿鱼丝、怪味鸡块、涪陵榨菜等。川菜在汉魏六朝间，即不失浓厚的地方特色。

粤菜，主要由广州菜、潮州菜、东江菜组成。广州菜以爆、炒见长，配料多，善变化，讲究鲜、嫩、爽滑；潮州菜以海味和汤菜见长，刀工细、口味纯；东江菜以煎、炸、烧、烩见长，尤其是对蛇的制作，更有独到之处。粤菜传统品种有：豹狸烩三蛇、菊花龙虎凤、蛇菜、片皮乳猪、潮州冻肉、东江盐鸡、满坛香、鼎湖上素、大良炒牛奶等。粤菜源于西汉，宋末王室南逃，众多御厨聚集羊城，给粤菜的改革带来机遇，后西餐涌入，愈发推动粤菜发展，遂有"吃在广州"之说。

清真菜，即回族菜，流行于全国各地，所用肉类原料以牛、羊、鸡、鸭为主，擅长熘、炒、爆、涮，习用植物油、盐、醋、糖调味。清鲜脆嫩、酥烂浓香。尤善烹制羊肉。其实京菜全羊席，虽遥承隋唐传统，实为清真菜。京菜集北方满、蒙、回、汉各菜系之大成，京菜与清真菜互相渗透，你我难分难解。除此之外，还有以辣味和烟熏腊肉著称的湘菜，以汁浓、芡稠、口重、味纯著称的鄂菜，以清汤、干炸、爆炒、偏重酸、辣著称的闽菜，以直接继承汉唐风味著称的陕菜，以小吃著称的豫菜等等，都是脍炙人口、驰名中外的名菜。素菜是中国别具一格的品种，原料大多是豆制品，花样众多，在烹饪王国中亦可独占一角。素菜的特点是：为寺院所创，执鼎者多为僧厨；忌用动物性原料和韭、葱、蒜等，全系素食；多借用荤菜菜名，仿制荤菜菜形。传统品种"鼎湖上素"也是粤菜的看家品种，罗汉斋、素鱼翅、酿扒竹笋、八宝鸡、糖醋鱼、炒毛蟹、油炸虾等象形菜，孔雀、凤凰等花色冷盘，皆为历久不衰的名菜。

中国古代烹饪很讲究调味。《周礼》已有酸、甜、苦、辣、咸的五味记录。酸取于梅子可助消化，醋能除腥解腻、杀菌消毒。醋在古代又称为"醯""酢"或"苦酒"。醋的酿制方法有酿陈醋、酿米醋、酿药醋三种。酿陈醋的佳品是山西老陈醋，酿米醋的珍品为镇江香醋，酿药醋则有四川的保宁醋，以其特有的味香醇厚之美味而蜚声中外。盐自商周以来乃为百味之首。有海盐、池盐、井盐和岩盐，前三种取卤水晒干或煎熬而成，岩盐为地壳中沉积成层的盐。海盐产于沿海地区；池盐又称"课盐"，主要产于山西和甘肃；井盐主要产于四川、云南等地；岩盐也叫"百盐""矿盐"，主要产于新疆、云南和西藏。当作调味品的还有豉、豆麦酱和酱油。豉用豆发酵而成，与盐一起配味；豆麦酱用大豆或面粉发酵而成，也需加盐；酱油是配协的豉汁，古称"豆酱"，宋代开始称"酱油"。中国古代的苦味取之于酒。酒有发散和缓作用，醇酒的香味诱人，亦可解毒去腥，作配料调味时代表苦。辣味的配料有辣椒、胡椒、姜。姜乃"调味之王"。甜味配料在周代有麦芽糖和天然蜜，以果品浸渍于蜂蜜制成蜜饯，则始于唐代广东，南宋则出现较为精细的成品。春秋时开始用蔗汁作甜味，东汉末年发明了提炼蔗糖，唐以后渐渐有了白砂糖和冰糖。当时冰糖以紫色为上品，浅白色为下品，与今人看法不同。中国古代始终未生产过甜菜糖。糖有除臭、解腥、提鲜作用，能使菜肴色泽鲜艳，风味别致。中国古代的芳香料有茴香、桂皮、陈皮、甘草、花椒、茱萸等，特别是加入肉类食物，可以去腥臭味。还有桂花、菊花、茉莉花、玫瑰花这些香花，皆可用于调味，更能造成食品独特的味道。调鲜佐料有葱、姜、蒜、香菜等。烹调离不开油，中国古时食用动物油很早，麻油用于饮食的记载始见于晋人张华《博物志》，宋代庄绰《鸡肋编》详述了多种植物油，明代末年宋应星《天工开物》记载了豆油、菜油的榨制方法。

第三节　古代筵宴与名厨

上古人们衣不蔽体、食不果腹，故无筵席可言。随着产品的积余，酋长或首领把祭品分给部族人食用，家长把祭祖的食物分给亲属食用，称之为"纳福"，这便是筵席的雏形。一个部落举行重大的集会、典礼，会后要聚餐，这便是一种宴会。筵席二字均指铺在地上的坐具。筵用粗料所编，席用细料织之，席四周还缀以锦。商周设席等级森严。寻常人家，婚嫁喜庆，款待宾客，则一筵一席足矣。筵宴始于夏。虞舜时的"养老"宴是中国最古老的狗肉席。古代筵宴不断变化，向着方便进食的趋势发展。开始时，大家席地而坐，上至天子，下至庶民，一概如此。在筵席边列案，位高者或年长者可凭几而食。有的筵宴只能站着进食，奴婢臣仆把盏献食。隋唐一改周秦两汉南北朝筵席法，将桌面由地面升高，食者升坐椅凳，凭桌而食。唐玄宗时有了交椅，时称"逍遥座"。五代时有了木椅,椅背上有靠背椅单,原来作席用的虎皮之类,成了太师椅靠背的垫单,食案不再列席,多用作献食捧盘,铺地的筵席成了围桌的桌帏,遂将编草制品变成布制品,五代时贵家宴饮,实行一人一桌一椅的一席制。直到明代,缙绅宴饮,仍循此制。唐宋亦有十多人围大方桌宴饮的。八仙桌出现较晚,大约在明清之际。清代康乾盛世出现团桌,又称团圆桌。乾嘉后,酒楼饭馆逐步使用圆桌。古代筵席规格不一,等级有高低之分,规模有大小之别,大抵同与宴者身份地位有关。古代庙堂庆典祭祀之礼筵,自《周礼》问世之后,历来大同小异。秦汉以后直至明清,基本沿袭周礼,具体菜肴略有改变。祭祖先的筵席食品多用死者生前爱食之物。生人礼筵,尤其是贵族之家典礼性的筵宴十分奢侈浪费,南宋张俊接待宋高宗的筵席计有250件肴馔,宋高宗每件尝一口,也会撑破肚皮。满汉全席也相当靡费。数量惊人,进食过程之长(分几天才能吃完),为历史所罕见。朝廷宴请蕃使的筵席,自汉代至明清一直未停,乾嘉盛世最为可观。

图15-2 鹿鸣宴

唐代开科取士,殿试新科进士,以后要赐宴。即所谓"琼林宴"。各地乡试新口举人,称"鹿鸣宴"。周代三年举行一次"乡饮酒"礼,宴请贤能、乡大夫、州长习射者、党正蜡祭者。专职的酒保大约迟在商代初年就有了。唐宋后的服务员在堂口,里里外外,故称"跑堂的"。《东京梦华录》所载那位臂上能叠20个碗的服务员,技艺之高超,至今仍令人称颂。殷商时祭祀,有"乐之阕",进食奏乐。周代饮宴时,钟鼓齐鸣,其乐融融,气氛热烈,情绪高涨,进食者食欲大振。筵席常"以乐侑食"。明代皇上进御膳,有规定的乐章。民间饮食所奏之乐往往以箸击节,击缶为乐,讴歌土风小调者,亦是乐事。茶馆酒楼歌伎或江湖卖唱之人所唱一般为当时流行之辞曲。

如初唐流行王昌龄、王之涣的诗,中唐流行白居易《长恨歌》《琵琶行》;北宋流行苏东坡《念奴娇·赤壁怀古》《水调歌头·中秋》等等。古代席间作乐,还包括猜拳、行酒令之类。据《曲谱》载:"《抛球乐》者,酒筵中抛球为令,其所唱之辞也。"此与后世抽牙牌行酒令或击鼓传花行酒令皆同出一辙也。猜拳之戏,始于唐代。据《胜饮篇》载:"唐皇甫松手势酒令,五指与手掌指皆有名,通呼五指曰五峰,则知豁拳之戏其来已久。"今人豁拳,则称五指为五福。

古代名宴繁多,大致分为三类:一是朝廷举办的盛大宴会,如喜庆加冕、册封、庆功、祝捷、祝圣寿、点元、大节日等赐宴,所谓"琼林宴""鹿鸣宴"等等,这是常规御宴,还有一些临时性赐宴,如招待值日臣僚的廊宴,乾嘉时举行的专门招待耆宿老者的千叟宴,除日赐外蕃宴等。另外,皇帝常别出心裁地办取乐的宴会,如唐玄宗的"临光宴"以及唐玄宗于正月十五日夜举办灯宴等。二是臣僚接驾举办的宴会,它专为皇帝而设,有邀宠之意,故大多尽全力为之,竭奢侈之能事。唐韦巨源迁升中书省,取神龙烧尾直升青云之意,特请中宗皇帝吃了一席十分讲究的"烧尾宴"。三是官僚缙绅士大夫们的社交宴会。这类宴会有民官衙内举办的,也有民私宅办的,还有在酒肆办的,名目最多。四是民间社交宴会,有依时令而设的"争春宴""避暑宴",因地而举的"鸿门宴""曲江之宴",因物而举的"凌虚宴"(最早的独味素宴)、"樱桃宴"、"红云宴"(红熟荔枝宴)、"钱龙宴"(以钱穿龙作宴帘)、"飞英会"等等,还有因喜庆婚寿、接风洗尘、科举得中的各种大宴,还有士大夫中流行的"文会"和"文酒"。"文会"至少在晋代已有之。唐代的文酒会在《天宝遗事》中曾有记载。《都城纪胜》所载的"西湖诗社"文会,《扬州画舫录》所写的"扬州诗文之会",均名闻天下。此外,还有"船宴",即旅游筵宴。中国船宴历史悠久,早在春秋时,人们即传说吴王阖闾曾船行江上,举行宴饮,将食剩下的残余鱼脍倾入江中,化为脍残鱼(即大银鱼)。这是南方船宴的最早趣闻。唐时北方亦行船宴。宋代西湖饮宴游船很大,苏州、扬州的沙飞船宴亦很有名。身处舟中,饱览沿途风光,尝遍江南佳肴,颇富朵颐之福。清代最有名的筵席是"满汉全席",它集山珍海味、奇珍异食于一席,奢侈豪华简直登峰造极。综上所述,筵宴是一个国家在一定时期经济、政治、文化发展的产物,也是一个民族烹饪水平的重要标志。中国古代筵宴遗产,是中华民族古老文化宝库的一部分珍藏,是由广大厨师、服务人员和主管饮食人员(如尚膳、尚食等人)以及热心研讨饮食的历代知识分子共同创造的。

中国烹饪技艺之花百世常开,与历代厨师辛勤的创造性劳动的汗水浇灌是分不开的。上古的"圣人"中有几代是因改善百姓饮食有关联而一跃成为"圣人"的:燧人氏火上炙肉,算是中国第一位荤菜制作的发明大师;庖牺氏、神农氏均为一代名厨。轩辕氏黄帝既是中国古代的大政治家、大军事家,也是我国烹饪的大发明家,他制作釜甑,教百姓"蒸谷为饭","烹谷为粥"。从他开始,才有既用火又用水的名副其实的烹饪。黄帝是中国烹饪的祖师爷。彭铿是尧时一位著名的职业厨师,他历仕虞、夏、商、周几代,年近千岁,民间乃有"彭祖活到八百八"的传说。这是后人重视饮食而希冀延年益寿的一种美好愿望而已,其真实性不一定可靠。中国历史上第一位有年代可查的厨师是夏代第六代君主少康。少康即杜康(许慎《说文解字》),他是一位"厨师匡王"。商汤时的伊尹是一位"烹调之圣",他为了接近汤,陈说自己的治国之策,背着玉制的鼎,抱了砧板,烧制了一碗"鹄羹"(大雁之羹),还做了一味(鲵)鲰酱献给商汤,因而有机会与商汤交谈,他以烹饪之术比喻治国之道,商汤顿悟,便命其为宰相(《本味篇》)。人们称伊尹为"厨师宰相"。第二位宰相厨师便是周代的开国之勋姜尚(即太公吕望)。春秋时造反行刺的厨师易牙"蒸其子首而献之公(齐桓公)",易牙痛恨齐桓公,趁齐桓公病倒,堵塞宫门,筑高墙饿死他,尸体67天无人问,蛆虫爬出宫外,世人骂其"杀子媚上"的大罪人,而很少有人谴责以吃人肉为乐的主谋罪犯齐桓公,实在不公平。中国历代著名厨师繁多,主要有:春秋末吴国苏州太湖老厨师太和公(炙鱼能手),汉代的浊氏(香肚的发明者)、张氏(卖"浆"饮料),南北朝时安东将军(周浚)夫人厨师李络秀、北魏饮食理论家(著《食经》)崔浩之母卢氏,晋代的太子厨师憨怀,唐代掌厨40年的婢女厨师膳祖,五代时专卖名食的厨师张手美和专卖花式糕点的大师"花糕员外",五代时中国第一个大型风景花式拼盘创造者的尼姑厨师梵正(法名),中国第一位著名宫廷女厨师宋代的"尚食刘姑子",宋代烤鸭能手王立和南宋鱼羹名厨宋五嫂以及善作五色鱼丝的余媚娘,南宋末年女烹调能手浦江吴氏,明代宋诩与其母朱氏合著饮食名著《宋氏养生部》,抗倭英雄一代白案厨师曹顶,明末自写食谱《饕餮谱》的厨师潘清渠,清代号称"东海秀影"的秦淮名妓厨师董小宛,擅制董糖、桃膏、瓜膏,清乾隆时号称"天厨星"董桃楣,嘉庆年间的女点心师麻姑爪萧美人,乾隆时烹饪专家王小余,袁枚为其作《厨者王小余传》,他是中国古代第一位死后有传的名厨。清代名厨辈出,在乾嘉之际苏州做熏鱼的孙春阳,扬州做走炸鸡的田雁门,做"十样猪头"的江郑堂,做拌鲟鳇的汪南溪,做梨丝炒肉的施胖子,做全羊的张四回子,做螃蟹面的孔䚬庵,做蝉蟹饼的江文密,做什锦豆腐羹的文思和尚,做马鞍桥的小山和尚,鞠湖做豆腐皮的敬修和尚,晚清时天津做狗不理包子的高贵友,河南做道口烧鸡的张炳,御膳房的抓炒王王玉山,山东做宫保鸡丁的周进臣和刘桂祥等等,都名噪一时。

第四节　节日食俗与嗜食、禁忌

中国节日食俗丰富而具民族特色。节日食俗的形成与人们生产生活的需要相适应。各民族的年节在农事生产结束之后,用以庆祝和祈祷丰收。有些节日,与宗教活动和祭礼有关。图腾崇拜、祖先崇拜、鬼魂信仰以及现代宗教中的斋戒日,均属此类。有些节日纯属娱乐性质。节日使得人们的服饰和饮食习俗发生了变化,对神的崇拜和对祖先的祭祀,不仅引起饮食结构变化,而且历经传承,形成节日食俗的独特风味。节日食品是丰富多彩的,大致可分为三类:一是用作祭祀的供品;二是供人食用的特殊食物制品;三是节日期间馈赠亲友的礼品。节日食品的食用与一般的饮食惯制不同,都有一定的程序和仪式。比如祭祀用的供品人们也可以食用,特别是剩余部分,是供人享用的。云南的普米族信仰多神、崇拜自然和祖先。祭山神、龙潭、祖先的仪式由巫师主持。树林中最大的一棵麻栗树为全村的山神,各家还有本家的山神。农历四、五月"封山"和八、九月"开山"的祭山神,要献一只羊或一头牛。正、二月祭龙潭,祭品为牛、清酒和素食。火塘上的铁三脚架(锅庄)代表家神,锅庄后上方供祖先神位,平时用餐时用酒饭祭奠,逢年过节隆重祭祀。滇西北兰坪一带的白族支系那马人,信奉"天鬼",用来祭天的"天牛"必须是黑花、白花或纯黄的雄健公牛,由专人放牧。"天牛"吃庄稼时,是不能赶走的。到祭天时,村里的老人们敲锣打鼓,吹着唢呐跟随巫师(朵西薄)将牛从牛囤迎到祭天台,宰杀后,由巫师祈祷、念咒,然后将牛肉牛皮分给各家各户享用。牛是用来祭天的,享受这种牺牲的人却是凡人,这种习俗在各民族中都普遍存在。神灵、祖先和凡人共同分享快乐,娱神和娱人融为一体。只不过这种独特的食俗,往往被涂上一层神秘的色彩罢了。人们在节日期间,竭尽智慧,改进食品制作花式品种,丰富节日生活,并给各种食品赋予不同的含义和象征。正月十五吃元宵,五月端午吃粽子,八月十五吃月饼,腊月初八吃腊八粥,民族不同,表现出的食俗亦不同。壮族每逢春节、三月三,八月十五等节日,有吃花糯米饭的习俗。这种糯米饭制作别致:将糯米洗净,分别盛在几个瓦盆里,采来几种可食野生植物的根、茎、叶,分别捣碎,挤出汁,浸泡糯米,糯米便染上各种颜色。蒸熟后,食之味香可口,别有风味。吃花糯米饭象征吉祥如意,也可拿它来赠送亲友。云南梁河一带的阿昌族流行一种"八月十五先喂狗"的习俗,即中秋节这天,吃早饭前,先把狗喂饱。这种习俗,与西南一些民族中流行的"尝新节"的习俗有关。苗族的"尝新节"在农历七月十三,这个节日和各种的起源神话联系在一起。相传古老的时候,人间没有谷子,是狗从天上取得谷种,所以当新米收获、煮出白米饭时,要先给狗吃。傈僳族的"新米节"在十月下旬,人们将新谷放在锅里炒脆,舂成米,蒸好饭后与肉和肉汤拌好,拿一碗喂狗,然后人们再尝新。景颇族的尝新节亦有先给狗吃的习俗。

嗜食和禁忌是饮食习俗的重要表现。人们俗话说的"南甜、北咸、东辣、西酸"是针对较大区域内的嗜食习俗而言的,实际情况却更复杂些。嗜食是某一地区、某一民族在饮食上的特殊嗜好。形成饮食嗜好的原因多种多样,气候、生产方式、土特产品,食物的独特制作方法等很有可能造成口味上的差异和嗜好,甚至这一嗜好还制约着某一地区和民族的饮食结构。比如苗族的酸鱼、酸汤,是餐桌上必不可少的菜肴。酸鱼的做法是:将鲜鱼洗净,除去内脏、撒上盐和辣椒粉，再加上香料，浸泡两二天，然后一层鱼、一层糯米粉和玉米粉装进坛子里，盖好封严，半个月以后即可食，生食或油煎。酸鱼可存放很长时间，隔年酸鱼吃起来味道更美。酸汤是苗家的"常年菜"，把青菜、白菜、萝卜叶或其他蔬菜洗净，用开水煮一下，捞起后加一种特别的酸水，放入坛子中一两天即可食。食用时加盐、辣椒粉煮沸。居住在广西融水一带的苗族，家家都有许多酸坛，用来腌制酸鱼、酸肉、酸鸡、酸鸭、酸黄瓜、酸豆角、酸辣椒，以保证常年有菜下饭。朝鲜族和广西、贵州的许多民族喜欢狗肉，但制作方法完全不同。朝鲜族喜用狗肉，俗有"狗肉滚三滚，神仙站不稳"的说法。朝鲜族的冷面也有特殊食俗，面用荞麦面和白薯粉压制而成，佐料十分丰富，有牛肉、鸡肉、猪肉、蛋丝、辣椒、芝麻、香油、苹果等20多种，酸甜清辣、清凉爽口。其他如赫哲族的杀生鱼、炒毛鱼，蒙古族的炒米奶茶，满族的酸汤子、藏族的酥油糌粑等都是饮食方面的特别嗜好。

  饮食习俗中的禁忌，或来自宗教信仰，或来自生活经验的总结。回族、维吾尔族、哈萨克族、东乡族等禁食猪肉，这便与信奉伊斯兰教有关。满族忌杀狗，禁食狗肉。到满族家里做客，必须先将狗皮帽子脱掉夹在腋下，进屋后，切不可把狗皮帽子放在正对祖先牌位的地方，更不能戴着狗皮帽走到祖先牌位前。据说满族这种不杀狗、不戴狗皮帽子、不吃狗肉是老罕王立下的规矩，传说黄犬救过老罕王。维吾尔族禁食狗肉之外，驴肉、骡马肉、骆驼肉也在禁食之列。哈萨克族禁止用手背擦摸食物，不准乱丢食物，不准坐在装有食物的箱子或其他用具上，绝对不准跨过吃饭用的餐布，青年人不准当着老年人面饮酒。饮食禁忌除带有迷信色彩外，也具有一些积极意义。

  中国古代烹饪理论书籍颇丰。商汤时伊尹《本味篇》是中国烹饪理论的开山鼻祖。《礼记·内则》是中国烹饪理论的奠基石。中国烹饪理论奠基人是贾思勰，他的《齐民要术》可称是中国古老的食品科学大全。元代是烹饪理论的成熟期。清代袁枚所著《随园食单》是一部划时代的烹饪论著，各种烹饪经验兼收并蓄，各地风味特点汇融一册，理论与操作实践融为一书。鼎中之变，精微难言，袁枚以他的生花之笔，把许多为厨师只能意会不能言传的经验整理成系统的理论,为中国烹饪理论和实践作出了贡献。

思考与练习

1. 中国有哪些主要菜系?
2. 中国古代名宴分哪几类?
3. 中国古代节日食俗有哪些?

延伸阅读与参考书目

1. 王仁湘著《饮食与中国文化》,人民出版社,1994年。
2. 王学泰著《华夏饮食文化》,中华书局,1993年。
3. 赵荣光著《中国饮食文化史》,上海人民出版社,2006年。

第十六章 礼俗文化

礼俗，即礼仪与风俗。中国历来被称为"礼仪之邦"，强调待人以礼和礼尚往来等。风俗，是指历代相沿积久而成的风尚、习俗，中国素有"美教化，移风俗"的传统。礼俗具有很强的民族性、区域性和传承性，深入地了解中国礼俗，可以更好地把握中国文化的特征。

第一节 古代称谓

一、古代亲属关系："九族"及"五服"

由于中国古代是宗法制社会，所以很注意分辨亲属关系的亲疏远近。所谓"九族""三党""五服"就是常见的亲属关系概念。"九族"分纵向、横向两种解释：一是从玄孙到高祖共计九代；二是父族四、母族三、妻族二，合为"九族"，分开来就是"三党"。"五服"是基于亲疏远近的不同而规定的不同丧服标准。"九族"的具体称呼如下：父亲叫考，母亲叫妣。古代可用于在世父母，后世只用于已故父母，亦有称先考、先妣的。父亲多妻，则有嫡母（正妻）、庶母（妾）、生母（亲生母亲）、继母（父后娶正妻）之分。父亲的哥哥称为伯、伯父，父亲的弟弟称为叔、叔父。伯父之妻称伯母。叔父之妻称婶母。伯叔之子女为堂兄、堂弟、堂姐、堂妹。父亲的姐妹，古代简称姑，今称姑母，其丈夫称姑父、姑爷，其子女为姑表兄弟姐妹。父亲的父亲叫祖父，古称王父、大父，今称爷爷。祖父之妻为祖母，古称王母、大母，今称奶奶。祖父之兄弟姐妹称伯祖父、叔祖父、姑祖（姑奶奶)。伯叔祖之子女称堂伯、堂叔、堂姑,其子女为从堂兄弟姐妹。姑奶奶之子女为表叔、表姑。祖父的父母为曾祖父、曾祖母。曾祖父的兄弟为曾伯祖、曾叔祖。其子则为族伯祖、族叔祖。其孙则为族伯、族叔。其曾孙则为族兄、族弟。曾祖父的父母为高祖父、高祖母。

与自己平辈的亲属,有兄弟姐(姊)妹。口头称哥哥、弟弟、姐姐、妹妹。别人兄弟姐妹则加"令"字。合称人兄弟则用"贤昆仲"。庶母所生子女为庶兄弟姐妹。口头称呼则不加区别。兄之妻称嫂或嫂嫂,弟之妻为弟媳或弟妇,姐妹之夫为姐夫、妹夫。兄弟之子女为侄儿、侄女,古代称犹子、从子。兄弟之孙称从孙。姐妹之子女为外甥、外甥女。自己所生男称儿子、儿;自己所生女称女儿、女。子之妻称媳或媳妇、儿妇。女之夫为婿,在他人面前自称其婿为小婿,称对方之婿为坦(用王羲之坦腹东床典故)。子之子女称孙,或孙男、孙女,其配偶为孙媳、孙女婿。孙之子女为曾孙、曾孙女。曾孙之子女为玄孙、玄孙女。这是自身可能见到的第五代。以下依次还有来孙、昆孙、仍孙、云孙,实际上不可能见到,故而这些名称不常用。所谓父之族四,据汉代《白虎通》的说法,指父亲五代为一族(高、曾、祖、父、己)、姑母嫁人者为一族,姐妹嫁人者为一族,已女嫁人者为一族。

以上是父系,下面谈母系。

母之父母为外祖父母,古称外王父母,口头称外公、外婆,北方称姥爷、姥姥。外祖父的兄弟姐妹称外伯祖、外叔祖、外祖姑。外祖母的兄弟姐妹称舅外公、舅外婆、姨外公、姨外婆。外祖父之父母称外曾祖父母,母之兄弟称舅、舅舅、舅父、舅爷,其妻为舅母、舅娘、舅妈,其子女为舅表兄弟姐妹。母之姐妹称姨、姨母、姨妈,古称从母。其夫称姨父、姨丈、姨爷,其子女为姨表兄弟姐妹。母之堂兄弟为堂舅,古称从舅,母之堂姐妹为堂姨。姑表兄弟姐妹,舅表兄弟姐妹,姨表兄弟姐妹,通称中表,通常互称表兄表弟表姐表妹。其中以姑表亲最亲,因为同属父系血统。在古代,中表关系可以结婚,当代中国禁止中表通婚,因为血统太近。所谓母之族三,指的是母之父系一族,母之母系一族,母之姐妹嫁人者一族。再说妻族。妻,古称妇。如今口头称呼极多,老婆、堂客、媳妇、婆娘、婆姨、内当家……常通称爱人、太太。妻称夫,古代多用郎、郎君、夫君、相公、夫子,今俗称当家的、掌柜的。对他人自称其夫多用先生。古代夫称妻多用卿、娘子,妻自称多用妾。妻之父母古称外舅、外姑,南北朝始称丈人、丈母,唐以后称岳父、岳母、岳丈、岳翁。书面语,女婿致岳父自称姻子。岳丈致女婿自称姻外舅,今多称外父。称他人之岳父为泰山,据说是从唐代张说开始。玄宗开元三年,封禅泰山,张说为封禅使。事毕与其事者皆加一级,而其婿郑镒竟从九品升为五品。玄宗问郑有何功,张说无以对,伶人黄某奏曰:"此乃泰山之力也。"(见段成式《酉阳杂俎》卷十二)后世遂成典故。妻之兄为内史、内弟,亦称舅,或妻舅,以别于母舅,俗称小舅。其子女为内侄、内侄女。妻之姐妹亦称姨,或小姨,以别于母之姐妹。姨之夫称姨夫,自己与姨夫关系为连襟,互称襟兄襟弟,姨之子女亦称外甥、外甥女。妻称夫的父母为翁姑或舅姑、姑嫜,后来称公婆或公公、婆婆,今则称爸爸、妈妈,一如其夫。称夫之兄弟为伯或大伯子,称夫之弟为叔或小叔子,称夫之姐妹为大姑、小姑,称夫之嫂为姒或姒妇,亦可称嫂,称夫之弟媳为娣或娣妇,今称弟妹。妻与他们之间关系为妯娌或娣姒。妻子父母与夫之父母互称亲家或亲家翁、亲家母(亲字读 qìng),书面互称姻兄、姻弟。所谓妻之族二,指的是妻之父系一族,妻之母系一族。

  上面解释了"九族",下面谈"五服"。

  在九族亲属中,如果有人死去,与之有亲属关系的要有不同时间不同服装的丧礼。这种丧礼分为五类,叫作"五服"。其中第二类又分四个等级,所以又称"五服八等"。第一类:斩衰(cuī)。以粗麻布为衣,不缝边,手执粗竹杖(俗称哭丧棒),脚穿草鞋,丧期三年。这是最重的丧礼,通常适用于子女为父母(包括继母、嫡母),承重孙为祖父母,妻妾为夫。第二类,齐衰(zī cuī)。其中分为四等:(1)齐衰杖期(jī)。粗麻衣缝边,执削杖,丧期一年。适用于:夫为妻、嫡子为庶母。(2)齐衰不杖期。手不执杖,其余同上。适用于孙为祖父母,侄为伯叔父母,已出嫁女为父母,男子为兄弟。(3)齐衰五月。适用于曾孙为曾祖父母。(4)齐衰三月。适用于玄孙为高祖父母。第三类:大功。衣用熟麻布,色白,丧期九月。适用于已婚姑、已婚姐妹、堂兄弟、已婚女为伯叔父母及兄弟。第四类:小功。衣用较粗熟布,丧期五月。适用于伯祖、叔祖、堂伯叔父、从堂兄弟之丧。第五类:缌麻。衣用粗细熟麻布,丧期三月。适用于服外祖父母、岳父母、表兄弟之丧。同一高祖的子孙,有互相服丧的规定。亲属关系超过五代,不再为之服丧,叫做出服,或出五服。近代有些地区,同姓可以结婚,但必须出五服才行,以防血统太近。五服八等的丧制十分繁琐,主要目的是区别血缘关系的亲疏远近,表明父系、母系有别,亲疏有别,男女有别,嫡庶有别,这分明带上了浓厚的宗法制度的色彩。其中还有关于已嫁、未嫁、改嫁、过继、有子、无子、嫡出、庶出等等分别,带有明显的重男轻女色彩。早在战国时期,墨子对这一套礼制之繁琐就十分讨厌,连孔门弟子也认为三年之丧太久。后来实际上也难以严格遵守。

二、古代姓名字号的文化底蕴

姓本来是一个人的符号,现代人看得较轻,可以自由改名换姓,随便用笔名,子女可从父姓、亦可从母姓。古人则不然,因为姓与宗族、宗法、门阀、身份等制度有密切关系。姓起源于母系社会,是一门母系氏族或部落的标志,所以"姓"字从"女"加"生"。"生"表示所从出,生而只知母不知其父,故从"女"。远古的大姓,如姜、姚、姬、姒、妫等,都从"女"。由于古代同姓不婚,所以娶妻必先知其姓。如果买妾而不知其姓,就要问卜。可见姓的最初作用是代表氏族并区别婚姻。某个大姓后代繁衍多了,于是又派生出若干家庭,赐以支姓,这个支姓便是"氏"。随着母系社会发展为父系社会,姓氏便由女性中心发展为男性中心。随着阶级和国家的产生,姓氏的确立逐渐和宗法制相联系。天子封子弟为诸侯,诸侯再分封子弟为卿大夫,都要赐"氏",亦即新的家族称号。商人的祖先是子姓,后来又分为宗氏、殷氏、来氏……鲁人的祖先是姬姓,三桓之后,又分为孟氏、仲氏、季氏。可见"氏"是用来代表家族和分辨贵贱的。先秦时期,天子有姓而无氏,诸侯、卿大夫有姓有氏,平民、奴隶无姓无氏,只有名。汉以后,姓氏逐渐合一,统称为姓或姓氏,平民亦开始有姓(日本平民至近代才有姓)。姓氏名称的来源不一,大致有以下情况:一是以动物为姓:马、牛、羊、龙、熊、鹿……

可能姓就是该氏族的图腾;二是以封国封地为姓:虞、夏、高、周、齐、鲁、吴、楚、宋、卫、韩、赵、魏、燕、秦、陈、蔡、薛、滕等即是;三是以官职为姓:司徒、司马、司空、上官、侯、尉、帅等;四是以职业为姓:贾、陶、车、裘、巫、史、祝等;五是以祖先爵位或谥号为姓:公孙、王孙、文、武、穆、庄等;六是以居住地方特征为姓:东郭、南宫、西门、江、池、杨、柳、李、林等;七是以少数民族的复姓的音译为姓:独孤、呼延、慕容、贺兰、尉迟、长孙等。古代汉族也有复姓,如端木、夏侯、诸葛、欧阳……后代有简化为单姓,亦有不简化者。古代亦可以改姓,一是少数民族受汉族影响而改姓。如北魏鲜卑族拓跋氏改姓元;二是皇帝为笼络少数民族或奖励功臣而赐姓,如汉末赐南迁匈奴族姓刘(刘渊、刘聪),唐末赐沙陀族姓李(李克用、李存勖)。唐初功臣徐世勣赐姓李,明末郑成功赐姓朱;三是因避祸害而改姓,如汉代韩信之后改姓何,明初黄之澄之后改姓田;四是未成年子女随母改嫁而改姓,成年后也可以再用原姓,如范仲淹小时随母改嫁姓朱,后恢复姓范(这叫"归宗");五是女子未嫁用父姓,出嫁后增加夫姓,如王张氏、赵李氏、刘王立明……和尚不用俗姓,只用法名,名前往往冠以"释"字,也可以不加。道士一般用俗姓。中国姓远不止"百家姓"。清人张澍研究,得姓 5000 余个。《中国人名大辞典》统计为 4129 个,最新统计有 5000 多个姓。

古人生三月而命名,男子年 20 行冠礼而后取字,女子年 15 "行笄礼"后取字。正式命名之前有乳名,又叫小名。如曹操小名阿瞒,刘禅小名阿斗,刘裕小名寄奴。至今仍有起小名的习俗,为易养育、避娇贵,多以贱物为名,如阿狗、阿毛、锁柱、铁蛋等。正式命名多有祝愿和纪念意义。鲁国叔孙克敌,获长狄乔如,因名其子为乔如。郑庄公因寤生而得名。皇帝亦赐名他人,如杨国忠本名钊,朱全忠本名温。多子女命名时讲究排行。先秦时同辈分按序排列分为伯仲叔季,即老大老二老三老末,如伯夷、仲由、叔齐、季札等名就是排行名。若辈分不同,则按辈分不同亦有相对稳定的排字。以谭姓为例,就用"承祖德尚善,家运庆修祯"等句子按次排列下去。清王室自康熙起辈分字为:玄、胤、弘、颙、曼、奕、载、溥。代表辈分的字,双名通常在中间,如张学良、张学思、张学铭。也有放在第三字的,如宋庆龄、宋霭龄、宋美龄。如果是单名,则用偏旁表示同辈,如苏轼、苏辙,又如贾赦、贾政、贾敬、贾珍、贾琏、贾珠、贾环、贾蓉、贾兰、贾芸、贾蔷。女子可用男子相同的字辈,也可用其他字排行。有的家族,除规定同一字辈外,还要求第三字用同一偏旁,明代皇族,泰昌帝朱常洛,其弟福王朱常洵,均用三点水旁。实际上,有时命名只有半个字的选择余地,故而不得不用怪字僻字。

古人的字是名的补充解释,与乳名相表里,所以叫作"表"字。名与字大多有联系。孔子弟子冉耕,字伯牛,牛可耕田。孔子之子孔鲤,字伯鱼,鲤属鱼类。苏轼字子瞻,轼是车前横木,乘车人可凭轼而瞻望。苏辙字子由,辙是车印,是驾车人所遵由的轨迹。陆机字士衡,机衡为北斗二星名。曾巩字子固,巩与固同义。赵云字子龙,取云从龙之义。唐寅字伯虎,取寅属虎之义。也有名与字反的,如管同,字异之,朱熹,字元晦,熹是光明,晦是黑暗。有名与字皆取自古书上某句话,如钱谦益,字受之,取自《尚书》"满招损,谦受益"。一般人只用一名一字,也有一名二字,如蒲松龄,字留仙,又字剑臣,还有三字的。

古人的号,又称别名,是一种固定的别名。名和字通常由长辈所定,号则由本人决定,往往表示自己兴趣爱好或住所特征,通爱用别号的多是文化人。如陶渊明自号五柳先生,李白号青莲居士,杜甫号少陵野老,苏轼号东坡居士,欧阳修号六一居士。"六一"是:一万卷书,一千卷古金石文,一张琴,一局棋,一壶酒,加上本人一老翁。有的别号有特殊含义,宋末元初郑思肖号木穴国人,木穴合写即宋字,表示不忘故国。明末清初朱耷号八大山人,八大连写似哭似笑,表示哭笑不得。别号以二字较多,三、四、五字皆有。如明高启号青丘子,李梦阳号空同子,清袁枚号随园老人,屈复号金粟道人,高鹗号红楼外史,文康号燕北闲人,张文虎号天目山樵,刘鹗号洪都百炼生。还有以室名为别号的,冯梦龙号墨憨斋主人,凌蒙初号空观主人,黄遵宪号人境庐主人,梁启超号饮冰室主人。别号大多表示清高、雅致,往往带有佛教和道家的色彩。别号可有多个,唐寅就有三个别号。有些人别号比本名更为人所熟知。如苏东坡、王阳明、孙中山。绰号也是别号,又叫外号,多为他人所起,有褒有贬,用以概括其性格或形状特征。《水浒传》中的绰号,及时雨、智多星、小李广、神行太保皆为褒义。而像笑面虎、中山狼、好好先生、曾剃头、黎菩萨等便是贬义。也有中性,无褒贬义,多属取笑,表示幽默,如花和尚、黑旋风等。

代称是死后由他人所拟,或习惯性称呼。代称往往有以下六种情况:一是籍贯或任职地区的代称。韩昌黎、柳河东、张江陵(籍贯)、吕衡州、贾长沙(任职地区)。习惯上由某人使用某地作为代称成为专有名词后,其他人就不能再用;二是以官职或封爵为代称。嵇中散、马伏波、王右丞、韩吏部、杜工部、蔡中郎、班定远、沈隐侯、王荆公、文信国……倘若一个人担任多种官职者,只取其中最高者为代称,而不能随意取用其他官职。三是谥号,即贵族死后由帝王按其功德而赐予的美称。先秦公卿大夫死后由诸侯赐谥,赵文子、韩献子、臧文仲、孟武伯等即是;唐后直至清末,规定三品以下无谥,三品以上大臣由朝廷赐谥;韩文公、范文正公、苏文忠公、包孝肃公、岳武穆公、左忠毅公、纪文达公、左文襄公、彭刚直公等,文臣多用"文"字,武臣多用"武"字,以"文正"为最荣耀;也有处士而由门人私谥的,如陶潜谥靖节先生,王通谥文中子。四是尊称,死后由弟子或后人拟定,如周濂溪、吕东莱、陆象山、归震川、王船山、黄梨洲、顾亭林等(以上多为地名之后加先生)。五是以数字为名号,以叔伯兄弟辈大排行为序,多盛行于唐,如元九(稹)、李十二(白)、白二十二(居易)、董大、卫八等即是,宋代也有秦七(观)、黄九(庭坚),后来沿袭者稀少。六是几个人合同的特称,同姓并称,如:大小戴、大小阮、大小谢、大小杜、二陆、二程、三张、三苏、三袁;异姓并称如:孔孟、老庄、班马、王谢、李杜、韩柳、元白、程朱、陆王、顾黄王、曾左彭胡等,皆属习惯性称呼,约定俗成后不能移作他用。

古人自称往往表现出自谦或自卑,先秦时期,男子对高贵者皆自称臣或仆,后来只有官吏对帝王称臣,清代大臣对皇帝自称奴才。官场中,下属对上司自称卑职。老百姓在地方官面前自称小民、小人、鄙人、不才。仆是古代平辈的自谦称。对年长者自称晚生、后辈,对年轻者自称老朽、愚。写信给别人时,自署用名,不用字号。古代称呼他人,一般不直呼其姓名。通常平辈称字或号,下级对上司称大人。晚辈对长辈或称亲属关系(叔、伯、爷、舅),或称某老、某爷、某翁。长辈称晚辈用"尔""汝",自称"吾""我"。古代简称男性年长者为

"丈",称平辈为"子"。"子"还是后人对有学问的古人的简称。"公""君""先生",可用于长辈或平辈,可以单用,也可与姓连用,这几个称谓使用时间最长,尤其是先生,口头及书面皆适用。"足下"多用于平辈,"阁下"多用于对有地位者的简称。

古代帝王的称号更复杂。夏商周三代,中国最高统治者皆称王。但秦以后,中国历代最高统治者都称皇帝。为区别他朝,每一新王朝开始建立时,都须确立国号,宋以前的国号皆以地为名,元明清三代则用象征意义的字。每个王朝的第一代新皇帝即位后,为同前代皇帝相区别,须有自己的称号或标志,第一件事便是建新的年号。中国历史上首先使用年号的是汉武帝,第一年号是建元,其元年相当于公元前140年。每任新皇帝即位均用新年号,叫作改元,有的皇帝在位时改元多次。汉武帝在位54年,改元11次。武则天称帝后在位15年,改元14次。改元的原因多是发生了值得纪念的事件。如汉武帝的"元封"是纪念封泰山,"元鼎"是纪念得宝鼎,"元狩"是纪念得麒麟。明清两代一个皇帝只用一个年号(个别除外),这样,年号即等于帝号。如洪武、永乐、正德、万历、崇祯、康熙、乾隆、道光、咸丰等都是年号与帝号相同。当时,老百姓皆习惯于以年号称当今皇帝,年号一般用两个字,也有三个字的,如梁武帝"中大同",四个字的年号如宋太宗"太平兴国",最长的年号六个字,如西夏景宗"天授礼法延祚"。皇帝在位时,群臣要上尊号。如武则天称大周皇帝后,加尊号曰"圣神皇帝",三年后又加"金轮"两字,次年又加"越古"两字。唐中宗尊号为"应天神龙皇帝",唐玄宗为"开元神武皇帝"。唐代上尊号尚未成为定制,宋代则规定每年大祀之后,群臣皆上尊号,以歌功颂德。宋以后基本上停止此做法。历代皇帝对禅位于他的前任皇帝皆上尊号为太上皇,对母后则上尊号为皇太后,祖母则称太皇太后。如果是过继的,生父不能上尊号,如光绪之生父奕譞,宣统之生父载沣,不能上尊号。年号和尊号是皇帝在位时就有的,而谥号和庙号则是死后才有的称号。谥号起于西周。周初的文、武、成、康诸王都有谥号。周代谥法规定很严,大致可分三类:一是美谥:如文、武、元、平、康、景、惠、宣、成、献等;二是恶谥:如幽、厉、灵、炀;三是天谥:如悼、哀、怀、愍、闵等。后来几乎只有美谥而很少恶谥。汉以前多用一字谥，汉代用两字，其中一字必"孝"，如孝文帝、孝武帝……唐后谥号字数加多，如唐太宗初谥文皇帝，后改为"文武大圣大广皇帝"，清代乾隆的谥号为"法天隆运至诚先觉体元立极敷文奋武钦明孝慈神圣纯皇帝"共 25 个字，简称乾隆为纯皇帝。开国皇帝对已故父祖都追封为皇帝，亦上谥号，唐代甚至追封老子李耳为"太上玄元皇帝"。汉以后，后妃也有谥号，最初用一两个字，后代越来越长。慈禧太后那拉氏的谥号长达 23 个字："孝钦慈禧端佑康颐昭豫庄诚寿恭仁献崇熙配天兴圣显皇后"，其中最主要的是前 4 个字，故那拉氏又简称孝钦后或慈禧太后。西太后则是俗称。

庙号是和宗法祭祀制度相联系的一种称号。皇帝死后，根据他在皇族中的世系，奉入太庙祭祀，追尊为某祖某宗，以显扬其在皇族世系中的地位。所谓庙号即已故皇帝在太庙中的称号。这种办法始于殷代，如殷王太甲称太宗，太戊称中宗，武丁称高宗等。汉承其制，尊刘邦为"太祖高皇帝"，太祖即庙号，高皇帝之高即谥号，后来简称为汉高祖。汉文帝刘恒称太宗孝文皇帝，汉武帝刘彻称世宗孝武皇帝。最初规定，第一代开国皇帝称祖，第二代至第五代皇帝称宗，六代以下不再称宗。事实上并未执行之。汉魏六朝时的皇帝，有的称宗，有的不称，故而人们习惯于以谥号称呼某皇帝，而不用庙号称呼某宗。元明清三代不止一祖。元代有太祖、世祖（实为第五代），且有三帝（孝、定、顺），余皆称宗。明代二祖（太祖、成祖），除建文帝外皆称宗。历代皇帝各有陵墓，多有陵号。汉武帝的茂陵、唐太宗的昭陵、唐高宗的乾陵、明代的孝陵、长陵、定陵等。陵号有时也用来代指过世皇帝，一般用于本朝。

第二节　古代礼仪

中国历来是"礼仪之邦"。礼仪在中国社会的政治文化生活中占有极其重要的地位。古代所谓礼仪包括范围很广：政治体制、朝廷法典、天地鬼神祭礼、水旱灾害祈禳、学校科举、军队征战、行政区域划分、房舍陵墓营造，乃至衣食住行、婚丧嫁娶、言谈举止，无不与礼仪有关，它几乎是一个囊括了国家政治、经济、军事、文化一切典章制度以及个人的伦理道德修养、行为准则规范的庞大概念。而今已缩小为礼节和仪式的意思。礼仪的起源，可追溯到遥远的过去，当中华民族的历史掀开第一页时，它就应运而生了。由儒家学者整理成书的礼学专著"三礼"——《周礼》、《仪礼》、《礼记》，记录、保存了许多周代的礼仪，在汉以后的两千多年中，一直被人们称为《礼经》。

一、吉礼

吉礼为五礼之冠，主要是对天神、地祇、人鬼的祭礼典礼。《礼记·祭统》说："礼有五经，莫重于祭。"按照《周礼·春官·大宗伯》之说，吉礼用以"事邦国之鬼神示（祇）"，是祝祈福祥之礼。其主要内容有：祀昊天上帝；祀日月星辰；祀司中、司命、风师、雨师（以上祭天神）；祭社稷、五帝、五岳；祭山林川泽；祭四方百物，即诸小神（以上是祭地祇）；祫祭（合祭）先王和先祖；禘祭先王和先祖；春祠、夏禴、秋尝、冬烝，享祭先王和先祖（以上是祭人鬼）。后世从这三类中又衍生出许多项目，可列为天、地、宗、庙四类。

先谈祀天。在殷商甲骨文中，天神是"帝"（或称"上帝"），他主宰自然和下国，日、月、风、雨是其臣工使者。祭祀上帝要杀死或烧死俘虏和牲畜作为祭品。周代以"天"代"上帝"，天帝人格化，周王自称"天子"。殷周以来，天帝的称呼名目繁多：帝、上帝、天、皇天、昊天、皇天上帝、昊天上帝、维皇上帝等等，指的都是有意志的人格化的神。周代祭天的正祭是每年冬至，在国都南郊圜丘举行，称为"郊祀"。祭时鼓乐齐鸣，报知天帝降临享祭。秦以冬十月为年首，祭天在十月举行。汉高祖祭祀天地由祠官负责，实行三年一郊之礼（武帝始），每三年轮祭天、地、五畤（五方帝）一遍。南北朝祭祀一般不用牺牲而用果蔬。隋唐与东汉相似。唐代祀天一年四次。宋代祭祀时举行特赦仪式，且要到景灵宫祖宗神像前行"恭谢礼"。辽代祭天与祭山礼同行。金世宗大定后才有完备的祭礼。元初有蒙古民族的拜天礼。洪武十年（1377年），改变圜丘礼制，定每年孟春正月合祀天地于南郊，建大祀殿，以圆形大屋覆盖祭坛。明成祖迁都北京后，永乐十八年（1420年）建成大祀殿，合祀天地。清代基本沿袭明制。世祖（顺治）定都北京后，恢复修建正阳门南天坛多种配套建筑，后经乾隆改修，成为今天所见到的天坛古建筑群。它包括圜丘、大享殿、皇穹宇、皇极殿、斋宫、井亭、宰牲亭等。清人祭天除采用汉制外，保留了本民族入关前"谒庙"之礼，入关后改称"祭堂子"。

图 16-1　北京天坛

祈谷，郊祀后稷，以祈农事。梁武帝前，将祭天与祈谷混为一谈。梁武帝天监三年（504年），将两者加以区分。唐代的祈谷礼与祭天相仿。明代嘉靖定孟春上辛在大祀殿行祈谷礼。清代祈谷礼仿明制。乾隆时，将大享殿更名为祈年殿，以合祈谷之义。大雩，即求雨之祭。在无风旱灾害发生时是例行之祭，于仲夏举行；在大旱发生时则无论夏秋，随时举行。隋唐在孟夏祭，宋在圜丘之左雩坛祭。金、元无雩礼，遇干旱祷雨于宗庙社稷。明嘉靖时曾行大雩礼。清代亦行雩礼。自汉武帝建明堂以便秋季之月大享天帝。另外，还有每年立春、立夏、立秋、立冬之月迎气祭五帝的礼仪；还在春分、秋分祭日月；还要祭五星二十八宿，祭风师、雨师、太岁则属星辰之礼。

远古时已有对土地的崇拜，大地生长五谷，养育万物，犹如慈母，故有"父天而母地"之说。祭地的正祭是每年夏至之日，在国都北郊水泽之中的方丘上举行祭典。还要行"四望"之礼。"四望"是望祭天下名山大川之神。泰山的天地祭祀叫"封禅"。古人筑社稷坛祭社稷，社为土神，稷为谷神。

宗庙是祖先的亡灵寄居之所。周代天子有七庙：三昭三穆，与太祖之庙合而为七。父曰昭，子曰穆。诸侯五庙，大夫三庙，士一庙。天子、诸侯宗庙的正祭，春曰祠，夏曰礿，秋曰尝，冬曰烝，均在四季的孟月举行，加上腊祭，每岁五祀。先前庶士、庶人不得立庙。南宋实施祠堂制，普通平民有祭祖的自由。中国古代祭祀项目甚多，列入国家祀典的有：祀先代帝王、祀先圣先师、藉田与享祀先农之礼、亲桑与享祀先蚕之礼、享先医、五祀(祭门、户、井、灶、中霤)、高禖(乞子之礼)、傩(驱除疾疫之礼)、蜡(祭百神)。宋代以十二月戌日为腊日,建蜡百神坛,同日祭社稷、享宗庙。

二、嘉礼

嘉礼是和合人际关系,沟通、联络感情的礼仪。《周礼》说,嘉礼是"亲万民"之礼,主要内容有:饮食之礼、婚冠之礼、宾射之礼、飨燕之礼、脤膰之礼、贺庆之礼。后代嘉礼有不少变化。古人飨宴饮食有一定的礼节。古时飨宴是有区别的。飨礼在太庙举行,烹太牢以饮宾客,但并不真吃真喝。宴礼在寝宫举行,烹狗而食,主宾献酒行礼后即可开怀畅饮,一醉方休。饮食之礼,是族宴,逢祭而宴或以时而宴。冠礼是成人礼,是给跨入成年人行列的男子加冠的礼仪。男子20岁加冠。冠礼要为冠礼者加三冠:黑麻布的缁布冠、白鹿皮的皮弁、玄冠。天子、诸侯的冠礼主要不同的是加四冠,于"三加"外还要加"玄冕"。后世不少朝代的皇帝冠礼只用"一加"。"笄礼"是女子成年时的一种礼仪。古时女子十五而笄,女子在15岁许嫁之时举行笄礼,结发加笄,也要取"字"。射礼有四种:一是大射(天子的祭前之射),二是宾射(朝天子或诸侯相会之射),三是宴射(宴息之射),四是乡射(荐贤举士之射)。射礼前后,常有宴饮,乡射礼常与乡饮同时举行。两汉时军内设秋射比试之法。唐代在射宫举行射礼,每年三月三、九月九两次。与射礼相仿的是投壶之礼:以箭矢投入壶中为胜,只不过是将弯弓换成投壶。乡饮酒礼是敬贤尊老之礼。汉代常与郡县学校祀先圣先师之礼同时举行。明洪武初规定每年孟春正月及孟冬十月举行乡饮酒礼。清沿明制。中国历来有养老、优老的传统。《礼记·王制》说:"五十养于乡,六十养于国,七十养于学,达于诸侯。八十拜君命,一坐再至。""九十使人受。"这虽是儒家的理想制度,但对历代都有很大影响。国家养的老者有:国老(贵族中老者)、庶老(平民中老者)、死政者之老(为国捐躯者之老)。养老作为一项礼仪活动,主要形式是天子在太学中宴飨三老、五更("更"指阅世久深者)与众老。古时国家还颁布"优老"(优待老者)政策。北魏时还有为高年老人授名誉官职的办法。金代的独子犯死罪,可依"独子留养"制免死以养其父母,历代多沿用其例。清沿用明制,给百岁老人"升平人瑞"匾额,赐银建牌坊。帝王庆贺之礼较隆重。帝王即位改元,均要举行祭天地神灵之礼。朝礼比较严肃,古礼百官入朝要"趋",即快步疾走,表虔敬之意。各朝代朝拜时间、对象、礼仪略有不同。为治理国政而设的叫"常朝",此外,大朝和节日庆贺礼仪规格皆高于常朝。魏晋南北朝时期,朝贺之礼大致同于两汉。有元会(元旦朝会)和冬会(冬至朝会),元会是正会,是国家最隆重的庆典。唐宋一如既往。辽金唯音乐不同。清代将元旦、冬至及万寿圣节(皇帝诞辰)称为"三大节",大朝行礼庆贺。

三、宾礼

宾礼是接待宾客之礼。古宾礼包括:"春见曰朝,夏见曰宗,秋见曰觐,冬见曰遇。时见曰会,殷见曰同。时聘曰问,殷覜曰视。"具体分为五种:一是朝觐之礼。此礼用意在于明君臣之义,通上下之情。周代诸侯一年朝觐四次。后历代略有不同,唐代增设藩主朝礼。清朝觐礼大多参照《礼经》制定。如遇大朝、常朝,藩王列于班末行礼如仪。非朝期则单独召见。朝觐是天子个别接见一方一服来朝诸侯。会同则是四方齐会,六服皆来,既可在京师,亦可在别处,甚至可以在王国境外。会同通常是在国门之外建坛壝宫室,举行典礼,按春、夏、秋、冬时序各建坛于东、南、西、北四方。会同前,得事先告祭宗庙、社稷、山川。会同之日,预先要先持各诸侯国的旗帜置于宫中各自的位置上。天子在坛上依屏风而立,公侯伯子男皆立于自己的旗下。天子走下坛来,南向向诸侯三揖行礼。对庶姓诸侯行"时揖"礼,即拱手平推;对同姓诸侯行"天揖"礼,即拱手向上推。礼毕,回到坛上,设傧者传话,命诸侯升坛奠玉享币行礼。享献后,天子乘龙马之车,载太常之旗,率诸侯羽日于东门之外,然后祭祀方明。会同时常有明誓之仪,要"北面诏明神"而盟,方明就是"明神"。明誓时割牛身取血,流入容器后,以桃枝拂扫,歃血为盟。会同有大小之分,天子诸侯各自派遣卿大夫参加的,称"小会同",天子、诸侯亲自参加的,称"大会同"。春秋时,周天子地位动摇,权力日衰,会同之礼,每每成为一些诸侯大国"挟天子以令诸侯"的政治行动,周天子常常不得不降尊纡贵,与多方诸侯"平起平坐",听凭大国称王称霸。会同之礼是天子诸侯间高级别往来。除此外,诸侯还定期派遣卿大夫为使者,到京都作礼仪性的问候,并报告邦国情况。汉唐时代,藩国亦常派使者到京师朝献。宋代与辽、金使者往来频繁。北宋与契丹约为"兄弟之国"。宋与金最初与契丹同礼。而南宋,皇帝向金人奉表称臣,反行藩国朝贡金人之礼。金国使者南下,称为"诏谕江南"。明代设会同四夷馆,负责接待藩国及外邦使节。朝见皇帝外,还要到东宫朝见皇太子。清初对一般藩使沿用明制,但对西洋各国使节逐渐改变礼制。同治时经斗争和谈判,皇帝接见日、俄、美、英、法、荷等国使臣采用中洋结合的"五鞠躬礼"(西洋臣见君三鞠躬行礼)。

历代相见礼略有不同。宋以前各朝礼书无相见礼。宋太祖乾德二年(964年),始定内外群臣相见之礼。下级见上级,按照职位品级分别行礼,如在途中相遇,下级官员或"敛马侧立",等候其通过,或"引避",或分路而行。如参见上级,或在堂上列拜,受参者答拜,或拜于庭中,或拜于阶上。通常下级官员参见上级官员要趋而过庭。诸司使、副使以及通事舍人等小官吏通报姓名拜见宰相、枢密使等大官时,大官不须答拜。同级则对拜行礼。明代品官相见,揖拜行礼。公侯驸马相见,各行两拜礼。下见上,下居西先行拜礼,上居东答拜;若本是亲戚而有尊卑之分,则应按私礼行礼。若上下官员品级相差二三级,则下居下方,上居上方;若品级相差四级,则下居下方拜,有事则须跪着陈述,上坐而受拜。大小衙门官员每日相见行揖礼,见到长官行肃揖礼(直身推手)。庶人相见,依长幼行礼,幼者先行礼。子孙弟侄甥婿等晚辈见尊长,学生见老师,奴婢见家长,如久别不见四拜行礼。与异性长官者相见,不行答礼;筵宴时,专设别席,不得坐于无官者之下。清代内外三公相见,宾主二跪六叩行礼,饮茶叙语毕,宾离席跪叩,主人答叩,送宾下阶。如外藩郡王、贝勒、贝子见宗室亲王,主人答礼规格依等级递减。朝廷官员相见,宾主再拜行礼,饮茶叙语毕,相揖告辞,主人送来宾于大门之外,至来宾登舆上马乃退。下见上,仪制递减。官员途中相见,同级分道而行,次等让道而行,再次等勒马候上级先行,又次者下马而立。遇到钦使应回避。士庶相见,主人出迎,相揖而入,登堂再拜行礼。饮茶叙语完毕，客人退，行揖礼，主人送至大门外，相揖而别。卑幼见尊长，尊长不送。

四、军礼

军礼是师旅操演、征伐之礼。军队出征，有天子亲征与命将出征之不同，二者礼数见上，仪制递减。官员途中相见，同级分道而行，次等让道而行，再次等勒马候上级先行，又次者下马规格也有不同。军队出征前有许多祭祀活动，主要是祭天、祭地、告庙和祭军神。祭祀完毕，出征军队要有誓师典礼，一般是将出征目的、意义告知将士，揭敌人之罪恶，严明纪律与作风，誓师实质上是战前动员和教育。清初誓师与祭天谒堂子同时举行。天子出征时，要将祖庙的木主载于车中，随军行动，奖赏功勋者就在祖先神主之前颁赏，对有罪之人，亦在社神的木主前加以刑戮。明代以"行军号令"规定军中刑赏条例。军中刑赏及时见效，"赏不逾时"，"罚不迁到"。军队凯旋时，高奏凯乐，高唱凯歌。天子亲征凯旋，大臣皆出城迎接，有时远至数十里之外。凯旋后要在太庙、太社告奠天地祖先，并有献俘之礼，此礼历代大致沿用，只是细节略有不同。诸侯或将帅统领在前方获胜，向天子或大国报告消息叫献捷。战争结束，天子要宴享功臣。论功行赏，这种礼仪叫"饮至"。论功行赏礼仪最隆重者为历代定封开国功臣。军队打败仗称为"师不功"或"军有忧"，军队回国则以丧礼迎接。国君身穿丧服，头戴丧冠，失声痛哭，并且吊死问伤，慰劳将士。古代天子检阅军队称为"亲讲武"。汉武帝开凿昆明池以训练水师，这是凿池肄习水师之始。唐代"亲讲武"之仪于仲冬之月在都门外举行。明中期后，大阅讲武成为空谈。清初定三年一举大阅，康熙帝又创"会阅"典礼。上古田猎是一项具有军事意义的生产活动，并与祭祀有关。田猎的作用一是为田除害，保护农作物不受禽兽的糟蹋；二是供给宗庙祭祀；三是为了驱驰车马、弯弓骑射、兴师动众、进行军事训练。周代田猎分春蒐、夏苗、秋狝、冬狩。金、元田猎之风更盛，国家设"打捕鹰坊"，专司田猎。清代从康熙起通过木兰行猎而笼络融洽各民族关系。

五、凶礼

凶礼是哀悯吊唁忧患之礼,其内容有:以丧礼哀死亡,以荒礼哀凶札,以吊礼哀祸灾,以禬礼哀围败,以恤礼哀寇乱。丧礼是与殡殓死者、举办丧事、居丧祭奠有关的种种仪式礼节。丧礼在古代是重要的凶礼之一,后代尤为重视。古人把办理亲人尤其是父母的丧事看作是极为重要的大事,很早就形成了一套严格的丧礼制度。从初丧到终丧之序,其丧礼如下:病危之人要居正寝、正室,死前家属守在床边,断气后诸子、兄弟、亲戚、侍者皆哭。招魂后给死者穿衣,叫"复"。复后把死者遗体安放在正寝南窗下的床上,用角柶插放死者上下齿间,把口撑开以便日后饭含,叫楔齿,然后缀足、帨殓,在死体东侧安放"倒头饭"。发讣告、讣文,长子或长孙、长重孙主丧。吊唁后铭旌(上书"某某之柩"),后掘坎为灶,把洗米水烧热,为死者洁身、整容。沐浴后饭含,即把珠、玉、米、贝等物放入死者口中。以一块木牌置于堂前庭中充当神主牌位(叫"设重"),设燎燃烛。以上仪节要在初终后一天内完成。死后第二天,正式穿入棺寿衣(叫"小殓"),后用衾裹尸,用绞布收束。第三天为"大殓",举行入棺仪式,抬入棺木后,主丧者及其妻子擗踊痛哭。奉尸入棺,盖棺。宾客向死者行礼,主人答拜,妇女在帷内痛哭。因大小殓时,丧主夫妇要哭声不断,故可由人代哭。柩后既殡之后,按规矩穿丧服(详情见前"五服"),要朝夕哭、朝夕奠。筮宅卜日后迁柩(把灵柩用灵车迁入祖庙停放)祀奠,下葬之日柩车启行,前往墓地(叫"发引"即"出殡"),由丧主领头,边行边哭。下葬后,主人用灵车奉重而归,回到殡所,升堂而哭(叫"反哭"),设祭安慰彷徨失依的鬼魂(叫"虞祭")。受佛教影响,"做七",即死后每逢七天做一次佛事,设斋祭奠。佛家认为:人生 49 天后魄生,人死 49 天后魄散。断七(第 49 天)卒哭。卒哭后次日,神主牌位归座祖庙后,仍奉神主归家。若居父母之丧则服三年孝,满一年为小祥之祭,满二年作大祥之祭,大祥后神主正式迁入祖庙。大祥之祭在死者死亡第 25 个月举行,祭后除丧服,后每逢忌日(父母去世的周年纪念日叫"忌日")禁饮酒作乐。历代帝王的丧礼要比平民百姓复杂得多。

荒礼，指自然灾害引起歉收、损失和饥馑后，国家为救荒而采取的政治礼仪措施。荒礼内容有十二项：一是散利，即通过周（无偿）、贷、禀给灾民救济；二是薄征，即减、免、缓征租赋；三是给饥寒所迫的犯罪人缓刑、减刑；四是减免徭役（叫"弛力"）；五是对灾民开放山泽园囿，让人采摘果蔬、捕猎渔樵，以为生计；六是"去几"，即废除水陆商人的关卡税；七是省礼，即减省庆贺、祭祀典礼；八是杀哀，即制止葬礼大操大办；九是蕃乐，即停止、罢除演奏音乐等娱乐活动；十是从简结婚；十一是索鬼神（祭祀鬼神），旧时认为灾祸是由于祭祀时激怒鬼神；十二是除盗贼，用以保持社会安定。

札礼的"札"是指疫疠疾病，即流行性传染病。札礼最紧迫的问题是葬死救病。汉平帝元始二年（公元2年）因干旱蝗灾，疾疫流行，国家腾出府邸房舍安置病人，并派医生治疗，病死者赐钱安葬。宋徽宗崇宁三年（1104年）太师蔡京设置"漏泽园"，用官家空地建园，安排专人埋葬死者，葬穴深三尺，以防露尸于外。同时建有"安济坊"，以收容疾病之无归者。灾礼的"灾"指水火、雷电、日月之食、地震山崩以及各种怪异灾变等，其礼制与荒礼、札礼相似，即贬损礼仪规格，减省娱乐和膳食。而祈禳之礼往往比较讲究，除祭祀祈祷天地、社稷、宗庙、上下神祇外，又用男巫、女巫歌哭跳号，以冀感动神灵，消灾去祸。日月有食，在古代是重大的灾变，因而有校日月之礼。中国是世界上最早记录日月食的国家。宋代合朔伐鼓之礼，在太社坛设神位，并有读祝文，瘗玉印等礼仪。日变伐鼓，复明而止。清皇宫救日礼与明制相似。日食开始，百官丧服在露台三跪九叩，分为五班，轮流行礼。此时金鼓齐鸣，更替上香，直至日复圆为止。月食在太常土产地救护礼，其礼仪形式与救日礼相同。各地救日、月之食，由督抚及正官一人主持，上香、伐鼓、跪叩行礼同京师。日月食伐鼓救灾，常动用军队，陈设兵器。古代，天子或盟国汇合财货予以救助别国、别地区灾祸，称为"袷礼"，派遣使者慰问存恤，称为"恤礼"。但是，"袷礼""恤礼"，仅见于《周礼》，前代并不存在这种礼仪，后代也没有制定相应的仪制，未能赋予具体内容。

第三节　婚姻礼俗

中国古代的婚姻礼俗是文化史研究的一个重要课题。在人类社会的三大生产中,婚姻是实现人类自身生产的唯一方式,是社会伦理关系的实体。由于人类自身生产使人类的生命得到延续,从而形成各种人际关系以及社会文化心理和礼俗。

一、上古原始社会的婚姻礼俗

血族婚(即族内婚),是原始人类的第一个婚姻形式。在氏族内排斥父子辈之间的通婚,只允许同辈男女(兄弟姊妹)的婚配关系。这种婚俗遗迹在有些民族的称谓中尚有保留。亚血族婚(族外婚),是继血族婚之后出现的婚姻形式。本氏族的兄弟或姊妹则在本氏族中的女子或男子中寻找配偶。这样,父亲是集体父辈,母亲为集体母辈,成为共夫或共妻。亚血族婚"民知其母,不知其父"。后来亚血族婚的配偶范围逐渐缩小,异姓的同辈男女在或长或短的时期内对偶同居,便成为对偶婚。其间,与长姊配偶的男性有权把她的达到一定年龄的姊妹也娶为妻,这叫作"妻姊妹婚"。对偶婚的男女分别在自己母系氏族生活,成年男子到异姓女子氏族过着"暮合朝离"的同居生活,两性的结合并不固定,知其母不知其父的情况仍然存在。世系仍按母系计算。女子在家庭和社会中享有崇高地位。中华民族是炎黄子孙。炎帝母亲姒"游华阳,有神龙首,感生炎帝"。黄帝母亲附宝"见大电绕北斗枢星,感而怀孕",生黄帝。这是古人为避"私生子"之嫌而编造的神话,却真实地反映了"知母不知父"的时代特点。中国海南岛黎族的对偶婚称"放寮",异姓青年男女可以到对方的"寮房"自由地结交伴侣。纳西族称对偶婚为"阿柱"婚,对内称"主子主米"(最亲密的伴侣),也称"走访婚"。对偶婚的男女实行长期地同居,形成一夫一妻的个体婚。中国古代母系氏族社会向父系氏族社会转变,相传完成于虞舜、夏禹之际。一夫一妻制产生了爱情的萌芽,同时夫妻共同经营的家庭经济,使个体家庭从母系氏族中分离出来,成为现实,这种经济生活带来爱情的自私性和排他性。婚姻的"婚"即黄昏之"昏",封建时代"娶妻以昏时","姻"同"因",友爱亲也。婚姻的含义就是男女在黄昏时约会结成亲密的伴侣。傣族常以"丢包""赶摆"等社交活动以寻求爱情。此时的男女结合从妻居逐渐变为从夫居,家长由女性变为男性。这个革命性转变从婚姻遗俗中反映出极其复杂而激烈的斗争。转变初期,女子抵制出嫁,新婚之夜新娘不与新郎同房,而由送亲的妇女与新娘伴宿。新娘在第二天给夫家挑几担水,又回到娘家,仍过着自由的性生活。有了身妊后,丈夫才把她接回去"坐家",不准再有外遇。有女无儿的富户与有子无财的贫户结亲叫"赘婚",赘婚是夫从妻居的婚姻形式。如女方家长阻挠婚姻,便与所爱者私下约定抢婚的时间、地点,男方抢亲时,女子又假装哭叫表示拒绝。成婚后,男方派人到女方说亲,讨价还价财礼多少,再到男家举行正式结婚仪式。亦有真抢婚的,于是便出现逃婚现象。由母系氏族向父系氏族过渡时,产生多种形式的斗争:一是子女命名上的斗争,由父子连名代替原先的母子连名,中国的基诺族、希朗族尚保留着这种遗俗;二是"产翁制",也称"男子坐褥"。子女本是母亲所生,做父亲的为了夺取子女的所有权,便在妻子分娩后,装着生育的样子在床上坐褥,接受亲友的祝贺,反而让产妇下地干活,奶婴儿,马克思称这种作法是人类的诡辩术;三是审新娘,这是普米族特有的一种婚俗。审新娘体现出夫权的威力。新娘来到夫家,先由村里老头、老太婆向她交代规矩,老太婆把新娘带到无男人的地方谈心,劝新娘交代出她自13岁成年后在娘家交过多少朋友,有什么隐私都要在这时讲清楚,这样对本人、对新郎、对全家都有好处。不然便会受到皮肉之苦。新娘在老太婆们连哄带唬的进攻下,只好一件一件地讲出来,表示与过去划清了界限。"审新娘"是为了弄清其婚前生活,保证新娘所生的子女是属于新郎的血统。如果新娘在婚前有了身孕,新郎就要找那个男子打冤家,或退回新娘。这是父权制对母权制发动思想围攻的集中表现。

二、奴隶制的婚姻礼俗

奴隶制贵族保留了群婚中有利于男性的内容,把它变成一夫多妻制。而受压迫和剥削的劳动群众的家庭,则在男女共同劳动的生活中保留了原始社会所有的平等、质朴和亲睦的美德。中国古代奴隶婚姻制有两种形式:一是"蒸""报"婚(亦称"转房制"或"收继制")。"蒸""报"婚是指父亲死后,儿子可以娶庶母,叫作"蒸";兄、叔死后,弟弟或侄儿可以娶寡嫂或婶母,叫作"报"。"蒸""报"原为祭祀名。因实行收继时要祭祀祖先以期在心灵上得到安慰。超出这种情况的两性关系,称为"通",或"傍淫"。"蒸""报"婚是符合当时社会道德规范的婚姻形式,而"通"则被视为"淫乱",要受到社会舆论的谴责。二是"媵""妾"制婚,这是周代宗法制度实行的一夫多妻制的变相形式,也可称为嫡、妾制。妻分嫡、妾,其所生子女亦有嫡、庶之别。"媵""妾"制使贵族男子在娶嫡妻时,还可以得到若干个陪嫁的妾、媵。妹随姊、侄女随姑同嫁一个丈夫的媵制,是上古亚血族婚的遗俗和当时一夫多妻婚在奴隶制下结合的产物。媵妾制到封建社会亦有不同程度的表现,媵妾制的姊、姑出嫁后是嫡妻,随她们陪嫁的娣、侄处于从属地位。此外还有奴婢陪嫁。有时贵族男子宠幸"妾",使妻子受冷落,从而产生了强烈的嫉妒。媵妾制在秦汉后变成封建帝王的后妃制。汉武帝时,后宫中从皇后、夫人以下分为14个等级。隋炀帝的后宫除皇后外,另有3夫人、9嫔、27美人、20世妇、78女御,凡120人。清皇帝拥有1后12妃,是封建礼法允许的。

三、封建制的聘娶婚及其仪式

春秋时期的诸侯割据到秦王朝统一中国,婚姻制度主流向一夫一妻制过渡,当时以"男女有别""夫妇有别"等反对"蒸""报"婚的制度和思想,巩固一夫一妻制家庭。一夫一妻制要求夫妻关系稳定,使社会秩序安定,具有一定的历史进步性。但是,封建礼法又借此利用"父母之命""媒妁之言",排斥男女相爱成婚,对女子进行严酷的禁锢和迫害,又暴露其反动性。从文化史的角度看,中国封建社会的家庭伦理道德观有两个传统:一是"父慈、子孝,兄友、弟恭,夫义、妻顺"的相依相待传统,体现出"中和"哲学、美学和民主思想;二是"子从父、妻从夫"的片面服从关系,反映出专制主义的思想传统,父权制给妇女套上了"三

"三从四德"的镣铐。在封建婚姻中,聘礼和媒人占有极为重要的地位。聘娶婚是以家长买卖、包办儿女婚姻为特点的婚姻制度,也称"买卖婚"或"包办婚"。媒人分官媒和私媒,在由媒人从中撮合的婚姻中,由于说谎骗财而酿成许多弊病。关于婚龄,先秦时发生过一场争论,儒家主张晚婚,墨家主张早婚。儒家主张男30岁、女20岁结婚,墨家则提倡男20岁、女15岁而婚。民族之间实行通婚叫"和亲",它指中原王朝的宗室女和边疆少数民族首领结缔婚姻关系。在汉唐两代的和亲中,解忧公主、王昭君、文成公主和金城公主的非凡业绩,皆彪炳于史册。王昭君和文成公主在蒙藏两族人民心目中地位很高。聘娶婚的仪式有所谓的"六礼":纳采(送礼求婚)、问名(询问女方名字和出生日期)、纳吉(送礼订婚)、纳征(送聘礼)、请期(议定婚期)、亲迎(新郎亲自迎娶)。还有新郎新娘的"拜堂"仪式:一拜天神地祇;二拜高堂;三是夫妻对拜。拜堂前,要给新娘却扇、去盖头。新婚夫妻牵"同心结"入洞房,称"系指头",宋代称"牵巾",表示同心协力,永不分离。入洞房后,有"坐床""撒帐"仪式,由家属的长辈妇女中选一名双全女亲,一边将托盘中的枣、栗子、豆、花生、金钱等,撒掷帐内,一边吟唱"撒帐"诗。新郎新娘各剪下一绺头发,用彩线系在一起,当作信物,称为"合髻"。从新人入洞房到去烛礼成,宾客不分长幼,以争拾钱果相戏,专门给新娘出难题,甚至殴打新娘以为吉利,称为"弄妇"或"闹房"。次日新婚夫妻拜见公婆后,整个婚礼便告结束。唐、宋、元各代略有不同。中国古代婚姻中,还有所谓的"七去"(或称"七出")即封建时代男子休弃妻子的七种理由:"不顺父母去,无子去,淫去,妒去,有恶性疾去,多言去,窃盗去。"(《大戴礼记·本命》)

第四节 节日习俗

任何社会都以某种具有文化意义的时间框架规定着人们的生活节律,节日就是使连续不断、平淡无奇的时间之流分割开来的有力手段。人们通过节日,或冲淡一些神秘的不安和恐惧,或企图强化自然或人类社会的正常秩序。节日具有传统性、集体性和装饰升华性。节日是按照一定的历法或季节顺序,在每年特定时间或季节举行的仪式或庆典。它被用于庆祝、纪念、重演、预演某些农业的、宗教的、社会文化的重大事件。节日的起源与人类的起源一样古老,其发展受到产食经济形式的强有力的限制。中国悠久的历史使得节日内涵具有多层次叠积的丰富性。中国节日的特殊性一直为农业因素所制约。节日习俗中盛行土地崇拜、生殖崇拜、祖先崇拜以及与农耕有关的神鬼崇拜。中国的气候特征决定了古代中国"春祈秋报"的节日模式。今日中国农民所遵从的节日框架,基本上是在宋代确立的。同时,宋代亦加速了节日的世俗化进程。佛、道教对中国节日文化有显著影响(道教节日有上元、六月六、中元、下元;佛教节日有浴佛、盂兰盆、腊八等)。

一、春节

农历正月初一是古代的新年,又称新王,而今称之为春节。它作为古代官方法定岁首,乃汉武帝时代编定的太初历所规定。千百年来,春节成为一个送旧迎新的错综复杂的节日。古代春节可分为三部分。一是从腊日到除夕。腊月廿四祭祀灶神或更早些的腊八食粥,揭开了春节的序幕,人们开始准备食物和大扫除。腊祭自大火星在西方天空消逝后,人们用田猎以祭祀诸神。各路诸侯派遣使者,头戴草笠,向天子的官员大罗氏贡献鸟兽。腊祭的神最初是土地神和四方神。原野上,人们身着黄衣黄冠欢聚一起,击鼓吹乐。主祭者头戴皮弁,身着白色丧服,手持榛杖,腰束葛带,用祭品奉献众神,祈求来年丰收。报答神恩后,举行盛大的宴饮会(称为"大饮蒸"),持续七八天。汉代的腊日定为冬至后第三个戌日。大傩仪是在年终举行的最隆重、涉及范围最广的驱除瘟神的巫术仪式。后来逐步被社火等其他娱神游行活动所取代。宋代习俗"打夜胡"(或称跳钟馗)是乞丐装成灶王或钟馗去乞钱,后世演变成除夕送财神的习俗。腊日原定于腊月八日,后定为腊月廿四日。"腊八"节要吃用八种食物做成的粥。腊月廿四,宋代称为交年节或小除,主要活动是祭灶。二是新年(正月初一)祭灶神宣告新年开始。"年"的传说很多,据说"年"是太古时候的一种最凶猛的野兽,头如狮子一样威武,身像牛一般粗壮。它不仅捕食百兽,而且掠畜伤人。"年"怕火光和声响,于是人们用树木、竹子燃起一堆堆篝火,火光和"噼噼啪啪"的爆炸声使"年"吓得逃跑。晋朝开始除夕燃放爆竹迎新年,彻夜不停。春节活动丰富多彩:主要有扫尘、吃年夜饭、放爆竹、贴春联(即对联)、剪纸、挂年画、守岁(一家老小围坐吃团圆饭后等待新旧年的交接时刻)、拜年(相互走访祝贺春节)等。正月初一有各种禁忌,有趣的是禁用扫帚,以免把新的一年的好运扫走。三是元宵节。元宵节又名灯节,道教称为上元节。灯节是刀耕火种时期烧去田间草木并开始播种的原始生活习俗的高级转化形式。鱼龙漫衍和角抵戏等汉代大型歌舞、竞技表演,是后世元宵社火的直接源头。元宵舞龙灯和迎神巡游的场面十分可观。元宵舞狮则受佛教影响。舞狮有南北之分,北方是人与狮斗,南方为狮与狮斗。由于灯与"丁"音近,因此很早就有送灯或偷灯的祝愿生子的习俗。宋人认为元宵节的灯可以使人生子,夫妇共同去别家偷灯放置床下,当月可怀孕。宋代猜灯谜成为观灯时的一项有趣的活动。猜谜活动有着非常古老的起源,并且在当时有着特殊的意义。

图 16-2　南京夫子庙的元宵灯会

二、寒食节与清明节

寒食节与清明节,原本是毫不相干的,前者是有着远古生活遗迹的冷食与改火的节日,后者本是节气名称,唐宋时才正式成为一个以敬祖为中心的节日,并最终取代了寒食节。这种演变反映出节日习俗的存亡兴替。寒食节是载入官方祀典的改火仪式与实际的民间禁火寒食习俗的综合物。冷食习俗折射出先民曾经历过的食物匮乏阶段,改火仪式则标志着新耕作期的开始,两节时间紧密相连。东汉蔡邕《琴操》叙述了介子推火焚而死的事迹,遂使寒食节与禁火相联系。当初寒食曾长达一月,后固定三日,清明前一天(一说清明前二天)为寒食节。明清时,仍有寒食遗俗。唐宋以降,清明节逐渐代替了寒食节,并使之成为祭祖扫墓和郊野踏青为中心的全国性节日。唐开元廿四年(736年)四月,唐玄宗下诏允许官员寒食扫墓,此后几代皇帝皆颁诏许官员请假上坟。五代时,皇帝开始亲自在寒食时上坟。清代清明节令儿童持香楮、小燕、蛋皮等去土地祠供奉祖先神灵。清明出游踏青,与古代上巳节男女在郊外自由交往的习俗有关。唐代很为盛行,唐高宗曾下诏斥责踏青,然郊游之风反而愈演愈烈,后代历传不衰。

三、端午节

它与夏至节有密切联系。夏至、冬至是太阳运行周期中重要的转折点。古代中国人认为,夏至是"阴阳争、死生分、血气散"的危急关头,人们要斋戒,采取动作以顺应阴气将升、万物萧条的自然秩序进程。后来,民间冷淡夏至,热心端午节。农历五月五日的端午节又称"端五""端阳""重五"等,也叫"天中节"。据闻一多考证,端午节为祭龙节日。由于夏至的存在,整个农历五月都被看作不吉利的时期。近代杭州人称五月为凶月,不结婚、不迁居。端午节的主要目的是逐疫。但唐宋之后,龙舟竞渡习俗与之相结合,盛行于江南水乡,遂使端午节含义复杂化。龙舟竞渡是一种超民族、超地域的活动,很早就刻画在部落时代的铜鼓上。竞渡是赛龙神求雨的活动,后又加进了消灾、逐疫、祈福的多种含义,一起附着在端午节上。后来,由于战国时的爱国诗人屈原于公元前278年农历五月初五投汨罗江死后,楚国人用竹筒贮米投入水中,以示祭祀,随后形成了端午节吃粽子的习俗。端午节前后,湿热多雨,毒疫易传,这就形成了端午习俗中的另一个主题:避邪驱瘟、除虫灭害、保人安康,不乏科学道理。端午节有"吃五黄"(黄瓜、黄鳝、黄鱼、黄豆、鸡蛋黄)和喝"百草汤"(以菖蒲、艾叶或采百草树叶煎成的汤),因此,端午节还被视为采药节。当日采集和制作的草药疗效最佳,且百草均可作药。显然,端午节是一个含义复杂的综合性节日。

四、中秋节

农历八月十五日为中秋节,是我国民间的一个重大的传统节日。中秋节,又称仲秋节(仲秋之月中),此夜月亮最圆最亮,人们视为团圆的象征。所以,中秋节又称"团圆节"。中秋节的起源可能与古人对月亮的原始信仰相关。中国古代神话中有女娲捧月和嫦娥奔月的故事。《礼记·祭法》说:"夜明,祭月也。"秦汉前的礼仪中,已经有秋分夜天子到国都西郊月坛祭月的规定。从唐诗中发现,当时人们把嫦娥奔月神话故事与中秋赏月联系在一起了。宋代中秋赏月的节日活动场面十分盛大壮观。中秋节的习俗主要有祭月、赏月、吃月饼等。月神称为太阴星,又称为月姑或月宫姑娘。祭月时张挂木刻版印的"月光神"(即"月光纸"),上画有满月像,中有月光普照,菩萨坐于莲花上,下面是月宫桂殿,前有玉兔执杵而捣臼中仙药。祭时,人们在月光神祠下设供案,上摆应时瓜果和清茶、月饼、糖果等,点香跪拜月神,拜毕,焚月光纸、撤供,遂将祭品分享家人。中秋赏月,以争上酒楼先睹为快自娱。达官贵人、富豪之家多在自家楼台亭榭中赏月。杭州一带人们则云集西湖三潭印月处赏月,艺人和民间趣者,以丝竹锣鼓演奏各种曲牌,夜半不散。

五、重阳节

"重阳"一词最早见于楚辞《远游》"集重阳入帝宫兮"句中。汉代始称九月九日为"重阳节"。晋周处《风土记》记载了重阳节登高饮菊花酒、插带茱萸的风俗。唐代中叶,李泌奏请皇帝将中和节(二月一日)、上巳节、重阳节定为三大节日,重阳节渐渐成为深受民间重视的大节。重阳登高在魏晋很受帝王欣赏。宋武帝刘裕曾在重阳节登彭城(今徐州)项羽戏马台。后世登高成为士大夫风流自赏的诗酒雅集,一般民众则把它当作宗教活动对待,在登山入寺庙敬香之余,游赏秋景,敬神与娱己相融。据说当初登高是为了避害。据《续齐谐记》云,汉末道士费长房劝告桓景在重阳带茱萸囊,携家人登山避难。但是,六朝至唐又有九月报赛社神的习俗,作为丰收节,重阳节是享用与馈赠食物的节日。少数地方以粽子相送,大多数地区是以各种重阳糕独擅胜场。唐代的菊花糕很香。宋代的重阳糕里有枣、栗、石榴、银杏、松子肉等,上插小旗。明清时北方有枣糕,南方有米糕,更是色、香、味俱全,包含的辅料内容丰富多彩。北方枣糕主要用于相互赠送,尤其是对姻亲赠礼,故而人们又称重阳节为女儿节。南方糕除馈赠亲友外,米糕还用于祭祀祖先。重阳节有饮菊花酒的习俗,同时又有采集茱萸的习俗。茱萸是一种具有浓烈香气的常绿小乔木,具有避除恶气、抵御初寒的功效。菊花和茱萸一直被人们视为长寿和避邪的象征。后世重阳节又敷衍出"敬老寿眉"的内涵,其间折射出中华民族尊老敬老的忠孝传统美德。

众所周知,食物是人与自然的主要联系之一。中国传统节日中的许多仪式和习俗,都强调了人类赖以生存的某些动植物的重要性。在一系列节日里,人们将食物奉献给神祇、祈求神灵保佑人们将获得更多食物,与此同时,人们在娱神时又娱己,于是借节日互赠礼物,举行盛大宴会以共享食物,最终实现人神之间与人人之间的食物共享。显然,中国古代节日带有实用功利性和人神共娱性。在中国传统节日习俗及其演变的过程中,有着极其丰富的中国古代文化的精神特质和中华民族的思想内涵,随着中国节日文化的延续和传承,后代中国人将会对其中所包含蕴藏的中国古代文化的气韵特征及其深邃的哲理思辨有更深更广的感悟和把握。

思考与练习

1. 何谓"九族""三党""五服"?
2. "名""字""号"有什么区别?
3. 古代的代称可分为哪几种情形?
4. 简述避讳的对象与方法。
5. 何谓"五礼"?
6. 何谓聘娶婚中的"六礼"?
7. 中国古代有哪些重要的节日?分别有哪些习俗?

延伸阅读与参考书目

1. 尚秉和著《历代社会风俗事物考》,《民国丛书》第一编,上海书店,1989年。
2. 杨树达著《汉代婚丧礼俗考》,《民国丛书》第一编,上海书店,1989年。
3. 陈顾远著《中国婚姻史》,《民国丛书》第三编,上海:上海书店,1991年。
4. 邓子琴著《中国风俗史》,巴蜀书社,1988年。
5. 柳诒徵著《中国文化史》,中国大百科全书出版社,1988年。
6. 张文勋等著《民族文化学》,中国社会科学出版社,1998年。
7. 韩省之主编《称谓大辞典》,新世界出版社,1991年。

第十七章　中国文化的基本精神

"黄河之水天上来,奔流到海不复回!"(李白《将进酒》)如同黄河那样源远流长、奔流不息的中国文化,在其形成、发展与升华之中孕育出中华民族精神,也就是推动本民族进步与社会发展的基本精神。关于中国文化的基本精神,有的认为主要指中华民族文化的精华,将其局限性或糟粕等消极面(如比较缺乏实证科学,比较缺乏民主传统,又如儒家思想中的"三纲五常",道家思想中的"绝圣弃智"和宗教迷信等)排除在外。有的认为精华与糟粕交相杂陈。我们的看法倾向于前者。张岱年等在《中国文化与文化争论》中指出:"文化的基本精神就是文化发展过程中的精微的内在动力,也即是指导民族文化不断前进的基本思想。"基于这种看法,我们认为中国文化的基本精神主要包括以下四个方面。

第一节　爱众为公

中国文化的基本精神之一,是爱众为公,即博爱大众,天下为公。

先秦诸子中两大显学——儒家与墨家都提倡"爱众"。儒学创始人孔子曾经说过:"泛爱众,而亲仁"(《论语·学而》),也就是说要博爱大众,亲近有仁德的人。他的弟子樊迟问什么是"仁",孔子直截了当地回答:"爱人。"(《论语·颜渊》)孟子也说:"仁者爱人。"(孟子·离娄下)以后,儒家学者在理论上对仁爱思想有了进一步升华。如唐代以复兴儒学为己任的韩愈说:"博爱之谓仁。"(《原道》)宋代著名的理学家张载在《西铭》中提出"民,吾同胞;物,吾与也"的著名命题,意思是老百姓应视为我的同胞兄弟,万物应视为我的朋友,要求爱一切人如同同胞手足一样,并且进一步扩大到天下万物。墨家主张"兼爱",所谓"若使天下兼相爱,爱人若爱其身"(《墨子·兼爱上》),其兼爱的理想境界是"天下之人皆相爱,强不执(此处有威慑的意思)弱,众不劫寡,富不侮贫,贵不敖贱,诈不欺愚"(《墨子·兼爱中》)。

然而,儒、墨两家的"仁爱"思想同中有异:墨家主张不分亲疏之爱,所谓"视人之国若视其国,视人之家若视其家,视人之身若视其身"(《墨子·兼爱中》);而儒家则主张有差别之爱,分别亲疏远近,先从最亲近的人,即从自己的父母兄弟开始,逐步推广到其他人。而在不同的人际关系中,对待不同的人,仁爱也有不同的内容和不同的表现,如对父母要孝,对兄长要悌(敬爱兄长);而父母对子女则要慈爱,爱子必教,教子以道,等等。这就是所谓的"父义、母慈、兄友、弟共(同"恭")、子孝"(《左传·文公十八年》),意思是为父应义,为母应慈爱,为兄应友爱,为弟应恭敬,为子应孝顺。其中以"孝"受到儒家特别的重视:"夫孝,天之经也,地之义也,民之行也。"(《孝经·三才章》)那么,何为"孝"呢?蔡元培说:"孝道多端,而其要有四:曰顺;曰爱;曰敬;曰报德。"(《蔡元培全集》第二卷《中学修身教科书·子女》)具体表现为必养且敬,以礼事亲,立身扬名,以显父母等等。仁爱精神再由血亲关系推而广之,诚如孟子所提倡的:"老吾老以及人之老,幼吾幼以及人之幼。"(《孟子·梁惠王上》)意思是说:尊敬我家里的长辈,从而推广到尊敬别人家里的长辈;爱护我家里的儿女,从而推广到别人家里的儿女。这种思想影响广泛,人们一直强调先人后己,助人为乐,乐善好施,救困扶贫,爱民抚众,济民利国,等等。显然,博爱大众的精神有其丰富的内涵。

儒家博爱大众的理想境界是"天下为公",《礼记·礼运》中描述了这种理想的蓝图:

> 大道之行也,天下为公,选贤与能,讲信修睦。故人不独亲其亲,不独子其子。使老有所终,壮有所用,幼有所长,矜寡孤独废疾者,皆有所养。男有分,女有归。货恶其弃于地也,不必藏于己;力恶其不出

于身也,不必为己。是故谋闭而不兴,盗窃乱贼而不作。故外户而不闭,是谓大同。

这是一幅理想化了的传说中尧舜时代原始社会图景,也是儒家政治理想的最高境界,突出地体现了一个"公"字:生产资料公有,物质分配公平,人的行为公正。"天下为公",一直是儒家所宣传的理想社会,直至近世康有为、孙中山等都为实现"天下为公"的大同理想而奋斗。

无论是爱众,还是为公,都体现了群体精神。这与西方文化精神形成鲜明的对照。西方人较多地强调人与自然、人与社会、人与人之间的对立与冲突,因而侧重于个体与功利;而中国人往往是把世界看成一个动态平衡的整体,有所谓的"天人合一"说,认为人与自然、人与社会是一个整体,两者之间相互协调,和谐一致,因而往往强调人与人之间的亲和与协调(如孟子在重视天时、地利的同时更强调"人和",当然老庄思想中也突出个体的精神自由即"逍遥"),倡导为社会、为民族、为国家、为人民的整体精神。可以说,中国文化的基本精神都是围绕着这种整体精神而展开的。《诗经·召南·采蘩》中说"夙夜在公",意思是说早晨与夜晚都从事公务;汉代贾谊在《治安策》中提出"国耳忘家,公而忘私";明代吕坤也说:"以至公无私之心,行正大光明之事。"(《呻吟语·应物篇》)在中国历史上,一直弘扬着为社会、为民族、为国家、为人民的群体精神。先看以民为本、忧念苍生的精神。孟子说:"乐民之乐者,民亦乐其乐;忧民之忧者,民亦忧其忧。乐以天下,忧以天下(指和天下的人同忧),然而不王者("王者",称王于天下的人),未之有也。"(《孟子·梁惠王下》)与此一脉相承又有所发展的是宋代范仲淹提倡的"先天下之忧而忧,后天下之乐而乐"(《岳阳楼记》)。唐代诗人杜甫则是从自己的"茅屋为秋风所破"的具体事件中引发出哀悯苍生、舍己为人的精神:"安得广厦千万间,大庇天下寒士俱欢颜!风雨不动安如山。呜呼!何时眼前突兀见此屋,吾庐独破受冻死亦足!"(《茅屋为秋风所破歌》)再看为民族、为国家的献身精神。战国时楚国诗人屈原不仅在《离骚》中表达了自己深沉执着的爱国情感,而且在《国殇》中歌颂了战士们为国献身的精神:"带长剑兮挟秦弓,首身离兮心不惩。诚既勇兮又以武,终刚强兮不可凌。身既死兮神以灵,魂魄毅兮为鬼雄。"西汉抗击匈奴的名将霍去病,常常身先士卒,屡建功勋,汉武帝要为他修治宅第,他说:"匈奴不灭,无以家为也。"(《汉书·霍去病传》)同是西汉时期的苏武出使匈奴,不受利诱,不畏威逼,北海牧羊十九年,以雪和旃毛为饮食,誓不屈服,精忠报国。东晋祖逖有志于恢复中原而致力于北伐,枕戈待旦,闻鸡起舞,曾中流击楫宣誓:"祖逖不能清中原而复济者,有如大江!"(《晋书·祖逖传》)南宋抗金名将岳飞,背刺"尽忠报国"(《宋史·岳飞传》亦作"精忠报国")四个大字而英勇转战,屡败金兵。同是南宋时期的诗人陆游,一生主张抗金,收复中原,临终前在写给儿子的绝笔诗《示儿》中表现了他这种至死不渝的信念:"死去原知万事空,但悲不见九州同。王师北定中原日,家祭毋忘告乃翁!"宋末大臣文天祥矢志报国,被俘后宁死不屈,从容赴难,留下了"人生自古谁无死,留取丹心照汗青"(《过零丁洋》)的正气之歌。明代于谦是一位与岳飞齐名的民族英雄,"土木堡之变"后,他挺身而出抗击入侵的瓦剌军,后来为国难献身。他借物言志的《石灰吟》诗,是他为民族、为国家勇于牺牲的大无畏精神的生动写照:"千锤万击出深山,烈火焚烧若等闲。碎骨粉身全不怕,要留清白在人间。"鸦片战争时期的林则徐,虎门海滩销烟,抗击英军入侵,主张"苟利国家生死以,岂因祸福避趋之?"(《赴戍登程口占示家人》)意思是说:倘使有利于国家,我可以用生命作奉献,怎么能因是祸就避开,是福就争取呢?这不仅是他的自励,而且也展示了这位近代政治家为民族、为国家献身的英雄气概。

"大一统",是中国传统的整体思想的一个重要方面。汉代董仲舒说:"《春秋》大一统者,天地之常经,古今之通谊也。"(《汉书·董仲舒传》)在封建社会维护"大一统"者往往将忠君与爱国联系在一起。而明末清初独具慧眼的思想家与爱国主义者顾炎武,鉴于明代朱姓王朝腐败而灭亡的教训,特别区分忠于一家一姓朝代与爱国、保天下的不同,区分"亡国"与"亡天下"的不同,他说:"有亡国,有亡天下,亡国与亡天下奚辨?曰:易姓改号,谓之亡国;仁义充塞,而至于率兽食人,人将相食,谓之亡天下。"他认为:"保国者,其君其臣,肉食者谋之;保天下者,匹夫之贱,与有责焉耳矣。"《日知录·正始》)顾炎武所主张的"天下兴

第十七章 中国文化的基本精神

亡,匹夫有责"(梁启超概括)的爱国主义和整体主义思想,正是中国文化基奉精神中的精华。正是爱国主义与整体主义,成为凝聚中华民族的强大力量。国家的统一,民族的团结,反对分裂,反对内战,成为几千年来各族人民的共同愿望,从而决定了中国历史发展的主流和方向。公元前221年,秦始皇统一六国,中国第一次出现大一统局面。从此以后,又经历了两千余年的王朝统治,尽管在此期间也曾出现过无数次严重的外扰,也曾经历了国家分裂和地区政权间对立的内患,但中华民族崇尚统一、反对分裂的传统文明是永强不息的,最终都能依靠自己的力量,一次次地获得新的生机,使中华民族始终没有解体,没有屈服,傲然屹立在世界民族之林。

第二节 自强不息

中国文化的基本精神之二,是自强不息。

"天行健,君子以自强不息。"(《周易·乾·象传》)意思是说:天道刚健,君子以天为法,所以自强不息。《周易》中有六十四卦,第一卦叫乾卦,它借用龙的变化表达变易、发展的观点:龙能隐能显,变化无端,能跃进深渊,也能腾飞升天,象征着刚健有为、自强不息的精神。在中华文化传统习俗中,龙是吉祥的象征,人们将中华民族称为"龙的传人",将中华文化称为"龙的文化"。显然,刚健有为、自强不息是中国文化的基本精神之一。这种精神体现在许多先哲的言行之中。孔子"发愤忘食,乐而忘忧,不知老之将至",(《论语·述而》)墨子主张兼爱,"摩顶放踵,利天下为之"(《墨子·尽心上》),并且坚信"强必贵,不强必贱;强必荣,不强必辱,故不敢怠倦"(《墨子·非命下》)。老子虽然尚柔,但主张以"柔弱胜刚强"(《老子》

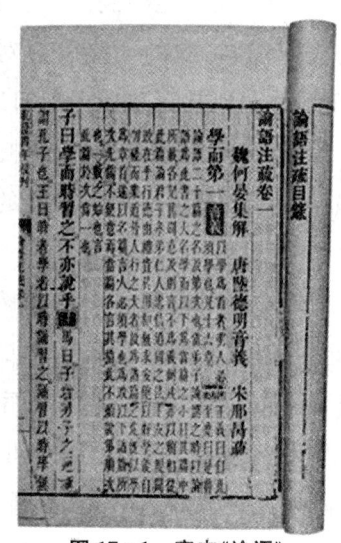

图17-1 宋本《论语》

三十六章),以迂回的方式自胜自立:"胜人者有力,自胜者强。"(《老子》三十三章)法家主张法、术、势的强力作用,革旧图强,富国强兵,所谓"治国有器,富国有事,强国有数,胜国有理,制天下有分"(《管子·制分》)。

自强不息的精神表现为勤勉。"民生在勤,勤则不匮"(《左传·宣公十二年》)。中国人特别提倡"勤勉",如《尚书》中强调"克勤于邦"、"勤思劳体"等。《诗经·小雅·小明》中勉励说:"嗟尔君子,无恒安息。"汉代乐府诗《长歌行》中写道:"少壮不努力,老大徒伤悲。"唐代韩愈倡导勤奋刻苦、持之以恒的精神:"业精于勤而荒于嬉,行成于思而毁于随。"(《进学解》)民间也流传着不少劝人勤奋的谚语和格言:"黄金无种,偏生勤俭人家";"一年之计在于春,一生之计在于勤",等等。

自强不息的精神表现为人定胜天。战国时期的荀子认为"天"是自然现象,人们只要按自然规律办事,就可以"制天命而用之"(《荀子·天论》)。也就是说人能够而且应该控制自然,利用自然,改造自然,因为人具有社会群体性和主观能动性,这就是"人强胜天"(《逸周书·文传》)、"人众胜天"(《史记·伍子胥传》)、"人定兮胜天"(刘过《襄阳歌》)。唐代刘禹锡继承并发扬了荀子等人的思想,在《天论》中强调"天与人交相胜,还相用"。也就是说:天所能做到的,人固能有不能做到的;人所能做到的,天也有做不到的,各有其特殊的功能胜过对方,但也各相利用。中国古代神话传说中的"盘古开天""女娲补天""后羿射日""大禹治水"以及寓言中的"愚公移山"等,都体现了战天斗地、人定胜天的精神。必须指出:中国传统文化中也强调"天人合一",强调人与自然的和谐、社会的和谐。

自强不息的精神表现为革故鼎新。汤铭上说:"苟日新,日日新,又日新。"(《礼记·大学》)意思是说:假如今天洗掉污垢更新自身,那么就要天天清洗更新,每日不间断地清洗更新。此铭通过洗浴净身来勉励人们在个人品德、国家大政方面都要力求日新月异、除旧布新。《诗经·大雅·文王》中说:"周虽旧邦,其命维新。"意思是说:周朝虽然是一个旧的邦国,但它随天命气象一新。《周易》是一部讲变易的书,其《系辞下》中说:"穷则变,变则通,通则久";《杂卦》

中又说:"《革》,去故也;《鼎》,取新也"。正是这种善于通变、革故鼎新的精神,使得"江山代有才人出,各领风骚数百年。"(赵翼《论诗》)从春秋时管仲辅佐齐桓公施行改革,到战国时秦孝公起用商鞅变法;从宋代王安石变法,到明代张居正以"一条鞭法"改革赋税制度;还有在科学技术上不断革新而曾以"四大发明"等众多科技创造闻名于世,都体现了中华民族革故鼎新的精神。

自强不息的精神表现为奋起抗争。"穷而后工"(欧阳修《梅圣俞诗集序》),是说文人处境越困穷,诗就写得越好。"穷当益坚"(《后汉书·马援传》),是说大丈夫处境越困穷,意志应当越坚定。古往今来,中华民族有许多在逆境中奋斗的志士仁人,如司马迁《报任少卿书》中说:"盖文王拘而演《周易》;仲尼厄而作《春秋》;屈原放逐,乃赋《离骚》;左丘失明,厥有《国语》;孙子膑脚,兵法修列;不韦迁蜀,世传《吕览》;韩非囚秦,《说难》《孤愤》;《诗》三百篇,大抵圣贤发愤之所为作也。"还有越王勾践被吴国打败后而卧薪尝胆,终于报仇雪耻,并成为春秋"五霸"之一;西汉司马迁为申述李陵寡不敌众降匈奴之事而惨遭宫刑,但他刑后余生,发愤著书,终于完成了《史记》这部"史家之绝唱,无韵之《离骚》"(鲁迅评语)的不朽著作。这都反映了愈是遭受挫折,愈是有奋起抗争的精神和坚韧不拔的意志。而面对着外来侵略者,中国人民更是奋起反抗,不屈不挠。如宋代抗辽名将杨业以及其子杨延昭、其孙杨文广等"杨家将",一门忠烈,前赴后继,保家卫国;明清之际的郑成功率众收复被荷兰殖民者盘踞近四十年的台湾岛;鸦片战争时期,三元里人民奋起抗击英军入侵;中日甲午战争中,邓世昌为保护旗舰,下令已受重伤的致远舰向敌先锋舰猛冲,全舰二百五十人中大部分壮烈牺牲,都展示了中国人民不畏列强,反对侵略,奋起抗争,英勇献身的精神。

自强不息的精神还表现为一种人格理想。这就是孔子所说的"三军可夺帅也,匹夫不可夺志也。"(《论语·子罕》)这就是孟子所提倡的"富贵不能淫,贫贱不能移,威武不能屈"(《孟子·滕文公下》)的"大丈夫"精神。晋、宋时代的著名诗人陶渊明正道直行,不慕荣利,愤然地说:"我岂能为五斗米折腰向乡里小儿!"(萧统《陶渊明传》)唐代大诗人李白蔑视权贵,不为功名利禄所引诱,大声宣称:"安能摧眉折腰事权贵,使我不得开心颜!"(《梦游天姥吟留别》)当然,正道直行、自胜自立的人格需要不断砥砺风节,善养浩然之气,诚如孟子所说:"天将降大任于斯人也,必先苦其心志,劳其筋骨,饿其体肤,空乏其身,行拂乱其所为,所以动心忍性,增益其所不能。"(《孟子·告子下》)意思是说:天将要把大的任务落到某人身上,一定先要他的心意苦恼,使他的筋骨劳累,使他的肠胃饥饿,使他的身体空乏,违逆他的所作所为总让他不顺心,这样可以震动他的心意,磨炼并坚韧他的性情,增加他平时所没有的能力。正是在这种逆境与挫折中不断砥砺风节,才能不断培育与发扬自强不息、开拓进取的精神。

第三节 厚德载物

中国文化的基本精神之三,是厚德载物。

《周易·坤卦·象传》中说:"君子以厚德载物。"意思是说:君子以深厚的德泽来容纳人物。后来用以指道德高尚的人能承担重大任务。显然,"厚德载物"的内涵有二:一是指进德厚德,二是指兼容并蓄,而两者又是有机的统一。

中国传统文化中十分强调进德、厚德、明德等,如《周易·乾卦》中说:"君子进德修业,欲及时也,故无咎。"意思是说:君子进德修业,要及时有所作为,所以无害。孔子也说:"为政以德,譬如北辰居其所而众星共(拱)之。"(《论语·为政》)意思是说:用道德来治理国政,自己便会像北极星一样,在一定的位置上,别的星辰都环绕着它。《庄子·天下篇》中说"圣人""以德为本"。《谷梁传·僖公十五年》中也说"德厚者流光"("光",通"广",意思是德泽厚者影响深远)。《大学》中说:"古人欲明明德(显明美德)于天下者,先治其国;欲治其国者,先齐其家;欲齐其家者,先修其身;欲修其身者,先正其心;欲正其心者,先诚其意;欲诚其意者,先致其知;致知在格物(推究事物的原理而获得知识)。"这"格物、致知、诚意、正心、修身、齐家、治国、平天下"的一套理论,简而言之就是"厚德载物",或曰"内圣外王"。"内圣外王"一语出自《庄子·天下篇》,但它表达的主要是儒家的理想人格。"内圣",指主体内在的修养,对美德的把握,用《大学》中的话来说,也就是"致知、诚意、正心、修身";"外王",指将主体内在的修养所得,推广于社会,用《大学》中的话来说,主要是"治国、平天下"。这主要指为政者。为政者之德具体包括正身明法、勤政爱民、举贤任能等。同时,知识分子要讲"士德",要求对于所学得的知识,必须践履实行,加强自身修养;要有弘毅远大的志向,要有自己的气节;在国家、社会和民族的危难关头;应当"无求生以害仁,有杀身以成仁"(《论语·卫灵公》)。民要讲"民德",要求"民德归厚(厚道,忠厚老实)"(《论语·学而》),要求勤劳节俭:"农以耕桑为本,而勤俭又耕桑之本。"(方回《桐江续集·务本堂集》)商人要讲"商德",要"义以生利,利以平民"(《左传·成公二年》),要遵守"货真价实""忠诚守义"等商业道德,"以察尽财"(《荀子·荣辱》),就是说以自己的明察智慧去赚钱。只有遵守以上商业道德的商人,才称上"廉贾""诚贾"或"儒商"。为人师表者要讲"师德",中国古代将"师"与天地君亲并举,所谓"天地君亲师"。师之地位崇高,决定了教师强烈的责任感和使命感:"教职,以安邦国,以宁万民,以怀("安"的意思)宾客。"(《周礼·天官·小宰》)教师要"传道、授业、解惑"(韩愈《师说》),要为人师表,要博学知新,要因材施教,等等。从事文学、戏剧、音乐、绘画、书法、杂艺、舞蹈等艺术工作者要讲"艺德"。要"志于道,据于德,依于仁,游于艺"(《论语·述而》),要德艺双馨,以诗歌等艺术"经夫妇,成孝敬,厚人伦,美教化,移风俗"(《诗经·周南·关雎序》)。医生要讲"医德",要以传说中"尝百草之滋味""以疗民疾"的神农、炎帝为榜样,视医为"仁术","以利济存心"(叶天士《临证指南医案·华序》),救死扶伤。中华民族的传统道德教育特别强调从儿童抓起,"孟母三迁""断机教子"等便是典范。"十年树木,百年树人",青少年是修身进德的关键时期,"业精于勤而荒于嬉,行成于思而毁于随"(韩愈《进学解》),青少年要不断地陶冶情操,砥砺道德,提高素质,成为德才兼备的一代新人。

厚德与宽容相互作用,所谓"君子尊贤而容众"(《论语·子张》),"君子能则宽容易直以开道(同"导")人"(《荀子·不苟》)。还有一些成语、俗语,如"虚怀若谷"、"宽宏大量"、"腹中天地宽,常有渡船人"、"水至清则无鱼,人至察则无徒"、"宰相肚里能行船"等等,都是将宽容视为美德。战国时期文化学术上的

"百家争鸣"与当时较为宽容的文化学术环境有关。《汉书·艺文志》中说："时君世主,好恶殊方,是以九家之术蜂出并作,各引一端,崇其所善。"例如齐国稷下学宫,由于齐宣王等君主礼贤下士,对各派兼容并包,汇集了道、法、儒、名、兵、农、阴阳诸家之学,形成稷下学派,稷下成为诸子百家争鸣和思想交流的中心,促进了文化学术的发展和繁荣。又如自从两汉之际印度佛教传入中国,不断与中国本土文化融会贯通,在隋唐形成了天台宗(法华宗)、三论宗(法性宗)、唯识宗(法相宗或慈恩宗)、华严宗(法界宗或贤首宗)、密宗、净土宗、律宗、禅宗等中国化的佛教宗派。唐代是一个文化开放、兼容的时代,唐代统治者尊道、礼佛、崇儒,道教风行,佛教兴旺,儒学昌明,更是鼓励"三教"展开自由辩论,促进"三教合一"的文化氛围。国力强盛的唐朝将"厚德载物"的传统精神推向一个高峰。唐太宗李世民以虚怀纳谏著称于世,而魏徵等也敢于犯颜直谏,在君臣遇合之中施行仁义,实行轻徭赋、舒缓刑罚的政策,并且进行了一系列政治、军事改革,终于促成了社会安定、生产发展的升平景象,史称"贞观之治"。唐代对吐蕃、回鹘等胡夷文化表现出广收博采的恢宏气度,对胡乐、胡舞、胡服、胡食等广泛吸收,出现了"胡音胡骑与胡妆,五十年来竞纷泊"(元稹《法曲》)的"胡风"盛行的局面。中外文化交流也达到高潮,不仅有玄奘西赴天竺求佛法,鉴真和尚东渡日本,而且吸引了日本、朝鲜等亚、非很多国家的使臣、留学生、商人与学问僧潮涌而来,真所谓"万国衣冠拜冕旒"(王维《和贾至舍人早朝大明宫之作》。"冕旒",皇帝的礼冠,此代指皇帝)。尤其是唐朝前期全国统一、经济繁荣、文化昌盛,政治上出现了"贞观之治""开元盛世",诗坛上出现了以李白、杜甫等为代表的"盛唐气象",更是以"气蒸云梦泽,波撼岳阳城"(孟浩然《望洞庭湖赠张丞相》)的宽大胸怀,"会当凌绝顶,一览众山小"(杜甫《望岳》)的远大眼光,"转益多师是汝师"(杜甫《戏为六绝句》)的兼容并包的伟大气魄引收外来文化,从而使中国成为亚、非各国经济、文化交流的桥梁和中转的枢纽,也成为当时世界上最富庶、最文明的国家之一,领世界潮流之先。与此形成鲜明反照的是清朝中后期,统治者盲目自大,以天朝自居,实行闭关锁国的政策,才造成了中国的落后。正反两方面的经验告诉我们:海纳百川,有容乃大,只有发扬"厚德载物"的优良传统,坚持改革开放,不断综合创新,才能再造辉煌,强我中华,为世界文明作出更大的贡献。

第四节　求是务实

中国文化的基本精神之四,是求是务实。

先秦儒家学说的创始人孔子强调"知之为知之,不知为不知"(《论语·为政》)的实事求是的精神。孔子是一个注重实际的人,对于实际生活中无法验证的事情,他常常采取既不轻易肯定也不轻易否定的态度,例如,"子不语怪、力(暴力)、乱(叛乱)、神"(《论语·述而》)。又如,季路问服事鬼神的方法,孔子说:"未能事人,焉能事鬼?"(《论语·先进》)意思是说,活人还不能服事,怎么能去服事死人?孔子重视人事,不轻言怪异与鬼神,主张"言必有中"(《论语·先进》),意思是开口一定要中肯。孔子还强调学以致用,经世致用,他说:"诵《诗》三百,授之以政,不达;使于四方,不能专对;虽多,亦奚以为?"(《论语·子路》)这就是说,熟读《诗经》三百篇,交给他以政治任务,却办不通;叫他出使外国,又不能独立地去谈判酬酢;纵是读得多,又有什么用处呢?墨子也提倡"言必信,行必果"(《墨子·兼爱下》),言行一致。法家也主张"循名实(即循名责实,考察名与实之符合与否)而定是非,因(依据)参验(比较检验)而审言辞"(《韩非子·奸劫弑臣》)。而汉初流行的黄老之学兼采儒、墨、名、法、阴阳诸家之长,主张在"究万物之情"的基础上,坚持"因物与合"(司马谈《论六家之要指》)的思想路线。用我们今天的话来说,叫作一切从实际出发,因物变化,因时变化,因地变化。又强调"实中其声"(同上),即言行一致。至于说"实事求是"一语,出自《汉书·河间献王传》。书中在称赞汉景帝的儿子刘德的治学态度时,说他"修学好古,实事求是"。千百年来,中国传统文化中"实事求是"精神经过长期积淀,具有丰富的内涵。

求是务实的精神表现为言行一致。例如,战国时期的荀子重征验,贵实行,他说:"不闻不若闻之,闻之不若见之,见之不若知之,知之不若行之。"(《荀子·

儒效》）东汉王充著有一部《论衡》，其宗旨是"疾虚妄，归实诚"。也是东汉时的王符说："大人不华，君子务实。"（《潜夫论·叙录》）南宋朱熹认为知行不可偏废，他说："致知、力行，用功不可偏。"（《朱子语类》卷九）明代王守仁偏重于道德践履上倡导"知行合一"，他说："我今说个知行合一，正要人晓得一念发动处，便即是行了。发动处有不善，就将这不善的念克倒了。须要彻根彻底，不使那一念不善潜伏在胸中。此是我立言宗旨。"（《王阳明全集》卷三《传习录下》）又说："知之真切笃实处，即是行；行之明觉精察处，即是知。"（《王阳明全集》卷二《传习录中》）而王廷相从突出社会实践的重要性上倡导"知行兼举"（王廷相《慎言》卷八《小宗篇》），强调"于实践处用功，人事上体验"（王廷相《与薛君采二首》其二）。明清之际，中国古代唯物主义哲学的集大成者王夫之强调知与行相互凭借，相互资助，他说："知行相资以为用"（王夫之《礼记章句》卷三十一）；"力行而后知之真。"（王夫之《四书训义》卷十三）在清代乾隆、嘉庆年间达于极盛的考据学——乾嘉学派，继承汉代经学家考据训诂的方法，学风平实、严谨，不尚空谈，无论是在经学、史学、音韵，还是在金石、地理、天文、历法、数学等方面，都取得了精湛的业绩。阮元总结了乾嘉学派的经验，表明其宗旨是"实事求是"。

　　求是务实的精神表现为经世致用。上文说到的乾嘉学派，由于它的鼎盛期处在统治阶级的思想禁锢之中，因而淡化了"经世致用"的精神。但是，经世致用，一直是中国文化的基本精神之一。先秦的孔子强调学以致用，经世致用，他认为："诗，可以兴，可以观，可以群，可以怨。迩之事父，远之事君。"（《论语·阳货》）意思是说：读诗，可以培养联想力，可以提高观察力，可以锻炼合群性，可以学得讽刺方法。近呢，可以运用其中道理来侍奉父母；远呢，可以用来服侍君上。这是侧重以孝与忠来经世。荀子也说："道也者，治之经理（常法）也。"（《荀子·正名》）他以隆礼重法而经世。中国第一部编年体史书《春秋》，以"信史"正世风，救乱世。中国第一部纪传体通史《史记》，其宗旨是"究天人之际，通古今之变，成一家之言"（司马迁《报任安书》）。所谓"究天人之际"，就是推究天象与人事之间的关系；所谓"通古今之变"，就是通晓古今史事的变化，以史为鉴，以史经世。北宋司马光编写《资治通鉴》，其目的在于使统治者从历代治乱兴亡中取得鉴戒。"资治",也是"经世"的意思。这部编年通史注重突出经世的功能。又如,元代赵世延等编纂《经世大典》,明代陈子龙等编《明代经世文编》,清代贺长龄又辑《皇朝经世文编》等。明末,以顾宪成、高攀龙为代表的东林党人用一副对联展示了他们经世济民的崇高理想:"风声、雨声、读书声,声声入耳;家事、国事、天下事,事事关心。"

求是务实的精神表现为信史直录,求实求真。秉笔直书,信史直录,是我国史学的一个优良传统,早在春秋时期就有两位史官"直书"的典型,一位是晋国的史官董狐。晋灵公想要杀大臣赵盾,赵盾便逃亡。有一天,他的弟弟赵穿杀死了晋灵公,赵盾在这时还没有逃出晋国的国境,又返回执政。史官董狐直书其事:"赵盾弑其君",并在朝廷上展示。赵盾说:"不对。"董狐反驳说:"你是正卿,逃亡不出境,回来后又不讨贼,不是你是谁?"孔子赞美说:"董狐,古之良史也。"(《左传·宣公二年》)另一位是齐国的太史。当时,齐国的大夫崔杼杀掉了齐庄公,这在当时是大逆不道的,齐国太史便在"国史"中直书"崔杼弑其君",其中一个"弑"字含有贬斥的意思。因而,崔杼将这位史官杀掉了。而这位被杀史官的弟弟继承哥哥的事业,继续直书其事,又被杀了。另一位弟弟仍然如实书写,崔杼不得已"乃舍之"(《左传·襄公二十五年》)。司马迁写《史记》,也是"不虚美,不隐恶",对于帝王如汉武帝刘彻的迷信求仙和贪功生事,将相大臣如公孙弘等人的巧诈逢迎,张汤、杜周等人的贪污残酷,以及王室子孙的荒淫乱伦等,都秉笔直书,加以深刻地讥讽和谴责。求是务实的精神还表现为直道而行,如敢于犯颜直谏的魏徵,刚正不阿的包拯、海瑞等。又如东汉董宣任洛阳令时,湖阳公主的家奴无端杀人,董宣智捕凶犯,就地正法。光武帝刘秀强迫董宣向湖阳公主谢罪,董宣誓不低头。光武帝见他铁骨铮铮,称之为"强项令"(见《后汉书·董宣传》)。

求是务实的精神还渗透在科技文明之中。古代中国人创造出光辉灿烂的科技文明,也涌现出难以计数的科学家和技术发明家。英国著名的科学史家李约瑟说:"我们必须记住,在早些时候,中世纪时代,中国在几乎所有的科学技术领域,从制图学到化学炸药都遥遥领先于西方。从我们的文明开始到哥伦布时

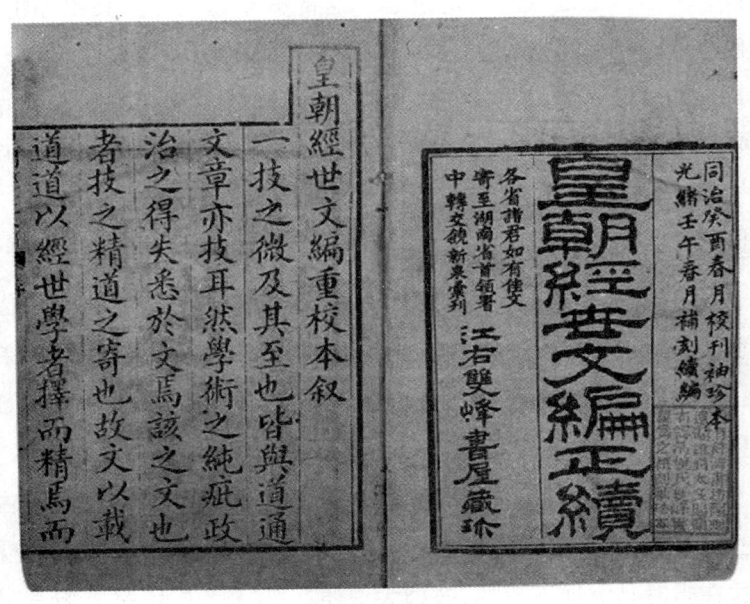

图 17-2 《皇朝经世文编》

代,中国的科学技术常常为欧洲人所望尘莫及。"(《李约瑟文集》第 204 页)在以往相当长的一段时期内,中国科学技术之所以在世界上处于领先地位,一个很重要的原因是注重实践,注重考察,充满着务实精神。无论是在农学方面的北魏贾思勰的《齐民要术》、元代王祯的《农书》、明代徐光启的《农政全书》,还是在数学方面的十进位制的发明、圆周率数据的精确计算;无论是在天文学方面的世界上最早的一次哈雷彗星记录(鲁文公十四年,公元前 613 年)、浑天仪的制造,还是在医学方面的《神农本草经》《本草纲目》等专著;无论是在地理学方面的《水经注》《徐霞客游记》,还是指南针、造纸术、印刷术、火药等四大发明;无论是在手工业方面的春秋末年齐国人的《考工记》、明末宋应星的《天工开物》,还是元代妇女黄道婆推广纺织技术,都体现了求实求真的科学精神。例如,明代医药学家李时珍编撰《本草纲目》,不仅参阅有关文献八百余种,而且翻山越岭,穷收博采,到处访问求教,亲服口尝,不断进行科学的观察与实验,纠正前人有关药物产地、品种、药效等方面的错误,历时 27 年而完成了这部集大成的药学巨著,收藏药物1892种,比前人增加374种。《本草纲目》在中国药学发展史上树立起一块丰碑,从17世纪起传到国外,已有日、英、法、德、俄、朝鲜以及拉丁文等多种文字的译本,显示了《本草纲目》在世界范围的巨大影响。

思考与练习

1. 中国文化中"爱众为公"的精神体现在哪些方面?
2. 中国文化中"自强不息"的精神有哪些表现?
3. "厚德载物"一词出自哪本典籍?是什么意思?
4. 中国文化中"求是务实"精神有哪些表现?

延伸阅读与参考书目

1. 何炳松等撰《中国本位的文化建设宣言》,胡晓明、傅杰主编《说中国》第四册,上海文艺出版社,1998年。
2. 唐君毅等撰《为中国文化敬告世界人士宣言》,胡晓明、傅杰主编《说中国》第四册,上海文艺出版社,1998年。
3. 陈序经撰《中国文化的出路》,《民国丛书》第三编,上海书店,1991年。
4. 张岱年、程宜山著《中国文化与文化论争》,中国人民大学出版社,1998年。

第十八章 中国文化与世界文化

中国文化深深植根于民族土壤之中,保持着与世界上其他民族文化迥异其趣的内在特质和精神风貌,又不断与世界上其他民族文化相互交流,相互融合,在广采博纳、综合创新中保持着中华民族文化发展的旺盛活力。

第一节 远古时期的中外文化交往

文明的进程是各种不同的文化相互联系、冲突、借用和转移的结果。据考古学界的分析,全世界存在着源头相对独立的六大古老文明体系,它们分别是埃及文明、两河流域文明、印度文明、中国文明、墨西哥文明、秘鲁文明。这六大文明体系之间,绝不是完全封闭的、孤立的,同样存在着广泛的接触、冲突、借鉴、影响与融合,在冲突与融合、接触与影响中,文明才不断地获得发展。

由于在远古存在不同文明之间交往的史实,在史实的基础上,出现了周穆王西行的著名传说。尽管这一传说的真实性在某种程度上常被怀疑,但我们可以确信周穆王曾在公元前1000年左右西征犬戎,打开了通往草原丝绸之路的门户。按照《穆天子传》的记载,周穆王在即位的第十三年(公元前989年),从王都宗周出发,入河南向北至滹沱之阳(今山西北部),来到犬戎地区。再西行到郱人居地,溯黄河而上,沿河西走廊登昆仑,上春山,到了周太王古公亶父女婿后裔赤乌人居地。又继续西行,经过曹奴人、剞闾氏、䳒韩氏部落,最后来到西王母之邦。周穆王向西王母赠送了丝绸,西王母则在瑶池设宴款待了周穆王一行。最后,周穆王顺黑水向北行两千里到达中亚草原,取道伊犁河谷经天山北路回归。这段行程据有的学者考证,大致相当于出陕西入河南,往北经山西出雁门关到内蒙古,沿黄河经宁夏至甘肃,过青海越昆仑山入新疆,翻越葱岭到中亚伊朗高原。往返三万五千里的行程,表明远古的中西交往已经有了相当的规模。

第二节 两汉魏晋南北朝时期与西域的文化交往

战国时代,匈奴的中心在漠南——河套和阴山(今内蒙古狼山和大青山)一带的头曼城(今内蒙古五原县)。对战国时代的燕、中山、赵、秦诸国形成重大威胁。秦汉之际,匈奴控制了西域,中西陆路交通处于匈奴控制之下。汉武帝刘彻(公元前140—前87年)即位后,开始联络西域各国,希望取得他们的支持以发动对匈奴的攻击;同时为了获得中亚所产的骏马,改善军事装备和交通工具,输出产量越来越丰富的丝帛,也亟须发展和中亚各国的关系。公元前139年,汉武帝派遣张骞出使大月氏,劝说大月氏王和汉朝联合共同击败匈奴。

张骞西行所走过的道路,是从长安出发,或由凤翔至秦州(今甘肃天水),至金城(今甘肃兰州),上河西走廊,或由陕西彬县越六盘山至凉州(今甘肃武威),入河西走廊;再由河西走廊经过甘州(张掖)、肃州(酒泉)、敦煌,出阳关或玉门关,或沿昆仑山北麓,即塔克拉玛干沙漠南缘,经鄯善(古楼兰)、婼羌(今新疆若羌)、且末、于阗(今新疆和田)到疏勒(今新疆喀什),或沿天山南麓,即塔克拉玛干沙漠北缘,经伊吾(今新疆哈密)、车师前王庭(今新疆吐鲁番)、焉耆(今新疆库尔勒)、尉黎、龟兹(今新疆库车)、姑墨(今新疆阿克苏)到疏勒;再由疏勒越葱岭到大宛,或由大宛去安息、条支、大秦、犁靬,或由大宛去康居,南下身毒,这就是最具代表性的"丝绸之路"。前一线路被称为天山北路,后一线路被称为天山南路。

公元前119年,汉军大败匈奴不久,张骞便以中郎将身份率300人的使团第二次出使西域,其所带副使持节到了大宛、康居、月氏、大夏等西域诸国,实现了对西域各地的一次大规模宣慰。

张骞的西域探险,开创了中西文化交流的新纪元。两汉时期,中国对外贸易规模不断扩大,不但丝绸成为西方诸国的追求对象,中国发达的冶金技术和穿井技术也传到西域,并向中亚、西亚地区扩展。当然文化的交流总是双向的,中国的文化技术影响了西方,西方的物质文化和精神文化也日益影响中国。西域优良的种马被引入到中国内地,在养育优良马种的同时,汉人又广泛引种苜蓿。以苜蓿为先导,西域的瓜果、菜蔬等农作物也大量涌入中国内地。如石榴、葡萄、胡麻(芝麻)、胡桃(核桃)、胡瓜(黄瓜)、胡豆(蚕豆,也包括豌豆)、胡荽(香菜)、胡蒜、酒杯藤、黄蓝(红蓝、红花)等。另外如香料,有波斯湾沿岸的乳香,索马里的没药、芦荟,北非的迷迭香,东非的紫檀,伊朗的安息香,均被引入中国,其中以大秦国的苏合香最为上品。玻璃制品则包括埃及的十色玻璃、干涂(犍陀罗)的火齐屏风,罗马的火浣布,印度的玻璃马鞍。奇禽异兽和宝石有罽宾的封牛(瘤牛)、象、大狗、沐猴、孔雀、珠玑、珊瑚、琥珀、璧琉璃;乌弋山离的桃拔(符拔)、狮子、犀牛;天竺的象犀、玳瑁;安息的狮子、符拔;条支有大鸟称安息雀;大秦的夜光璧、明月珠、骇鸡犀、珊瑚、琥珀、琅玕、朱丹、青碧等等。

对外贸易是文化交流的基础,随着中西物产的相互往来,文化艺术便也不可避免地相互传播。在西汉时期的丝织图案中,有许多有翼动物的形象,这显然是受希腊艺术风格的影响。在有翼动物中又以狮子最为醒目,这说明波斯人作了中西文化交流的中介。西汉原铜镜上,有明显的葡萄纹与有翼兽图案,反映出丝绸之路在中西文化交流中的突出地位。

西域的音乐、舞蹈、杂技更使中国人耳目一新。乐器如琵琶、箜篌、筚篥、羌笛、笳、角等纷纷进入中国。杂技如吞刀吐火、种瓜、种树、屠人、截马等幻术,跳丸、弄剑、倒立、缘杆、扛鼎等,还有惊险的人兽搏斗"大校猎"。

西汉末年,匈奴分裂为南匈奴与北匈奴两部。东汉与南匈奴发展关系以遏制北匈奴。北匈奴以西域为其重要经营之所,以西域诸国之力共扰河西。公元73年,东汉派窦固率大军分四路讨伐匈奴,取得重大胜利。窦固派班超以假司马的名义安抚西域,以夺取对丝绸之路的控制权和恢复汉对西域的统治。汉章帝建初三年(78年),班超率军击败拥众7万的大月氏贵霜帝国的入侵,西域诸

第十八章　中国文化与世界文化

国震动,纷纷表示臣服。这以后,班超以西域都护的身份,有效地管理着天山南北广大地区。不但西域诸国均向东汉政府定期贡献,丝绸之路上的著名大国贵霜帝国与安息帝国也不时送来礼品。公元97年,班超派遣属员甘英出使大秦。在安息人的阻拦下,甘英望波斯湾而却步,此刻他离大秦(罗马)只有一步之遥。

中国通过丝绸贸易向西拓展,而西方国家有的出于商贸获利的需要;有的出于传播信仰的热诚,也纷纷来到中国,带来了他们的文化。从东汉初期开始,佛教开始大规模进入中国本土,开始了一次几乎是历史上影响最大的文化交流。

印度佛教创立于公元前六世纪。由于五河流域居民和新疆于阗之间往来频繁,公元前一世纪,佛教便由克什米尔传入于阗。这以后,西域诸国流行佛教。由于他们的转输,佛教也进入到中国。东汉中后期,印度、月氏、安息、康居等高僧纷至沓来,在洛阳和汉族沙门等合作,从事梵典的翻译。自汉开始,迄于唐宋,成为中国古代最伟大的翻译事业。佛教传入后,影响了中国的雕刻与绘画艺术。现在的考古发现了许多早期的佛像与佛画蓝本。东汉桓、灵时期,西自新疆,东至山东滕县、沂南,北达内蒙古和林格尔,南至四川彭山、乐山,佛教图像都有传播。一种在当地大夏艺术的基础上,在希腊、罗马、波斯艺术影响下形成的新佛教艺术形式——犍陀罗艺术,随着佛教的传播,深刻地影响着我国新疆和西北地区的石窟造像和绘画。佛典的翻译和佛教的传播,使得汉语里出现了很多有关佛教的借词,特别是譬喻文艺和传说故事,对中国的文学和史学产生了很大的影响。随着佛教的东传,梵文语音学也传入中国,对中国音韵学的发展起了极大的作用。

在中国的求法僧中,法显是第一个攀越葱岭,到印度巡视的播道者。他将出国时所见所闻写成《佛国记》(又作《法显传》《历游天竺记传》)一书,在沟通中印文化思想方面取得了巨大业绩。

中原的蚕桑和丝织技术首先在葱岭以东的新疆境内得到了推广。于阗初传蚕桑,只能是漂渍丝绵,后来才能缫丝织帛,到五世纪时,天山以南高昌、龟兹、疏勒都能纺织丝绵了。新疆的养蚕缫丝织绵技术直接传入中亚的费尔干那和波斯。波斯以墨桑养蚕,取得成功,之后又纺织锦绮。至少在五世纪时,波斯已拥有自己的丝织业了。波斯成为丝织国家之后,一直依靠进口的拜占庭也设法学会养蚕缫丝,以解决原料来源。这时印度也从中国学会了养蚕制丝。新疆成为蚕丝西传的前哨。

与埃及一样,中国也是世界上较早制造玻璃的国家,但中国所制造的玻璃属于铅钡玻璃,与埃及古玻璃的钠钙系统完全不同。埃及的玻璃制品流入中国.大致从公元前二世纪便已开始,一直继续到公元五、六世纪,仍未中断。在各种进口的玻璃器和玻璃珠中,特别受到推崇的是埃及的白色透明玻璃,自汉以来便有玉晶、水晶的雅称。在埃及玻璃品成批输入的同时,还有它先进的玻璃工艺也传入中国南方沿海。从公元225年交州分为交、广二州开始,便有仿制外国水晶碗的工场。五世纪时,中国北方能够制造五色玻璃。

第三节 唐代中国与世界的文化交流

唐代中国是一个具有世界性意义的大帝国。中外使节交往的频繁、经济联系的繁荣、文化艺术吸收的增强和移民侨民的增多,都使长安这个唐朝的政治、经济和文化中心,成为中外文化交流最重要的都市。各国的使臣、权贵、留学生、商人、僧侣、乐工、画师和舞蹈家聚居长安,彼此交往,使得长安成为亚洲最繁荣的国际都市。在长安城一百万总人口中,各国侨民和外籍居民大约占百分之二左右,加上突厥后裔,其数当在百分之五左右。公元787年检括长安"胡客"(侨民),有田宅的竟达四千人,都被编入左右神策军。经常出入长安的外国人当然还要多得多。

外国的宗教、风尚、习俗、文化、艺术广泛地影响着当时的长安。佛教进入中国以后,其后外来宗教也纷纷传入中国。其中,袄教(琐罗亚斯德教)早在北朝即已进入中国。摩尼教、景教、犹太教等都随着沿草原丝绸之路东来贸易的商贾传入我国,在不同程度上影响着当地居民的宗教和世俗生活。从北齐开始,君主就专赏胡戎之乐,乐工曹妙达、安未弱、安马驹因而封王开府。唐初此风依然,乐府伶工仍多外国世家。唐代承袭隋代九部乐,在南朝汉族音乐燕乐、清乐之外,广泛吸收西北少数民族和邻近国家的音乐,增加高昌乐,定为十部:燕乐、清乐、西凉、天竺、高丽、龟兹、安国、疏勒、高昌、康国。十部之中以龟兹乐位居首要。龟兹乐器和龟兹乐律都出自西方。长安盛行的歌舞有健舞、软舞、字舞、花舞、马舞等多种。健舞曲中来自西方的有海萨尔马提的阿连(辽),来自拜占庭的拂林,来自石国的柘枝胡腾,康国的胡腾等。软舞曲中的《苏合香》原出自印度,《兰陵王》则出自中亚。长安画坛更因中亚西亚凹凸画派的影响,引起巨大变革。侨居长安的于阗画家尉迟跋质那、尉迟乙僧父子,都是宿卫的于阗贵族,和康国画家一起传入印度画法。西域画派不论在画法和题材上,都对唐代绘画产生了深远的影响。

开元、天宝之际,长安、洛阳流行胡音、胡骑和胡妆,衣食住行都崇尚西域风气。这时期,长安的宫室第宅采用西亚风格和建筑材料,服饰上,远自波斯、吐火罗,近至突厥、吐谷浑和吐蕃都成为汉人模仿的对象。衣着式样以中亚和波斯风为主。饮食也偏好西胡。开元以后"贵人御馔,尽供胡食"。胡食包括饆饠(油煎饼)、铧锣(抓饭)、烧饼(不用芝麻)、胡饼(饼上撒上芝麻)等。西域名酒在长安同样盛行。唐初统一高昌,传入葡萄酒酿制法,后来逐渐推广。又有波斯三勒浆和龙膏酒。长安居民又乐于参加泼寒胡戏。此戏原出自拜占庭,由康国传入龟兹、并州,流行长安、洛阳。波斯传来的波罗毬戏,一名击鞠,是一种马上球戏,在长安城中成为一种上自帝王、下自平民都喜欢的体育竞技。

波斯人曾被唐代中国视为胡人的代表,是当时中国人对以今日伊朗为中心的中亚、西亚人的泛称。唐时中国人称波斯商人为粟特人。粟特商人活跃于丝绸之路上,并以阿姆河至锡尔河之间的地区作为经商基地,既将中国丝绸、瓷器、茶叶、金银器等运往西方,也将西方各种奇珍异物及货币运往中国。粟特商人在进行东西方贸易的同时,把大量波斯文化因素带进长安。长安在饮食、服饰、游戏、娱乐、建筑等方面,均受波斯文化的影响。长安的大秦寺、波斯邸、波斯寺、摩尼教、祆教、景教的出现,多与波斯有关。

唐代中国与大食的关系也很密切。大食即中世纪伊斯兰教帝国,几乎与大唐帝国同时崛起,并在7世纪通过"圣战",控制了西亚、北非、中亚甚至欧洲南部的大部分地区。公元751年,唐政府与大食国为了争夺对丝绸之路的控制权,爆发了怛罗斯之战,高仙芝所率唐军战败,有一批工匠被俘。这些中国工匠协助阿拉伯人在撒马尔罕开办了造纸厂,中国的造纸术由此西传。不仅如此,中国的丝绸制作术、金银器加工术、画法技术均通过阿拉伯人而西传。阿拉伯商人的活动也十分广泛,长安、广州、泉州、扬州、洛阳都有他们的定居点,伊斯兰教也由他们传入中国。

唐代中国和印度的关系依然是最重要的国际关系之一。中国和印度僧侣的往还,自西晋开始络绎不绝。到唐代,西行求法的中国僧人多至五十二人,其中最著名的便是玄奘。公元646年7月,玄奘根据李世民的旨意,完成了他在中亚、印度的见闻录《大唐西域记》。玄奘成为中国历史上最伟大的翻译家,也是中印文化交流史上一个最杰出的使者,也是弘扬大乘佛教的一代大师。

这一时期,不但有玄奘的西行,印度僧人同样不远千里来到中国,尤其是开元三大士,即善无畏、金刚智、不空在长安的活动,对于佛教的中国化以及印度学术的输入,也有极大的意义。中国从印度输入了胡椒、白豆蔻、蜜草、天竺火珠、郁金香、菩提树,以及熬糖法、天文学、数学知识等。唐代大科学家僧一行便是印度僧人善无畏的学生,他实测子午线时应用了印度的天文学、数学知识。

中日交往如从秦始皇时徐福东渡日本算起,约有2000年以上的历史。隋唐时期,日本政府派遣的留学生、学问僧、外交官员很多。日本孝德天皇的大化改新,便由曾留学中国的高向玄理等协助。中国是日本向往之地,遣唐使从公元631年算起,共达13次,再加上"迎入唐使"与"送客唐使"6次,合为19次。这些遣唐使往往携带留学生、学问僧多人来学习中国文化,最多一次达500余人。日本大化改新所规定的制度,颇见唐制影响。文武天皇所建平安京(京都)仿效了唐长安城的内外城里坊样式。公元701年日本的《大宝律令》与唐律十分相近,日本官制的二官八省,也有唐三省六部的影子。佛教在中日文化交流史上地位尤其突出,最早到长安来的学问僧是智能与智克,他们将玄奘所创法相宗带回日本。武则天执政时,日本学问僧道慈在长安学三论宗,后来成为日本佛教三论宗的鼻祖。唐玄宗时，中国律宗高僧鉴真应日僧荣睿和普照所请，六次东渡，并承受双目失明的劫难，于公元753年在日本萨摩秋妻屋浦（今九州南部鹿儿岛大字秋目浦）登岸，被迎入日本国都奈良东大寺。日本天皇授予传灯大法师位，下诏令说："自今以后，授戒传法，一任和上。"鉴真在日本传法十年，他主持建筑的

图18-1 鉴真东渡雕像

东大寺毘卢舍那大佛殿西侧、下野药师寺、筑紫观音寺三座坛院是日本的"天下三戒坛"，被奉为日本律宗初祖。鉴真主持修建的唐招提寺称"律宗大本山"。唐招提寺建于公元759年，体现了唐代中国的建筑水平，被日本视为国宝，其木雕形式长期被日本雕塑艺术界所模仿。日本奈良—平安朝初期，与中国唐代时间相当，这时日本来中国的僧人极多，尤其唐高宗唐僖宗执政的公元653—882年间，来中国的名僧达65人。唐代几乎所有的佛教宗派如三论宗、成实宗、法相宗、俱舍宗、律宗、华严宗等均传入日本。阿倍仲麻吕以留学生身份于公元717年到长安，得到唐玄宗的赏识，赐名朝衡，又作晁衡，曾任门下省左补阙、左散骑常侍、秘书监等职，与王维、李白等诗人有深交。

朝鲜半岛上的新罗国与唐王朝关系也十分密切。新罗首都平壤，仿唐都长安建宫城、皇城、外廓城，新罗官制也可见唐制内容。唐金银器、瓷器、丝绸织物大量进入新罗，中国文献典籍也被新罗人大量阅读，新罗留学生李同、崔彦为考取了唐"宾贡进士"。所以，唐玄宗曾说："新罗号为君子之国，颇知书记，有类中华。"（《旧唐书》卷一九九《新罗传》）中国佛教对朝鲜也有很大影响，早在前秦苻坚控制长安时，便派僧人送去佛经、佛像，唐代朝鲜半岛上受中国影响而出现涅

槃、地论、摄论、俱论、俱舍、成实等学派和天台、三论、慈恩、华严、禅、律、净土、密等宗派。朝鲜佛教有所谓"五教九山",都是受中国佛教宗派的影响演化的结果。入唐求法的朝鲜僧人不仅传播佛教,而且致力于算学、历学、医学、律学、文学、建筑、美术、工艺诸方面的开拓,将中国文化引进朝鲜,并结合本民族的传统进行创造。

唐王朝通过玄奘、义净西行,也通过开元三大士之一的不空和尚于公元741年入狮子国,从而与斯里兰卡建立了联系,前后遣使通好三次。唐与吐火罗(今阿富汗)来往甚多,拂菻(东罗马)使臣也于公元643年来过长安,并带来了许多珍稀物产与杂技、医术等。唐代中国与非洲也有了联系。长安城内曾使用昆仑奴,这就是来自非洲东海岸的黑人奴隶。杜环在怛罗斯之役中被俘,被大食人押送埃及、苏丹、埃塞俄比亚,这是目前可以确信最早抵达非洲的中国人。

第四节 宋元明清时期中外文化的交流

除了通往西域的陆路交通之外,还存在着一条历史可能更为悠久的海上丝绸之路。最早具体提到东西海路交通的是《汉书·地理志》,它描述了从今广东沿海经中南北岛、东南亚前往"黄支国"和"已程不国"的海路。西汉时中国海船已能抵达南亚次大陆的南端,即今斯里兰卡。东汉时罗马帝国的商人开始从红海直航远东。从汉末三国至隋统一的三个半世纪中,中国南方对西方诸国的陆路交往因南北分割而受阻,不得不主要依靠海路与海外交通,这一时期往来于中国南亚之间的僧人中有许多取道于海路,各种贸易也主要依靠海路,这种客观需要促进了航海技术的发展。唐宋时代的导航术在世界上处于遥遥领先的地位。除了过去传统的航海导航术外,以量天尺为测星工具的大洋天文定位术和全天候磁罗盘导航的使用,是这一时期导航术发展的基本标志。通过指南针可以测定航向,观星术则可以确定船在海中的纬度,两者配合使用可确定船在海中的位置。因此,十三四世纪之际,南印度和中国之间的海上交通已全被中国帆船所操纵,他们在印度、阿拉伯南海以及东非和伊斯兰世界进行着频繁的海上贸易,传递了东西方之间最新的信息。

在中国的出口货物中,宋初便以金、银、缗钱、铅、锡、杂色帛、瓷器为主,其中丝帛和瓷器占尤其重要的地位。丝绸和瓷器的输出都由广州、泉州和明州运销日本、朝鲜、东南亚、印度和阿拉伯各国。宋代华瓷不但已遍布整个亚洲和非洲东部沿海,甚至进入了地中海和欧洲。

元朝建立了空前规模的大帝国,其版图东到太平洋,西达地中海,北尽北冰洋,南至印度和东南亚。其疆土之广不但远逾汉唐,而且也超过地理大发现之前人类历史上的任何世界帝国。过去长期限制人们交往的疆界几乎在一夜之间被突破了,不同民族的人民都成了蒙古贵族的奴仆和臣民。这种特定的历史条件仿佛把地理距离缩短了,所有的道路都暂时畅道了,元朝成为东西文化交流空前繁荣的时代。此时出现了可以与中国的玄奘相媲美的西方大旅行家马可·波罗。

马可·波罗(Marco Polo,1254—1324年),是元朝世界旅行家中最著名的一位。其父尼柯罗·波罗是意大利威尼斯商人。公元1271年,尼柯罗兄弟携马可·波罗同行,至阿克拉城(Acre,今以色列海法北)朝见新教皇格里高利十世(Gregoire X),教皇要他们回元廷复命,并派两位教士携带致忽必烈的诏书从阿儿马尼(亚美尼亚)返回,把教皇的诏书和国书委付给马可·波罗一家。于是尼柯罗一家三人取道伊利汗国,经都城桃里寺(今伊朗阿塞拜疆之大不里士)至波斯湾之忽里模子,准备从海路入元。后改变主意,仍由陆路东行,沿古代丝绸之路经撒麻儿干(今乌兹别克斯坦之撒马儿罕)、帕米尔高原、巴达哈伤(今塔吉克斯坦之巴达贺尚省),进入元朝控制下的可失哈儿(今新疆喀什)。当时天山南路被海都叛军切断,他们由可失哈儿西行,沿塔克拉玛干沙漠南行,经鸦儿看(今叶城)、于阗(今和田)、婼羌(今若羌)等至河西,于公元1275年抵达上都。

马可·波罗得到了忽必烈的喜爱,留在元朝为官。他自称奉命出巡各地,大约是以随员的身份到过中国许多地方。公元1291年,马可·波罗一家三口启程回国,于公元1295年抵达威尼斯。公元1296年,马可·波罗参加威尼斯与热那亚海战时被俘。他在狱中讲述了自己在东方的经历,与之同狱的文学家鲁斯梯安诺(Rustiano)笔录其故事,于公元1298年成书。在这本游记中提到了许多中国城市,如大都(今北京)、上都(今开平)、京兆(今西安)、成都、大理、济南、扬州、镇江、杭州、福州、泉州等,以及那里的风土人情;提到了一些元朝的重大政治事件,如海都、乃颜之乱,阿合马事件,大体上与其他文献的记载相一致。但他的叙述中也有许多夸大不实之处。《马可·波罗游记》在意大利产生了极大的影响。14世纪初,意大利北部韦罗那城统治者自称为坎·格朗德(Can Grande),意为"大汗"。这是一个来自东方的称号,显然是受《马可·波罗游记》的影响。许多欧洲人认为,流行意大利的面条也是马可·波罗介绍过来的。在中世纪结束之前,《马可·波罗游记》一直是欧洲人了解东方的主要资料之一。地理大发现之前,许多著名航海家都读过这本书。哥伦布因为相信马可·波罗的记载而向东远航,企图到达日本,最后却发现了美洲。

宋元时代近400年中,中国航海长期处于鼎盛状态。中国东南沿海地区的通航范围已经遍及东亚、东南亚、南亚、波斯湾、阿拉伯半岛和东非。特别是蒙古人建立了大元帝国以后,中国人学习了穆斯林的航海知识,使中国航海有了另一个参照系,登上了一个新台阶。而郑和航海,乃是宋元航海的继续。

郑和航海是标志着中国古代航海事业进入顶峰阶段的重大事件。明永乐、宣德年间(1403—1435年),郑和曾经先后七次率庞大的远洋船队出访亚非各国。这非但是中国航海史上的空前壮举,也是世界航海史上的大事。郑和是回回人,原姓马,小字三保,或作三宝,生于云南昆阳县和代村。他是其父马哈只的次子。洪武十四年(1381年),朱元璋平定云南梁王后,郑和作为回回幼童被明军掳阉。战事结束后,被分配至燕王朱棣府中任太监。郑和在燕王身边渐受信用。燕王起兵篡位后,他因战功被赐姓郑。郑和自幼好学,身为回回人,与西亚有着天然的联系;又入佛门,利于与东南亚、南亚国家沟通;且知兵习战。这些有利条件使他成为受命率领水师出洋的统帅。朱棣为了取得官方对海外贸易的全面控制,彻底堵塞海外走私集团的活动,不惜倾注巨大的财力,通过郑和率领的船队,一次又一次地下西洋,用政府的政治威望和经济资源将整个印度洋国际贸易网置于自己的卵翼之下。从公元1405年12月到1433年7月最后

图 18-2 郑和下西洋

一次返国为止,中国的航海家驾驶着本国的船队,在东起琉球、菲律宾和马鲁古海,西至莫桑比克海峡和南非沿海的广大海区,定期往返,和亚非两大洲的许多国家和地区建立了友好的外交关系,发展了双方的贸易往来,交流了彼此的文化技术,沟通了海上交通,促进了海外各地社会经济的发展。在短短的28年中,创造了南海和印度洋地区蓬勃发展的政治经济局面。

中国宝船运往各国的货物,不但数量可观,而且夏以产品的独特见长于世。中国特产的锦绮、纱罗、绫绢、紵丝以及新近发展的青花、釉里红瓷器,都是独步世界的产品。各种青瓷碗、烧珠、麝香、大黄、肉桂、铁鼎、铁铫、铜器也是大宗出口货物,铜钱、金银随之大量外流,成为无法封禁的必然趋势。从印度洋运往中国的货物更是名目繁多,据统计共有185种。其中香类29种,珍宝类23种,五金类17种,药品类22种,布类51种,用品类8种,动物类21种,颜料类8种,食品类3种,木料类3种。

郑和七次下西洋动用的宝船,最多时达63艘,每次出行都有大批军士和船员随行,第一次出洋时奉使人员达27550人。郑和的船队出没于印度洋各地,不但使阿拉伯航海界耳目一新,而且也轰动了那些来往于霍尔木兹、亚丁的威尼斯商人,以至对欧洲的船舶设计者也产生了新的启示,使得欧洲的造船业迈上了一个新的台阶。

随着新航路的开辟和殖民主义的东来,中西交通的路线几乎完全转移到海道;自欧洲人从大西洋海岸诸港绕好望角前来中国,中西交通也从过去的中国——中亚——西亚和北非各国与地区,几乎完全转移到欧洲国家。中西文化交流的内涵,也从前一时期伊斯兰等文明的传入,转变为欧洲基督教文明与中国文明的交流。欧洲基督教各国的传教士,在近代中国早期中西文化交流中,起了特别重要的作用。

最早沿好望角新航路前来中国的耶稣会传教士是济各·沙勿略,真正为在中国传教事业打下基础的,是另一位意大利人利玛窦。利玛窦进入内地以后,口说汉语,遵循中国礼俗,广泛结交当地官员和读书人,并用从欧洲带来的"西洋奇器"如自鸣钟、三棱镜、天象仪器、圣母画像等吸引中国人的注意。他从肇庆、韶州辗转南京、南昌等地,著书传教,广交朋友,在他结交的中国官员儒士、学者名流当中,最著名的就是我国明代大学者徐光启,还有李之藻和杨廷筠,他们都对天主教和西学在中国的传播起了积极作用。

清兵入关后,留居北京的传教士汤若望成为清初在华耶稣会传教士中最负盛名的人。正是在明末清初这段时间,伴随着欧洲传教士在中国相对自由的活动,欧洲的科技文化在中国得以初步传播,出现了第一次中西文化交流的高潮。

葡萄牙人最早将西洋火炮从澳门带到北京,当时人称"红衣火炮"。因为葡萄牙被称为"佛朗机",所以又称"佛朗机炮"。汤若望来华时,也奉命铸造火炮,两年时间就铸造了320门大炮。他还口授了《火攻挈要》,这是专门传播火炮的图样、制作和应用的著作。

在天文学方面,欧洲传教士们到中国后,不仅翻译、介绍了许多西方天文历算方面的书籍,而且引进、制造了一批天文仪器,如地球仪、天体仪、望远镜等。在数学方面,利玛窦和徐光启合译的欧几里得的数学名著《几何原本》,是关于平面几何学的系统性著作。由此传入中国一种崭新的逻辑推理方法,也大大丰富了中国几何学的内容和表达方式。利玛窦同李之藻合译的另一部数学著作

《同文广指》，是我国最早介绍欧洲笔算的著作。在17世纪的中国，计算工具共有四种：珠算、笔算、筹算、尺算，后三种都是从西方传来的。同天文学和数学一道传入中国的，是西方的地理学。利玛窦的《坤舆万国全图》第一次向中国人展示了地球的全貌。利玛窦编绘的世界地图，后来曾多次改进刻印，有多种刻印本。意大利传教士艾儒略撰写的《职方外记》一书，是第一部向中国全面介绍近代世界地理知识的著作。意大利人卫匡国著有《中国新地图集》，被欧洲人称为"中国地理学之父"。康熙时期，曾委托传教士雷思孝、白晋、杜德美等人对全国进行普遍性测绘，经过十年努力，终于完成了《皇舆全览图》。它是当时世界上工程最大、制图最精确的地图，比当时所有的欧洲地图都准确。欧洲传教士还把西方生物学、医学知识传入中国。为了求得自己的进身之阶，欧洲传教士们常常运用自己的医学知识与技能为皇室和王公大臣看病。法国传教士洪若翰、刘应等人，就曾用金鸡纳霜(奎宁)治好了康熙帝的疟疾。外科医生罗德先还为康熙帝治好了心悸症和上唇瘤。传教士白晋和巴多明将一部法国人根据血液循环及最新发现编写的《人体解剖学》译成满文，并附有满文说明插图。传教士们将欧洲的建筑艺术与风格带到了中国。康熙时开始修建的皇家苑林圆明园，就有欧洲式的建筑。意大利传教士郎世宁主持设计的圆明园的附园——长春园的一部分，是仿法国宫殿风格设计建造的。郎世宁不仅将西洋的建筑技术和风格传入中国，而且将西方的绘画艺术带入中国。他随身带来一批西方典籍，集中了文艺复兴以来的欧洲艺术成就，来华后他据此编写教材，传授艺徒，将西方透视、明暗表现等科学技法传播给中国画家。在西方精于写实的基础上，他吸收了中国的传统画法，花鸟造型富于生气，各种马姿尤为精神，人物风度服饰也相当中国化，但面部则用西方立体明暗表现。

西方传教士进入中国以后，对中国有了比较切实的认识。他们根据自己见闻和经历写下的日记、札记、书信等，在欧洲人眼前展现了一个更加真实的中国，大大开阔了欧洲人了解东方的视野。利玛窦晚年所写关于中国的札记，详细地叙述了传教士在华传教的过程以及中国的风土人情、伦理道德、政治法律、宗教信仰等各方面的情况。此书出版以后，在欧洲被译为多种文字，广泛传播，影响甚大。来华传教士对中国的历史、文字、语言都作了专门的研究。在这个时期里,许多主要的儒家经典,如《大学》《中庸》《礼记》《诗经》《乐经》《易经》《孝经》等,都有西方译本。除了翻译经书之外,还有研究经书和孔子学说的专著出版。传教士马若瑟最早将《赵氏孤儿》译成法文,伏尔泰根据这一材料写出了《中国孤儿》剧本,公元1755年在巴黎上演。公元1761年,在英国刊印了第一部英译的中国小说《好逑传》。德国最伟大的文学家歌德对中国文学极感兴趣,在沟通中德文学方面也做出了值得称道的贡献。

无论是中国艺术的西传,还是儒家学说的西传,都在欧洲引起了强烈的反响。前者酿成了一场风靡全欧的所谓"罗可可运动";后者则为西方启蒙思想的崛起,送去了东方"理性"的酵母。

第五节 近代西方文化的大规模进入

古代不同文化之间的交流有两个最主要的载体:第一是贸易,第二是宗教。也就是说利益和信仰是驱动不同文化进行交流的主要动力。但从近代开始,中国对外来文化的吸收完全是迫于亡国灭种的危机,其目的是富国强兵,因此也就呈现着与古代文化交流完全不同的特点。

1840年,鸦片战争的炮火轰开了中国紧闭的国门。在血的教训面前,中国人不得不睁眼看西方,开始了向西方学习和借鉴的艰难历程。鸦片战争后,西学的传入以及中国人对西学的接触,经历了一个始而言技、继而言政、进而言教的过程。换句话说,中国对西方文化的借鉴,首先集中于物质文化层面,然后上升到制度文化层面,进而集中于精神文化层面。

对于物质文化的吸收可以分三个阶段。鸦片战争的失败,使中国的有识之士深切地感到西方文明的优势主要在于船坚炮利,于是提出了"师夷长技以制夷"的主张。林则徐、魏源等人积极呼吁,主张学习西方技艺,从而富国强兵。在他们的倡导下,引进西方军事技术和装备的工作取得初步成果。从鸦片战争到1861年,一些有关西方武器制造以及攻防战术的专著相继出版。第二阶段就是洋务运动。两次鸦片战争的失败,使得奕䜣、文祥、曾国藩、左宗棠、李鸿章、张之洞等统治阶级的有识之士改变夜郎自大的态度,试图从西方资本主义那儿学习先进的科学技术,以维护封建主义的统治。于是,从19世纪60年代开始,这些人大张旗鼓地依照西方资本主义国家的办法,制造新式枪炮和轮船,编练新式陆军和海军,举办近代军事工业和民用企业,开矿山,筑铁路,设邮电,办学校,派遣留学生出国,掀起一股办洋务的热潮。实用科学传入的第三个阶段是中日甲午战争以后。甲午惨败以及《马关条约》的签订,震动和刺激了中国社会各阶层的人士,他们把发展资本主义工业当作挽救民族危亡的手段,大声疾呼要设厂自救,提出了开办铁路、开采矿产、设立工厂以抵制"洋商洋厂"的主张,中国的民族工业自此之后得到了较快的发展。

甲午战争的失败不仅使得物质文化的引进吸收加快了步伐,而且促使中国对西方文化的学习朝着一个新的层次迈进。以王韬、薛福成、马建忠、郑观应等人为首,开始着眼于政治制度的改革,提出了反映新兴资产阶级利益和愿望的改良主张,最终形成了一场全国规模的维新变法运动。维新运动是西方社会政治学说在中国传播的第一个时期。以康有为、梁启超、严复为主要代表的维新派人士在1895年到1898年期间,建立了103个学会,64家报纸,185所学校。他们主张君主立宪的政治体制,鼓吹"民权"学说,介绍"物竞天择,适者生存"的进化论观念,影响巨大。辛亥革命是西方社会政治学说传入的第二个时期。以孙中山、章炳麟、邹容为代表的资产阶级革命派与康梁维新派一个巨大的差异,就是他们对清政府不抱任何幻想,在政治取向上,更加明确地提出建立欧美式的共和政体。革命派的代表人物,绝大多数都曾留学海外,身受欧风美雨的熏陶,回国后,他们便把充满活力的新的社会政治学说,输入中国这个古老的机体。因此,与维新运动相比,辛亥革命时期的西方政治学说的传播,是更加直接的"西学东渐"。"五四"新文化运动是西方社会政治学说传播的第三个时期。在这一个时期,陈独秀、钱玄同、鲁迅、胡适、刘半农、吴虞等人举起民主与科学的大旗,以西方资产阶级的民主自由、个性解放为思想武器,对中国传统文化进行了深刻的批判。这个时期,马克思、恩格斯的科学社会主义,施蒂纳的无政府个人主义，蒲鲁东的社会无政府主义，巴枯宁的团体无政府主义，克鲁泡特金的无政府工团主义，欧文等人的合作主义，柯尔等人的基尔特社会主义，伯恩斯坦、考茨基等人的社会民主主义，还有资产阶级上升时期的民主主义、人文主义、实用主义、新实在主义、生命哲学、新康德主义，以及帝国主义时期的哲学流派，统统被作为新文化和新思潮介绍到中国，而且引发了激烈的论战。西方哲学大师罗素、杜威来华讲学，更为西方社会政治学说的传播架设了桥梁。一批有志青年远涉重洋，以勤工俭学为手段亲赴欧洲寻求真理，为下一时期的改变中国面貌准备好新的思想武器。

在以民主为核心的政治学说传入中国的同时，各种科学学说也传入中国。19世纪60年代以后，自然科学如天文、地理、动物、植物、矿学、物理、化学等知识大量传入。西方伦理学也传入中国。在20世纪的初年，西方教育学、逻辑学与语言学、法学等纷纷传入我国。同时，大量的文学作品被译介，据统计，这一时期的翻译小说超过了400种。科学研究的风气也传入中国。1914年6月，留美学生组织科学社，刊行《科学》杂志，广译各国科学书籍。设立图书馆、博物馆、研究所、组织科学演讲团，以促进国内实用科学的发展。此时，讲求科学的风气在留学生中逐步推广，科学研究风气初开，出现了一批在科学研究方面取得重要成果的科学家。

鸦片战争以后，西方文化无论在政治、经济、文教、风俗习惯等各方面都对中国产生不可估量的影响，它改变了中国人传统的生活方式、价值观念和思维方式。近代西方文化的入侵，是中国文化史上最重要的事件。

中国文化的形成与发展，与各民族文化之间的碰撞、交流、融会密切相关。凡是能以阔大的胸襟容纳外来文化的时代，文明发展的速度就迅速；凡是以排拒的态度对待外来文化的时代，文明发展的速度就缓慢。明清以来，中国开始落后于西方，与明朝中后期之后采取的闭关自守的政策有着密切的关系。现在，开放的中国正以海纳百川的胸怀，吸收一切有益的外来文化，正在中国的文化交流史上写下崭新的篇章。

思考与练习

1. 怎样看待古代"丝绸之路"?
2. 为什么说唐代中国是一个具有世界意义的大帝国?
3. 怎样看待郑和下西洋的意义?

延伸阅读与参考书目

1. 沈福伟著《中西文化交流史》,上海人民出版社,1985年。
2. 黄新亚著《丝绸之路·沙漠卷》,浙江人民出版社,1995年。
3. 刘迎胜著《丝绸之路·海上卷》,浙江人民出版社,1995年。
4. 张海林编著《近代中外文化交流史》,南京大学出版社,2003年。

后 记

《中国文化通论》是南京师范大学"211工程"教学条件建设重点项目之一。在校长的领导与关心下,由教务处长主持,讨论了编写计划,成立了编写组,并由陈书禄任主编。参加编写工作的有(以姓氏笔画为序):王青、方向东、杨光、陈书禄、胡行岗、高英姿、常汉平、常康。绪论、第一章、第十七章由陈书禄编写,第二章、第三章、第四章、第五章、第九章、第十八章由王青编写,第八章由王青、杨光合作编写,第六章、第七章由方向东编写,第十章、第十二章、第十三章由高英姿编写,第十一章由常汉平编写,第十四章由胡行岗编写,第十五章、第十六章由常康编写。全书由主编统稿,并做了一些修订。

《中国文化通论》在编写过程中,参考了国内外学者的有关论著,吸收了他们的一些研究成果。书中虽然已经作了若干注解,但限于篇幅,恕不一一说明。南京师范大学教务处、文学院、美术学院、音乐学院、历史社会学系、南京师范大学出版社等单位的领导与专家对本书的出版给予热情的支持与帮助。在此,我们一并表示衷心的感谢!本书使用的图片,有少数无法与作者联系,出版社将暂存样书和稿酬,一旦联系上,即奉上。

2014年上半年教育部印发的《完善中华优秀传统文化教育指导纲要》中强调:加强中华优秀传统文化教育,是深化中国特色社会主义教育和"中国梦"宣传教育的重要组成部分,是构建中华优秀文化传承体系,推动文化传承创新的重要途径,是培育和践行社会主义核心价值观、落实立德树人根本任务的重要基础。根据上述精神,我们对初版《中国文化通论》进行了认真的修订,其中增加了思考与练习题、延伸阅读与参考书目、插图等。本次修订,由主

后　记

编陈书禄教授负责,王青教授出力颇多。

由于作者的水平所限与时间仓促,不足之处在所难免,恳请广大读者批评指正。

编　者

2015.3.18